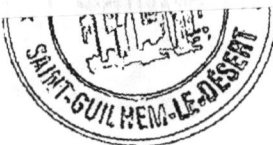

LES MONUMENTS DU CHRISTIANISME
AU MOYEN AGE

LES

MARBRIERS ROMAINS

ET LE

MOBILIER PRESBYTÉRAL

CHARTRES. — IMPRIMERIE DURAND, RUE FULBERT.

LES

MONUMENTS DU CHRISTIANISME
AU MOYEN-AGE

LES

MARBRIERS ROMAINS

ET LE

MOBILIER PRESBYTÉRAL

OUVRAGE ILLUSTRÉ DE SOIXANTE-QUINZE DESSINS

PAR

GUSTAVE CLAUSSE

ARCHITECTE

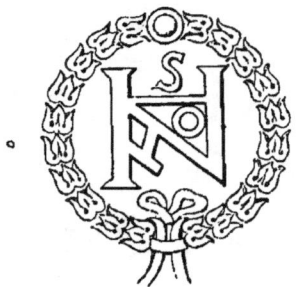

Monogramme du pape Jean II

PARIS

ERNEST LEROUX, ÉDITEUR

28, RUE BONAPARTE, 28

1897

INTRODUCTION

Deux ordres de décoration rehaussaient seuls, au moyen âge, l'austère grandeur des églises et des basiliques.

Quelques rares peintures à fresque, mais plus souvent de superbes mosaïques murales venaient apporter à leur simple et sévère architecture une note lumineuse, et nous nous sommes rendu compte, dans un précédent ouvrage, de l'immense importance à laquelle ces grandes représentations étaient souvent parvenues.

A ces manifestations d'un art véritablement merveilleux, il faut adjoindre les divers travaux de marbrerie et de sculpture faits aux mêmes époques, comprenant, avec les riches pavements multicolores, le *Mobilier presbytéral,* c'est-à-dire les *autels,* les *ciboria,* les *ambons,* les *cathedra,* les *balustrades,* les *tombeaux,* tous les édicules enfin, élevés à travers les nefs et les sanctuaires pour servir à l'exercice du culte, ou s'y rattachant d'une façon quelconque.

Si, à l'ensemble de ces petits monuments, témoignages d'un effort artistique réunissant la science de l'architecte, le talent du sculpteur et l'habileté du

mosaïste, on ajoute quelques édifices dont les constructions extérieures, au moins dans certaines parties,
procèdent des mêmes principes, on obtient une division
à part de l'histoire de l'art, division nettement définie
par son caractère propre et son origine, correspondant
à un long espace de temps représenté par plusieurs
siècles, et tenant une place importante dans la succession
des chefs-d'œuvre italiens. Cette période artistique, large
trait d'union entre l'antiquité romaine déchue et l'art
italien renaissant, va faire l'objet de cette étude.

Notre point de départ est un moment historique
quelque peu incertain et dont la date est difficile à fixer ;
c'est le temps où la grande école classique abâtardie,
épuisée, disparaît laissant derrière elle un vide immense,
époque qui vit les derniers artistes abandonner l'Italie
pour se réfugier à Byzance et n'entretenir plus avec Rome
que de lointains rapports, exode commencé dès la fin du
IVᵉ siècle, se poursuivant pendant tout le cours du Vᵉ pour
ne rien laisser derrière lui au VIᵉ.

Nous avons poursuivi ce travail jusqu'à la fin du XIIIᵉ
siècle et au commencement du XIVᵉ, jusqu'à la limite de
ce temps glorieux pendant lequel l'Église romaine, jouis-
sant d'une suprématie incontestée sur toutes les sou-
verainetés temporelles, encourageait autour d'elle les
arts et les artistes ; et nous nous sommes arrêtés, en face
de ce long interrègne dans le domaine de l'art que marque
l'exil de la papauté au comtat d'Avignon.

A travers ces siècles nébuleux et obscurs, formant ce
que l'on est convenu d'appeler la « basse époque », nous
avons cherché, comme dans un steppe immense, les
quelques points saillants permettant de tracer à grands
traits la marche des arts du marbre et de la pierre dans

l'Italie des papes ; nous avons noté leur décadence pendant la période byzantine, nous avons suivi leurs développements successifs lorsqu'un peu d'ordre et de sécurité eurent été rétablis à Rome par le gouvernement pontifical.

Dans cette course à longues étapes, le fil conducteur ne s'est jamais brisé dans notre main et nous avons pu constater que les époques ténébreuses ne marquent dans l'histoire qu'une suspension momentanée de la vie spirituelle d'un peuple. Quelque impalpable que soit devenu notre guide au cours des x⁰ et xi⁰ siècles, il ne nous a cependant jamais fait complètement défaut, nous permettant d'arriver avec certitude aux routes mieux tracées qu'ouvrait devant nous le xii⁰ siècle.

Un maître, M. Geffroy, ancien directeur de l'École française de Rome, a merveilleusement écrit : « Aux yeux de l'historien philosophe, ce qu'on appelle les bas temps ou les époques de décadence ne mérite pas le dédain. Ce sont des époques de transition pendant lesquelles les restes flétris mais encore vivants de la saison dernière protègent et suscitent la germination de la saison nouvelle. Le travail de l'esprit dans les lettres et les arts, comme le travail de la terre ne s'arrête jamais. Il suit, plus ou moins actif, mais sans jamais s'interrompre, des voies logiques ; il subit, plus ou moins docile, mais sans jamais s'y soustraire entièrement, des influences historiques qu'il importe de retrouver par un patient examen, sous peine de laisser perdre plusieurs anneaux d'une chaîne qui n'est autre que l'histoire intellectuelle et morale de l'humanité[1]. »

1. L'École française de Rome : *Ses premiers travaux*. A. Geffroy.

Avons-nous, pendant notre voyage à travers ces régions encore peu fréquentées, été assez heureux pour faire quelque découverte ? Nous voulons l'espérer.

Certes, de nombreux historiens ont avant nous parcouru l'Italie artistique du moyen âge, et aucune œuvre ayant une importance véritable n'aurait dû échapper à leurs recherches. Cependant, cette terre privilégiée est un champ tellement vaste à cultiver, une mine si riche à fouiller, qu'il nous a été possible d'y trouver encore quelques épis à glaner, quelque filon à exploiter.

En nous adressant aux auteurs anciens, nous avons pu reconnaître combien les documents relatifs aux travaux des marbriers sculpteurs étaient rares, confus, disséminés et souvent enfouis sous une quantité considérable de matériaux étrangers. Néanmoins, ils nous ont été d'un grand secours, par l'exactitude de leurs descriptions et surtout en faisant revivre à nos yeux plusieurs monuments aujourd'hui disparus dont ils ont conservé le souvenir.

Les auteurs modernes, artistes ou historiens, se sont en général peu préoccupés de la large part qui, selon nous, revient aux marbriers dans le développement des arts au moyen âge ; mais les beaux travaux de J.-B. de Rossi, le rénovateur de l'archéologie romaine, ainsi que de nombreux articles publiés sous sa direction dans le *Bullettino di archeologia cristiana* et dus à la plume autorisée de certains de ses collaborateurs, nous ont été d'une grande utilité. Les savantes publications de M. E. Müntz, dont la science profonde, mise au service de tous avec tant de bonne grâce, fait autorité en tout ce qui touche aux arts italiens, nous ont également fourni d'intéressants renseignements. M. Rohaut de Fleury, notre honoré confrère, qui tout en écrivant un livre d'érudition liturgique sur « La Messe », a fait œuvre d'artiste en rappelant dans ses dessins une grande partie des souvenirs monumentaux du moyen âge, doit être cité parmi les rares auteurs qui se sont le plus préoccupés de l'existence et des travaux des marbriers. D'autres encore nous ont aidé à accomplir notre tâche, nous tenons à adresser ici à tous nos sincères remerciements.

De nombreux voyages en Italie, dont le premier remonte déjà bien loin, nous ont mis à même de contrôler tous les renseignements fournis par nos devanciers, et de nous livrer à de nouvelles investigations. Nous avons fouillé la ville de Rome et parcouru les provinces ayant autrefois fait partie du domaine de saint Pierre, nous avons examiné et dessiné nous-même avec le plus grand soin et la plus scrupuleuse exactitude tout ce qui nous a paru se rapporter à la grande famille des artistes marbriers.

De l'étude de ces monuments, ainsi que de la lecture des inscriptions dont ils sont pour la plupart revêtus, nous avons dégagé une marche certaine suivie par le vieil esprit romain renaissant à travers ces temps troublés du Moyen âge. Nous avons constaté que de nombreux champions, travaillaient sans cesse, même au milieu des convulsions les plus épouvantables, à se rattacher, bien que par de grossiers moyens, à cette noble antiquité seule maître qui ne leur fit pas alors défaut. Et nous avons vu ces artisans des premières heures, profitant des encouragements qu'apportaient des temps meilleurs, devenir maîtres à leur tour, produire des œuvres originales et fonder de véritables écoles.

Les cités et les nations voisines de l'Italie, emportées dans une grandiose envolée vers un idéal nouveau, avaient, il est vrai, pendant cette même période, laissé bien loin derrière elles l'ancienne capitale du monde, cadavre de pierre abandonné à la barbarie des conquérants ou à la rapacité de ses propres citoyens, corps inanimé, longtemps privé d'existence, renaissant alors bien lentement à la vie.

Il ne nous en a paru que plus intéressant de rechercher à travers tant de désastres, ce qui avait échappé à la destruction et à la léthargie générale.

Nous nous sommes attaché à faire revivre ces modestes artistes oubliés, à remettre en lumière leur personnalité éclipsée par l'auréole de gloire dont se sont entourés leurs illustres successeurs. Architectes ou sculpteurs, nous avons retrouvé leurs noms, réuni leurs œuvres, et nous nous sommes efforcé d'élever, à notre tour, en l'honneur des *Marbriers Romains,* un monument d'estime et de reconnaissance.

G. CLAUSSE,

Architecte.

Paris, 1ᵉʳ juin 1897.

CHAPITRE PREMIER

PREMIÈRE PARTIE

ÉPOQUE GRECQUE
DU VIᵉ SIÈCLE AU MILIEU DU VIIIᵉ

SOMMAIRE

Décadence de Rome. — Sa constitution au début du vi siècle. — Prépondérance du style byzantin. — Mobilier presbytéral des anciennes basiliques. — L'Autel; autels de bois; autels des catacombes; autels de pierre ou de marbre; appropriation des autels païens au culte chrétien. — Ciborium; ancien ciborium de la basilique de Saint-Jean de Latran. — Cathedra; anciens sièges romains. — Ambon; tribune romaine. — Candélabre pascal. — Chancel; balustrades funéraires. — Eglise de Saint-Etienne le Rond, *Santo Stefano rotondo*. — Eglise de Saint-Georges en Vélabre. — Basilique de Saint-Clément; mobilier du pape Jean II; l'ancien ciborium. — Eglise de Sainte Praxède. — Ravenne, cathédrale, fragments d'ambon, siège épiscopal. — Ancône, Eglise de la Miséricorde, plaque de parapet. — Valpolicella, église de Saint-Georges, ancien ciborium. — Ferentillo, autel. — Bagnacavallo, fragment de ciborium. — Cividale, baptistère; église de Saint-Martin, autel. — Pérouse, musée lapidaire, autel et ciborium. — Ferrare, Modène, Bologne, Brescia, fragments de sculptures. — Les artistes grecs.

1

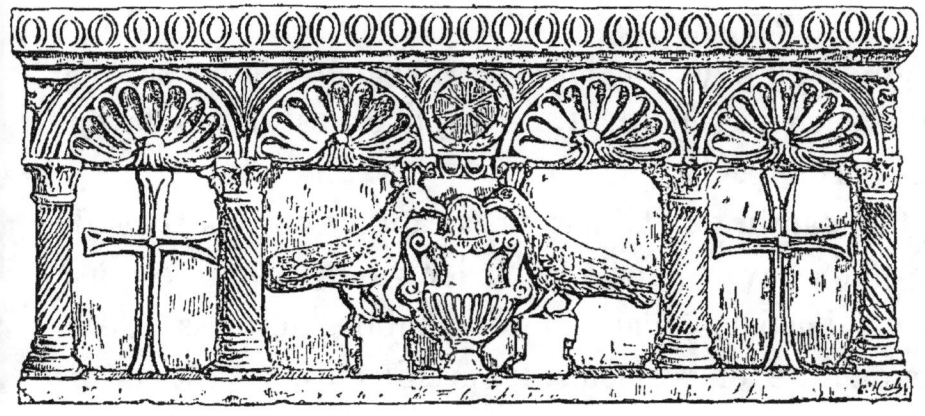

Sarcophage du vi^e siècle. — Ravenne.

CHAPITRE PREMIER

ÉPOQUE GRECQUE, DU VIe AU VIIIe SIÈCLE

Tandis que sous l'action du Christianisme triomphant, la mosaïque, la peinture lapidaire, se régénérait et tendait à prendre un nouvel essor[1], l'art de la statuaire dès longtemps abandonné n'existait déjà plus. La religion nouvelle, bien qu'on ait voulu lui en faire un crime, n'avait eu nulle part cependant à cette prompte décadence ; il n'y a, pour s'en rendre compte, qu'à comparer les bas-reliefs de l'arc de Septime Sévère, d'une composition et d'une exécution déjà bien gros-

1. Voir *Basiliques et Mosaïques Chrétiennes.* — Italie, Sicile par Gustave Clausse, architecte. Paris, E. Leroux, 1893.

sière, avec ceux de l'arc de Constantin ; une énorme différence les sépare, et, certes, elle n'est pas en faveur des derniers.

Constantin en établissant sa capitale sur les rives du Bosphore avait appelé en Orient tout ce qui restait à Rome d'artistes, d'artisans et d'habiles ouvriers. Aussi, pendant de longs siècles, les architectes, s'il est permis de donner ce titre aux constructeurs des nouvelles églises, ne songèrent-ils pour en décorer l'intérieur qu'à dépouiller les temples de leurs colonnes, de leurs frises, de leurs marbres précieux, quand toutefois on ne s'emparait pas du temple tout entier pour le livrer au nouveau culte. C'est ainsi que, dès les premières années de la Paix de l'Église, la basilique de Paul-Émile, les thermes et le mausolée d'Hadrien furent dévastés pour fournir des matériaux somptueux aux grandes créations constantiniennes.

La décadence inaugurée de la sorte se continua par les invasions. Malgré le protectorat temporaire établi par Théodoric sur les monuments romains, les désastres occasionnés par les incursions des peuples germaniques furent immenses. A Rome, les citoyens brisaient les marbres et les statues pour se défendre, et l'on en retrouve encore de nos jours de beaux débris dans les fossés de la ville et du château Saint-Ange. A la suite de la conquête, des pillages méthodiques furent institués par les vainqueurs. Une grande partie des monuments de l'architecture et de la sculpture fut alors anéantie,

dispersée, et, au moment où le culte chrétien s'établis-
sait en maître dans la ville éternelle, s'il rencontrait
encore quelques souvenirs des splendeurs d'autrefois,
il était par lui-même dans l'impossibilité absolue de
rien édifier, de rien créer en fait d'art.

Pendant les premiers siècles du moyen âge, Rome,
malgré la présence des papes, était restée républicaine.
L'élection du pontife, faite par le clergé, devait toujours
être ratifiée par le Sénat et par le peuple; de plus, l'in-
tronisation d'un nouveau pape ne pouvait avoir lieu
sans le consentement de l'empereur; Rome dépendait
de Byzance. Cette vassalité eut une énorme influence
sur le développement des arts en Italie.

Sous l'autorité des exarques, le duché de Rome,
comme on l'appelait alors, était gouverné par un officier
nommé patrice, représentant la puissance impériale,
détenant le pouvoir civil et surveillant l'administration
religieuse. Le pape loin d'être un souverain n'était
qu'un évêque et en portait le titre; alors, l'ancienne
capitale du monde, abandonnée par les empereurs,
réduite au modeste rôle de ville de province, n'était
plus qu'un foyer artistique de bien mince importance.
Aussi, chaque fois qu'il était nécessaire de construire
ou de réparer une église, de transformer ou d'approprier un temple aux usages et aux cérémonies du christianisme, à défaut d'artistes romains, devait-on s'adresser à des architectes ou des sculpteurs étrangers venus
pour la plupart de Constantinople ou de Grèce. C'est

ainsi que depuis le vi° siècle jusqu'à la fin du viii° le style byzantin fut prépondérant à Rome.

Ravenne servit à introduire sur le sol de l'Italie les aspirations orientales, son triomphe fut complet mais de courte durée, une commune barbarie envahit bientôt toute la péninsule. Charlemagne, lui-même, après avoir réussi à provoquer au nord des Alpes une véritable renaissance, fut impuissant à ranimer d'une manière durable l'esprit artistique en Italie.

En dehors de quelques palais où décorateurs et sculpteurs avaient pu, en de rares occasions, exercer leur talent, les monuments religieux, basiliques ou églises, comportaient seuls la présence de certaines œuvres ayant un caractère artistique. Ces édifices, construits pour la plupart, au moyen de grandes murailles de briques supportant une couverture en charpente, étaient absolument dénudés à l'extérieur. A l'intérieur, les murs étaient soutenus par des colonnes provenant toujours, ainsi que leur chapiteau, de la dépouille de quelque temple antique, mais, en dehors de ces points d'appui, partie fondamentale de l'édifice, un ameublement tout nouveau, spécialement affecté aux besoins du culte et tirant son origine des canons de l'Église, se prêtait aisément à quelques manifestations d'art. Ce mobilier comprenait : l'*autel,* toujours directement placé au-dessus du tombeau d'un saint ou d'un martyr, lorsqu'il n'était pas affecté lui-même à servir de sarcophage et à conserver des reliques; le *ciborium,* s'éle-

vant au-dessus de l'autel pour le protéger et en augmenter l'importance; le ou les *ambons,* servant aux
lectures et aux prédications; la *cathédra,* le siège de
l'évêque ou du prêtre présidant la cérémonie; le *chœur,*
avec ses balustrades et ses parapets; quelques *tombeaux* isolés; le *baptistère,* et enfin le *pavement,* revêtu
d'une décoration toute spéciale.

A ces meubles principaux, il conviendrait d'ajouter
les vases sacrés, les lampes, les étoffes et tous les autres
objets alors en usage pour donner plus de majesté aux
cérémonies religieuses. Mais les barbares, incapables
d'apprécier la pureté des formes et la noblesse du style,
n'attachaient d'importance qu'à la richesse de la matière
première, le luxe leur tenait lieu de bon goût; aussi,
toutes les chroniques de ces époques ont bien soin de
nous entretenir, non pas de la forme, mais du poids
des matériaux précieux employés dans l'exécution d'un
vase ou d'une statue, et de noter l'or ou les pierres
fines dont ils étaient décorés.

Nous bornerons donc notre examen au *Mobilier presbytéral,* à ces édicules de marbre et de pierre, construits
et généralement exécutés dans l'atelier d'un Maître marbrier, *Magister Marmorarius,* nom sous lequel ces artisans devenus des artistes continueront à être désignés
pendant tout le cours du moyen âge.

Aux temps apostoliques, l'autel chrétien était copié
sur l'autel païen antique; il arrivait même très fré-

quemment que des autels consacrés aux divinités my-
thologiques étaient employés à accomplir le sacrifice
eucharistique. Une tradition rappelle que saint Pierre,
sortant de Naples par la porte Nolana, trouva sur la route
un autel dédié à Apollon et qu'il y célébra la messe.
Généralement, les autels étaient en pierre ou en marbre;
cependant, les premiers chrétiens se servaient aussi
d'autels en bois faits au moyen de planches assemblées
en forme de caisse et munies d'anneaux sur les côtés
pour pouvoir les transporter, mais, de quelque vénération que l'on ait entouré ces meubles sacrés, la fragilité de leur construction a fait que bien peu d'entre
eux sont parvenus jusqu'à nous. Le plus célèbre,
conservé à Saint-Jean-de-Latran, est en sapin jaune,
incrusté dans son milieu d'une croix grecque; on en
trouve un autre à l'église de Sainte-Pudentienne, qui,
d'après la tradition, aurait servi à saint Pierre. Les mosaïques exécutées au vi° siècle, à Ravenne et à Sainte-
Marie-Majeure représentent des autels en bois du type
que nous indiquons.

Les chrétiens réfugiés dans les catacombes ont toujours célébré le sacrifice divin sur des autels de pierre,
quelquefois mobiles, mais généralement fixes. Ils
employaient à cet usage les tombeaux des martyrs;
aussi, l'Église triomphante, voulant perpétuer ce
pieux souvenir, prescrivait que tout autel devait, à
défaut du corps d'un martyr, renfermer au moins
quelque relique sacrée, ou bien être directement situé

au-dessus de la sépulture d'un saint, emplacement que l'on désignait sous le nom de *Martyrium*.

L'autel, au vi^e siècle, se composait invariablement d'une table de pierre ou de marbre portée sur des murs pleins ou sur de courtes colonnes laissant entre la table et le sol un espace vide ; il pouvait être recouvert de riches étoffes ou de tapis.

L'Église chrétienne, après s'être emparée d'une grande partie des temples du paganisme, n'avait pas cru, dans bien des cas, devoir en briser le mobilier. Peut-être voulait-elle ainsi marquer son triomphe ; il est plus probable cependant que la pauvreté fut presque toujours la raison dominante de cette tolérance, mais, si quelquefois la dépense pouvait être faite, il ne se trouvait plus d'artistes capables de mener à bien des travaux de cette nature et de créer des types appropriés au culte nouveau.

Une quantité considérable d'objets divers furent donc à cette époque précieusement conservés ; aussi, pendant plusieurs siècles, verrons-nous l'emploi des débris des marbres profanes entrer pour une part importante dans la construction des autels, des chaires et des ambons.

Il existe encore dans quelques rares églises de Rome des autels ayant appartenu à d'anciens temples païens : on peut citer la petite église de Saint-Théodore, près du Capitole, autrefois temple de Vesta, où l'on trouve un antique autel circulaire de marbre blanc, orné de guirlandes sculptées; à Sainte-Marie *in via Lata* un cyppe antique de marbre blanc sert au divin sacrifice; Saint-Michel du Vatican conserve un ancien autel de Cybèle, mère des dieux; à Sainte-Marie in *Ara cœli* on officie encore sur l'autel du temple de Jupiter Capitolin, et un autre autel, autrefois consacré au même dieu, sert également à Sainte-Marie du Transtévère.

Les autels construits entre le vi^e et le viiie siècles présentent trois formes bien caractérisées: les cyppes dont on a retrouvé de nombreux modèles dans les catacombes, les tables portées sur des colonnes, et les coffres, sortes de sarcophages, formés de dalles de marbre ou de panneaux de bois recouverts de plaques métalliques plus ou moins enrichies de ciselures et de pierreries. Lorsque, vers la fin du viiie siècle les matériaux provenant des temples antiques commencèrent à faire défaut, surtout dans les provinces, ces formes varièrent sous l'influence des artistes byzantins, mais à Rome, où la mine était inépuisable, elles persistèrent encore longtemps.

Le *Ciborium* chrétien était un édicule composé d'une toiture portée sur des colonnes et recouvrant l'autel. Le mot *ciborium* vient du grec κιϐώριον (couverture). Cette coutume, d'accroître l'importance de l'autel principal au moyen d'une annexe formant abri, pouvait provenir du désir d'honorer particulièrement le saint patron auquel l'église était dédiée, ou du besoin de protéger la table sainte sur laquelle devait s'accomplir le sacrifice divin. Mais le ciborium rappelait surtout les anciens édicules élevés par les premiers chrétiens sur la tombe des martyrs, à l'imitation de ceux que les juifs plaçaient sur les tombeaux isolés creusés en pleine campagne. La mosaïque absidale de Saint-Apollinaire Nuovo, à Ravenne, représente le Saint-Sépulcre sous une petite coupole portée par des colonnes.

Après la Paix de l'Église, le ciborium chrétien apparaît dans toute sa magnificence au-dessus de l'autel des grandes basiliques constantiniennes. Le Livre Pontifical rappelle avec tous les détails nécessaires celui de Saint-Jean-de-Latran : « Constantin « donna un *fastigium* d'argent repoussé qui avait sur « la face le Sauveur assis sur une sella de cinq pieds « de haut, pesant cent vingt-cinq livres, les douze « apôtres qui pesaient chacun quatre-vingt-dix livres « d'argent très pur et qui tenaient des couronnes. Sur « la face postérieure regardant l'abside, le Sauveur « assis sur un trône d'argent très pur pesant cent « quarante livres, quatre anges d'argent de cinq pieds « de haut et pesant chacun cent cinq livres, tenant des « hastes avec des croix et ayant dans les yeux des « pierres d'Alabanda ; un lustre d'or très pur pend « sous le *fastigium* orné de cinquante dauphins et « pèse avec la chaîne vingt-cinq livres[1]. » Le mot

---

1. M. C. Rohaul de Fleury a donné une restitution de ce magnifique *ciborium* dans son livre: « La Messe ».

fastigium généralement appliqué au faîtage d'une toiture est employé ici pour désigner l'ensemble de l'édifice.

Agnellus, en parlant de la vie de saint Victor (545), s'étend avec complaisance sur la richesse du grand ciborium qui accompagnait le maître-autel de la cathédrale de Ravenne.

On sait également que le ciborium de Saint-Pancrace fut élevé à Rome en 626, par le pape Honorius Ier, et celui de la chapelle Saint-Venance, au Baptistère de Saint-Jean, par Jean IV, en 640 ; tous deux sont décrits par Panvinius. Mais de ces œuvres du passé, et de beaucoup d'autres que nous pourrions citer grâce aux renseignements très précis fournis par le *Liber Pontificalis,* il ne reste que le souvenir.

Qu'ils fussent construits en bois, recouverts de plaques de métaux précieux, ou bien en pierre ou en marbre, les ciboria étaient toujours composés des mêmes éléments : une couverture, accusant tantôt la forme d'un toit à deux versants, ce sont les plus anciens types, tantôt celle d'un dôme hémisphérique ou d'un dais pyramidal, et quatre points d'appui fournis, la plupart du temps, par les colonnes de marbre des temples païens.

Le prêtre célébrait le divin sacrifice tourné vers l'orient, d'où vient toute lumière, en faisant face aux fidèles, mais, au moment de la consécration de l'hostie, des rideaux, glissant sur des tringles placées entre les colonnes, masquaient, pendant un instant, l'autel et l'officiant.

La *cathedra,* le siège épiscopal, occupait le fond de l'abside. Trône élevé de plusieurs marches, elle était destinée à l'évêque ou au chef du clergé ; de là, il dominait le chœur et faisait entendre sa parole de toutes les parties de l'église. La cathedra chrétienne avait remplacé l'antique *solium* qu'occupaient les magistrats romains dans les absides de leurs basiliques ; car la disposition adoptée pour recevoir l'appareil de la justice parut dès l'origine devoir convenir aux cérémonies religieuses. Au reste, l'honneur d'occuper dans les assemblées un siège isolé était un privilège apostolique, tous les apôtres et les premiers évêques ont eu leur chaire particulière ; quelques-unes d'entre elles ont été conservées avec une pieuse vénération. Ces sièges étaient généralement en bois munis d'anneaux. Le plus précieux spécimen de ce genre est la chaire de saint Pierre conservée dans la basilique du Vatican.

Les cathedra des nouvelles églises provenaient, non seulement des basiliques antiques, mais, pour s'en procurer, on mit à contribution les palais et les thermes de Rome, et l'on sait que ceux d'Antonin possédaient à eux seuls six cents sièges. On retrouve encore dans plusieurs églises quelques-unes de ces anciennes chaires romaines ; parmi les plus remarquables, on peut citer celle de Sainte-Marie in Cosmedin ayant servi, dit-on, à saint Augustin, celle de Sainte-Marie au Transtevere, et quelques autres.

L'*Ambon* (du grec αμϐαινω, je monte) est la tribune du haut de laquelle parlait l'orateur et d'où le diacre faisait à haute voix la lecture des écritures saintes et des lettres pastorales. C'était une coutume juive, remontant à une très haute antiquité, de placer le Livre de la loi sur un pupitre isolé pour le lire au peuple, et d'élever le lecteur sur une estrade afin qu'il pût mieux se faire entendre ; mais les Romains faisaient également un usage très fréquent de la tribune, et, c'est peut-être là, sans aller chercher plus loin, qu'il faut trouver l'origine des ambons. En tous cas, l'ambon chrétien, tel que nous le montrent encore de nombreux monuments bien conservés, n'apparaît guère avant le v° siècle. Il était alors isolé, placé généralement sur un des côtés de la nef centrale de l'église, ses marches tournées vers l'entrée et vers le chœur ; souvent deux ambons se faisaient face l'un à l'autre. Dans les églises circulaires, un seul ambon occupait le milieu de la nef. La cuve de l'ambon, le *corporale* comme le nomment les Italiens, était ordinairement supportée par une maçonnerie pleine, mais reposait très souvent sur des colonnes ou des points d'appui isolés ; l'ambon de Saint-Apollinaire Nuovo à Ravenne, ainsi que ceux des cathédrales de Grado, de Torcello et de Murano, datent tous du v° siècle.

Le *cierge pascal,* institué par le pape Zozime en 417, était primitivement mobile et pouvait être transporté à différentes places de l'église. Les architectes du xıı° siècle le rattachèrent au chœur en le fixant sur un candélabre de marbre placé auprès de l'ambon, ou de celui des deux ambons servant à la lecture des Évangiles. Cet usage se généralisa au xiiiᵉ siècle et le chandelier pascal devint la caractéristique du pupitre évangélique.

Le *chancel* est le mur d'appui qui sépare la nef d'avec le sanctuaire ; ce nom lui vient du mot *cancelli* (balustrade). Les basiliques païennes avaient un chancel pour empêcher le peuple d'envahir le tribunal, et cet esprit de protection parut trouver une heureuse application dans la distribution des différentes parties de l'église chrétienne. Aux premiers siècles on élevait quelquefois autour des tombeaux isolés et des petites basiliques funéraires des balustrades pour indiquer un endroit vénéré et éviter les profanations.

Tels étaient les principaux éléments dont se composait le mobilier presbytéral d'une église ou d'une basilique au commencement du moyen âge. La construction de ces différents édicules nécessitait l'intervention d'architectes et de sculpteurs, et l'on peut encore retrouver à Rome ou dans les villes voisines quelques souvenirs des types créés par ces artistes, venus pour la plupart de Grèce, à la fin du vᵉ et au commencement du viᵉ siècle.

Cependant, le rôle des architectes n'était pas toujours limité à l'exécution d'un beau meuble ou d'un aménagement intérieur ; d'importants monuments furent

élevés à Rome sous leur direction. L'église de Saint-
Étienne-le-Rond, *San Stefano Rotondo*, construite sous
le pontificat du pape Simplicius (468-482) est un des
spécimens les plus remarquables de l'architecture primitive byzantine importée en Italie. On peut lire au *Liber Pontificalis*, dans la nomenclature des événements
accomplis pendant le règne de ce pape : *Hic dedicavit
basilicam Sanctum Stephanum in monte Coelio.* Le
monument laissé inachevé par Simplicius fut complété
et terminé par les papes Jean Ier et Félix IV dans la
première moitié du vi^e siècle. Cette église offre avec les
basiliques latines une différence notable, non seulement
par la disposition circulaire de son plan, mais surtout
en ce que la retombée des arcades qui délimitent la
galerie du pourtour ne repose plus directement sur
les chapiteaux des colonnes ou sur un entablement
complet, mais porte sur de hauts abaques surmontés
de tailloirs comme à Saint-Vital de Ravenne, et c'est là
une des caractéristiques les plus accentuées de l'architecture orientale et byzantine.

On pourrait encore citer l'église de Saint-Georges-en-
Vélabre dont la fondation remonte à cette même époque,
si la restauration entreprise un siècle plus tard par le
pape Léon II (682-684) n'en avait altéré l'ordonnance.
On y voit encore aujourd'hui les arcades défectueuses
et les lourds piliers par lesquels on avait remplacé
les belles colonnes antiques qui en délimitaient primitivement les nefs.

Quoi qu'il en soit, ils sont en bien petit nombre et dispersés sur le sol de l'Italie entière, les grands édifices religieux construits au vıᵉ siècle par des architectes byzantins, et parvenus jusqu'à nous dans un état de conservation tel que l'on puisse encore y puiser un enseignement. Aussi, est-ce au mobilier presbytéral et aux tombeaux que nous nous adresserons de préfé-

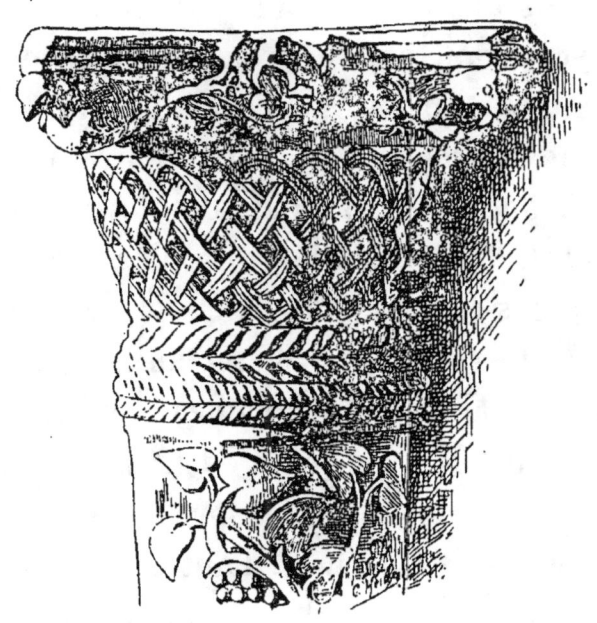

Chapiteau et colonne de l'ancien ciborium de l'église
de Saint-Clément, à Rome. — vıᵉ siècle.

rence pour recueillir des documents pouvant servir à tracer avec quelque certitude l'histoire des arts de la pierre et du marbre pendant les premiers siècles du moyen âge.

La basilique de Saint-Clément, élevée à Rome sur

la pente du mont Cœlius, va nous fournir un des plus beaux exemples qu'il soit possible de rencontrer de l'art si délicat et correct à la fois mis en pratique par les artistes grecs travaillant en Italie à cette époque.

Il est en usage aujourd'hui de n'autoriser l'accès de l'église souterraine, l'ancienne basilique du IV° siècle incendiée et détruite par les Normands en 1084, qu'une seule fois dans l'année, le jour de la fête patronale du saint Martyr. Ayant eu l'heureuse chance de pouvoir profiter de cette liberté, j'aperçus, appliqués au mur postérieur de la grande nef, deux admirables colonnes de marbre blanc dont les fûts, complètement couverts d'une décoration de feuillage de lierre et de fleurs sculptés en bas-relief, s'adaptaient avec une parfaite exactitude à de ravissants chapiteaux sculptés à jour avec un art tout à fait remarquable. L'un de ces chapiteaux représente une corbeille en tresses de jonc surmontée de quatre colombes se présentant à mi-corps et tenant lieu de colicornes; l'autre est formé d'une raie-de-cœur à grande feuille avec une croix dans son milieu. Ces colonnes, ainsi que leurs chapiteaux, sont identiquement semblables à celles qui sont placées auprès du tombeau du cardinal Venerio de Recanati (tombeau de la fin du XV° siècle, le cardinal mourut en 1489), élevé dans une des nefs latérales de la basilique supérieure. Malgré le très vilain badigeon dont ces dernières sont recouvertes, et qui enlève à la sculpture une partie de sa finesse, on retrouve absolument les mêmes chapiteaux à feuilles ou à corbeille, les mêmes colonnes enlacées des gracieux contours d'un lierre au feuillage fleuri. Le doute n'est pas possible : les colonnes de la crypte et celles du tombeau ont la même origine,

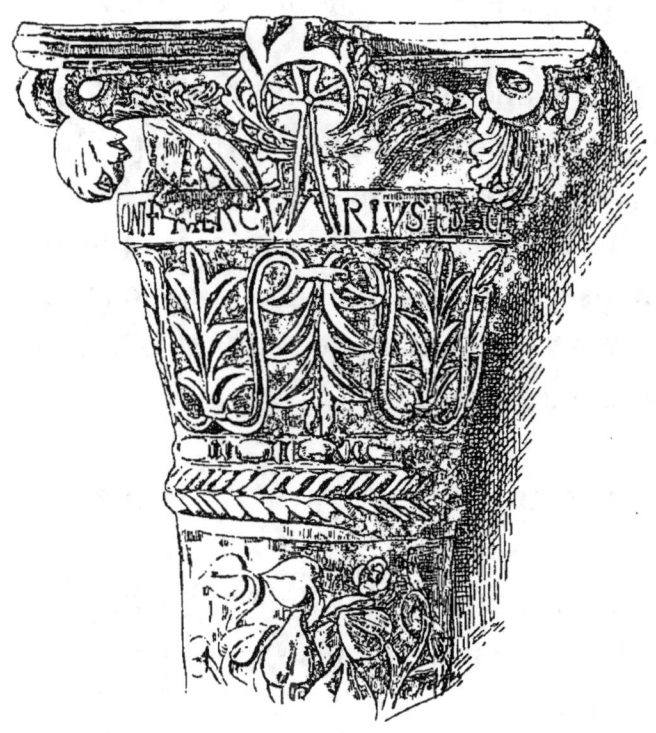

Chapiteau et colonne de l'ancien ciborium de l'église de
Saint-Clément, à Rome. — vtᵉ siècle.

toutes devaient faire partie du même monument, et, ces quatre points d'appui isolés ne pouvaient convenir qu'aux supports d'un *ciborium* d'autel. Au reste, toute hésitation disparaît à la lecture d'une inscription en caractères romains gravée sur un bandeau de marbre placé au-dessus des colonnes de la crypte et provenant évidemment de l'architrave du ciborium [1] :

ALTARE TIBI DEVS SALVO HORMIDA PAPA MERCVRIVS PRESBITER CVM SOCIIS OFFERT.

Hormidas étant pape, le prêtre Mercurius a consacré à Dieu cet autel ;

ce qui nous reporte aux environs de l'année 514, date de l'élévation d'Hormidas au trône pontifical. Pour mieux encore affirmer sa paternité à l'endroit de la construction de cet autel, le prêtre Mercurius a pris soin d'apposer son nom sur l'un des chapiteaux qui porte, gravés sur une bande passant entre la croix et la raie-de-cœur, les mots :

MERCVRIVS.PC.SCE.E.S.D$\overline{\text{MI}}$;

or ce Mercure, prêtre titulaire de la basilique de Saint-Clément, devint bientôt un des successeurs d'Hormidas et fut préconisé à la date du 22 juin 532 sous le nom de Jean II [2].

1. Ce bandeau mesure 2^{m}80 de longueur sur 0^{m}17 de hauteur. Après la démolition du ciborium il avait été employé à former le socle du chancel de la nouvelle basilique ; il était situé à gauche, du côté de l'évangile auprès de la porte latérale du chœur.

2. On conserve à l'église de Saint-Pierre-aux-Liens l'inscription suivante :

Joannes cognomento Mercurius ex sanctæ Ecclesiæ Romanæ presbyteris ordinatus ex titulo sancti Clementis ad gloriam promotus anno Domini, CCCCC. XXX. II.

Il est aisé, grâce à ces beaux fragments, de reconstituer le *ciborium* du maître-autel de l'antique église : les quatre colonnes soutenaient une architrave sur laquelle une toiture à deux versants venait retomber, soit directement, soit en s'appuyant sur une rangée de courtes colonnettes, dispositions adoptées toutes deux dans les plus anciens *ciboria* construits par la primitive Église.

Cette œuvre remarquable atteste le plus pur style byzantin. Peut-être pourrait-on supposer que les colonnes sont romaines; les musées de Rome conservent en effet plusieurs spécimens de colonnes antiques sculptées en totalité ou en partie de fleurs et de feuillages dans la hauteur de leurs fûts, mais, l'uniformité d'allure des colonnes de Saint-Clément, l'exactitude avec laquelle colonnes et chapiteaux s'adaptent l'un à l'autre, leur parfaite uniformité de taille et de grosseur, la similitude du dessin et du profil des bases, ne peuvent laisser de doute sur leur origine commune. Elles sont bien sorties des mains d'un même maître, sculpteur et marbrier, et ont été destinées au même monument.

Le prêtre titulaire de Saint-Clément, devenu le pape Jean II, n'avait pas borné ses libéralités envers son ancienne église à l'érection d'un autel ; le complément du mobilier presbytéral fut également son œuvre. Chancel, chœur, ambons ont été construits, sinon sous sa direction immédiate, au moins sous sa haute inspiration. On peut encore se rendre un compte très exact du mérite artistique de cette œuvre. Beaucoup des panneaux ou dalles de marbre sculptées faisant actuellement partie du chancel et de la clôture du chœur ainsi que plusieurs des petits piliers qui les séparent proviennent du mobilier de l'église souterraine, l'ancienne basilique. Quelques-uns de ces panneaux sont ornés de tresses de joncs formant une sorte de grillage à jour ; sur d'autres, on voit des croix enfermées dans des encadrements carrés, ou bien des couronnes de feuillage contenant des monogrammes et liées à la partie inférieure par des bandelettes flottantes terminées par une feuille de lierre semblable à celles des colonnes du ciborium et portant des croix élancées. Ce motif de décoration, très en usage en Orient au vi° siècle, a été fréquemment employé par les artistes grecs travaillant à cette même époque en Italie ; on peut en retrouver des exemples à Pola, à Grado, à Ravenne, et, dans cette dernière ville on le voit identiquement reproduit sur le beau sarcophage de Saint-Barbaziano conservé dans la cathédrale.

Le monogramme enfermé dans les couronnes de Saint-Clément avait toujours passé et passe encore, au dire de certains auteurs, pour être celui du pape Jean VIII régnant au ix° siècle, auquel on attribue une restauration partielle de la basilique.

Depuis les belles découvertes de M. de Rossi faites, en 1858, à la suite des fouilles qui ont déblayé com-

plètement l'ancienne basilique et mis au jour les inscriptions et les très remarquables morceaux de sculpture dont nous venons de parler, il ne nous paraît plus
possible de commettre une semblable erreur.

Il est de toute évidence que le monogramme est
bien celui du pape Jean II ; par conséquent, l'œuvre
très importante de la création d'un mobilier artistique
complet, à l'église Saint-Clément, doit être fixée au vi^e
siècle.

On voit encore à Rome, dans l'église de Sainte-Marie
in Cosmedin quelques chapiteaux datant de la construction primitive attribuée à Belisaire lors de son
séjour à Rome en 536.

A l'église de Sainte-Praxède sur l'Esquilin, l'architrave de la porte d'entrée principale est ornée de rinceaux d'achante sauvage entremêlés de roses et de
grenades, tels qu'on en trouve dans quelques églises
de la Syrie centrale construites au vi^e siècle ; le rapprochement est facile à faire et l'on peut sans crainte attribuer la décoration de cette architrave à un artiste grec
travaillant à cette même époque en Italie.

Ces quelques rares morceaux sont les seuls restes
ou débris isolés que l'on puisse aujourd'hui retrouver
à Rome de cet art byzantin du vi^e siècle, art délicat,
original, savant et varié, maître de lui et complet
dans toutes ses expressions.

On conserve encore dans une galerie contournant
le chœur de la cathédrale de Ravenne les débris d'un

très beau monument de cette époque : ce sont deux grands segments de cylindre ayant formé primitivement le parapet d'un ambon curviligne. Chacun de ces morceaux est divisé en plusieurs petits panneaux carrés représentant des quadrupèdes, des oiseaux, des poissons ; aucune inscription ne vient apporter une date précise à l'exécution de cet ambon, mais la finesse des sujets, le caractère et le style général de la décoration nous engagent à accepter l'opinion de quelques archéologues qui l'attribuent à l'évêque Agnellus, 566.

Nous nous ferions un scrupule de passer sous silence la belle cathedra d'ivoire conservée dans la sacristie de cette même cathédrale de Ravenne ; ici le monogramme de l'évêque Maximianus nous reporte avec certitude aux années 546 à 556. C'est un siège de forme romaine, de dimension assez restreinte, à accotoirs et dossiers droits. Sur le devant, saint Jean-Baptiste et les quatre évangélistes sont debout sous cinq arcades ; sur le dossier et les faces latérales, des montants droits séparent des plaques carrées représentant des scènes de la vie de Jésus-Christ ou de celle de Joseph. Les bandes qui encadrent le devant du siège sont sans contredit la partie la plus fine et la mieux traitée de toute cette décoration : elles représentent des rameaux de vigne s'enroulant en d'élégantes arabesques autour d'oiseaux et de cerfs. La cathedra de Maximianus est un des plus rares exemples d'un véritable monument construit en

ivoire et un des plus beaux types de l'art byzantin du
vi° siècle[1].

L'influence exercée en Italie par les maîtres ou les
disciples de cette école presque classique fut de courte
durée ; dès le milieu du viie siècle commence la décadence. Nous avons constaté en étudiant les mosaïques
cet apauvrissement de l'esprit artistique en général; nous
pouvons maintenant en trouver une preuve nouvelle.

Les grands monuments nous font ici presque complètement défaut, on n'édifiait pas au cours de ces siècles
troublés par les invasions et par l'établissement des
barbares sur le sol de l'Italie ; à peine élevait-on parfois
quelques monastères et restaurait-on quelques anciennes églises. L'architecture était donc un art absolument
délaissé. Les quelques murs de briques dont se composait un édifice, les quelques débris antiques dont on
l'ornait ne peuvent passer pour une œuvre ayant un
caractère artistique quelconque. En tous cas, ces constructions ont disparu pour la plupart. Aussi, est-ce au
domaine de la sculpture et de la marbrerie que nous nous
adresserons pour rechercher des témoignages et des
spécimens de ce que l'art de cette époque, art bien peu
relevé cependant, pouvait encore donner. Rome en est
absolument dépourvue, et pour trouver quelques restes
intéressants, datant des viie et viiie siècles, devons-nous

---

1. Cette cathedra a été décrite en détail et reproduite dans Bayet,
L'Art Byzantin, p. 93. Paris, Quantin.

parcourir les provinces, étendant plus particulièrement nos recherches dans celles qui avaient été soumises à la domination des Lombards, seul peuple parmi les barbares auquel tout sentiment du beau n'était pas étranger.

On conserve à l'église de la Miséricorde à Ancone une plaque demi-circulaire en marbre provenant du parapet de l'ancien ambon. L'ornementation en est assez simple : elle consiste en quatre carrés encadrés par des entrelacs ; chaque carré renferme trois compartiments divisés par des colonnettes cannelées en spirale, avec chapiteaux rudimentaires, supportant un fronton entre deux archivoltes ; dans chaque compartiment une plante émerge d'un vase. L'idée générale de cette décoration se trouve souvent reproduite sur des sarcophages ou des plaques de parapet de la même époque. Le motif du fronton entre deux arcades se rencontre même sur des monuments beaucoup plus anciens, tels que l'un des sarcophages conservés à Ravenne au mausolée de Placidie et un autre placé dans le bas-côté de la basilique de Saint-Apollinaire in Classe.

Malgré l'imperfection et la naïveté de la sculpture de notre parapet d'ambon, ce fragment n'en offre pas moins un intérêt très particulier, grâce à l'inscription dont il est revêtu. Elle est ainsi conçue :

TEMPORIBVS PAPAE SERGII CHRISTI
FAMVLVS ANDREAS FECIT FVERAT EX VETVSTV
LAPIS SET NVNC RVTILAT SPLENDENS.

Aux temps du pape Sergius, Andreas, serviteur du Christ, fit ce monument, il mit en œuvre d'anciens matériaux, mais maintenant il brille de toute sa plendeur.

Cette inscription donne une date certaine puisque le pape Sergius Ier gouvernait l'Église entre les années 687 et 701, et que le style de cet ambon ne permet pas de confondre le Sergius dont il est ici question avec Sergius II ayant régné en 844 et encore moins avec les deux autres papes du même nom vivant au xe et au xie siècles. Elle révèle en outre l'existence d'un marbrier sculpteur nommé Andreas, probablement grec ou d'origine grecque, qui, faisant revivre une ancienne coutume tombée depuis longtemps en désuétude, avait signé son œuvre.

Cet acte d'autorité, qu'il nous est permis de constater pour la première fois, est pour nous un fait remarquable. Nous allons rencontrer maintenant quelques-unes de ces signatures ; bien que très rares au début du moyen âge, plus fréquentes par la suite, nous pourrons, grâce à elles, établir une classification à peu près chronologique et parcourir l'histoire de l'art de ces temps obscurs en jalonnant notre route de documents précis.

Pour retrouver un de ces maîtres inconnus jusqu'ici, nous gravirons les pentes riantes mais un peu escarpées sur lesquelles s'appuie le village de Valpolicella dans les environs de Vérone, et nous pénétrerons dans la vieille église dédiée à saint Georges.

C'est une très curieuse petite basilique à trois nefs, présentant tout d'abord, dans sa construction, une particularité intéressante à signaler. Du côté du chœur, elle est terminée par trois absides, mais la porte d'entrée, située dans l'axe de la nef principale, se trouve percée au fond d'une autre abside tournée en sens contraire et faisant face aux précédentes. Un examen attentif du monument peut donner l'explication de cette étrange disposition. On remarque, en effet, que, du côté de l'entrée, les trois nefs sont séparées par de lourds piliers carrés, tandis que dans la partie du chœur, surélevée d'une marche, elles sont limitées par des colonnes; de plus, le genre d'appareil grossier de l'abside d'entrée indique une construction beaucoup plus ancienne que celle des autres parties de l'édifice.

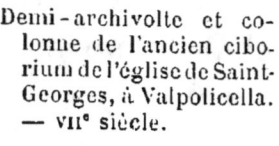

Demi-archivolte et colonne de l'ancien ciborium de l'église de Saint-Georges, à Valpolicella. — VIIe siècle.

Il est donc évident que la basilique de Saint-Georges est formée de la jux-taposition de deux églises, dont l'une, orientée suivant la liturgie des pre-miers siècles du christianisme, doit remon-ter bien au delà du viiiᵉ siècle, tandis que l'autre, la partie des colonnes et des trois absides, genre de disposition qui n'apparaît guère en Italie avant le ixᵉ siècle, a dû être construite beaucoup plus tard.

Autre demi-archivolte du ciborium de Valpoli-cella. — viiᵉ siècle.

A l'intérieur de ce curieux monu-ment, on trouve deux colonnettes de marbre avec leur chapiteau, ainsi que trois riches archivoltes surmontées de leur couronnement. Ces fragments, comme il est facile de s'en rendre compte, faisaient partie d'un ciborium auquel il manquerait, pour le com-pléter, une archivolte et deux autres colonnettes. L'archivolte a disparu, mais les colonnettes existent ; elles ont été transportées au musée lapidaire de Vérone, et doivent probablement leur conservation aux inscriptions qui sont gravées en caractères assez bar-bares sur leur partie convexe. On lit sur la première :

IN N . DO̅NI IESV XRISTI DE DONIS SANCTI
IVANNES BAPTESTE EDIFICATVS EST HANC CIVO-
RIVS SVB TEMPORE DOM̅N̅O NOSTRO LIOPRANDO
REGE ET V̅B *(venerabile)* PATER̅N̅O DOMNICO
EPESCOPO ET COSTODES EIVS V̅N̅ *(venerabiles)*
VIDALIANO ET TANCOL PESBITERIS ET REFOL
GASTALDIO GONDELME INDIGNVS DIAGONVS
SCRIPSI.

Et sur la seconde :

VRSVS MAGISTER CVM DISCEPOLIS SVIS IV-
VENTINO ET IVVIANO EDIFICAVET HANC CIVO-
RIUM VERGONDVS TEODAL FOSCARI.

Ces précieuses inscriptions indiquent que le monument fut élevé sous le règne du roi Luitprand, Dominique étant évêque ; or, l'évêque Dominique mourut
l'année même de l'élévation au trône de Luitprand, 712 ;
la date fournie par l'inscription est donc absolument
précise. L'auteur du ciborium est un sculpteur nommé
Ursus, travaillant avec ses disciples Juventinus et Juvianus ; signature valant un véritable certificat d'origine.

Cet élégant édicule, dont les colonnettes avec leurs
chapiteaux ne mesurent pas plus d'un mètre de
hauteur, l'ouverture des archivoltes une dimension
encore moindre, est trop petit pour pouvoir recouvrir
un autel tout entier, et devait reposer sur la table
sainte afin d'en protéger la partie la plus sacrée. Ce

genre de ciborium était d'un usage assez fréquent,
on en voit des exemples représentés dans la mosaïque absidale de Saint-Ambroise à Milan et dans
celles de Saint-Marc à Venise. La partie sculpturale, bien
traitée et d'une facture encore assez nerveuse, est cependant d'un dessin un peu monotone; des tiges d'osier
entrelacées en forment la principale ornementation.

On trouve dans la même église un ambon fort simple
dont le parapet convexe comporte une décoration analogue: il est formé de quatre panneaux carrés ornés
de baguettes entrelacées exactement du même style que
celles du ciborium. On peut donc supposer, sans
chance de grande erreur, qu'ambon et ciborium datent
de la même époque, et que maître Ursus en est l'auteur
commun.

Pour voir apparaître à nouveau le nom du marbrier
Ursus, il nous faut passer de la marche Trévisane au duché de Spolète, dépendance du royaume des Lombards.
L'antique abbaye de Ferentillo, construite au commencement du viiiᵉ siècle par le duc Feroald II, auprès de
Terni, sur l'emplacement d'une grotte où avaient vécu
deux pieux solitaires, Lazare et Jean, servit de retraite à
son fondateur lorsque celui-ci fut chassé du trône en
721. C'est une église de forme basilicale avec abside,
ayant subi depuis sa fondation bien des modifications
et aujourd'hui abandonnée; mais, les derniers restaurateurs ont pris soin d'enclaver dans l'autel trois plaques
de marbre en assez mauvais état, ornées d'incrusta-

tions en graphite, ayant appartenu à l'autel primitif. On distingue encore parfaitement la décoration exécutée au trait et gravée dans le marbre à une profondeur de sept à huit millimètres. La face principale est ornée de trois croix de consécration, inscrites dans des disques ; entre ces croix, se tiennent deux personnages debout, les bras étendus dans la position des orantes, vêtus d'une simple tunique ; un calice entre deux colombes est gravé au-dessus de l'un deux, près de l'autre sont écrits les mots : VRSVS. M. Sur une autre plaque portant le pilastre d'angle latéral, on lit : VRSVS MAGIS-TER FECIT. Enfin, la partie haute du devant d'autel est occupée par une longue inscription idiquant le nom du donateur : HILDERICVS DALCILEOPA., personnage dont Paul Diacre fait mention dans sa chronique, et auquel le roi lombard Hildebrand remit le duché de Spolète en 739.

Ursus était donc un maître véritable, ayant formé une école et travaillant avec ses élèves. Qu'il soit grec ou romain, cela a peu d'importance, son style est absolument grec, et, dans ses inscriptions, il employait une partie des lettres de l'alphabet grec ; nous admettrons donc qu'Ursus était de nationalité byzantine. En tous cas, cet artiste jouissait d'une haute réputation à la cour lombarde, le roi et les grands feudataires s'adressaient à lui lorsqu'ils avaient à faire exécuter quelque ouvrage important. Ses œuvres ont du être nombreuses ; bien que détruites ou dispersées pour la plupart, ce qui nous en reste peut néanmoins donner une idée de leur valeur. Il est certain toutefois que malgré leurs imperfections elles étaient fort estimées, et l'auteur lui-même leur reconnaissait une réelle importance, puisqu'il tenait à honneur de leur faire porter sa signature.

Certes Ursus n'était pas le seul sculpteur auquel les Lombards, maîtres de l'Italie presque entière, pouvaient avoir recours. Dans une inscription gravée sur l'archivolte d'un ciborium conservée à l'église de Bagnacavallo, près de Ravenne, on lit le nom d'un prêtre Jean, travaillant sous l'épiscopat de Dieudonné, DEODONA-TVS, évêque de Ravenne au viiie siècle.

Jean était un artiste, ce qui reste de la décoration de cette archivolte, animaux chimériques enlacés dans des rinceaux, le prouve suffisamment ; le dessin est largement traité, le coup de ciseau vigoureux et l'ensemble dénote un style encore absolument byzantin.

D'autres œuvres, complètes ou mutilées, datant d'une façon certaine de la première moitié du viiie siècle, sont bien parvenues jusqu'à nous, mais en dehors d'Ursus et de Jean, elles ne nous font découvrir aucune autre personnalité artistique. Cette lacune est d'autant plus regrettable que les monuments sont d'une importance presque capitale.

Il en est ainsi du beau baptistère de l'église de Cividale en Frioul, le monument le plus parfait peut-être que nous ait laissé le viiie siècle.

En l'année 737, Calliste, patriarche d'Aquilée, transporta son siège apostolique de Cormon où il résidait à Cividale, séjour ordinaire du duc lombard de Frioul. A cette occasion, l'église fut embellie et l'on construisit de nouveaux fonts baptismaux. Ce joli monument se compose d'une cuve de marbre entourée d'un parapet octogonal sur lequel portent huit colonnes réunies par des arcades ; la corniche est ici remplacée par un bandeau plat où se trouve gravée l'inscription indiquant l'origine du baptistère, au-dessus il n'y a pas de couverture. Les panneaux du parapet, ainsi que les archivoltes des arcades, sont ornés de sculptures du plus pur style grec de l'époque ; elles représentent des symboles chrétiens : colombes, paons affrontés, cerfs se désaltérant à la fontaine, tels que nous les avons rencontrés dans les mosaïques contemporaines.

Cividale est riche en œuvres grecques du viii° siècle, mais toutes sont anonymes. Parmi les plus remarquables, on peut encore citer, à l'église Saint-Martin, un autel de marbre couvert sur trois faces de grossières sculptures représentant des personnages ; sur la quatrième, une inscription rapporte qu'il fut élevé par ordre du roi Ratchis (744-749), fils de Pénone, duc de Frioul.

Le musée lapidaire de Pérouse conserve un important édicule datant de la même époque, dont la valeur est au moins égale à celle du baptistère de Cividale. C'est un autel complet accompagné de son ciborium, provenant de la vieille église de Saint-Prospert, les quatre colonnes

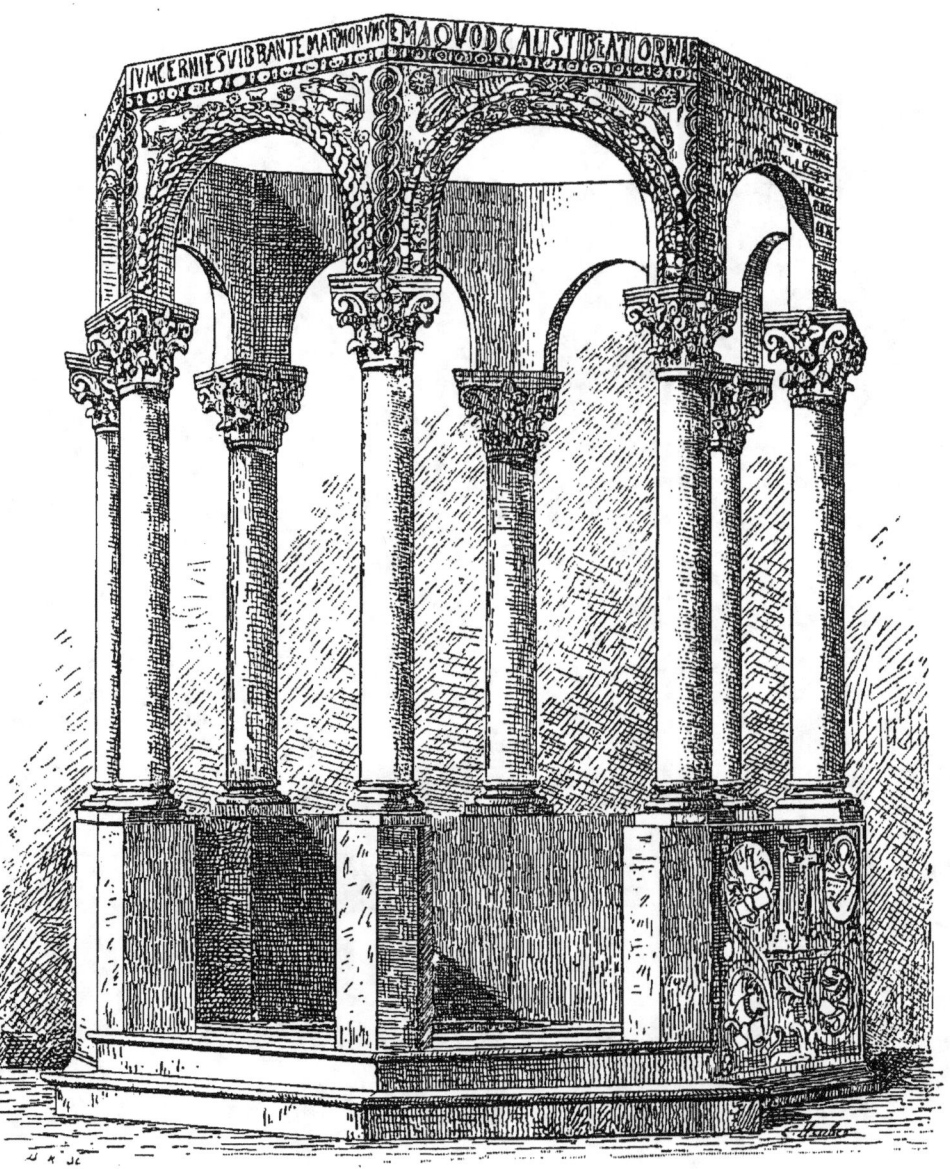

Baptistère de l'église de Cividale en Frioul. — VIIIe siècle.

supportent quatre archivoltes couvertes d'ornements,
d'oiseaux, de paons, et surmontées d'une toiture pyra-
midale terminée par un riche fleuron.

En parcourant les villes du nord de l'Italie, plus
spécialement soumises à la domination lombarde, on
retrouve encore quelques morceaux anonymes de sculpture grecque du viiie siècle. A Ferrare, dans la cour de
l'Université on voit deux plaques de parapet en marbre,
provenant de l'église de Vogenza ; le nom d'un évêque
Georges s'y trouve gravé. A Modène, dans une cour
située près de la cathédrale, on a réuni des restes importants d'ambons et de balustrades ; à Bologne, place
Saint-Dominique, un arc de ciborium est appliqué au-
dessus de la tombe des Foscari ; à Breschia, au musée
chrétien, situé dans les dépendances de l'église du Saint-
Sauveur, qui elle-même faisait partie d'un ancien monastère fondé sous le règne d'Astolphe, en 753, on voit
une belle rampe d'ambon ornée d'un paon superbe d'allure, entouré d'élégants rinceaux ; véritable chef-
d'œuvre de sculpture byzantine.

Cette courte énumération fait à peu près connaître
tout ce qui, en Italie, peut se rapporter au viiie siècle.
Souvenirs d'un art plein de vigueur quoique d'une uniformité presque constante, ces débris, ou ces monuments, se rencontrent presque toujours dans les villes
de second ordre ; les grandes cités éprouvées par de
fréquentes révolutions ont vu peu à peu disparaître tout
ce qui se rapportait à ces époques lointaines.

Les artistes grecs, chassés de leur patrie par les guerres et les persécutions, étaient accourus se placer sous la protection des Lombards. Ils se répandirent bientôt un peu partout, même en France, s'employant à exécuter tout ce qui pouvait contribuer à l'ornementation des églises, les orfèvres fabriquaient les vases sacrés, les fondeurs coulaient les portes de bronze, les architectes et les sculpteurs construisaient des portiques, érigeaient des ciboires, des autels, des ambons, ornaient les parapets et les chancels, les vasques et les sarcophages. A eux tous, ils ont formé une grande école, leur style s'est implanté en Italie, et telle a été leur influence, qu'elle s'est encore fait sentir longtemps après la retraite de leurs protecteurs.

Rome, toute dépourvue qu'elle est d'œuvres artistiques de cette époque, n'en fut pas moins alors témoin de la sollicitude des papes pour la conservation et l'embellissement de ses monuments ; Grégoire III (741) puisait au trésor de l'Église pour relever les murailles d'Aurélien, fondait des basiliques et des couvents, enrichissait Saint-Pierre. L'exarque Eutichius lui ayant envoyé six colonnes torses d'albâtre semblables à celles que possédait déjà la basilique vaticane, il les disposa au-devant de la confession, trois à droite, trois à gauche, et les surmonta d'un entablement recouvert d'argent sur lequel étaient placés des candélabres de même métal. Ce pape construisit également à l'extrémité gauche de

la grande nef un oratoire extrêmement riche destiné
.à recevoir une grande quantité de saintes reliques.
Zacharie (752) restaurait le palais du Latran abandonné
par Jean VII, élevait en avant de la façade un portique
et une tour et faisait disposer à l'intérieur un vaste *triclinium*. L'Église de Rome était alors gouvernée par la
succession des pontifes que l'histoire a désignés sous le
nom de papes grecs. Élus sous l'influence des exarques,
ils étaient placés sous la haute protection de Byzance ;
il n'est donc pas étonnant que les artistes de cette nation
aient trouvé à s'employer sous leur règne. Mais, de tous
ces travaux, il ne reste plus trace ; ces belles choses ne
sont plus qu'un souvenir.

CHAPITRE PREMIER

SECONDE PARTIE

ÉPOQUE GRÉCO-ROMAINE
DU MILIEU DU VIIIᵉ AU XIᵉ SIÈCLE

SOMMAIRE

Dispersion des artistes lombards. — Style italo-byzantin. — Adrien Iᵉʳ, Léon III, d'après le Livre pontifical. — Reconstruction de l'église de Sainte-Marie in Cosmedin; fragments d'architrave. — Restauration du Patriarcat du Latran; margelle de puits; fragments dans les galeries du cloître. — Pascal Iᵉʳ; reconstruction de l'église de Sainte-Praxède; chapelle de Saint-Zénon. — Eugène II; restauration de l'église de Sainte-Sabine; tombeau du cardinal Pierre. — Magister Christianus. — Grégoire IV; restauration de Sainte-Marie au Transtevère; fragments sous le portique. — Église de Saint-Jean à la Porte-Latine; margelle du puits. — Stephanus. — Orvieto; table d'autel; face de ciborium. — Bolsena; église de Sainte-Christine, ciborium. — Toscanella; église de Sainte-Marie, fonts baptismaux, maître-autel, ambon; église de Saint-Pierre, panneaux de chancel. — Castel Saint-Elia; ambon. — Ferentino; arc de ciborium. — Ravenne; ciborium de Saint-Eleucadius. — Milan; basilique de Saint-Ambroise; ciborium du maître-autel, ambon.

CHAPITRE PREMIER

ÉPOQUE GRÉCO-ROMAINE DU MILIEU DU VIIIe AU XIe S.

Rome avait depuis longtemps secoué le joug de Byzance, et la République romaine se gouvernait comme un état indépendant, lorsque les attaques réitérées des rois Astolphe et Didier mirent la ville en danger; alors le pape Étienne II, 755, implora la protection des Francs.

Sous ce puissant patronat, apportant avec lui l'indépendance et la sécurité, Rome se reprend au goût des belles choses dont elle avait encore sous les yeux de si nombreux exemples, et, cette lueur d'esprit artistique, peu développée tout d'abord, n'en contient pas moins le germe d'un style nouveau.

En même temps que s'opérait ce réveil, les disciples formés à l'école des artistes grecs attachés à la cour des rois lombards, maîtres disparus à la suite de la

conquête franque, se dispersent de tous côtés et vont
offrir leurs services à ceux qui peuvent leur donner du
travail et les payer. Appartenant pour la plupart à des
familles lombardes ayant depuis longtemps pris racine
sur le sol de l'Italie, ces *Lombards,* nom sous lequel on
les désignait alors, n'en continuent pas moins à travailler suivant les enseignements reçus ; mais, d'intelligence moins déliée que leurs maîtres, ils ne tardent
pas à laisser dégénérer entre leurs mains les anciennes
traditions de richesse et d'élégance. Aussi, dès le milieu du ix° siècle, peut-on déjà constater une différence
sensible entre leurs ouvrages et ceux qu'avait produits
le siècle précédent.

Pour caractériser cette époque et rappeler son rôle
dans l'histoire, on lui a donné le nom de *Gréco-romaine*
ou d'*Italo-byzantine ;* indiquant ainsi l'apparition d'éléments nouveaux, propres au génie italien, à travers les
souvenirs encore vivaces du style byzantin prêt à disparaître. Pendant tout le cours des ix° et x° siècles,
nous verrons les formes nouvelles, résultat de cette
combinaison, appliquées d'après les mêmes règles et
donnant naissance à des œuvres d'art presque toujours
identiquement semblables à elles-mêmes.

Vers la fin du viii° siècle, les artistes lombards se mettent donc en chemin. Rome est leur première étape.
Ils y arrivent à la suite de Pépin et de Charlemagne et
aident les papes à reconstruire une grande quantité

d'églises, à en restaurer beaucoup d'autres, à les décorer toutes de ciboires, de balustrades, de lampa-
daires ou de vases sacrés, soit en marbre, soit en or et
en argent, comme en témoignent les énumérations
détaillées du *Liber Pontificalis*[1].

A peine élevé à la dignité pontificale, Adrien (772-
795) écrit à Charlemagne de lui envoyer des *Magistros,*
terme qui doit nécessairement s'appliquer aux architectes Comasques et aux sculpteurs Lombards[2].

Le pape met ses artistes à l'œuvre, et, tout d'abord,
leur fait reprendre de fond en comble l'église de Sainte-
Marie in Cosmedin.

D'après le *Livre* d'Anastase, continuateur des premiers
rédacteurs du *Liber Pontificalis,* « Adrien Ier ayant trouvé
cette église de trop petite dimension résolut de la
débarrasser du voisinage des ruines du temple antique
qui l'empêchaient de s'étendre ». Alors, il fit élever,

1. Étienne II restaura la basilique de Saint-Laurent, fonda des refuges pour
les pèlerins, accrut le nombre des édifices annexes de la basilique de Saint-
Pierre et éleva le grand clocher ; Adrien Ier restaura les églises de S. M. in
Cosmedin, Saint-Jean à la Porte-Latine, Saint-Laurent hors les murs, Saint-
Laurent in Damaso, Saint-Félix, des Saints Apôtres et beaucoup d'autres ;
Léon III embellit surtout le Latran en ajoutant à la basilique le grand
portique circulaire de l'abside, et, au palais, deux magnifiques salles ou
triclinia ; à côté de ces grands travaux il restaura une quantité innombrable
d'églises et de couvents, surpassant s'il est possible l'activité artistique de
son prédécesseur.

2. Longtemps après cette époque on retrouve encore à Rome un frappant
souvenir de cette migration. Lorsque les maçons de Rome rédigèrent en
1397 les premiers statuts de leur corporation, ils eurent soin d'y insérer un
article portant que l'un des deux consuls de l'art devait toujours être
Lombard, car la plus grande partie des maçons ou entrepreneurs de travaux
de maçonnerie étaient toujours venus de Lombardie.

a fundamentis, une nouvelle basilique, et le chroniqueur a bien soin de faire remarquer, comme une chose toute nouvelle, qu'elle possédait trois absides, *tres absides in ea constituens.* C'était peut-être le premier exemple, reproduit à Rome, de ce genre de construction qui avait pris naissance vers le vi^e siècle en Syrie et en Palestine. Les colonnes qui séparent les nefs sont d'apparence **peu** régulières et de proportions différentes, les unes cannelées, les autres unies ; elles ont des bases et des chapiteaux très **variés** ; ces derniers, corinthiens pour la plupart, dénotent une origine certainement antique et d'une assez bonne époque. Ces colonnes avaient été primitivement employées, en partie du moins, dans la construction de l'église primitive du vi^e siècle ; cependant, quelques-unes, cinq ou six au plus, surmontées de chapiteaux grossièrement sculptés dans une forme composite, ornés de feuilles dures et lisses sans aucune trace d'ornements, se rapportent bien à l'époque d'Adrien Ier.

Comme témoignage de cette grande restauration, on conserve dans l'église actuelle un morceau d'architrave sculpté de fleurons et de rosaces sur deux de ses faces; la troisième est occupée par une série de petites arcades accompagnée d'une inscription gravée sur deux lignes en caractères fort barbares et fort irréguliers. Le fragment d'architrave, rompu à ses extrémités, ne la donne pas tout entière, mais il est facile de la compléter ainsi :

de don IS DI ET SCE DI GENETRICIS MA*riæ tempo-*
*ribu*S DONI ADRIANI PAPE EGO GREGORIVS NO...

Par l'intercession de Notre-Seigneur et de la très sainte Marie, mère de
Dieu, au temps du pape Adrien, moi Grégoire...

En lisant au *Livre Pontifical* la suite des travaux
nombreux entrepris par Adrien, il faut noter la restau-

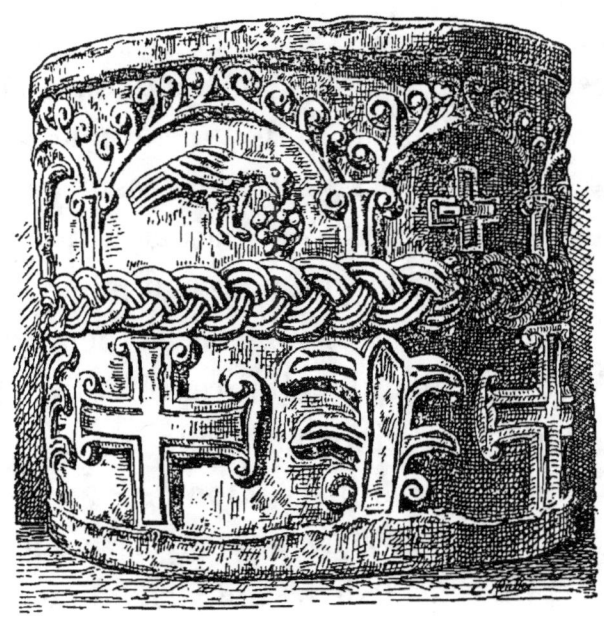

Margelle de Puits. — Cloître de Saint-Jean-de-Latran. — VIIIe siècle.

ration du Patriarcat, le palais de Saint-Jean-de-Latran,
alors la résidence des papes. On retrouve dans le
cloître du monastère attenant à la basilique quelques
intéressants débris, restes de ces embellissements.
Tout d'abord, c'est la margelle du puits qui occupe le

centre du préau, spécimen des plus précieux de l'art de cette époque : la cuve cylindrique, en beau marbre blanc, est ornée de bas-reliefs séparés en deux zones par une tresse de jonc ; dans la zone supérieure de petites arcades agrémentées de crossettes rampantes renferment alternativement des croix ou des oiseaux béquetant des raisins ; dans la zone inférieure, des croix alternent avec des palmes assez grossièrement figurées.

Sous les galeries du cloître, on peut voir deux plaques de parapet ornées de sculptures, entrelacs et feuilles, ayant une très grande affinité de dessin et de facture avec celles de la margelle, et paraissant, comme elle, dater du règne d'Adrien. Le morceau le plus important de cette collection, en somme assez peu nombreuse, est un fragment d'archivolte représentant une face presque entière de ciborium ; elle est gravée sur la partie circulaire d'une inscription assez difficile à lire, mais on y distingue parfaitement le nom du pape Léon IV, ce qui reporte le travail à la date de 847. Cette face est encadrée de crossettes, ornée d'entrelacs de joncs sur la courbe de l'archivolte, et, sur les tympans, de croix accotées de fleurons.

Au musée lapidaire installé dans les salles du palais du Latran, on trouve une face entière de ciborium d'autel découverte dans l'ancienne basilique de Porto ; elle est décorée de baguettes de joncs entrelacées et de deux rosaces dans les tympans. Sur l'arc est écrit :

SALBO BEATISSIMO DOMN LEONE TERTII PAPAE
STEPHANVS INDIGNE IPSE FECIT.

Cette inscription fixe la date du ciborium aux premières années du IXe siècle et donne le nom de son
auteur.

Auprès de Narni, la très pauvre église du petit village
de Saint-Oreste renferme un curieux autel de marbre
blanc garni aux angles de quatre colonnes engagées, très
probablement édifié au XIIe siècle. Cependant les panneaux des façades sont à n'en pouvoir douter d'anciennes
plaques de parapet du IXe, décorées de bas-reliefs ayant
toute l'apparence des sculptures carlovingiennes. Sur la
face principale une arcade portée sur de courts piliers renferme une croix surmontée de deux branches de laurier.

En général, toutes ces décorations indiquent une
inexpérience notoire. Soit timidité, soit ignorance, les
sculpteurs lombards évitaient soigneusement de reproduire la figure humaine et n'abordaient que rarement
celle des animaux; ils s'attachaient surtout à multiplier
les combinaisons obtenues au moyen de baguettes
entrelacées, et cela, avec une telle ingéniosité, une telle
variété, une telle abondance que ce genre d'ornementation peut être regardé comme la caractéristique du
style italo-byzantin.

Dès le début du IXe siècle, le pape Pascal Ier (817-
824) reconstruit trois églises : Sainte-Cécile au Transté-

vère, Sainte-Marie *in Dominica* sur le Cœlius et Sainte-Praxède sur l'Esquilin. Malgré cette activité, et bien que les monuments élevés à cette époque nous soient parvenus en plus grand nombre que ceux du siècle précédent, les beaux exemples sont rares et l'on ne peut en citer qu'un nombre assez restreint.

En première ligne, il faut placer la chapelle Saint-Zénon, située dans l'église Sainte-Praxède, qui peut, à bon droit, passer pour la relique la plus importante que nous ait laissé le IX° siècle tout entier. De l'église on pénètre dans cette chapelle par une large porte décorée d'éléments rapportés appartenant à des styles très différents ; ainsi, les deux colonnes antiques de marbre précieux, servant de chambranles de chaque côté de la baie, sont surmontées de chapiteaux byzantins du VI° siècle, tandis que la corniche architravée que supportent ces colonnes est un superbe morceau de sculpture romaine. Au-dessus de cette porte s'ouvre une fenêtre cintrée encadrée de médaillons en mosaïque représentant des têtes de saints. A l'intérieur de la chapelle, les trois autres côtés sont creusés de niches rectangulaires ; la voûte à croisillon est portée par quatre colonnes élevées sur des socles ornés de vases et de branches de vigne, et la surface de cette voûte ainsi que les quatre corniches sur lesquelles elle s'appuie sont couvertes de remarquables mosaïques décrites dans un ouvrage précédent[1].

1. *Basiliques et Mosaïques*, t. I, p. 263.

Le successeur de Pascal Ier, Eugène II, fit, à son tour, réparer quelques églises de Rome. A Sainte-Sabine, sur l'Aventin, on voit encore de beaux fragments d'une balustrade exécutée sous son règne; ce sont trois plaques de marbre dont deux portent des croix, et la troisième de nombreux entrelacs formant des carrés dans lesquels sont placés des colombes, des paons et des branches de vigne; ces ornements sont d'un dessin assez grossier.

Dans cette même église, le tombeau du cardinal Pierre, du titre des SS. Jean et Paul, et de son fils, bien que d'une époque postérieure, doit retenir notre attention : c'est un grand sarcophage revêtu de sculptures assez rudimentaires et barbares, mais il porte une inscription intéressante permettant de fixer la date de sa mise en place et donne, chose plus rare encore, le nom de son auteur; elle est ainsi conçue :

HVNC . SEPVLCR . FECIT PETRVS CARDINIS.
PRB . TT . SCOR . IOH . ET . PAVLI — FECIT . SIBI.
ET . PETRO . SPRLI . FILIO . SVO.

Vient ensuite la signature :

CHRISTIANVS . MAGISTER . FECIT.

écrite en lettres placées verticalement l'une au-dessous de l'autre. Ce monument a donc été élevé pendant la vie du cardinal dans le but de servir de tombeau à lui et à son fils; or, ce cardinal Pierre est indiqué dans les archives lombardes comme ayant assisté au concile tenu à Rome en 964 ; nous sommes donc en présence d'une œuvre de la fin du xᵉ siècle, époque profondément triste, nulle ou à peu près, comme production artistique, n'ayant laissé que de très rares souvenirs.

L'intérêt que peut comporter l'examen de ce tombeau nous semble singulièrement augmenté par l'apposition d'une signature si nettement exprimée. Le titre de *Magister* indique bien en effet chez l'auteur une supériorité reconnue, et, quelque mince qu'ait pu être le talent de ce Christianus, il élève sa personnalité et le signale comme ayant dû exécuter de nombreux et importants travaux. Christianus était donc un maître, barbare il est vrai, mais était un maître à cette époque.

Entraînés pendant notre visite à l'église de Sainte-Sabine à parler d'une œuvre datant de la fin du xᵉ siècle, nous devons revenir en arrière et reprendre chronologiquement, autant du moins que cela nous sera possible, l'examen des œuvres de la période précédente.

En ouvrant le *Liber Pontificalis* au règne du pape Grégoire IV (827-844), on lit: « il adossa à la basilique de Sainte-Marie au Transtévère une tribune surélevée où il fit placer l'autel qu'il construisit ainsi que le chœur. » L'authenticité du texte d'Anastase se trouva vérifiée, lorsqu'en 1865, de grands travaux de restauration entrepris par l'ordre de Pie IX mirent à jour, sous le pavage actuel du chœur, le commencement de l'an-

cienne abside et les traces de la tribune de Grégoire IV
avec les marches qui conduisaient à l'autel. On releva en
outre un grand nombre de plaques de marbre, employées
comme dalles de pavage, dont la face tournée contre terre
était couverte de sculptures indiquant qu'elles avaient
dû former les panneaux de l'ancienne balustrade du
chœur. On a pris soin de déposer ces dalles sous le
portique de la basilique et l'on a créé ainsi un véritable

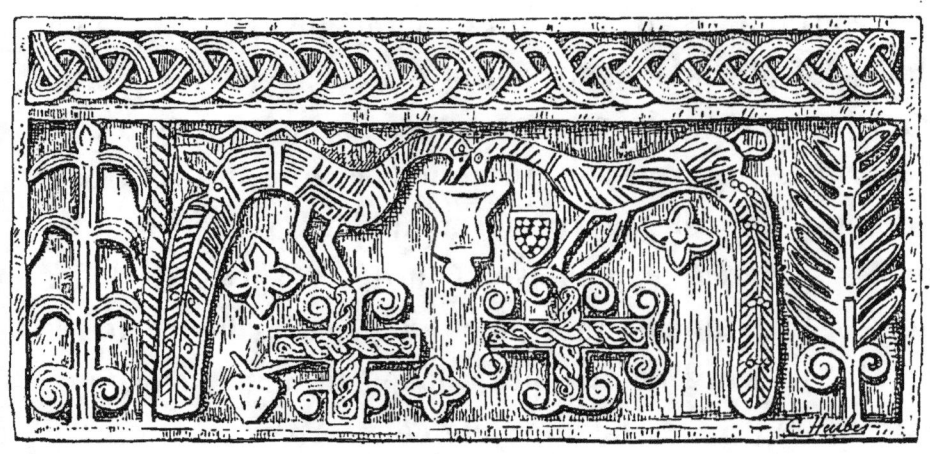

Dalle sculptée encastrée dans le mur du portique de Sainte-Marie au
Transtévère à Rome. — IXᵉ siècle.

musée de la sculpture du IXᵉ siècle. Bien que d'un
dessin en général assez peu élégant et d'une facture
assez lourde, il faut remarquer parmi ces œuvres de
décadence certaines recherches de composition em-
pruntées, du reste, à l'ornementation en faveur au
siècle précédent : tantôt, ce sont de grands oiseaux à
longue queue, affrontés, perchés sur des croix et buvant dans une coupe ; tantôt, de grands rinceaux par-

tant d'une souche médiane, étendent des deux côtés leurs volutes régulières et remplissent complètement la surface du panneau. Mais, généralement, le décorateur a recours à des combinaisons géométriques assez simples multipliant les encadrements de joncs ou de baguettes enfermant des rosaces. Sur le mur de gauche du portique on a incrusté deux des faces d'un intéressant petit ciborium d'autel (la largeur est de $0^m,90$ environ) datant absolument de la même époque que les dalles et probablement sculptés dans le même atelier car elles reproduisent exactement les mêmes éléments décoratifs : les arcs sont indiqués par une suite de filets de joncs entrelacés, renfermant dans leurs enroulements symétriques des croix ou des rosaces ; dans les angles ou tympans on a placé de grandes fleurs de lys ou des oiseaux béquetant ; à la partie supérieure une rangée de crossettes complète cette ornementation.

Il n'est pas besoin d'inscriptions, de dates ou de signatures pour pouvoir attribuer tous ces objets à une origine commune ; l'analogie absolue des ornements et la similitude de facture les rattachent bien tous à une œuvre d'ensemble exécutée peut-être par plusieurs mains, mais, à coup sûr, sous l'inspiration d'un seul, le Maître de l'œuvre. En face d'un travail de cette importance, nous aurions été heureux de pouvoir déterminer la personnalité de l'artiste ; l'humilité du religieux l'a peut-être empêché de se faire connaître.

Le tronçon de route, qui porte encore dans Rome le
nom si célèbre autrefois de Voie Latine, aboutit à une
porte murée depuis le séjour des armées françaises en
Italie vers 1810: c'est l'antique Porte Latine. Au fond
de cette impasse, pleine de calme, de paix et de silence s'élève un couvent de moines franciscains[1],
presque tous français, dont l'église, très ancienne, était
un des titres paroissial de la primitive chrétienté ro-

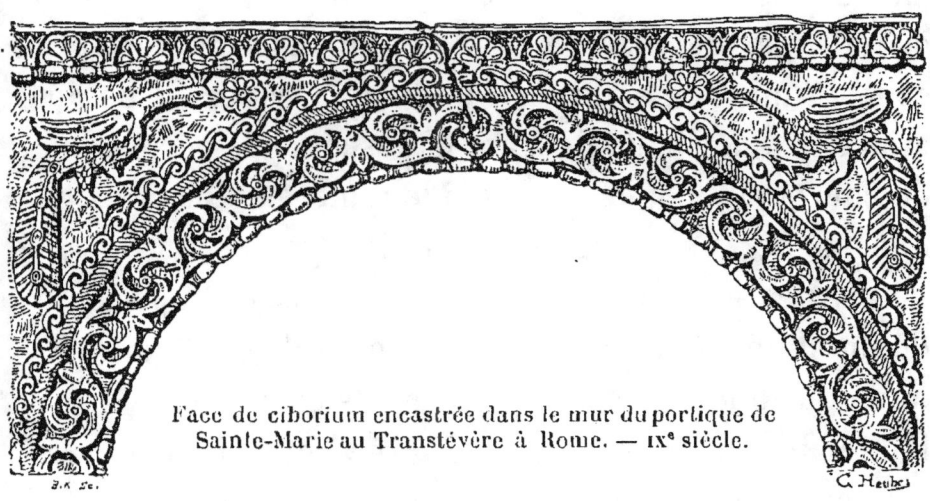

Face de ciborium encastrée dans le mur du portique de
Sainte-Marie au Transtévère à Rome. — IXe siècle.

maine. Elle était placée sous l'invocation de saint Jean
en souvenir du supplice que l'apôtre subit en ce lieu
même et du miracle qui s'y opéra, car, précipité dans
une cuve pleine d'huile bouillante, Jean en était sorti sain
et sauf et s'était immédiatement mis à prêcher et à con-
vertir les spectateurs.

1. Le titre cardinalice de Saint-Jean à la Porte Latine est actuellement
occupé par un français, Mgr Langénieux, archevêque de Reims.

Saint-Jean à la Porte-Latine, basilique à trois nefs très simple de forme mais très pure de style, a été construite sur l'emplacement d'un temple païen dont elle a emprunté les belles colonnes de marbre. Restaurée au commencement du ixᵉ siècle, elle fut, à cette époque, dotée d'un porche élégant placé en avant de la porte principale; mais le souvenir le plus frappant de cette restauration est une margelle de puits placée dans le jardin des moines, à côté de la basilique. La cuve cylindrique de marbre, assez semblable de forme à celle du puits de Saint-Jean-de-Latran, est ornée de rinceaux et d'une suite de cinq petites arcades portées sur de courts piliers ; chaque arcade renferme une croix ou une palme ; une longue inscription gravée en lettres lombardes sur le bandeau régnant à la partie supérieure donne d'une façon accessoire le nom du sculpteur auquel on doit ce travail; il s'appelait : STEPHANVS. Faut-il identifier ce Stephanus avec celui dont le nom est écrit sur l'archivolte de la basilique de Porto conservée au musée du Latran? Rien selon nous ne vient s'y opposer; les ornements, sans être absolument les mêmes, sont du même style et l'exécution pratique est identiquement la même.

Au reste, les règnes des papes Léon III et Pascal Iᵉʳ furent une époque d'activité artistique dépassant même de beaucoup celle du règne d'Adrien. Aucun édifice de grande importance ne fut, il est vrai, construit à cette époque, mais la liste des restaurations d'églises dues à

ces deux papes, énumération complètement écrite au
Livre Pontifical, est véritablement interminable. Ces
travaux paraissaient du reste, d'une nécessité absolue.
Ne fallait-il pas reprendre et consolider toutes ces basiliques grandes ou petites, vieilles de quatre siècles et faites
des débris des monuments antiques mis en œuvre sans
grande expérience et à la hâte. Après de si brillants
débuts, le ixᵉ siècle est arrêté dans son essor par les
calamités et les fléaux qui viennent assaillir Rome et la
rejeter dans un état misérable ; dès 846 les Sarrasins
envahissent le Latran, pillent Saint-Pierre ; il n'est plus
dès lors question de décorer et de restaurer des églises ;
il faut défendre Rome.

Bien que les monuments élevés à Rome pendant les
ixᵉ et xᵉ siècles nous soient parvenus en plus grand
nombre et mieux conservés que ceux du siècle précédent, néanmoins, les œuvres complètes ou les fragments ayant un caractère véritablement artistique sont
rares et, si l'on ajoute à notre courte nomenclature les
nombreux débris trouvés sur le Palatin et même dans
les thermes de Caracalla, débris sans grand intérêt,
réunis au musée lapidaire chrétien du Latran, on aura
tout indiqué.

Certaines petites villes du domaine de Saint-Pierre
conservent encore quelques monuments pouvant être
attribués d'une façon à peu près certaine aux marbriers
sculpteurs des ixᵉ et xᵉ siècles.

Au musée d'Orvieto on voit un autel de marbre enrichi de quinze médaillons, formés par des baguettes entrelacées contenant des croix, des nœuds de rubans, et, dans celui du milieu, une colombe buvant dans une patène. Une inscription très effacée occupe la bordure supérieure : si l'on ne peut y trouver d'indication positive, le style des sculptures et surtout l'emploi des entrelacs caractéristiques permet d'attribuer ce monument à l'époque dont nous nous occupons.

Il en est de même d'une façade de ciborium mesurant $1^m,15$ de largeur sur $0^m,60$ de hauteur et portée sur des colonnes ayant 2 mètres d'élévation en y comprenant les bases et les chapiteaux. Cet intéressant fragment appliqué contre un des murs de l'escalier du musée est orné à sa partie supérieure d'une rangée de crossettes au-dessous desquelles un dessin régulier de losanges juxtaposés occupe la face entière de l'archivolte. Cette décoration obtenue au moyen de filets de joncs entrelacés, ces crossettes d'un galbe lourd et peu régulier, ces chapiteaux à volutes et à larges feuilles unies révèlent un style d'une extrême décadence et sont l'œuvre d'une main bien peu expérimentée. On peut les attribuer, sans craindre une grave erreur, à un sculpteur du xe siècle.

D'Orvieto à Viterbe la route passe par Bolsena ; nous nous y arrêterons un instant pour retrouver dans la charmante église de Santa-Cristina un souvenir de ces

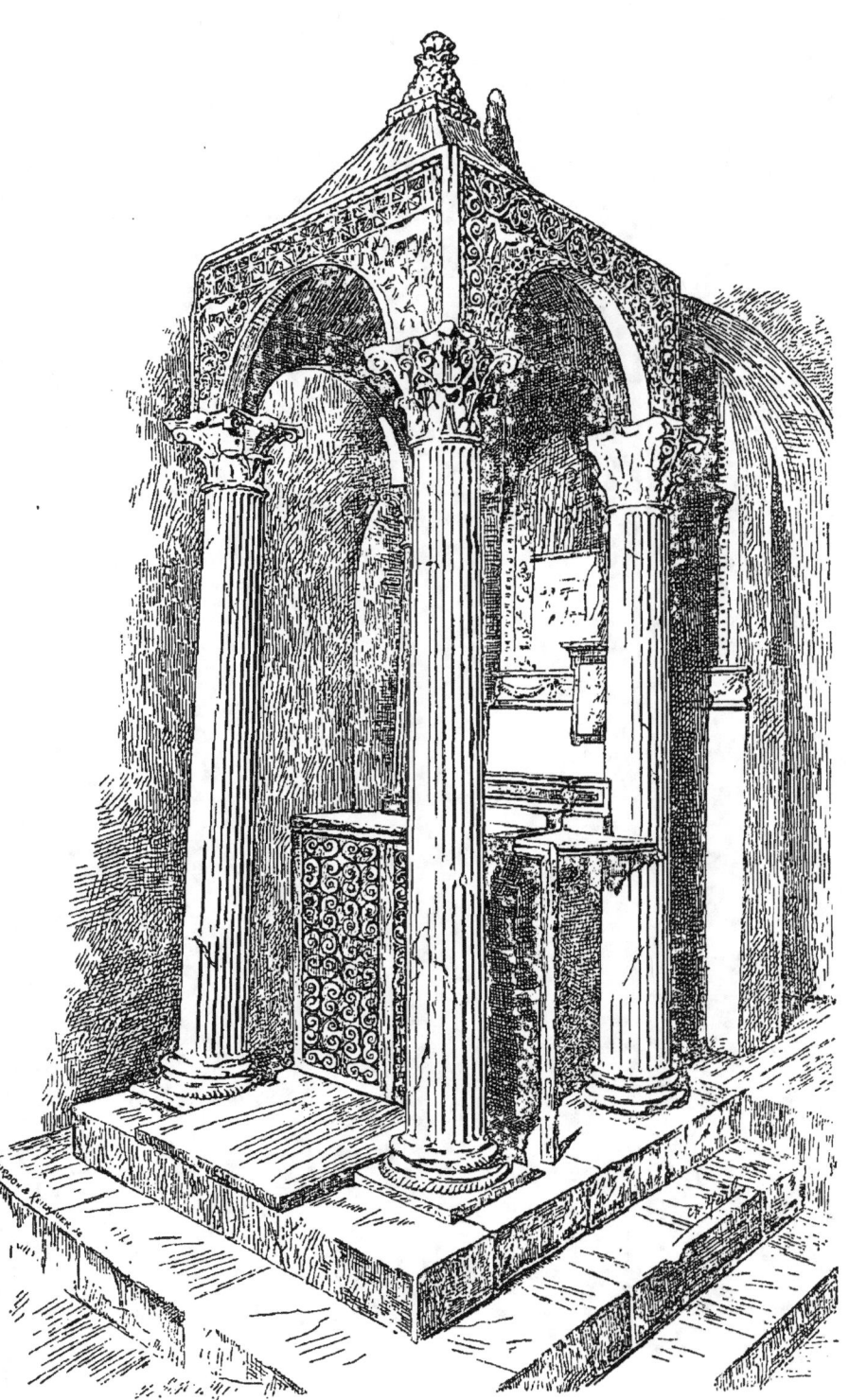

Autel et ciborium dans l'église de Sainte-Christine à Bolsena. — IXᵉ siècle.

temps presque barbares. Dans une nef latérale, un autel secondaire, simple table de pierre, est surmonté d'un ciborium élevé sur de hautes colonnes antiques de marbre blanc, cannelées, et accompagnées de délicats chapiteaux corinthiens.

L'intérieur du ciborium est voûté en arête ; à l'extérieur un dôme pyramidal le termine, et, ses quatre faces de marbre sont sculptées d'ornements régulièrement symétriques formés de l'entrelacement de baguettes de jonc, semblables, ou peu s'en faut, à ceux du ciborium d'Orvieto. Que les colonnes soient hors de proportion avec la grandeur de l'autel, cela n'a rien qui puisse nous étonner; Bolsena n'est-elle pas l'antique Vulsinie, ses temples, riches en objets artistiques de toute sorte, n'ont-ils pu fournir à la décoration du sanctuaire chrétien? L'artiste du x⁰ siècle auquel on doit certainement la partie haute, le baldaquin du ciborium, n'était pas homme à se priver d'un tel secours pour compléter son œuvre, quelque peu judicieuse que nous paraisse aujourd'hui cette singulière adaptation.

Suivant la légende locale, ce serait en disant la messe à cet autel que, sous le pontificat d'Urbain IV, vers 1260, un prêtre imbu des hérésies qui agitaient alors l'Église, et ne croyant pas à la présence réelle aurait vu, au moment de la consécration, l'hostie se rougir de quelques gouttes de sang; scène et miracle interprétés d'une façon si magistrale par Raphaël aux Chambres du Vatican.

Les églises de Toscanella, ville voisine de Bolsena, conservent encore quelques morceaux bien intéressants de l'art du ix⁰ siècle, caractérisé surtout par la monotonie de ses manifestations.

Les fonts baptismaux, placés dans la nef latérale de l'église de Sainte-Marie-Majeure, sont empreints d'un caractère d'archaïsme tout particulier. Un peu rougie par le temps, teintée par l'humidité d'une coloration verte et noirâtre, la cuve hexagonale de marbre s'élève encore sur les deux hauts degrés qui l'exhaussaient lorsque les néophytes venaient y recevoir le baptême donné par immersion. Le monument est complet ; tel on le voit, tel il a dû être construit, car il y a harmonie parfaite dans toutes ses parties. La décoration sculpturale, variée d'un panneau à l'autre, représente, tantôt des roues ou des rosaces, tantôt des feuilles recourbées, enfermées dans des compartiments que dessinent des cordons et des nœuds, motifs analogues à ceux qui ornent les panneaux du baptistère de Cividale. On peut donc rapporter ce monument aux premières années du ix⁰ siècle [1].

Le maître autel et l'ambon ont été reconstruits à la fin du xii⁰ siècle, mais il entre dans leur disposition des fragments rapportés provenant sans aucun doute de mo-

1. Ce baptistère ainsi que les dessins d'ensemble relatifs aux églises de Sainte-Marie et de Saint-Pierre à Toscanella, sont donnés dans un article séparé de l'auteur, publié dans la *Revue de l'Art chrétien,* année 1896, t. VII, 3⁰ et 4⁰ livraisons.

numents plus anciens. L'autel, grande table de marbre, est porté sur quatre colonnettes reliées par des panneaux sculptés de baguettes de jonc, de fleurons et de rosaces. L'ambon, placé sur le côté gauche de la nef principale, est une tribune carrée, suivant la forme généralement adoptée pour les chaires à prêcher à partir de la fin du xiie siècle ou du début du xiiie ; quatre tronçons de colonnes supportent quatre arcs sur lesquels vient s'appuyer le parapet. Ces arcs, reproduction à peu près exacte de ceux du ciborium de Bolsena, même décoration d'entrelacs, même style, même courbe surbaissée, appartenaient selon toute évidence à l'ancien ciborium d'autel. Les panneaux formant le parapet de la tribune, de style et d'apparence absolument semblables à ceux des faces du maître autel, doivent avoir la même origine, et proviennent, croyons-nous, d'un ancien chancel traversant toute l'église pour séparer les nefs du transept.

L'autre église de Toscanella, placée sous l'invocation de saint Pierre, possède, comme celle de Sainte-Marie, mais en moindre quantité il est vrai, quelques curieux morceaux de la sculpture du ixe siècle.

Ce sont des panneaux, des dalles, des montants composant la haute balustrade qui entoure le chœur, comme à la basilique de Saint-Clément à Rome. On y voit des rinceaux, des entrelacs, des suites de médaillons formés de baguettes juxtaposées contenant des rosaces et des fleurons. Quelques-unes de ces dalles

présentent cependant une autre décoration : ce sont de
petites arcades découpées en lobes multiples enfermant
des croix et retombant sur de courts pilastres cannelés. Sans remonter aux beaux sarcophages des vi[e] et
viie siècles sur lesquels se trouve une décoration analogue, on peut rapprocher ces motifs de ceux qui ornent
les margelles des puits de l'église Saint-Jean à la Porte-
Latine et du cloître du Latran, l'idée est la même,
exécutée cependant avec un peu plus de délicatesse
dans les formes et dans les détails. Tous ces ornements portent toutefois le caractère bien marqué d'une
époque de décadence et se rattachent évidemment à
l'art déjà barbare de la fin du ixe siècle [1].

La très ancienne église de Sainte-Marie à Castel Saint-
Elia, près de Népi, renferme des œuvres d'une importance considérable pour l'histoire de l'art au moyen âge.

Les plus intéressantes sont sans contredit les peintures à fresques datant du xie siècle, qui ornent les
murailles du sanctuaire ; mais en visitant cette église,
on est frappé de rencontrer, encastrés sur les faces de
l'ambon, ou incrustés à l'extérieur, dans l'architecture du portail, soit même parmi les tombes du
vieux cimetière, des fragments de sculpture représentant des sujets variés indiquant un style et une facture
parfaitement analogues ; ornements plats, d'un relief

---

1. Voir les articles de M. Clausse sur les églises de Toscanella, parus dans
la *Revue de l'Art chrétien* des mois de mai et juillet 1896.

uniforme, offrant tous les caractères des œuvres de la fin du VIIIᵉ ou du IXᵉ siècle. Ce sont des bandeaux, des morceaux de cymaise ou de frise, des faces de pilastre dont l'ornementation se compose d'entrelacs courants faits de la réunion de trois baguettes de joncs, de rin-

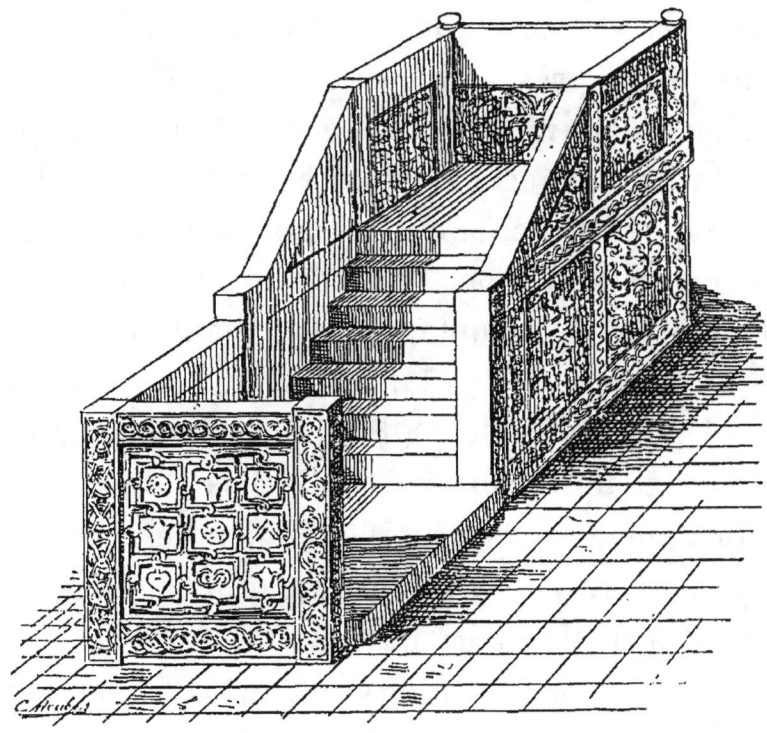

Ancien ambon de l'église de Sainte-Marie à Castel-Saint-Elia. — IXᵉ siècle
(D'après un croquis de M. F. Mazzanti).

ceaux, ou d'une suite d'arcs renfermant des croix ou des rosaces. Les panneaux de l'ambon représentent des damiers formés de carrés mixtilignes contenant des fleurons; certains d'entre eux sont entièrement couverts de méandres aux volutes juxtaposées, ou bien de croix inscrites soit dans de grandes roues soit dans des disques.

Il serait surprenant qu'ayant entre eux une pareille ressemblance, toutes ces pièces, tous ces fragments n'aient pas la même origine, ne soient pas sorties de la même main.

Quelques-uns des panneaux ont servi au xi° siècle à reconstruire l'ambon, non plus comme à Sainte-Marie de Toscanella sur un modèle nouveau, mais en lui conservant à peu près sa forme primitive. Nous avons, dans le chapitre suivant, dessiné et reproduit cet ambon avec les anciens panneaux dont il est orné. Un archéologue distingué, M. Fernandino Mazzanti, a voulu mieux faire en démontrant que tous ces fragments avaient appartenu au même meuble et proviennent de l'ancien ambon. Dans un dessin fort intéressant, il a rétabli cet ambon, tel qu'il devait être autrefois, en assemblant tous les débris de sculpture épars dans l'église[1]. M. Mazzanti a pu reconstituer ainsi un magnifique édicule entièrement couvert de sculptures, tant à l'extérieur qu'à l'intérieur, et de plus, en a fixé l'origine par une date certaine. En effet, sur un des morceaux de cymaise encastré dans la porte centrale de l'église, on peut lire, écrite en caractères romains, l'inscription suivante :

TEMP . DOMN . GREG . QUARTI

Temporibus Domini Gregorii quarti

Ce qui indique un espace de temps assez restreint compris entre les années 827 et 844.

---

1. *Nuovo Bullettino de Archeologia cristiana.* Ann. II, 1896.

Nous signalerons encore dans les provinces ecclésias-
tiques, mais au midi de Rome cette fois, un ciborium,
ou mieux un autel, conservé dans la crypte de la
cathédrale de Ferentino, et présentant un arc de ciborium fort ancien accoté de moulures et de tronçons de
colonnes torses d'une époque postérieure. La face du
ciborium, ainsi utilisée, reproduit presque textuellement
celle que nous avons rencontrée sous le portique de
Sainte-Marie au Transtévère; l'arc est environné d'une
archivolte formée de baguettes de joncs entrelacées,
au-dessus passe un bandeau décoré de crossettes, dans
les tympans, des oiseaux à longue queue béquètent des
fruits; c'est le même art, la même facture, le même
motif, et, si ces arcs ne proviennent pas tous du même
monument, ce qui cependant pourrait être admis, il faut
du moins les rapporter exactement à la même époque,
c'est-à-dire à la première moitié du ixᵉ siècle.

Nous voyons donc pendant deux siècles les mêmes
types d'architecture et de décoration figurer avec une
telle uniformité, une telle persistance, qu'il est presque impossible d'établir une différence sensible de l'un
à l'autre. Et même, ces sculptures un peu grossières,
dont l'exécution touche quelquefois à la barbarie, ne
sont-elles souvent que des reproductions assez mala-
droites des finesses et des délicatesses du viiiᵉ siècle.
Les romains, de moins en moins habiles à manier le
ciseau à mesure que s'écoulaient les années de famine

et de révolution, avaient promptement perdu tout esprit créateur ; devenus simples copistes, praticiens ignorants, ils n'avaient pas tardé à méconnaître leurs modèles. La fin du viiie siècle et le commencement du ixe promettaient presque une renaissance, l'antiquité avait reconquis une partie de son empire ; cette évolution n'a pu aboutir. L'impulsion donnée aux beaux-arts par quelques pontifes éclairés et énergiques est venu s'amortir et avorter au milieu des tristesses et des impuissances, compagnes inséparables d'une profonde désorganisation politique et morale.

L'empire d'Occident un moment reconstitué s'était écroulé dès qu'avait disparu l'homme prodigieux qui l'avait fait renaître. Charlemagne meurt ; aussitôt à l'unité, à l'ordre succèdent l'anarchie et la division. Pour réprimer ces désordres la papauté temporelle peut seule intervenir. Créée par Constantin, anéantie par l'influence orientale autant que par les invasions, affranchie par Pépin, dotée par Charlemagne, il faudra la compter désormais parmi les éléments nécessaires à l'équilibre des nations. Mais avant d'arriver au degré de grandeur et d'éclat dont il a su s'entourer plus tard, ce pouvoir, redouté au dehors, passe à Rome, au siège même de sa puissance, par les situations les plus périlleuses, par les agitations les plus folles, par les révolutions les plus graves. De là, cette absence presque absolue d'encouragements, ce manque d'initiative qui détermine chez les artistes romains un anéantissement

complet de leur esprit d'invention et même un abaisse-
ment sensible de leurs facultés d'exécution.

Éloignées de ce centre permanent d'agitation, de ce
foyer de compétitions toujours renaissantes qu'était
Rome, les grandes villes italiennes jouissent pendant
ce même temps d'un calme relatif leur permettant de
s'intéresser aux œuvres d'art, d'embellir leurs églises
et d'entretenir à leur service quelques habiles artisans
capables de créer de belles choses. Aussi pouvons-nous
admirer deux ouvrages très remarquables dûs à des
artistes lombards du ixe siècle conservés, l'un à Milan,
l'autre à Ravenne, ces rivales de Rome, sièges d'églises
ayant lutté pendant des siècles pour se faire attribuer
la suprématie religieuse en Occident.

Le ciborium de l'autel consacré à Saint-Eleucadius,
troisième archevêque de Ravenne (100-112), a été érigé,
suivant les termes de l'inscription qui le décore, par un
prêtre nommé Pierre, sous l'épiscopat de l'archevêque
Valerius :

AD HONOREM DNI.N.IHV.XPI.ET.SCI.
ELEVCHADII.SVB TEMP.DOM.VALERII.
ARCHIEP.EGO.PETRVS.PRESB.FECIT.

Les deux derniers mots sont écrits en lettres verticalement placées les unes au-dessous des autres.

La chronique de l'abbé Agnellus, sorte de livre pontifical relatant les faits remarquables survenus à Ravenne sous le gouvernement de ses archevêques, indique Valerius comme ayant siégé entre les années 806 et 816 ; le ciborium de Saint-Éleucadius a donc été élevé au début du ix⁰ siècle et présente encore toute l'élégance de forme et la finesse d'exécution des œuvres du viiie. Les quatre robustes colonnes qui le soutiennent, cannelées jusqu'au tiers de leur hauteur et tournées en spirale à la partie supérieure, rappellent des types absolument romains[1] ; les chapiteaux sont évasés, peu élevés et variés de décoration ; les tympans extérieurs sont ornés de rinceaux de pampre ou de paons buvant dans des canthares ; sur les archivoltes s'enroulent des branches de vigne entrelacées. Les faces intérieures présentent dans une ornementation analogue des croix et des oiseaux accompagnés de baguettes d'osier.

Ce beau ciborium transporté dans la basilique de Saint-Apollinaire *in Classe* à une époque incertaine, peut-être au moment de la reconstruction et de la

1. Les grecs anciens cannelaient généralement toutes les colonnes ; les grecs byzantins les préféraient lisses à cause de la beauté des marbres employés. Les romains de la bonne époque ne cannelaient que les colonnes de marbre blanc afin de tempérer leur éclat et d'habiller pour ainsi dire leur nudité. Vers la fin de l'empire, au iv⁰ siècle, les architectes de la décadence recherchèrent les cannelures bizarres, tournées en hélice ou coupées dans la hauteur par des bandes sculptées ou des tambours façonnés en baguettes ou agrémentés de feuillage. On trouve plusieurs exemples de ce genre d'ornementation des fûts de colonne au musée lapidaire du Latran. Dans les galeries du cloître, une architrave ornée d'une bande de mosaïque est supportée par deux colonnes coupées par un tambour ; les tambours représentent une scène à plusieurs personnages ; les fûts sont couverts d'une ornementation régulière de feuilles et de graines.

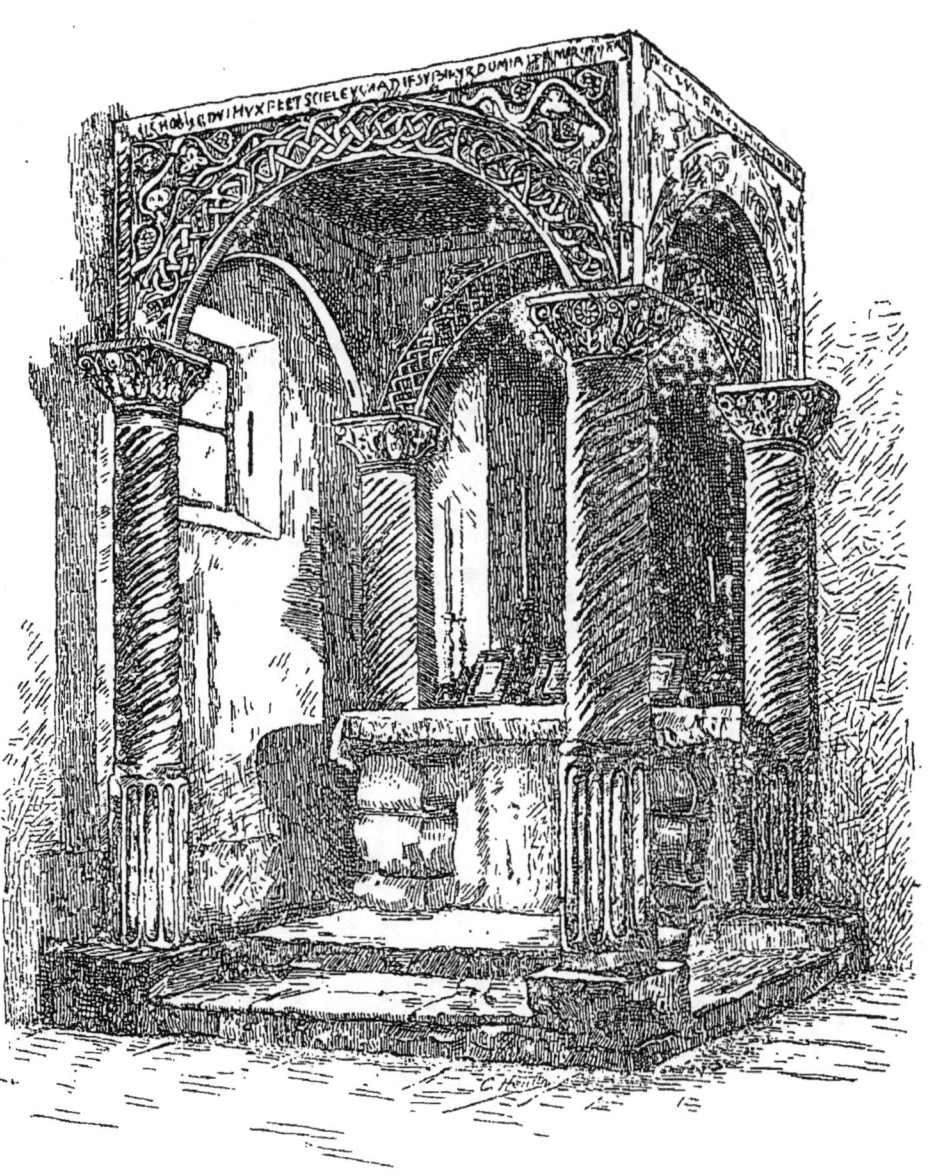

Autel et ciborium de Saint-Eleucadius, dans la basilique de Saint-Apollinaire
in Classe. Ravenne. — ix° siècle.

complète transformation de la cathédrale, vers 1740, a dû être de tout temps placé contre un mur, puisque sa quatrième face ne porte aucune trace de sculpture. En l'examinant avec attention, on peut se rendre compte que plusieurs des plaques de marbre employées dans sa construction proviennent d'un monument plus ancien, probablement une clôture de chœur du viᵉ siècle ; on aperçoit, en effet, sur certaines parties des faces intérieures, des croix accostées de rosaces et des oiseaux, restes d'une décoration primitive que l'on peut aisément faire remonter au viᵉ siècle.

Le grand ciborium élevé au-dessus du maître autel de la basilique de Saint-Ambroise à Milan est un très remarquable souvenir de l'art du ixᵉ siècle. Moins pur de style cependant que le précédent, il se compose d'éléments appartenant à deux époques bien distinctes. Les quatre colonnes de porphyre rouge ainsi que leurs bases enfouies dans le sol par suite de l'exhaussement de la crypte proviennent sans aucun doute d'un édifice antique dépouillé par saint Ambroise au profit de son église. Mais les chapiteaux figurant des corbeilles d'osier tressé, d'où s'échappent de larges feuilles et des fruits, ont été certainement sculptés au ixᵉ siècle, au moment où l'archevêque Engilbert, après avoir reconstruit la basilique tout entière, voulut achever son œuvre par un présent vraiment royal et couvrit les quatre faces de l'autel des célèbres tables d'or enrichies de pierreries dont l'une porte son nom gravé avec la date : 835. La sculpture de ces chapiteaux est loin d'être parfaite et leur forme n'est guère qu'une reproduction des élégants chapiteaux byzantins du vi⁰ siècle dont nous avons retrouvé de si beaux exemples à la basilique de Saint-Laurent.

La partie supérieure du ciborium devait se composer, suivant l'usage généralement adopté au ix⁰ siècle, de plaques de marbre sculptées surmontées d'une corniche horizontale supportant un dôme pyramidal ou hémisphérique ; du reste, c'est ainsi qu'il est représenté dans la grande mosaïque absidale, bien que les proportions n'en aient pas été exactement observées [1]. A la suite des grands travaux de restauration entrepris à la fin du xii⁰ siècle (1196), pour réparer les désastres causés par l'écroulement d'une partie de la grande nef, la crypte fut complètement reconstruite, le chœur se trouva surélevé et le maître autel déplacé ; le ciborium subit alors d'importantes modifications, l'ancienne coupole disparut ainsi que la corniche qui la supportait, les quatre faces furent prolongées au-dessus des archivoltes pour former de grands tympans triangulaires agrémentés sur les rampants de suites de crochets réunis aux angles par de légères colonnettes de marbre appuyées sur des

1. Un des tableaux latéraux de cette abondante composition représente saint Ambroise officiant à l'autel de son église ; son âme l'abandonne et s'envole vers son ami saint Martin, expirant à Tours, et sa tête inerte s'appuye sur un ciborium dont les arcs sont surmontés d'une corniche supportant un dôme. Cette mosaïque célèbre a été reproduite avec détails dans notre ouvrage *Basiliques et Mosaïques*, t. I, p. 400.

aigles; ces faces furent ornées de sujets avec personnages. Le principal motif de cette décoration représente le Christ assis entre saint Protais et saint Gervais. Toutes les figures sont en stuc, procédé fréquemment employé par les artistes byzantins.

La partie inférieure du grand ambon situé au milieu de la nef doit également dater de l'époque d'Adalbert. Trois arcades portées sur des colonnettes de marbre dans la longueur, deux dans la largeur, soutiennent une tribune rectangulaire protégée par une balustrade formée de panneaux sculptés. Fortement endommagées par la chute de la voûte, les balustrades furent refaites entièrement. Mais le portique inférieur put être réparé ou plus tôt rétabli avec ses anciens éléments, les colonnes, une notable partie de chapiteaux, toutes les archivoltes et beaucoup des morceaux de la corniche purent être remis en place tels que nous les voyons aujourd'hui; l'emploi général des entrelacs de joncs et de toute l'ornementation en usage au IXᵉ siècle, le style de la décoration et la facture lourde et empâtée de la sculpture ne peuvent laisser de doute sur l'origine du monument.

Il faut nous arrêter ici. Dès la fin du IXᵉ siècle s'abat sur la Rome des papes la succession de fléaux et de désastres sous lesquels elle va succomber. En 846, les Sarrasins l'ont déjà envahie, le Vatican tombe entre leurs mains et la basilique de Saint-Pierre est mise au pillage. Léon IV crut se mettre à l'abri de nouveaux affronts en élevant l'enceinte de la cité Léonine ; mais les ruines ne cessent de s'amonceler. En 896, l'année même où le fougueux Étienne IV, faisant déterrer le cadavre de son prédécesseur Formose, le condamnait à avoir la tête tranchée, le Latran s'écroule, et, pendant sept années, ses débris épars sont livrés à la rapacité de la populace. Reconstruit par le pape Sergius III, conformément au plan primitif, le nouvel édifice fut la dernière manifestation artistique de quelque importance à laquelle assistèrent les Romains pendant cet « Age de fer », suivant l'expression de Grégoire VII.

Alors, chaque élection pontificale, chaque année presque, amène un nouveau malheur ; ce ne sont que révoltes, massacres, famines, pestes et destructions. Aussi, sont-ils bien rares les monuments élevés pendant cette période de complète barbarie et bien dispersés ceux qui sont parvenus jusqu'à nous. En avançant vers la date fatale de l'an 1000, nous ne pouvons plus rien découvrir ; la stagnation est absolue, l'impuissance radicale, la décadence touche au terme de sa chute ; l'art n'existe plus.

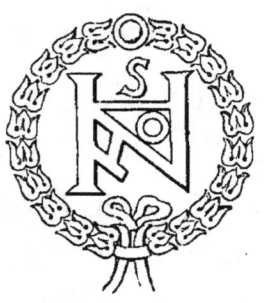

Monogramme du pape Jean II. — viᵉ siècle.
Église de Saint-Clément. Rome.

CHAPITRE II

PREMIERE PARTIE

ÉPOQUE NÉO-ROMAINE

XIᵉ SIÈCLE

SOMMAIRE

Etat de la Ville de Rome. — Causes de décadence. — Eglise de Saint-Clément au Cœlius, Anastase. — Apparition d'un art romain. — Eglise de Narni. — Inscriptions et signatures. — Ecole du Mont-Cassin. — Les Maîtres lombards. — *Opus romanum*. — La mosaïque d'incrustation. — *Opus tessellatum*. — Eglise de Sainte-Marie *in Castello* à Corneto, autel, ciborium, chancel, inscriptions. — Eglise de Saint-Pierre à Toscanella, ciborium. — Eglise de Castel-Saint-Elia, ciborium, ambon.

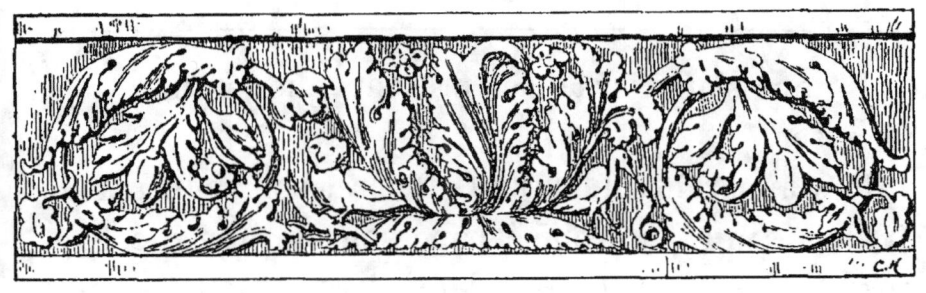

Bas-relief. — Cathédrale de Spolette. — XIIᵉ siècle.

CHAPITRE II

ÉPOQUE NÉO-ROMAINE

PREMIÈRE PÉRIODE — XIᵉ SIÈCLE

Pendant la première moitié du XIᵉ siècle, bien que de nombreux papes aient été appelés à s'asseoir dans la chaire de saint Pierre, la papauté n'existe véritablement plus, ce n'est plus une force, ce n'est plus une puissance. Les comtes de Tusculum tiennent sous leur domination la ville de Rome et disposent à leur gré du souverain pontificat qu'ils vendent souvent au plus offrant. Le pouvoir temporel n'est plus qu'une fiction; les biens de l'Église sont dispersés de tous côtés. D'audacieux aventuriers établis à l'abri de leurs châteaux forts exploitent les routes, et, les pèlerins ne peuvent arriver aux tombeaux des apôtres que par troupes et en tirant l'épée! Dans la ville, autre tumulte, on se tue sur les autels pour s'approprier les présents que la piété vient y déposer.

Alors apparaît Hildebrand. Diacre, son influence se fait déjà sentir ; intronisé pape sous le nom de Grégoire VII, il fait rentrer dans l'ordre cette société désorganisée, mais, c'est au prix de sa liberté et de sa vie qu'est payé cet acte d'autorité. Le siège que Rome dut subir sous son règne (1084) est resté célèbre par ses tristes résultats. Bloqué avec ses partisans dans les forteresses établies à l'intérieur de la ville, ne pouvant résister aux Allemands de l'empereur Henri IV, Grégoire appelle à son secours Robert Guiscard. Celui-ci arrive, repousse les impériaux, mais ses soldats dévastent la moitié de Rome, brûlent et saccagent les églises qu'Urbain II et Pascal II s'efforceront aux dernières années du siècle de reconstruire et de réparer.

De Grégoire VII à Innocent III, les papes engagés dans des luttes sans cesse renouvelées ne peuvent affermir leur autorité sur la ville de Rome. Arbitres du monde entier, disposant de la chrétienté au point de l'ébranler à leur appel et de la lancer sur l'islamisme débordant de toute part, les souverains pontifes ne trouvaient d'asile sûr ni au patriarcat du Latran, ni même dans la cité dont ils étaient les évêques. Les Romains se croyant toujours les maîtres du monde supportaient difficilement la présence d'un maître, s'épuisaient en combats journaliers, et, leurs querelles intestines n'avaient souvent d'autre motif qu'une compétition d'influence auprès de celui qu'ils savaient tenir entre ses mains la puissance par excellence, le gouvernement des consciences.

Aussi, à chaque élection, le peuple prenait parti, approuvait par ses acclamations le choix des cardinaux ou chassait à mains armées le nouveau pape si ce choix lui paraissait contraire à ses intérêts. Et la guerre recommençait. C'est ainsi, qu'au travers des querelles, des sièges, des meurtres et des exils, s'écoula le XIe siècle tout entier.

Au milieu de cet affreux désordre, chaque quartier, chaque famille se fortifiait au détriment des monuments antiques démolis sans égard pour leur valeur artistique ; c'était à qui élèverait, avec leurs débris, la tour la plus haute, la muraille la plus épaisse.

Aux premiers temps de la Paix de l'Église, les temples païens avaient été dépouillés au profit des basiliques nouvelles ; Constantin avait encouragé la destruction des idoles ; Théodose l'ordonna, et Honorius renouvelant au Ve siècle cet ordre barbare fut obligé d'ajouter à son édit ces mots mémorables : « S'il en existe encore dans les temples et les lieux sacrés ». Ricimer, ce suève maire du palais de Majorien et de ses successeurs, révolté de ces déprédations, avait promulgué une ordonnance prescrivant le respect des monuments de la cité ; mais cette dévastation, un moment ralentie, reprit avec une nouvelle fureur. Malgré les décrets répétés du Sénat, les barons édifiaient leurs demeures avec des

6

débris antiques, et, peu après, le peuple, suivant
l'exemple des nobles et des prélats, construisait ses
maisons avec des matériaux provenant des démoli-
tions[1].

Dès le milieu du xie siècle et au commencement du
xiie, au dire des pèlerins, une forêt de tours jetait son
ombre menaçante sur la malheureuse Rome, et les
ruines qui jonchaient le sol étaient tellement inextri-
cables qu'elles arrêtaient les processions pontificales.
Chaque famille possédait sa forteresse, et ce lamentable
état de choses se poursuivit pendant toute la durée du
moyen âge. Les *Pierleoni* campaient au théâtre de Mar-
cellus et dans l'île du Tibre ; Urbain II dont ils furent
les banquiers leur confia en outre la garde du château Saint-Ange. Les *Frangipani* s'établirent sur le
Cœlius et le Palatin ; le Colisée devint un de leurs
châteaux forts, et, ces deux familles rivales tinrent
entre leurs mains jusqu'à la fin du xiie siècle les destinées du souverain pontificat. Aussi, cette période
d'extrême agitation politique comprenant le xie siècle
presque tout entier n'a-t-elle rien produit en fait d'art ;
il ne nous est resté aucun monument attestant chez les

---

1. Il n'existe aucun texte pouvant donner une idée bien exacte de la
disposition des quartiers de Rome à cette époque et de l'état de ses monuments. On est forcé à cet égard de consulter les guides dont se servaient
les pèlerins, guides connus sous le nom de *Mirabilia urbis Romæ*. On lira
avec intérêt sur ce sujet *l'Histoire Monumentale de Rome*, par M. A.
Geffroy, ancien directeur de l'École française d'Archéologie à Rome. *Revue
des Deux Mondes*, 1er sept. et 15 sept. 1879.

Romains d'alors la volonté de concevoir, la faculté d'exécuter une œuvre quelconque.

On pouvait se faire une idée, il y a peu d'années encore, de ce qu'était, à cette époque, l'art de bâtir appliqué à une construction civile. Il existait, sur la rive gauche du Tibre, tout près de l'ancien Ponte-Rotto et du petit temple qui a pris le nom de Sainte-Marie-l'Égyptienne, une ancienne maison solidement construite en briques avec de gros pilastres soutenant une corniche où se confondaient des morceaux de bas-reliefs assemblés au hasard ; on la nommait la maison de Pilate. Elle avait été la demeure d'un riche citoyen appelé Nicolas Crécentius qui avait fait graver sur la muraille l'inscription suivante : « *Nicolas maître de cette demeure n'ignore pas que la gloire du monde est sans valeur... mais s'il l'a construite ce n'est pas tant une vaine gloire qui l'a poussé que le désir de renouveler l'antique beauté de Rome...* » Des murailles faites de simple maçonnerie, et, pour ornements, des débris pillés dans les temples, tel était donc alors le summum de l'art architectural[1].

Tandis que l'Italie, dès le milieu du xiᵉ siècle, se couvre de tous côté de superbes monuments chrétiens, que les Normands et les puissantes républiques maritimes font appel aux artistes byzantins, que les cités du nord mettent à l'œuvre les architectes et les compagnons comasques légués par les Lombards, tandis que

---

1. Cette maison vient de disparaître par suite de la construction des nouveaux quais du Tibre.

cette brillante floraison s'épanouit, que l'Église chrétienne répand autour d'elle un souffle de vie tellement puissant qu'il fait sortir de terre de vastes monastères et de superbes temples, Rome présente ce phénomène très particulier, que, centre du mouvement religieux, elle ne peut parvenir à construire une église. Les papes entreprennent bien quelques travaux de consolidations afin d'éviter des ruines complètes, mais, au siège même de leur puissance, il leur est impossible de donner aux nations chrétiennes un témoignage important de leur zèle et de leur munificence.

Plusieurs causes ont produit un résultat aussi extraordinaire. Tout d'abord, la fragilité du pouvoir temporel, toujours discuté et remis en question ; les nombreuses vacances du Saint-Siège ; les antipapes, les compétitions, les fréquentes absences volontaires ou forcées du pontife et de son entourage. A ces premiers motifs d'impuissance il faut ajouter l'orgueil du Sénat qui, même après la donation de Pépin et de Charlemagne, se refusant à humilier le Capitole devant le Latran, ne pouvait admettre qu'un simple évêque eût usurpé sa place et annulé sa puissance. Enfin, les princes, investis de l'empire d'Occident, voulaient régner sur son ancienne capitale, sans qu'un autre pouvoir pût leur porter ombrage. La papauté, l'empire, la féodalité et le peuple se disputaient la suprématie sur cette malheureuse Rome.

Tout contribuait donc à éloigner d'une ville, où ils

trouvaient si peu de sécurité, les pacifiques artisans et les artistes étrangers qui auraient pu l'embellir, laissant aux Romains, si quelque besoin se faisait sentir, la faculté de puiser à pleines mains dans les monuments antiques, où ils étaient sûrs de trouver, encore à cette époque, non seulement des matériaux d'une valeur inestimable, mais des objets mobiliers pouvant être appropriés aux usages du culte chrétien.

Il faut arriver aux dernières années du xie siècle pour découvrir à Rome un travail artistique d'une réelle importance, fait, semble-t-il du moins, par des artisans romains.

Sous le pontificat d'Otton, évêque d'Ostie, second successeur de Grégoire VII, intronisé sous le nom d'Urbain II, Anastase, cardinal du titre du Saint-Clément, reconstruisit entièrement la basilique incendiée et saccagée par les Normands. Les grands travaux devaient être fort avancés, sinon terminés, à la mort du pontife, le 29 juillet 1099, puisque les cardinaux, les évêques, le clergé et les principaux citoyens de la ville s'assemblèrent dans cette église pour choisir son successeur. La décoration intérieure et la réfection du mobilier durèrent encore quelques années ; le cardinal Anastase vécut sous les règnes troublés de Pascal II, Gélase II, Calliste II et mourut sous Honorius en 1130.

Aucune église, en Italie, n'a conservé avec autant d'exactitude les dispositions adoptées par les canons

primitifs et un mobilier aussi conforme à leurs prescriptions. Ce qu'il en reste aujourd'hui peut être considéré comme représentant les ouvrages les plus parfaits
des marbriers de cette époque. Au fond de l'abside,
s'élève la chaire épiscopale, la cathédra de marbre,
siège de forme antique dont les accoudoirs sont soutenus par des pilastres droits et dont le dossier vertical
est terminé par une partie arrondie en cercle autour
de laquelle se trouve gravée la véritable signature de
l'œuvre entière :

ANASTASIVS.PRESBYTER.CARDINALIS.HVIVS.
TITULI.HOC.OPVS.CEPIT.PERFECIT.

Au reste, cette chaire a été faite évidemment avec
des fragments antiques, car le dossier porte encore, à
sa partie postérieure, quelques lettres d'une inscription
romaine qu'on a négligé d'effacer. Suivant les dispositions anciennes, un banc circulaire en marbre con-
tourne le fond de l'abside; le siège de l'évêque élevé
de quelques marches en occupe le milieu et se trouve
situé dans l'axe de la nef principale. Le maître autel,
placé en avant de l'abside, directement au-dessus de la
confession renfermant les reliques de saint Clément et
de saint Ignace, évêque d'Antioche, est protégé par un
grand ciborium formé de quatre colonnes de marbre
antique avec chapiteaux à volutes ioniques sur corbeilles de feuillage, supportant une architrave au-dessus
de laquelle s'élève un étage de colonnettes formant atti-

que. Une corniche supérieure soutient la toiture à deux pentes, terminée sur chaque face par un fronton, telle qu'on les construisait aux premiers siècles de l'ère chrétienne. Des tringles de fer, fixées sur les colonnes, soutenaient les draperies qui voilaient l'autel au moment de la consécration.

Trois marches descendent de l'autel vers la clôture du sanctuaire, parapet de marbre, s'étendant dans toute la largeur de l'église, mais ouvert en son milieu, pour permettre le passage. Ce chancel est formé de pilastres à rainures dans lesquels sont emboîtées des tables de marbre décorées de baguettes entrelacées formant encadrement et de couronnes nouées par des bandelettes dans lesquelles sont comprises des croix et le monogramme du pape Jean II. Ainsi se trouve confirmée d'une façon certaine l'opinion émise précédemment que le cardinal Anastase n'a fait que reconstituer dans la basilique supérieure le chancel de la basilique inférieure, en complétant peut-être ce qui pouvait alors lui manquer. Des tiges de fer ou de bronze fixées sur les pilastres servaient à supporter les draperies destinées à masquer à certains moments, aux regards des fidèles, les cérémonies qui s'accomplissaient dans le sanctuaire.

Le chœur occupe le milieu de la nef principale ; élevé d'une marche au-dessus du pavé de l'église, il est entouré, sur les quatre faces, d'une clôture formée de tables de marbre et de pilastres semblables à ceux

du chancel. A l'intérieur, sur un riche dallage de
marbre, mosaïque aux chaudes couleurs dessinant de
larges entrelacs, s'élèvent deux ambons. Un double
escalier donne accès à celui de gauche, destiné à la
lecture des évangiles et par cela même accompagné du
candélabre pascal, belle colonne torse de marbre décorée de filets de mosaïque. Un seul escalier latéral
monte à celui de droite où se voit un pupitre de marbre
servant à placer les épîtres et les livres sacrés. La
clôture du chœur, comme le chancel, provient de la
basilique primitive; leurs décorations sont identiques,
les profils des moulures sont les mêmes, et le monogramme de Jean II se trouve également répété sur les
faces extérieures des tables.

Les ambons, au contraire, datent de l'époque d'Anastase; on ne trouve plus ici les anciens marbres blancs
mis en œuvre dans le mobilier primitif, on s'est servi
de panneaux de brèche, de plus, le profil des moulures
est différent, ce n'est plus la finesse et la légèreté
d'autrefois, on y sent la lourdeur et l'inhabileté. Néanmoins, ces deux ambons doivent être la reproduction de
ceux qui existaient antérieurement, car leur forme générale rappelle dans toute sa simplicité les prescriptions
de l'ancien rituel[1].

Le cardinal Gaetani, neveu de Boniface VIII, fit, à la

---

1. Les dessins relatifs au mobilier presbytéral de Saint-Clément ont été
donnés avec le plus grand soin dans le grand ouvrage de Letarouilly sur
les « Édifices de Rome ». — Gailhabaud en a reproduit une partie dans ses

fin du xiiie siècle, réparer la basilique de Saint-Clément dont il était titulaire; et remplaça sur les tables de marbre ainsi que dans le champ des pilastres, les rinceaux, les nattes de joncs et les monogrammes par des mosaïques à fond d'or et des disques de porphyre.

Pascal II, le dernier pape ayant régné au xie siècle, poursuivit les travaux entrepris par son prédécesseur. On lui attribue la reconstruction de l'église des Quatre-Saints, également détruite par les Normands, et, dans le voisinage, l'édification d'un palais où il installa sa demeure en attendant que le patriarcat du Latran fût réparé. La plus célèbre des fondations pieuses de ce pontife fut celle de l'église de Sainte-Marie-du-Peuple, près de la porte Flamminienne, sur l'emplacement présumé du tombeau de Néron. Cette église, complètement reconstruite par Sixte IV, n'a plus rien aujourd'hui qui puisse rappeler son origine.

A travers toutes les vicissitudes dont souffrit Rome et son territoire pendant le xie siècle, on peut difficilement discerner les éléments propres à former une école. Il est cependant possible de découvrir, dès cette époque, les traces d'un art véritablement romain. Art bien pauvre, il est vrai, comparé au degré de perfection

« Monuments anciens et modernes »; on en trouvera également d'intéressantes reproductions dans « La Messe » de M. Rohault de Fleury. Nous nous sommes cru dispensés de les reproduire à notre tour et nous renvoyons nos lecteurs à ces ouvrages bien connus.

qu'avaïent atteint l'architecture et la sculpture en
France et dans les pays allemands ; en Terre-Sainte, où
les croisades avaient fait pénétrer l'énergie d'expansion
des idées occidentales ; en Sicile et dans les provinces
méridionales de l'Italie, où cette même force était
venue se greffer sur les restes encore admirables du
génie grec et sarrazin ; dans les provinces de l'Italie
septentrionale enfin, où, sous l'impulsion des libertés
communales, les nouvelles républiques faisaient construire des basiliques et des palais. Partout, à la fin du
xie siècle, s'élèvent de superbes monuments ornés avec
un luxe de décoration vraiment merveilleux, le domaine des papes semble seul exclu du vigoureux élan
qui produit presque partout des chefs-d'œuvre.

Ce siècle avait été cependant un siècle de prospérité
financière pour l'Italie entière. Les croisades amenèrent
ce résultat que le monopole du maniement de l'argent
passa sur son territoire ; Venise, Gênes, Pise, Amalfi
s'enrichissaient des dépenses faites par les croisés, et
Rome profita dans une certaine mesure de cet état
général, car la cité sainte était visitée à l'aller ou au
retour par nombre de pèlerins qui apportaient leurs
offrandes sur l'autel de Saint-Pierre.

Malgré ses misères, Rome n'était pas alors complètement dépourvue d'artistes, titre trop prétentieux en
regard des productions grossières sorties des mains de
ses architectes, de ses maçons, de ses sculpteurs ; en

tous cas, Rome n'avait jamais absolument manqué
d'artisans. Les corporations anciennes subsistaient
encore pour la plupart, et, si les liens qui unissaient
leurs membres avaient été fortement relâchés, ceux
qui exerçaient la même profession se rangeaient toujours sous la même bannière et invoquaient le même
patron[1].

A partir de la fin du xiᵉ siècle, on peut donc constater
dans le domaine de l'Église un certain mouvement
artistique. Guidés par les anciennes traditions et par
les modèles qu'il ont sous les yeux, moines ou laïques,
entrent dans une voie nouvelle. Encouragés par le
pouvoir pontifical qui, pour affermir son autorité, em-

1. Les corporations romaines correspondaient à l'*Hetairia* des grecs, le
véritable compagnonnage; plusieurs personnes réunies dans un même but,
pour exploiter une même fonction ou exercer un même art, formaient un
collégium (du verbe, *colligere*, réunir); on trouvait les collèges des marchands, des serruriers, des fondeurs, etc..... Ces corporations, tellement
puissantes que les pouvoirs publics s'étaient trouvés dans l'obligation de
compter quelquefois avec elles, avaient vu leur nombre considérablement
réduit par un édit de Septime Sévère.
Constantin dut même autoriser celles qui avaient survécu à fusionner
entre elles; les maçons, les fabricants d'escaliers, les bûcherons, s'unirent
en un seul groupe; ce mouvement de concentration s'accentua, et il arriva
un moment où toutes les corporations ouvrières de Rome ne formèrent
plus qu'une seule association. Pendant cinq siècles, l'instinct corporatif,
bien qu'affaibli, survécut à Rome, car, au viiiᵉ siècle, on peut constater que
toute industrie locale n'était pas morte et que les ferrons, les chaudron-
niers, les tailleurs de pierre et les orfèvres prenaient part aux cérémonies
officielles. Au xiᵉ siècle, les corporations existaient certainement, comme
autrefois, à l'état d'association; on possède les statuts de celle des agricul-
teurs, sorte de pacte conclu entre les associés et leur prieur ou syndic. Ces
statuts ressemblent étonnamment à ceux des antiques corporations; l'influence traditionnelle était donc encore grande et se faisait sentir dans
chaque art.
Rodocanachi : *Les Corporations ouvrières à Rome.*

ploie tous les moyens, ils construisent quelques rares
églises, mais, plus souvent, consolident et restaurent
les anciennes, les ornent de nouvelles façades, de
portiques, de portes, de fenêtres, de motifs de toutes
sortes, conçus dans des formes rajeunies. A l'intérieur,
le mobilier est réparé, renouvelé, les autels s'enrichis-
sent, s'entourent d'une certaine magnificence. Alors, le
progrès des arts se manifeste de jour en jour plus vivement, et les architectes, prenant toujours pour point
de départ de leurs études l'art antique romain, inter-
prètent, il est vrai, ses lois d'après les besoins d'alors
ou suivant leur propre fantaisie, mais finissent néanmoins par créer un style à part, dérivé de l'antique,
bien que s'en éloignant par toutes sortes de déforma-
tions, de petitesse et de mesquine délicatesse.

Si le temps et les révolutions ont fait disparaître une
grande partie de ces œuvres intéressantes, il nous en
reste encore quelques-unes ; et les noms de leurs auteurs sont même en partie parvenus jusqu'à nous.
Rome est pauvre en ce genre de reliques ; les recherches
y demeurent à peu près sans résultat, les églises romaines ayant été trop souvent et trop complètement
bouleversées ; mais les petites villes du domaine de
Saint-Pierre nous offrent à cet égard de plus abondants
renseignements.

Généralement, les architectes du moyen âge, chargés
d'un travail de restauration, avaient soin d'incruster

dans les nouvelles maçonneries les fragments anciens qui leur paraissaient présenter quelque intérêt, soit par leur mérite artistique, soit en raison des inscriptions dont ils étaient revêtus. Au milieu de ces débris : figures, chapiteaux, inscriptions, panneaux sculptés, nous découvrirons quelquefois un nom et nous le saluerons comme un glorieux trophée : signature probante, document précieux pour reconstituer l'histoire artistique de ces époques obscures. C'est ainsi que sur la façade de l'église Saint-Dominique, à Narni, église qui date du ixᵉ siècle, on voit une pierre portant, gravés, les mots :

MAGISTER ONESTVS ARTIFEX.

Quel a été cet Onestus ? je l'ignore. Qu'a-t-il fait encore ? je ne peux plus le savoir ; mais je m'incline devant son souvenir, puisque ses contemporains lui avaient donné le nom d'artiste et le titre de Maître.

Du reste graver le nom d'un artiste sur le monument qu'il avait élevé était une coutume bien ancienne, les grecs de l'antiquité la mirent souvent en pratique en y ajoutant quelquefois le nom de sa ville natale, de son pays d'origine et la date de l'exécution du travail. Bien des noms oubliés par les historiens nous sont ainsi parvenus, et, grâce à ces inscriptions, il a été possible d'établir une classification artistique des différentes écoles. Cet usage était moins général chez les Romains ; leurs abondantes inscriptions mettent toujours en évidence le nom de l'empereur ou celui du consul, souvent celui du donateur, mais bien rarement celui de l'artiste. On peut cependant lire, gravée sur la scène du théâtre d'Herculanum :

P. NVMIDVS ARCHITECTVS ;

mais il nous serait impossible de citer un autre exemple.

L'Italie du moyen âge, telle qu'elle s'est constituée dans les dernières années du xi° siècle et la première moitié du xii° présente, avec la Grèce antique, une frappante analogie : même division du territoire, mêmes limites étroites de la patrie, réduite souvent aux murailles d'une ville, même ardeur à en soutenir la gloire. Aussi n'est-il pas surprenant de trouver, dans ces petits centres d'action, des artistes désireux de se faire connaître, en transmettant à la postérité leur nom gravé sur la pierre ou le marbre. Il est néanmoins fort difficile de découvrir dans les États de l'Église, avant les premières années du xii° siècle, une œuvre d'art indiquant, avec quelque certitude, la date de son origine et le nom de son auteur.

La reprise au travail, la poussée artistique que l'on constate alors dans les provinces romaines, venait-elle de la simple tradition remise en honneur, ou bien, s'était-il élevé quelque part une école ayant pu former des artistes et des praticiens ?

Certains auteurs ont attribué aux maîtres grecs du Mont-Cassin et à leurs élèves, une grande part dans les travaux d'art de toute espèce, exécutés dans ces contrées. Nous ne partageons pas cette opinion. L'école du Mont-Cassin, absolument byzantine, avait bien créé des mosaïstes, des fondeurs, des enlumineurs, des peintres, dont l'influence artistique a pu se faire sentir au loin, mais il n'en est sorti aucun architecte ayant exercé son art en dehors d'un voisinage immédiat, du moins, nous ne voyons s'élever nulle part, dans les provinces du domaine des papes à cette époque, un monument présentant les caractères de l'architecture byzantine. Quant aux sculpteurs, l'atelier monacal leur avait peut-être appris à manier le ciseau, mais ils s'étaient sans doute empressés d'oublier ses modèles en pénétrant sur les terres de l'Église romaine, car, contrairement à ce que nous avons constaté pour les mosaïques, aucun monument ou fragment de sculpture ne présente les traces du style byzantin.

Les maîtres lombards, répandus dans les cités italiennes et venus à Rome, ont donc seuls fait éclore le germe artistique qui s'y trouvait à l'état latent ; germe développé par la suite, à l'abri d'un état politique devenu plus stable et plus prospère. Les architectes, les sculpteurs et les marbriers, ne tardèrent pas à se prêter un mutuel concours, et dans l'exécution d'un ouvrage important, la direction en était dévolue au plus habile. Il se créa ainsi des ateliers dont les membres étaient désignés sous le nom d'*affidati*, compagnons, affiliés. Arrivé à un certain degré de talent et de renom-

mée, le compagnon devenait maître et pouvait alors
signer : *Magister Marmorarius ;* titre très envié dont il
avait droit d'être fier.

En raison de son origine classique, le style ainsi créé
avait reçu le nom d'*Opus Romanum ;* la chronique de
Subiaco, en parlant de travaux exécutés pendant le
gouvernement de l'abbé Jean, vers 1065, dit : *Fecit
ante portam monasterie arcum Romano opere*[1].

Il ne faudrait pas cependant se montrer trop ingrat
envers les maîtres du Mont-Cassin ; le mobilier presbytéral leur doit sa plus brillante décoration. On y prati-
quait en effet deux genres de mosaïques désignées sous
le nom général de *Opus ex aureo vitris,* ou de *Vitreis
lapidis :* la mosaïque artistique, s'appliquant à couvrir
de grandes surfaces, à reproduire des personnages et
des tableaux d'ensemble, et la mosaïque d'incrustation,
destinée à enrichir les meubles des églises, à orner et
à rehausser de son éclat les surfaces de marbre ou de
pierre, par la juxtaposition, suivant des formes géométriques extrêmement variées, de petits cubes d'émaux
et de verre doré. Ce genre de travail, *Lavori da scarpello* (travaux de petit ciseau), était peut-être regardé
comme inférieur par les grands mosaïstes et les
peintres, mais, en dehors des quelques laïques qui s'y
adonnaient, ces œuvres de patience convenaient parfaitement aux longues heures du cloître. Aussi, les

1. Cet arc a disparu depuis longtemps.

ambons, les balustrades, les baptistères, les tombeaux se couvrent-ils bientôt de cette brillante ornementation ; des filets d'émail s'enroulent autour des colonnettes, montent autour du candélabre, poussent et fleurissent en étoiles sur les corniches des tabernacles et des cloîtres.

D'un usage d'abord assez restreint en Italie, la mosaïque d'incrustation, d'origine toute byzantine, fait son apparition avec les premières années du xiiᵉ siècle ; bientôt elle se répand partout, et pendant trois cents ans, devient le complément nécessaire de tout travail de marbrerie destiné à orner ou à meubler une église.

Les *Marmorarii Romani,* à la fois architectes, décorateurs et statuaires exercent principalement leur art dans la restauration des églises, la création ou la réfection du mobilier presbytéral, mais ils s'emploient en de nombreuses occasions à doter ces mêmes églises de pavements merveilleux. L'art païen savait bien incruster de marbres de couleur les parois des palais et des temples, et le luxe barbare de la décadence continua ces traditions qui ne se perdirent jamais. Mais, ce qui n'était alors qu'une fantaisie devint entre les mains des marbriers du xiiᵉ siècle un art très vivace, et l'on admire encore ces superbes tapis de marbre où de souples lignes de mosaïques s'enroulent autour de disques de porphyre obtenus en sciant les colonnes brisées des monuments antiques, où une ingénieuse géométrie fait alterner les cercles, les carrés,

les losanges, où l'artiste juxtapose les couleurs avec
une variété infinie et une éclatante harmonie. Ce genre
de travail s'appelait: *Opus tessellatum.*

En parcourant le xii⁰ siècle, moins riche cependant
en artistes que ceux qui le suivent, nous allons rencontrer quelques-uns de ces *Maîtres marbriers.* Si l'on ne
peut admirer leurs œuvres sans restrictions, si elles
faussent généralement les lois du véritable bon goût, il
faut cependant leur attacher un certain prix et leur
mérite est d'autant plus grand que, loin d'être le résultat d'une décadence, elles présagent au contraire une
sorte de renaissance. Le style néo-romain apparaît avec
le xii⁰ siècle, atteint la plénitude de sa floraison avec
le xiii⁰, et, bien qu'altéré dans ses lignes principales par
l'introduction des formes gothiques, est encore en
faveur pendant le xiv⁰. Les grandes écoles pisanes et
florentines avaient alors poussé, de fortes racines jusqu'au cœur de la ville de Rome, et, sous leur influence,
les artistes romains s'étaient élancés dans la voie qu'elles
leur avaient ouverte.

Parmi les monuments datant de la fin du xi⁰ siècle,
il en est un dont l'examen offre un intérêt tout particulier. Nous voulons parler de l'église dédiée à la Mère
de Dieu, comprise dans l'enceinte du vieux château de
Corneto.

La ville, autrefois soumise à la juridiction épiscopale

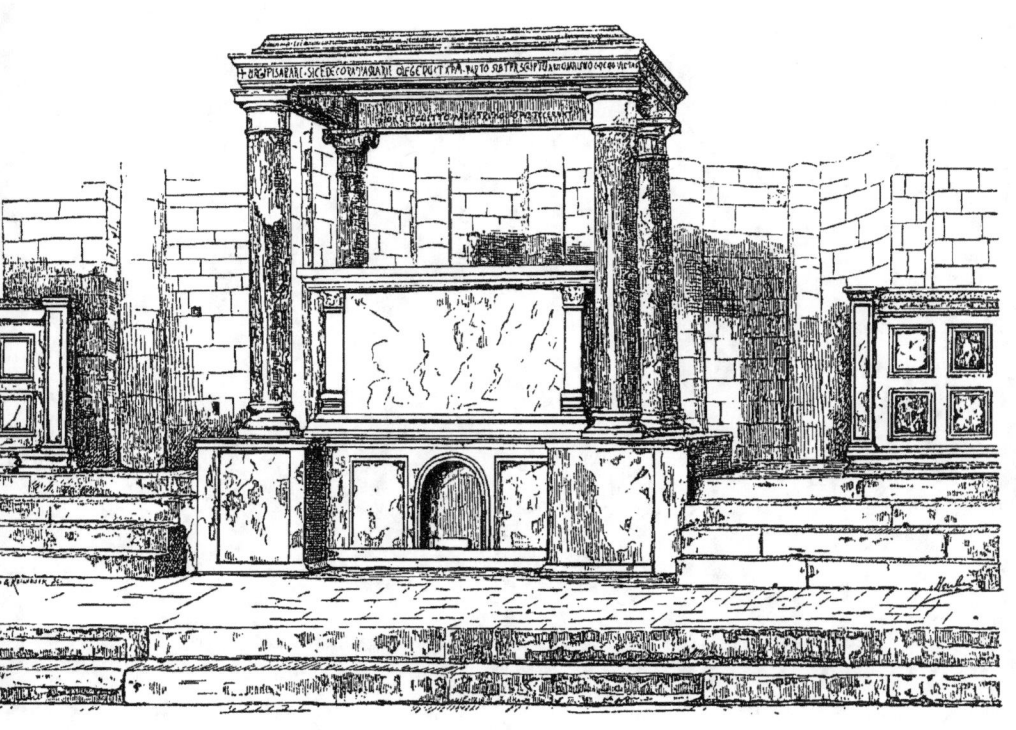

Ciborium de l'église de Sainte-Marie in Castello à Corneto. — xɪᵉ siècle.

de Toscanella sa voisine, s'élève vis-à-vis la mer, au sommet d'un des derniers contre-forts des montagnes d'Étrurie, auprès de l'emplacement qu'occupait jadis l'antique Tarquinie, entourée encore aujourd'hui de l'enceinte fortifiée qui la protégeait au moyen âge, et hérissée des tours féodales élevées par ses principaux habitants. L'église de Sainte-Marie *in Castello,* placée, comme son nom l'indique, dans la forteresse, sorte d'acropole occupant l'extrémité du dernier sommet, fournit, par les inscriptions et les dates dont presque toutes ses parties sont revêtues, des renseignements précieux pour l'étude de l'histoire de l'art au moyen âge.

La confession et l'autel sont protégés par un grand ciborium dont la partie supérieure a malheureusement disparu; une architrave de marbre blanc repose seule sur quatre fortes colonnes de marbre africain, les chapiteaux d'ordre dorique semblent avoir été refaits d'après un bon modèle, tandis que les bases, mal agencées, variant de formes et de moulures, sont des matériaux antiques rapportés et mis en place sans beaucoup de discernement. L'autel est formé de grandes dalles de brèche violette accostées à leurs extrémités par des pilastres avec bases et chapiteaux décorés de petites feuilles. Le sanctuaire est séparé de la nef par un chancel de marbre divisé, de chaque côté de l'ouverture médiane, en plusieurs panneaux comprenant des plaques de serpentine et de porphyre encadrées dans des carrés réguliers. Ce parapet est surmonté d'une cymaise à feuille d'eau, et terminé par des pilastres.

Sur la face extérieure de l'architrave du ciborium, on peut lire, parfaitement gravée en caractères romains, l'inscription suivante :

✠ VIRGINIS ARA PIE . SIC. Ē . DECORATA.
MARIE QVE GENVIT. XPM. TANTO. SUB. TPR.
SCRIPTV. ANNO. MILLENO . VI . ET . AGENO.

Et sur la façade intérieure de cette même architrave :

IOHS . ET . GVITTO . MAGISTRI . HOC . OPVS.
FECERVNT.

Voici qui semble bien certain : « en l'année 1060, deux maîtres marbriers, Jean et Guitto, exécutèrent cet autel dédié à la Vierge Marie qui engendra le Christ ». Cependant il existe dans la même église une inscription, encastrée sur le côté intérieur du mur de la façade, d'après laquelle : *Henri V étant empereur, Calliste étant pape, l'année mil cent ving un depuis la naissance de Notre-Seigneur Jésus-Christ ayant été atteinte, Guido, digne et bienveillant prieur, fit ces œuvres premières* « PRI-MORDIA » ; *l'année suivante il fit graver cette inscrip-tion.* De même que la précédente, cette inscription a tous les caractères de l'authenticité. Il résulterait donc du rapprochement que l'on ne peut manquer d'établir entre les deux textes, que le ciborium apparaissant

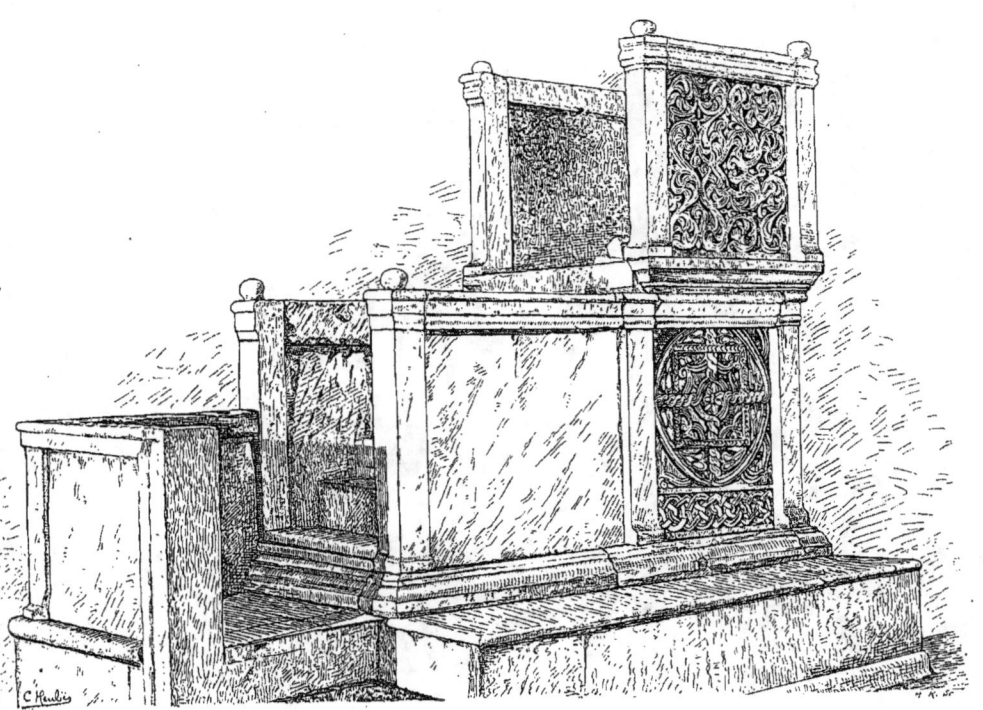

Ambon de l'église de Sainte-Marie à Castel-Saint-Elia. — XIIe siècle. Panneaux du IXe siècle.

ainsi de soixante années antérieur à la fondation de l'église actuelle, aurait appartenu au mobilier d'une autre église plus ancienne, remplacée par celle que le prieur Guido avait fait construire en 1121 ; ou bien encore, que le ciborium provenait d'une autre église également consacrée à la Vierge Marie, et aurait été transporté dans celle de Corneto à une époque postérieure quelconque. Il est facile de mettre d'accord les deux inscriptions en appliquant les mots : « HEC PRIMORDIA » qui signifient *fondation* au seul mur de façade dans lequel se trouve incrustée l'inscription, et de supposer, ce qui s'accorde parfaitement avec les usages de l'époque, qu'il n'y a pas eu en 1121 une construction totale complètement nouvelle, mais une restauration partielle, comportant principalement la réfection de cette façade, sans que le reste du monument ait éprouvé de changement notable. Il devient très naturel alors d'admettre que le ciborium des maîtres Jean et Guitto, fait en 1060, soit resté en place et que rien n'ait été changé dans le sanctuaire de l'église.

Nous pouvons encore indiquer comme appartenant à la fin du xie siècle, et révélant une date certaine, le ciborium de l'église Saint-Pierre à Toscanella. Il est formé de quatre arcs portant sur quatre colonnes de marbre blanc, et d'un dôme pyramidal reposant sur une corniche horizontale également de marbre blanc. La date de cette construction (1093) est très nettement indiquée dans une grande inscription gravée sur le listel de la corniche et se poursuivant sur les quatre faces du ciborium.

✠ RICARDVS PRAESVL TVSCANVS CENTVM CELCUS ATQUE BLEDANVS. ✠ SIT RICARDVS PARADISI SEDE PARATVS AMEN. ✠ EGO PETRVS PRESBITER HOC OPVS FIERI IVSSIT. ✠ ANNO AB INCARNATIONE DOMINI MILLENO NONAGESIMO III.

Ricardus, évêque de Toscania de Centumcelicus[1] et de Bleda, que Ricardus trouve au paradis un siège préparé pour lui, amen. Moi, Pierre, prêtre, ait commandé de faire cet ouvrage, dans l'année de l'incarnation de Notre-Seigneur 1093.

L'église de Castel-Saint-Elia, dans laquelle nous avons déjà découvert des traces de haute antiquité, subit vers la fin du xi° siècle ou au commencement du xii° une transformation presque complète et devint une assez importante basilique à trois nefs. Quelques dispositions intérieures purent cependant être conservées, mais l'ancien mobilier réparé ou plutôt refait, en utilisant comme nous l'avons vu d'anciens fragments, a perdu en partie son caractère primitif. Ainsi, la clôture du chœur a disparu, toutefois, le pavage en mosaïque s'est conservé intact et indique encore au milieu de la nef l'espace occupé par l'ancien chœur.

1. Centumcelicus ou Centumcellæ aujourd'hui Civita-Vecchia.

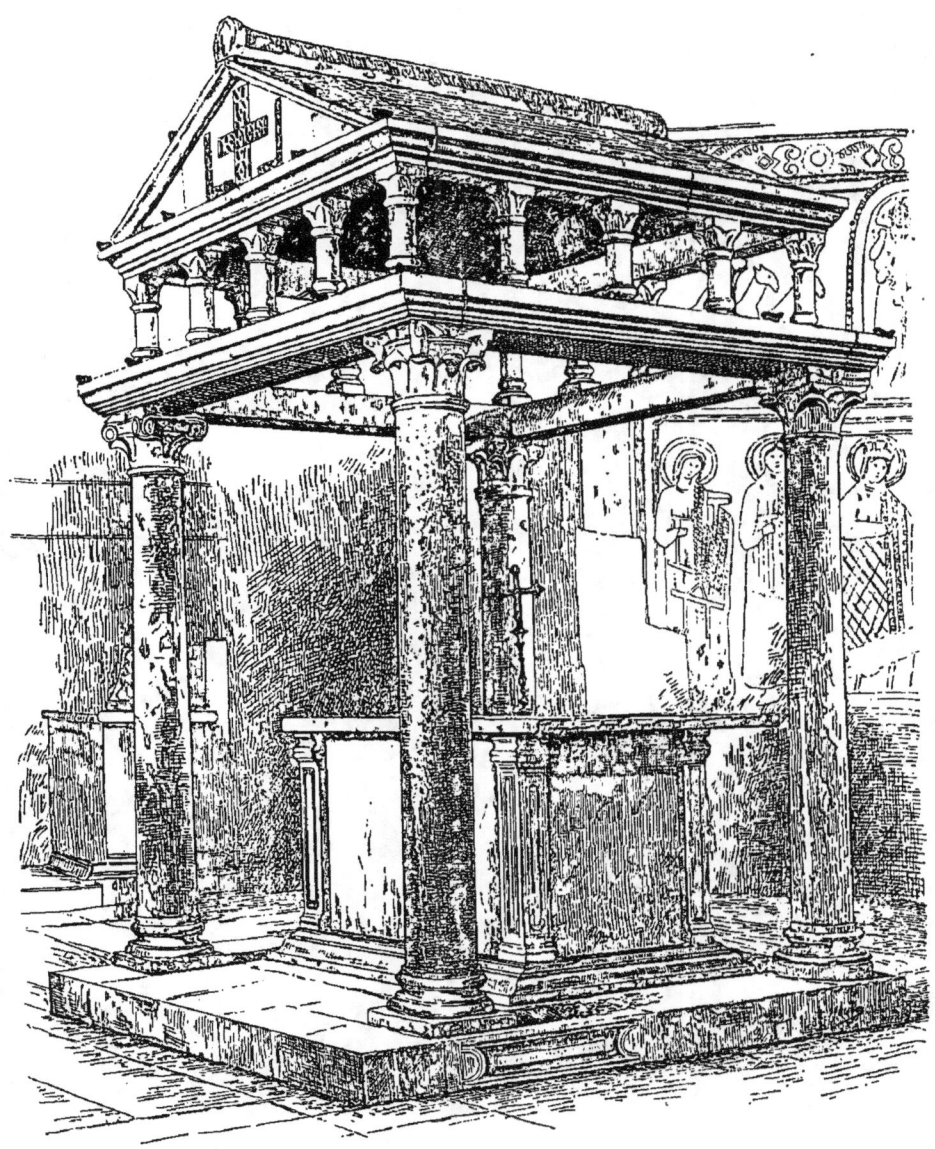

Autel et Ciborium de l'église de Sainte-Marie à Castel-Saint-Elia. — XIᵉ siècle.

Il ne reste plus qu'un seul des deux anciens ambons canoniques; on y monte comme autrefois par un unique escalier dont les rampes et la plate-forme sont protégées par des parapets formés de panneaux encastrés dans d'étroits pilastres verticaux, et surmontés de cymaises moulurées. C'est un meuble refait, le peu d'harmonie régnant entre ces différentes parties l'indique suffisamment, de plus, la lourdeur des profils, la grossièreté même du travail dénotent une inhabileté professionnelle parfaitement d'accord avec la barbarie de l'époque. La forme primitive de l'ambon n'a même pas été religieusement conservée, il manque les deux rampants triangulaires qui rachetaient les parties verticales du parapet. Les restaurateurs de Sainte-Marie à Castel Saint-Elia étaient donc des artisans peu expérimentés et leur œuvre ne vaut guère que par les souvenirs d'époque antérieure qu'elle nous a conservés. Comme nous l'avons déjà indiqué, plusieurs des panneaux provenant de l'ancien mobilier du IXᵉ siècle ont servi à refaire l'ambon du XIIᵉ et constituent seuls la partie artistique de l'œuvre.

Au delà d'un chancel également reconstruit avec d'anciens éléments, s'élève un autel très simple. Ses faces de marbre sont appuyées aux angles sur de petits pilastres semblables à ceux de l'ambon et du chancel; la table sainte, faite d'une grande dalle de marbre gris veiné, doit être fort ancienne. Cet autel est protégé par un ciborium dont la toiture à deux versants s'appuie sur une rangée de colonnettes formant attique. Sommes-nous ici en présence du ciborium primitif réparé? Tout le ferait croire : la variété des fûts, les uns en brèche, les autres en granit, la forme des chapiteaux, assez barbares du reste, mais ayant une ressemblance frappante avec ceux de la grande nef, semblables eux-mêmes aux chapiteaux de Sainte-Marie in Cosmedin à Rome, le peu de hauteur des colonnettes de l'attique, tout nous semble indiquer suffisamment une œuvre de la fin du IX⁰ siècle, complétée ou restaurée peut-être au XI°.

La partie supérieure de ce ciborium peut donner exactement l'idée de ce que devait être celui de l'église de Corneto avant sa mutilation, car une toiture à deux versants soutenue par de courtes colonnettes pouvait très naturellement s'adapter sur l'architrave de marbre blanc que l'on voit aujourd'hui. Cette forme simple se trouve du reste assez fréquemment employée par les constructeurs des VIII° et IX° siècles.

CHAPITRE II

DEUXIÈME PARTIE

ÉPOQUE NÉO-ROMAINE
XII° SIÈCLE

SOMMAIRE

Église de Sainte-Marie in Cosmedin, Alfanus, pavement, cathédra, ambons, candélabre pascal, tombeau d'Alfanus. — Église de Sainte-Marie au Transtévère, cathédra. — Église des Saints Vincent et Anastase aux trois fontaines. — Basilique de Saint-Laurent-hors-les-Murs, ciborium, Paulus et ses fils. — Basilique de Saint-Paul-hors-les-Murs, candélabre pascal. — Cathédrale de Sutri, inscriptions. — Portique de la basilique de Saint-Jean-de-Latran. — Confession de Saint-Bartholomé. — Corporation des tailleurs de pierre. — Cathédrale d'Anagni, ciborium. — Cathédrale de Ferentino, ciborium, autel. — Église de Saint-André à Ponzano Romano. — Église de Saint-Georges à Riofreddo. — Église de Rocca di Botte. — Monastère de Saint-Eustorgio près Norcia. — Église de Saint-Vittorino à Amiterno. — Église d'Alba-Fucense. — Palais du Latran, portes de bronze.

CHAPITRE II

ÉPOQUE NÉO-ROMAINE

SECONDE PÉRIODE XIIe SIÈCLE

A la grande querelle des Investitures occupant encore une partie du XIIe siècle, succéda la lutte entre les Guelfes et les Gibelins, lutte soutenue au nom de la liberté sous la haute direction des papes. Dans cette phase nouvelle de la rivalité des deux pouvoirs supérieurs, l'autorité des pontifes est souvent mise en échec à Rome par la turbulence du peuple et par la toute-puissance que se sont arrogé quelques puissantes familles ; les théâtres, les thermes, les tombeaux antiques, tous les monuments pouvant offrir une retraite, sont transformés en forteresses, et, du haut de leurs murailles, les barons bravent la papauté. Les *Savelli* s'établissent sur l'Aventin ; les *Conti* érigent au forum de Nerva la célèbre tour qui fera encore l'admiration de Pétrarque ; au forum de Trajan se dresse la tour des *Milices* ; les *Colonna* s'emparent du mausolée d'Auguste et finissent par posséder dans Rome un vaste espace hérissé de défenses et de palissades ; le tombeau de Cœcilia Metella

8

sur la voie Appia, crénelé comme celui de la famille
Plautia près de Tibur, sert de forteresse aux *Caëtani*.
Un moment apaisés sous la sévère administration de
Callixte II, les troubles reparaissent à sa mort, et Rome
redevient la proie des discordes civiles. Le règne d'Innocent II marque bien encore un temps de repos et de
régénération, mais à la voix d'Arnaud de Brescia, la
sédition éclate de nouveau, et le xiiᵉ siècle se termine à
Rome, comme il avait commencé, dans l'agitation et
l'impuissance.

Jean de Gaëte, cardinal-diacre du titre de Sainte-
Marie in Cosmedin fut, sous le nom de Gélase II, un des
premiers papes du xiiᵉ siècle. Élu après la mort de Pascal II en 1118, son règne d'une année fut troublé par
des scènes de violence inouïe auxquelles il ne put
survivre ; Callixte II lui succéda. Néanmoins, pendant
le court séjour qu'il fit à Rome, Gélase s'était souvenu
que l'église de Sainte-Marie in Cosmedin lui avait
appartenu ; il en ordonna la restauration, et Callixte
hérita du soin de veiller à l'exécution de cette pensée.

Bien que le pape Callixte II, d'origine française, n'ait
fait que de courts séjours en Italie, sa présence à Rome
fut marquée par des événements considérables. Son
entrée dans la ville, le 3 juin 1120, fut une marche
triomphale : tiare en tête, monté sur un palefroi blanc,
précédé d'une procession d'enfants qui portaient des
palmes et des fleurs, il traversa pour se rendre au La-

tran des rues pavoisées de feuillages et de tentures.
A peine arrivé, il ordonne la création d'un oratoire dédié à saint Nicolas de Bari, fait relever le maître autel
de Saint-Pierre, et l'entoure d'un nouveau pavement de
marbres de couleur, répare les aqueducs, et consacre
par une dédicace solennelle l'église nouvellement restaurée de Sainte-Marie in Cosmedin, un des sanctuaires
les plus vénérés des Romains.

Cette église, reconstruite une première fois, comme
nous l'avons vu, par le pape Adrien Iᵉʳ, de nouveau
abandonnée pendant les xᵉ et xiᵉ sièles, était arrivée
au commencement du xiiᵉ à un lamentable état de
délabrement, lorsque Gélase II conçut la pensée de la
rétablir dans son ancienne splendeur. Appelé à diriger
les destinées de l'Église, Gélase confia le soin d'exécuter
les travaux à un prêtre nommé Alfanus qui lui avait succédé comme titulaire de Sainte-Marie in Cosmedin.

Alfanus, devenu camérier de Callixte II, recueillit de
larges offrandes et put, quelques années après, faire graver sur le listel de la table du maître autel, en mémoire
de la consécration pontificale, l'inscription suivante encore lisible aujourd'hui :

DEDICATVS.E.HOC ALTARE.P.MANVS.DOM.
CALLIXTI.PP.II SVI PONTIFICATVS ANNO IV
MENSE MAIO.DIE.VI ALFANO CAMERARIO EIVS
DONA PLVRIMA LARGIENTE . AN . M . CXXIII .
INDC.I.

Les travaux n'étaient pas achevés à cette époque et se prolongèrent jusqu'après la mort d'Honorius II, successeur de Callixte. Mais la date de l'inscription (1123) fixe une époque à laquelle ils peuvent être généralement rapportés.

L'ancien chœur installé par Adrien Ier devait, pour se rapporter aux usages et aux prescriptions des canons, comprendre des balustrades ou parapets, un pulpitum servant à la lecture des évangiles et un ambon lui faisant face; de plus, un chancel devait séparer le chœur du sanctuaire. Alfanus s'attacha autant que possible à reconstituer les anciennes dispositions. Mais ayant trouvé la balustrade du chœur et le chancel en trop mauvais état pour être remis en place, il les fit supprimer et se servit des panneaux de marbre qui en provenaient pour en faire des dalles de pavage.

Il nous a été possible de reconnaître, pendant que s'exécutait récemment dans l'église un travail de restauration assez important, que beaucoup de ces dalles de pavage, encore couvertes de mosaïques et d'incrustations de marbre sur leur surface extérieure, étaient ornées de sculptures sur la face appliquée contre terre. Ces décorations, composées de triples baguettes de jonc entrelacées suivant des combinaisons régulières formant des losanges et des cercles contenant des fleurons ou des rosaces, ressemblent beaucoup aux panneaux du ixe siècle que l'on voit exposés sous le portique de Sainte-Marie au Transtévère. C'est la même facture et le même style, la même ordonnance; aussi, tout porte à croire que les dalles de Sainte-Marie in Cosmedin doivent provenir de la restauration entreprise au temps du pape Adrien Iᵉʳ. La mine jusqu'alors inépuisable des marbres de l'ancienne Rome commençait-elle à s'appauvrir? Les constructions nouvelles et les misérables fours à chaux qui ont tant dévoré de chefs-d'œuvres à Rome en avaient-ils tari la source? Il faudrait l'admettre puisque nous constatons ici, comme nous le ferons encore autre part,

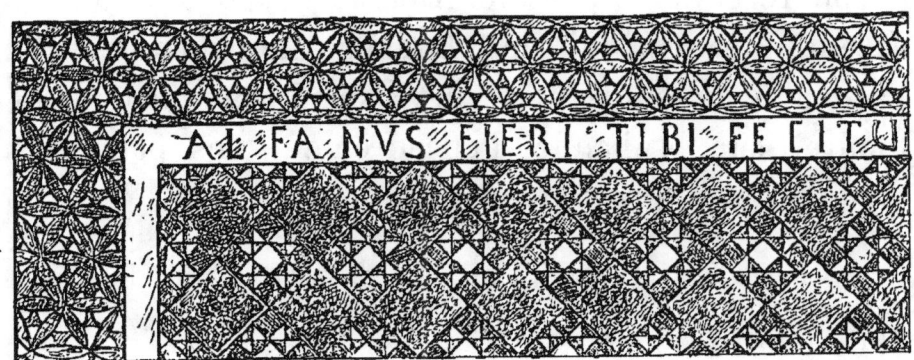

Inscription sur le pavement de marbre de l'église de Sainte-Marie in Cosmedin. Rome. — XIIᵉ siècle.

que certains matériaux déjà mis en œuvre, déjà décorés d'un travail artistique intéressant, ont été employés à une autre destination leur faisant perdre ce premier caractère d'œuvre d'art, et cela, sans autre motif apparent que d'éviter l'acquisition de matériaux nouveaux.

Le dallage, ainsi obtenu, forme un chœur surélevé d'une marche au-dessus du pavage général de l'église. Alfanus le fit décorer d'une grande mosaïque de marbre et de porphyre formant de larges enroulements dans la partie centrale avec, aux angles, quatre panneaux représentant des dessins de damier encadrés de bandes de marbre blanc. Nous connaissons ce genre de travail; rien ne différencie celui-ci, ni dans l'agencement des éléments, ni dans la composition, ni dans l'exécution d'avec les beaux pavements en *Opus Tessellatum* dont Rome fournit tant d'exemples; ce sont toujours les mêmes disques enlacés de bandes de mosaïques à trois ou quatre couleurs, faites de marbre blanc et noir, de porphyre et de serpentine. Alfanus a cependant tenu à revendiquer pour lui seul l'honneur auquel l'auteur du pavement de Sainte-Marie in Cosmedin aurait pu prétendre: sur la bande d'encadrement des panneaux d'angle, on lit gravé d'un côté :

ALFANVS FIERI TIBI FECIT VIRGO MARIA[1]

et de l'autre :

ET GENITRIX REGIS SUMMI PATRIS ALMA SOPHIA

L'absence de tout nom de marbrier laisse donc supposer que des moines bénédictins, modestes artisans, furent chargés de l'exécution de cette restauration.

La première de ces inscriptions est indentiquement répétée sur le dossier de la cathedra de l'abside. Nous avons, au début de ce livre, cité la chaire de Sainte-Marie

---

1. La dalle sur laquelle se trouve gravée cette inscription est ornée sur la face opposée d'une grande croix, formée de baguettes entrelacées rappelant tout à fait le genre de décoration de la margelle de puits conservée au cloître du Latran.

in Cosmedin comme étant une des plus remarquables parmi celles que l'on conserve à Rome. Elle est formée d'un siège antique de marbre blanc à base carrée tout unie, une dalle de porphyre occupe le panneau antérieur, les accoudoirs sont droits mais terminés par deux lions vus de face ; le dossier également droit, sans moulures, est surmonté d'une partie circulaire rapportée, au centre de laquelle un disque de serpentine est environné d'une bande de mosaïque ; l'inscription est gravée tout autour. Alfanus, ayant fait refaire ce dossier, y a placé son nom, à l'imitation d'Anastase, le restaurateur de Saint-Clément.

Deux ambons se font vis-à-vis sur le pavement du chœur. Le plus petit, le *pulpitum,* est formé de dalles de marbre encastrées dans des pilastres ; par un seul escalier de six marches placé sur le côté, on accède à la plate-forme que protège un parapet à trois faces ; le socle fait saillie et peut servir de banc. Nous remarquerons que le parapet, tables et pilastres, est tout entier construit en brèche violette, tandis que quelques morceaux de marbre blanc se trouvent incrustés dans le socle.

Le grand ambon, également élevé sur un soubassement en saillie où devaient prendre place les membres du bas clergé, présente deux faces à peu près semblables, l'une tournée du côté de la nef principale, l'autre regardant le bas côté ; deux escaliers latéralement placés permettent d'y monter. La façade principale, composée de grandes dalles de brèche, comprises entre des pilastres de même nature, est décorée d'un panneau central de serpentine encadrée de mosaïques ; le palier, de forme poligonale, est protégé de chaque côté par un parapet à trois faces, composé de dalles de marbre, emboîtées dans d'étroits pilastes ; une cymaise sculptée servant de main courante passe sur le parapet, descend sur les rampants et se retourne le long des pilastres inférieurs. La cuve fait également saillie du côté de la nef latérale pour permettre à l'orateur de s'adresser aux fidèles qui s'y trouvaient rassemblés.

Cet ambon est accompagné d'un candélabre pascal assez maladroitement adapté sur un pilier ; mais il est certain que pilier et candélabre sont une adjonction faite à une époque bien postérieure à la construction de l'ambon. Le candélabre est un fût de colonne torse de marbre blanc incrusté de mosaïques, comme nous en rencontrerons de nombreux exemples par la suite, la base est bien moulurée, le chapiteau est assez délicatement sculpté ; à côté, couché sur le parapet, un lion vigoureusement modelé, tient dans ses griffes la base du candélabre. Sur le pilier également de marbre blanc, on peut lire l'inscription suivante écrite sur la face en lettres verticalement placées :

VIR·PBVS·Eᴛ DOCᴛ PASCALIS RIᴛE VOCAᴛ : SVᴍO
CVᴍ SᴛVDIO CŌDIDIᴛ hV̄C CEREVᴍ·

> Pascal, homme appelé à bon droit vertueux et savant, qui a fait
> ce candélabre avec un soin extrême.

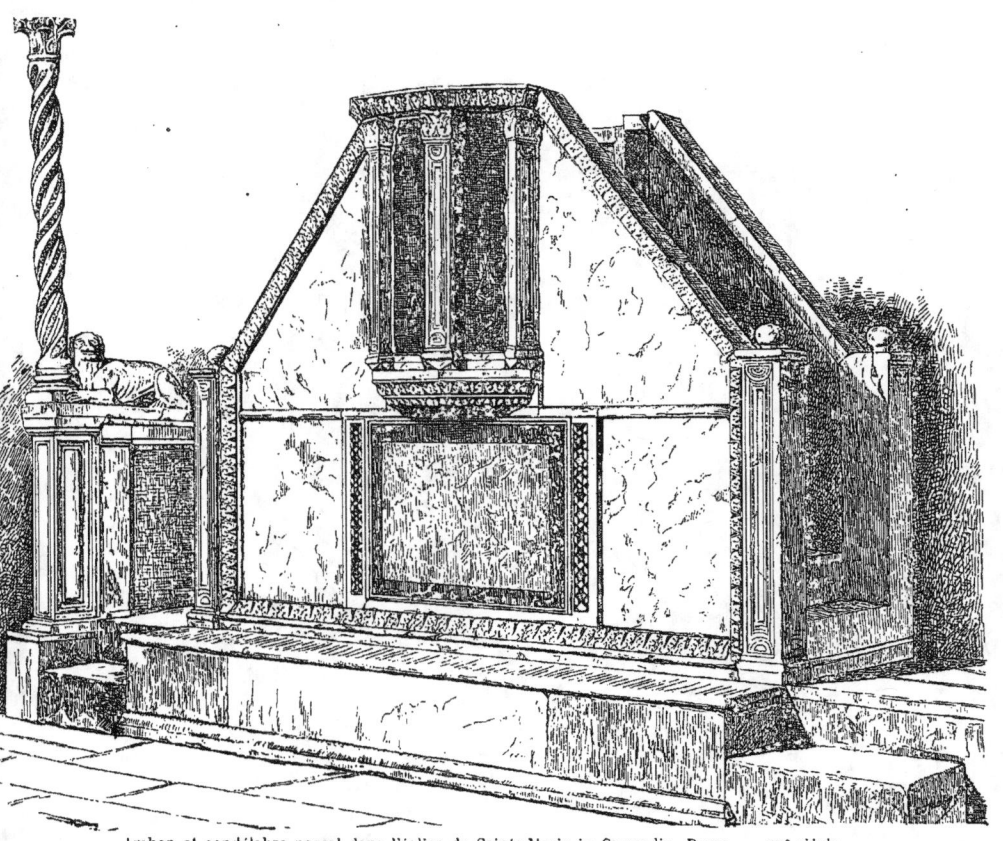

Ambon et candélabre pascal dans l'église de Sainte-Marie in Cosmedin. Rome. — XIIᵉ siècle.

Il est bien probable que ce Pascal a dû faire d'autres travaux dans l'église. On peut reconnaître en effet dans la façade du petit ambon des traces de restauration indiquée par les morceaux de marbre blanc d'une nature identique à celui du pilier; de plus, les profils et les galbes des moulures sont absolument semblables des deux côtés. Pascal aurait donc restauré les deux ambons. A quelle époque? Il est difficile de le savoir. Cependant, la forme des lettres de l'inscription convient assez aux caractères employés dans l'iconographie de la première moitié du XIIIe siècle. On doit ajouter que les mosaïques du candélabre, composées d'émaux rouges, noirs et or, attestent une œuvre bien postérieure aux travaux d'Alfanus; en effet, les mosaïques de la cathedra et du grand ambon ne comportent que du marbre, de la serpentine et du porphyre, telles que nous les rencontrons dans les ouvrages faits à Rome à la fin du XIe siècle, ou au début du XIIe, tandis que l'or et les émaux ne font guère leur apparition avant les premières années du XIIIe.

Nous ne parlerons pas ici du ciborium du maître autel. Il a subi à la fin du XIIIe siècle, comme nous le verrons plus tard, une restauration tellement radicale qu'elle a totalement modifié sa forme primitive, et aucun document ne fait connaître, d'une façon certaine, ce qu'il pouvait être au temps d'Alfanus.

Le camérier du pape Callixte a dû être inhumé dans l'église qu'il s'était plu à embellir, mais son sarcophage a été déplacé et se trouve aujourd'hui sous le portique d'entrée, contre le mur de face, en avant d'une niche circulaire autrefois couverte de peintures.

L'urne, simple coffre carré long, formé de tables de marbre réunies par des pilastres et couronné par une légère cymaise ornée de feuilles sculptées, est surmonté d'un dais en forme de fronton, porté par des colonnettes d'angle. Une grande inscription gravée sur la corniche atteste la destination du monument :

VIR PRŪS ALFANVS CERNENS.QA CVNCTA PERERIN . HOC SIBI SARCOFAGIVM STAVIT. NE TOTVS OBIRET. — FABRICA DELECTAT POLLET QVA PENITVS EXTRA. — SED MONET INTERIVS QVIA POST HAEC TRISTA RESTANT.

« Alfanus, sachant que tout périt, s'est fait élever à lui-même ce sarcophage pour ne pas disparaître en entier; cette œuvre brille et réjouit à l'extérieur, mais après elle avertit qu'à l'intérieur demeurent ces tristes restes. »

Ce monument, construit pendant la vie d'Alfanus, est de belle allure et de haute convenance; celui qui l'a composé et exécuté était bien un maître. Laïque ou religieux, cet artiste véritable est évidemment l'auteur et le directeur de tous les travaux faits dans l'église à cette même époque, car les marbres du tombeau sont de même nature que ceux des ambons, les ornements les mêmes, les chapiteaux les mêmes, les profils des moulures identiques, et, tous ces éléments dénotent la même origine, la même inspiration, la même facture. Aussi, pouvons-

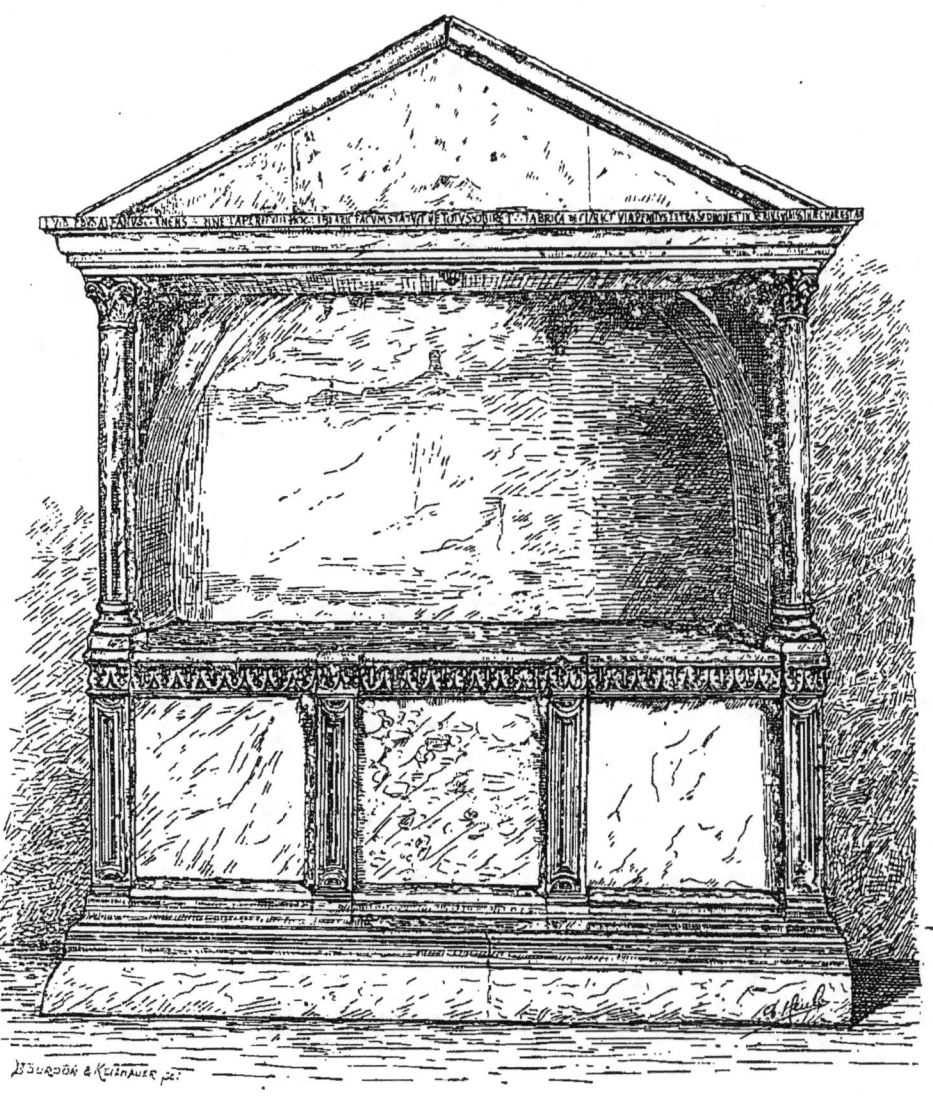

Tombeau d'Alfanus à l'église de Sainte-Marie in Cosmedin. Rome. — XIIᵉ siècle.

nous admettre que l'œuvre entière sortie de la même main, poursuivie sous la même direction entre les années 1120 et 1130, est une manifestation bien caractérisée de l'état où se trouvait l'art du marbrier romain vers la première moitié du xııᵉ siècle.

Innocent II, successeur d'Honorius II, se voyant, au bout de quelques années de son pontificat, débarrassé de la présence de l'antipape Anaclet, voulut se concilier définitivement l'esprit turbulent des Romains, et ne craignit pas, malgré les troubles récents, d'entreprendre dans Rome d'importants travaux. Les églises tombées en ruines se relevèrent, l'office divin y fut célébré avec pompe, et la paix fut consolidée par le second concile général du Latran (1139).

C'est alors qu'Innocent, né au Transtévère, appartenant à une famille dont la tour, comme on disait alors, était située sur le territoire de la paroisse de Sainte-Marie, fait reconstruire entièrement la vieille basilique, un des sanctuaires les plus vénérés du peuple. Non seulement, avec le concours d'architectes et de sculpteurs, il édifie une église toute nouvelle, conçue d'après un plan plus vaste que la précédente ; non seulement il orne le nouveau temple de splendides mosaïques, mais il refait la tribune, le ciborium, les parapets et les clôtures du chœur ainsi que le pavement de la nef. Tout ce magnifique mobilier est demeuré jusqu'à nos jours à peu près tel, dans sa forme générale, qu'il avait été créé et mis en place par l'architecte d'Innocent; toutefois, de profondes modifications sont survenues à différentes époques dans son ornementation, principalement au moment où le pape Clément VI se disposait à célébrer le jubilé de 1350.

La confession, cependant, n'a pas changé de place et le baldaquin du ciborium actuel est peut-être supporté par les colonnes du ciborium primitif. L'emplacement et la disposition de la tribune et du sanctuaire n'ont pas dû varier; la balustrade du chœur actuel se trouve à la place qu'occupait autrefois le chancel, mais rien de ce qui existe aujourd'hui ne porte la marque de l'époque d'Innocent II.

La cathédra de marbre blanc qui s'élève sur deux degrés au fond de l'abside aurait-elle été faite de toutes pièces par les marbriers du xɪɪᵉ siècle à l'imitation d'un siège antique? Nous ne le croyons pas. Tout au plus pourrions-nous admettre que le dossier droit, surmonté d'un disque, ait été ajouté à cette époque; et encore, ne comporte-t-il pas ces incrustations de mosaïques chères aux Romains d'alors. Mais il est impossible de méconnaître l'antiquité de la partie antérieure, et surtout des deux accoudoirs reposant sur deux chimères ailées, placées debout sur leurs quatre pieds et dressant leur tête fine aux longues oreilles pointues. C'est là une œuvre vraiment romaine. Les marbriers d'Innocent, encore fort inhabiles à reproduire une figure d'animal isolé, eussent été incapables de donner à ces monstres élégants la vigueur et la grâce qui les distinguent.

Il ne subsiste rien des importants travaux exécutés à Rome pendant le règne du pape Eugène III (1145-1153); les beaux portiques à colonnes dont il avait orné la façade de Saint-Jean-de-Latran et de Sainte-Marie-Majeure ont disparu pour faire place aux façades actuelles ; et le palais du Vatican, agrandi et fortifié par lui, n'avait pas tardé à être dévasté par les troupes de Barberousse lorsqu'elles s'emparèrent de vive force de la basilique de Saint-Pierre transformée en forteresse.

Mais il existe aux environs de Rome un souvenir encore vivant de cette époque de foi ardente. Le monastère élevé aux Trois-Fontaines par saint Bernard, contemporain du pape Eugène, et placé sous l'invocation des saints Vincent et Anastase, est une basilique à trois nefs, précédée d'un portique dont l'entablement repose sur des colonnes de granit et sur des piliers d'angle en briques. Cet édifice bien simple, ne dénotant pas un grand art, reproduisant textuellement le plan des églises plus anciennes, mal éclairé à l'intérieur par de rares et étroites fenêtres, n'a subi aucune modification importante depuis sa fondation malgré les fréquents tremblements de terre auxquels cette partie de la campagne de Rome a été de tous temps soumise ; on peut le prendre comme type des constructions religieuses de cette époque.

Le règne long et glorieux du pape Alexandre III (1159-1181) n'est marqué par aucun travail important; cependant il avait fait élever dans la basilique de

Sainte-Marie-Majeure deux ambons de marbre ornés de porphyre et de mosaïques, semblables de forme à ceux de Saint-Clément. Grégoire XIII les fit enlever et probablement détruire ; il n'en existe plus trace aujourd'hui.

Le remarquable ciborium de la basilique de Saint-Laurent-hors-les-Murs appartient encore à la série des monuments élevés ou restaurés sous le pontificat d'Eugène III. L'étude que nous allons en faire va nous amener nécessairement à parler de quelques autres monuments du même genre, se rattachant évidemment à l'école des marbriers romains, bien que différents entre eux par la finesse de l'exécution, la richesse de l'ornementation et l'élégance de leurs proportions ; tous sont du reste construits d'après les mêmes règles architectoniques.

Ces ciboria, élevés pendant la seconde moitié du XIIe siècle, appartiennent aux églises des petites villes situées dans l'ancien Latium, au milieu des montagnes de la Sabine, sortes de nids d'aigle perchés sur les sommets des rochers, asiles presque inviolables où les papes venaient fréquemment chercher un refuge contre les envahisseurs où les fureurs populaires ; les églises bénéficièrent de la présence des pontifes et s'enrichirent de leurs libéralités.

La très importante transformation exécutée en 1220, sous le règne d'Honorius III, à Saint-Laurent-hors-les-Murs, changea complètement l'orientation de la basilique construite par Sixte III en la raccordant avec la primitive basilique constantinienne à laquelle elle était adossée. Mais ces changements, quelques notables qu'ils fussent, ne firent pas varier l'emplacement de la confession ; le lieu sacré occupé par les saintes reliques fut toujours respecté. L'autel et le ciborium s'élèvent donc encore aujourd'hui à la place qu'ils ont toujours occupée. Ce ciborium, plusieurs fois modifié, mais restauré depuis quelques années seulement dans sa forme primitive, est un type ayant servi bien souvent de modèle à d'autres travaux similaires. Quatre belles colonnes de porphyre surmontées de chapiteaux composites, superbes restes de quelque monument antique, supportent une architrave de brèche violette sur laquelle s'élève une rangée de courtes colonnettes formant attique ; au-dessus, une pyramide polygonale à huit faces, reposant elle-même sur un second étage de colonnettes un peu plus petites que les précédentes, se termine par un lanternon également pyramidal ; une boule et une croix couronnent l'édifice [1].

Sur la face intérieure de la première architrave, il existe une inscription divisée en deux parties : du côté de la nef, on lit :

✠ ANNO . D . M̄ . C̊ . X̊L . V̊III EG̊O HVGO HVMILIS .
ABB̄S . HOC . OPVS FIERI . FECIT .

Et du côté du chœur :

---

1. Nous ne donnons pas ici le dessin de ce ciborium ; celui de l'église de Ponzano Romano décrit et reproduit plus loin en est une copie textuelle.

✠ IOHS : PETRVS : ANGELVS . ET . SASSO .
FILII . PAVLI . MARMOR HVI . OPIS . MAGISTRI .
FVERVNT.

Cette inscription est d'un intérêt considérable ; elle
donne une date certaine et nous fait connaître une
famille de marbriers romains dont l'œuvre n'a certes
pas été limitée au seul ciborium de Saint-Laurent.
Paulus, le chef de la famille, n'a laissé aucun ouvrage
important; cependant, un des autels de l'église de Saint-
Ambroise à Ferentino porte une inscription dans laquelle le nom de Paulus est accompagné du qualificatif

VIR MAGNVS

En dehors du ciborium de Saint-Laurent, il n'existe
aujourd'hui aucun autre monument sur lequel on puisse
lire la signature de ces quatre fils s'honorant d'exercer
le même art que leur père. Les épigraphistes des xviiᵉ
et xviiiᵉ siècles nous ont bien transmis certains renseignements les concernant; ainsi, l'inscription suivante
a été relevée par le cardinal Quirini en 1736 sur
l'ancien ciborium de l'église Saint-Marc à Rome, avant
la restauration importante qui en a transformé l'intérieur : « *Au nom du Seigneur, Maître Gil, prêtre car-*
« *dinal de Saint-Marc, ordonna de faire ce travail pour*
« *la rédemption de son âme dans l'année du Seigneur*
« *mille cent cinquante trois par les mains de Jean,*
« *Pierre, Angélus et Sasso, fils de Paulus.* » Malheureusement, ce ciborium a été détruit. On connaît également

l'inscription placée en 1144 par le pape Lucien II sur l'ancien ciborium de la basilique de Sainte-Croix en Jérusalem dont il avait été titulaire :

✠ TEGM. ID HVBALDVS FORE FECIT CAR-DINA. ✠ VIR PRVDENS CLEMENS DISCRETIVS ET SPVA. ✠ IONES DE PAVLO CVM FRIB SVIS ANGELO ET SASSO HVIVS OP MAGISTRI FVERVNT.

> «..... Jean, fils de Paulus, avec ses frères Angelo et Sasso furent les maitres de cet ouvrage[1].

Mais ces inscriptions ne sont que des souvenirs. Jean et Pierre sont, il est vrai, des noms que l'on peut voir fréquemment inscrits sur des monuments de cette époque, mais sans être accompagnés d'aucun indice pouvant faire admettre une parenté avec Paulus le chef de la famille des marbriers romains. De plus, en consultant les dates auxquelles ces inscriptions se rapportent, on reconnaît qu'il ne peut y avoir identité entre les personnages qu'elles indiquent et les quatre frères auteurs du ciborium de Saint-Laurent. Seul Angelo peut, sans trop d'erreur, être reconnu dans cet Angelus désigné sur le grand candélabre pascal de la basilique de Saint-Paul comme étant le père du marbrier sculpteur Nicolas auquel on doit cette étonnante, mais peu gracieuse pyramide de marbre.

---

1. Bultino archeologico cristiano, 1875.

On peut encore lire, bien qu'avec quelque difficulté, l'inscription gravée sur le listel inférieur du fût de la colonne :

EGO NICOLAVS DE ANGELO CVM PETRO FASSA
DE TITO HOC OPVS COPLEVI.

Cette inscription ne donne pas de date, mais le style des décorations et surtout la forme des lettres indiquent bien une œuvre faite à la fin du xii° siècle. Ce candélabre est du reste dans sa barbarie une œuvre trop remarquable pour qu'une description succincte ne trouve pas ici sa place. Le fût est divisé en huit sections : la première en commençant par le bas est décorée de fleurs, les trois suivantes représentent des personnages assez difformes, les quatre autres sont ornées par des entrelacs d'un relief assez faible. Au sommet, un assemblage d'animaux fantastiques soutient le cul-de-lampe sur lequel le cierge était fixé. Ce fût, déjà extrêmement élevé, repose sur une base très importante composée de quatre monstres, à corps de lion et à tête d'homme, enlacés dans les bras de quatre femmes. Toutes ces sculptures avaient peut-être une signification symbolique mais leur abondance désordonnée nuit à l'effet général. L'exécution en est lourde, le dessin incorrect ; les corps humains surtout ont des proportions tout à fait grotesques.

L'inscription gravée sur le socle de ce candélabre indique que le sculpteur Nicolas avait un collaborateur nommé Pierre Fassa, fils de Titus : nous n'avons rencontré ce nom nulle autre part. Il est très probable au contraire que le Nicolas dont il s'agit ici est le même que celui dont le nom était gravé sur l'ancien maître autel de la cathédrale de Sutri. Ugcelli a pris soin de relever l'inscription avant qu'elle ne disparaisse et la rapporte dans son *Italia sacra* :

HOC OPUS FECIT NICOLAUS ET FILIUS EJUS
ANNO INCAR. MCLXX

et plus loin :

FACTUM EST HOC OPUS A VEN. VIRO
ADALBERTO EPIS.

Ce Nicolas avait donc un fils comme lui marbrier.

Des renseignements dont l'exactitude ne peut être suspectée font connaître un autre ouvrage de Nicolas, fils d'Angelus. L'église de Saint-Bartholomée élevée dans l'île du Tibre à Rome, possédait autrefois une belle et ancienne confession démolie vers 1601 par suite de travaux de restauration. Le savant cardinal Taruggi fit, à cette époque, copier la grande inscription gravée sur le maître autel ; elle se composait de trente vers, indiquait la date de 1180, et se terminait par les mots :

NICOLAUS DE ANGELO FECIT HOC OPUS.
JACOBUS LAURENTII FECIT HAS XIX COLUMNAS
CUM CAPITELLIS SUIS.

Le nom Nicolaus de Angelo est bien le même que sur le candélabre de Saint-Paul et doit évidemment désigner le même personnage. Cet artiste semble ici avoir dirigé en architecte l'œuvre tout entière, « fit cet ouvrage », dit l'inscription ; tandis que son compagnon Jacobus, fils de Laurent, aurait plus spécialement traité la partie sculpturale puisqu'il est nominalement indiqué comme ayant fait les dix-neuf colonnes et leurs chapiteaux.

L'ancien portique de la basilique de Saint-Jean-de-Latran construit par le pape Eugène III en 1153 comportait, d'après le dessin reproduit par Ciampini, six colonnes supportant un riche entablement. La frise était ornée dans toute sa longueur de médaillons en mosaïques et sur l'architrave courait une grande inscription également incrustée en mosaïques ; elle commençait par les mots :

DOGMATE PAPALI

et se terminait par la signature :

NICOLAUS ANGELI FECIT HOC OPUS.

Nicolas, fils d'Angelus, avait encore fait ici fonction d'architecte, et la construction du portique doit lui être attribuée tout entière [1].

En comparant ces inscriptions et en rappelant ces dates, on peut reconstituer une famille entière de mar-

---

1. Ciampini : *de Sacris Ædificiis*, pl. I.

briers romains dans laquelle la pratique du même art s'est perpétuée pendant quatre générations comprenant le x11ᵉ siècle tout entier.

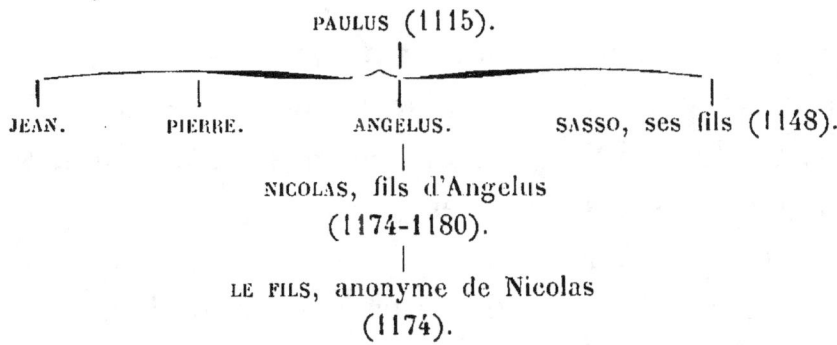

PAULUS (1115).

JEAN.   PIERRE.   ANGELUS.   SASSO, ses fils (1148).

NICOLAS, fils d'Angelus
(1174-1180).

LE FILS, anonyme de Nicolas
(1174).

Cette continuité, cette persistance à exercer la même profession peut surprendre tout d'abord ; elle s'explique cependant en songeant au petit nombre d'arts ou d'industries auxquelles pouvait se livrer un romain du moyen âge. La corporation des tailleurs de pierre, pour ne citer que celle qui nous intéresse, était si peu nombreuse que, deux siècles plus tard, en 1408, alors que le pape Innocent VIII lui accordait des statuts officiels, les sculpteurs furent appelés à s'adjoindre à elle et la présence de douze membres était reconnue suffisante pour que les délibérations d'une assemblée fussent déclarées valables[1]. Les arts de la pierre et du marbre étaient donc bien peu en faveur vers le x11ᵉ siècle, et le nombre de leurs adhérents devait être très restreint. Aussi les fils d'un marbrier ne pouvaient mieux faire que d'entrer

1. Rodocanachi : *Les corporations ouvrières à Rome.*

dans l'atelier de leur père, et de l'aider dans ses travaux ; s'ils acquéraient quelque célébrité, ils devenaient *Maîtres* à leur tour.

Quittons Rome maintenant, traversons cette solitude immense qu'est la campagne romaine et abordons au delà de Velletri les premières pentes des montagnes de l'ancien pays des Volsques.

Nous voici à Anagni, que l'on peut appeler la ville des papes en raison de la fréquence de leur séjour dans les murs de cette cité, et, de ce qu'elle vit naître Innocent III, Grégoire IX, Alexandre IV et Boniface VIII. Anagni, située sur une crête, est dominée par la vieille cathédrale construite au sommet le plus élevé. La façade de l'église, très semblable à celle de Sainte-Marie in Castello à Corneto, est percée de trois portes surmontées d'arcs cintrés décorés d'une ornementation de marbre blanc, à voussure unique, semée de losanges et de feuillages, les pieds droits sont sculptés d'entrelacs et de rinceaux. L'intérieur est disposé suivant le plan d'une basilique à trois nefs et à trois absides.

Le maître autel, formé de simples tables de marbre accotées aux angles de pilastres cannelés, est surmonté d'un superbe ciborium assez semblable à celui de Saint-Laurent-hors-les-Murs. Quatre belles colonnes, accompagnées de chapiteaux régulièrement ornés de feuilles d'achante et de volutes, supportent une architrave à quatre faces incrustées, à l'intérieur aussi bien qu'à l'extérieur, de bandes de mosaïques d'un travail très élémentaire. Au-dessus de cette architrave, un étage d'attique, formé de colonnettes de marbre, soutient une seconde architrave plus légère que la première. A partir de cet étage, la forme générale carrée est abandonnée pour passer, au moyen d'un porte à faux dans les angles, à la forme octogonale, et, un second attique, à huit faces celui-ci, présentant quatre colonnettes sur chaque côté, sert de base à un dôme pyramidal. Puis, par une bizarrerie bien difficile à expliquer, la pyramide octogonale, tronquée, est couronnée par un lanternon carré, à quatre faces et à deux étages de petites colonnettes dont le premier est bien quadrangulaire, mais dont le second reprend encore une fois la forme polygonale pour se terminer par une pyramide avec boule et croix à son sommet.

Cette étrange alternance, d'un effet désagréable, fausse les lois de l'équilibre et ne peut être attribuée qu'à une restauration maladroite ; aussi, est-il plus raisonnable d'admettre que le premier constructeur avait, comme à Saint-Laurent-hors-les-Murs, poursuivi la forme polygonale jusqu'au couronnement de son édifice.

Quoi qu'il en soit, les diverses parties de ce ciborium ont entre elles un tel air de famille qu'il faut écarter l'idée d'une construction faite au moyen de morceaux rapportés. Les grandes colonnes de marbre proviennent sans doute de quelque temple antique, mais tout le reste peut être attribué aux marbriers du XIIᵉ siècle. La sculpture des chapiteaux, bien qu'un peu confuse, est fouillée avec fermeté, les moulures des profils sont étudiées avec soin ; l'importance des différentes architraves ou corniches décroît même régulièrement à mesure que le monument s'élève, indice d'une saine interprétation des règles de l'architecture antique. Ce ciborium peut donc passer pour une œuvre complète élevée à une époque déterminée que l'on doit fixer un peu avant la consécration faite en 1179 par Alexandre III.

La ville de Ferentino, voisine d'Anagni, a été soumise aux mêmes vicissitudes, bénéficiant des mêmes largesses, et visitée par les mêmes artistes ; il n'y a donc rien d'étonnant à ce que nous retrouvions dans le ciborium de sa cathédrale une reproduction presque complète de celui d'Anagni. Quatre colonnes de marbre supportent un entablement principal carré et un étage d'attique formé de colonnettes, puis, par une combinaison identique à celle que nous venons de signaler, un second attique, portant à faux dans les angles, sert de base à une pyramide octogonale supportant comme à Anagni un lanternon carré. Bien que la partie supérieure de ce couronnement ait été remplacée au xviie siècle par de lourdes volutes, il est facile d'admettre qu'il devait être exactement semblable au pyramidon d'Anagni. La forme générale des deux monuments doit donc être considérée comme ayant été exactement la même ; le style de leur architecture est parfaitement semblable.

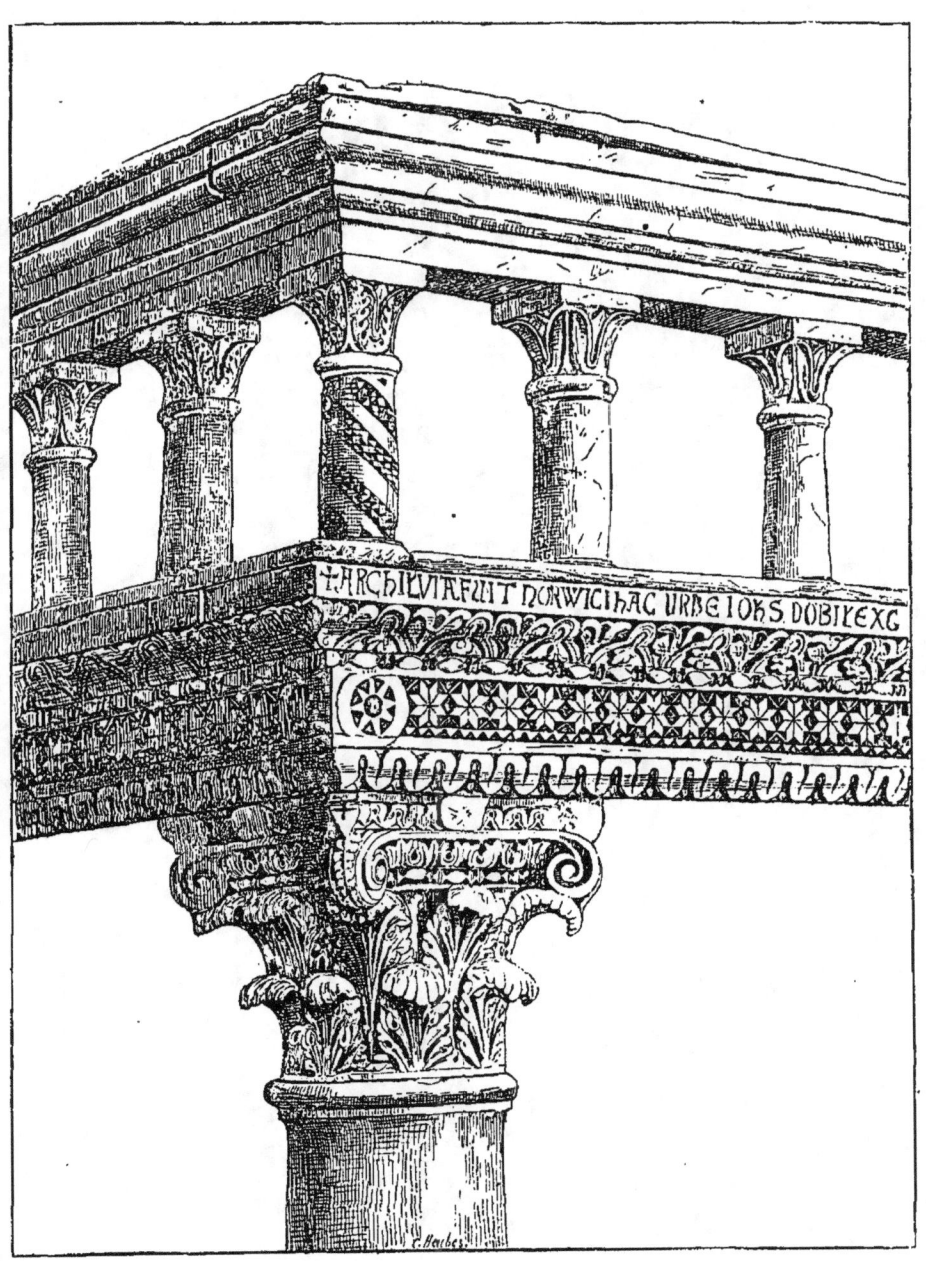

Détails du ciborium du maître autel à l'église-cathédrale de Ferentino. — XIIᵉ siècle.

Nous devons cependant noter des différences assez sensibles dans la sculpture et dans l'ornementation de leurs
differentes parties. En général, le ciborium de Ferentino
est plus riche que celui d'Anagni ; les chapiteaux des
grandes colonnes, de style composite corinthien à feuilles
et à volutes, variés de type, ont un galbe plus élancé,
le dessin en est plus ferme, plus net, les détails mieux
traités ; les colonnes s'adaptent bien sur leur base ; les
moulures de la première architrave sont complètement
sculptées d'ornements courants. Toute cette partie du
ciborium semble habilement copiée sur des modèles antiques d'une bonne époque, à moins qu'elle n'ait été
elle-même construite avec d'anciens éléments, ce que
pourrait faire admettre la recherche et la fermeté de
l'ornementation. Quelques colonnettes torses incrustées de mosaïques et placées dans les parties supérieures,
pourraient faire croire à une restauration, si leurs chapiteaux n'étaient exactement semblables à ceux des
autres colonnettes avoisinantes. Comme au ciborium
d'Anagni ainsi qu'à celui de Saint-Laurent-hors-les-Murs,
une bande de mosaïque d'émail court sur les faces de
la principale architrave ; mais ici, le dessin stelliforme
de cette mosaïque dénote une pratique plus savante
en ce genre d'ornementation et ferait presque admettre
le concours d'un mosaïste étranger si nous n'avions
déjà rencontré à Sainte-Marie in Cosmedin des incrustations à étoiles faites à l'époque d'Alfanus. Sur le listel
de l'architrave on peut lire l'inscription suivante :

✠ ARCHILEVITA . FVIT . NORWICI . HAC . VRBE .
IOHS . NOBILI . EX . GENERE.

« Jean Norwick d'une noble famille de cette ville fut archilevite. »

Elle ne donne ni date ni nom d'auteur.

Plusieurs historiens archéologues, Boïto entre autres, ont voulu attribuer le ciborium de Ferentino au marbrier Paulus, sans donner aucune bonne raison à l'appui de cette hypothèse. Cette opinion peut cependant se défendre en s'appuyant sur un fait : il existe dans la même église un devant d'autel formé d'une grande dalle de marbre couverte de dessins en mosaïque, au-dessus de ce panneau passe une moulure sur laquelle est gravé :

✠ HOC OPIFEX MAGNVS FECIT VIR NOMINE
PAVLVS.

Ces mosaïques de porphyre et de serpentine incrustées d'étoiles de marbre blanc et noir ressemblent presque identiquement à celles des dalles de Sainte-Marie in Cosmedin. La date de ce travail nous est du reste exactement fournie par une inscription gravée sur le marbre lui-même, dans la bordure blanche qui fait encadrement. Elle relate la translation des reliques d'un martyr sous cet autel et se termine par les mots :

PRESVL ERAT SVMMVS PASCHALIS PAPA
SECVNDVS.

Sous le pontificat du pape Pascal II.

Ce qui nous reporte aux années 1099 et 1118. Paulus, le père des marbriers, travaillant à Saint-Laurent-hors-les-Murs en 1148, pouvait parfaitement avoir exécuté l'autel de Ferentino trente ou quarante ans auparavant. Il faut remarquer aussi que les caractères, les abréviations et même les signes employés dans ces deux inscriptions sont identiques, ce qui vient ajouter une preuve de plus à l'hypothèse qu'elles ont été gravées à la même époque et par la même main.

Nous admettons donc volontiers que le père des marbriers de Saint-Laurent-hors-les-Murs a édifié l'autel dont nous venons de parler, mais cela ne prouve en aucune façon qu'il soit l'auteur du ciborium. S'il en était ainsi, son nom serait gravé quelque part comme il l'est sur l'autel. Mais certains indices sont plus affirmatifs encore que l'absence d'un nom, c'est le style des sculptures, le galbe des moulures, l'aspect général d'un monument. Or, après un examen attentif de toutes ces données, il n'est pas douteux pour nous que le ciborium de Ferentino est postérieur à celui de Saint-Laurent-hors-les-Murs. De combien? Cela est bien difficile à dire pour des temps où les perfectionnements en fait d'art étaient longs à se faire jour.

Bien que nous ne puissions les classer dans un ordre chronologique rigoureux, la similitude des éléments constitutifs, l'uniformité de la conception, rattachent très étroitement l'un à l'autre les trois ciboria dont nous venons de parler.

Cette forme de ciborium ayant été adoptée dans les cathédrales des villes pontificales, l'usage se répandit dans toute la région de transformer les anciens ciboria ou d'en construire de nouveaux d'après ce même modèle. Il s'en est conservé quelques-uns, préservés jusqu'ici de toute destruction et de tous changements par le peu d'importance, la pauvreté et l'isolement des petites villes dans lesquelles on les rencontre.

A Ponzano-Romano, au milieu des vallées étroites et des montagnes arides de la Sabine, l'église de *San Andrea al Fiume* possède un ciborium en tout semblable à celui de Saint-Laurent-hors-les-Murs. Quatre colonnes, antiques comme toujours, servent de supports ; elles sont de hauteurs différentes, mais cette inégalité est rachetée par la diversité des bases. Les chapiteaux corinthiens, lourds et aplatis, uniformes de style et de grosseur, s'adaptent assez mal du reste sur les colonnes qu'ils surmontent, et peuvent être, avec certitude, attribués aux sculpteurs du moyen âge ; ils n'ont rien des délicatesses de l'antiquité. A part cela, les deux architraves, les corniches du couronnement pyramidal à huit faces, ainsi que celles du lanternon également polygonal, sont moulurées avec soin, suivant des profils délicats, établis régulièrement en observant la règle de la décroissance dans les parties élevées. Les colonnettes, toutes de marbre blanc, sont d'un galbe assez élégant, leurs chapiteaux, très simples, sont formés de quatre feuilles rachetant dans les angles la partie carrée

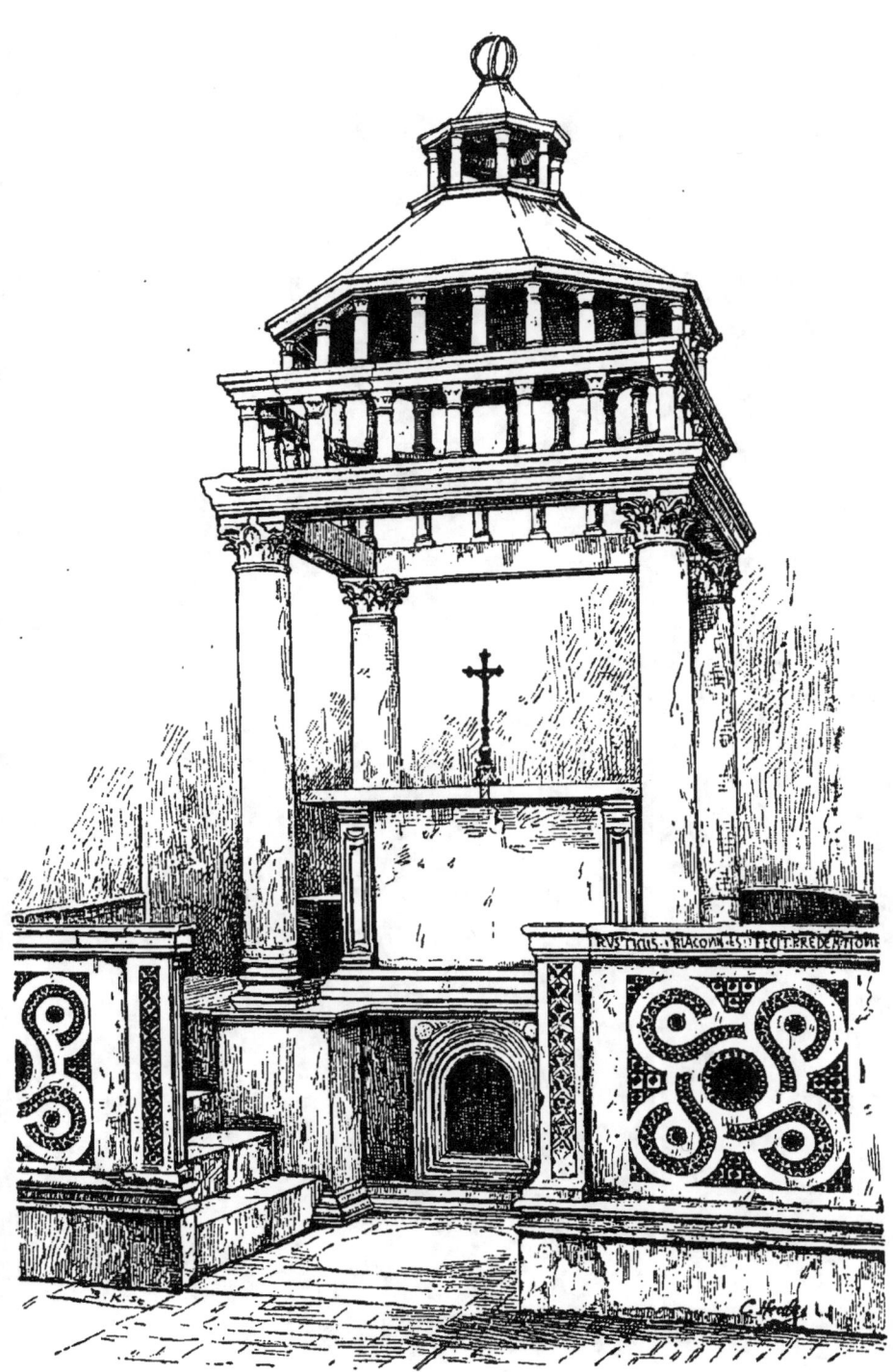

Autel et ciborium dans l'église de Saint-André *al Fiume*
à Ponzano-Romano. — XII° siècle.

de l'abaque. En somme, ce ciborium est une reproduction à peu près textuelle de celui de Saint-Laurent. Il n'est accompagné d'aucune inscription. Nous voyons bien écrit sur la cymaise du chancel situé en avant de l'autel, au-dessus d'un panneau orné d'un grand enroulement en mosaïque de marbre, qu'un prêtre nommé :

RVSTICVS...... FECIT. P. REDEMTIONE
ANIME SVE.

Rusticus fit cette œuvre pour la rédemption de son âme.

Mais cette inscription peut fort bien être étrangère à la construction du ciborium ; en tous cas, elle n'indique aucune date précise. Cependant, si à toutes les probabilités tirées de l'examen du monument, l'on ajoute que les caractères de l'inscription RUSTICUS sont exactement les mêmes que ceux employés dans les inscriptions de Ferentino, on peut presque affirmer que la confession tout entière de Saint-André a été édifiée vers la fin du XIIe siècle, peut-être, comme à Ferentino, à l'occasion de la translation des reliques du martyr.

On voit à Riofreddo, autre petite ville de la Sabine voisine de Subiaco, une ancienne église désaffectée, abandonnée, déserte, autrefois dédiée à Saint-Georges. La porte d'entrée, formée d'un arc en plein cintre relevé au-dessus d'un épais linteau et porté sur deux jambages, marque encore, par cette architecture de

marbre, le degré de richesse que pouvait présenter
l'église tout entière. L'autel a disparu, mais le ciborium,
encore en sa place primitive, est le seul et unique reste
de l'ancien mobilier presbytéral. Il répète d'une façon
tellement frappante, dans son ensemble et même dans
les détails, le type du ciborium de Saint-Laurent,
que si l'on avait eu besoin d'un document authentique
pour reconstituer ce dernier dans sa forme exacte, on
aurait pu le trouver à l'église Saint-Georges de Riofreddo. La lourdeur des chapiteaux et l'exiguïté des
colonnettes sont les seuls indices d'une certaine inhabileté professionnelle. La porte et le ciborium absolument contemporains, appartiennent manifestement à
la seconde moitié du xiiᵉ siècle.

Le plus surprenant de tous les ciboria, calqués pour
ainsi dire sur le prototype de Saint-Laurent, se trouve
au village de Rocca di Botte, également situé dans la
région des monts Sabins. Quatre fûts, il est bien difficile de dire quatre colonnes tant leurs proportions
sont disgracieuses, élevés sur des bases grossièrement
moulurées, sont surmontés de chapiteaux énormes,
barbares, ne rappelant que de bien loin le type corinthien, et fouillés avec une maladroite brutalité. Ces
quatre points d'appui supportent un dôme pyramidal
à huit faces, appuyé, comme toujours, sur un premier
attique carré ; le dôme est terminé par un lanternon de
même forme avec boule et croix au sommet. Ce cibo-

rium se distingue des précédents par la simplicité des
corniches par la pauvreté des architraves moulurées
d'une seule doucine au-dessus d'un bandeau plat, par la
sobriété des mosaïques qui ornent ces mêmes bandeaux,
et par la proportion peu élégante des colonnettes qui,
toutes faites sur le même modèle, forment les différents
étages et donnent au lanternon une apparence lourde et
disgracieuse. Le constructeur s'est peut-être servi d'éléments provenant d'un ciborium plus ancien en rajeu-
nissant la forme du couronnement, mais il faut, pour
excuser le résultat si peu satisfaisant auquel il est arrivé,
lui tenir compte des faibles moyens dont il pouvait
disposer. Au reste, l'autel que recouvre ce ciborium
est de forme très archaïque : malgré quelques modifications relativement modernes, on y retrouve les quatre
piliers d'angle et la colonne centrale supportant une
table de pierre, tels que nous en avons signalé quelques
exemples au viiᵉ siècle.

Dans une autre région, peu éloignée cependant de
celle que nous venons de parcourir, mais toujours au
travers des montagnes de la Sabine, nous pouvons signaler certains travaux faits, à la fin du xiiᵉ siècle, par
un marbrier nommé PETRVS.

Au monastère de Saint-Eustorgio, voisin de la ville
de Norcia, l'antique Nursia, patrie de saint Benoît et
de sainte Scholastique, on lit, gravé sur une pierre
encastrée dans la façade de l'église :

ANNO.DOMINI.MILLENO.CENTESIMO.NONAGEL.

MAGISTER.PETRVS.FECIT.HOC.OPVS.

De quel ouvrage est-il ici question? Nous ne pouvons le dire exactement; probablement de la reconstruction de cette façade. En tous cas la date de 1190 est certaine.

Non loin de là, on voit à Amiterno, bien modeste petite ville, dans l'église de Saint-Vittorino, un ambon fort simple sur lequel on retrouve le nom de Petrus avec une date très voisine de la précédente. L'inscription est ainsi conçue :

ANNO.DOMINI.M.C.NONG.VII.MAGISTER.

PETRVS.AMABIL.HOC.OPVS.FEC.

Enfin, dans l'ancienne église d'Alba-Fucense, on trouve, gravée sur une plaque de marbre appliquée contre un pilier, une assez belle inscription dont le texte nous révèle avec le nom de Petrus celui de deux autres marbriers :

ABAS ODERISIVS FIERI FECIT MAGISTER
GVALTERIVS CVM MORONTO ET PETRVS FECIT
HOC OPVS.

Petrus n'occupe, comme on le voit, qu'une modeste place dans cette inscription et n'était certainement pas le maître de l'œuvre à laquelle elle a dû appartenir.

Toutefois la forme des caractères révèle bien une écriture de la fin du xiiᵉ siècle ou du commencement du xiiiᵉ. Les noms de Gualterius et de Moronto ne se retrouvent nulle part. Promis, qui s'est beaucoup occupé de l'église d'Alba-Fucense et en a écrit la très intéressante histoire, ne doute pas que le Petrus d'Alba-Fucense, le Petrus Amabilis d'Amiterno et le Magister Petrus de Norcia ne soient un seul et même personnage ; faute d'indications plus précises, nous pouvons accepter l'opinion de Promis[1] ; mais il nous faut faire les réserves qu'indiquent les différents qualificatifs du personnage.

Nous n'étendrons pas plus loin nos recherches : il est important d'établir, pour les œuvres des sculpteurs marbriers du moyen âge, certaines limites géographiques et de ne pas les franchir. Les travaux des marbriers romains ne doivent pas se confondre avec ceux des marbriers napolitains ou des Abruzes ; ces différentes écoles ont des styles très particuliers et une origine toute différente.

L'art du bronze, perdu pendant de longues années en Italie, avait été remis en honneur vers la fin du xiᵉ siècle. Une riche et pieuse famille amalfitaine, les comtes (*comites*) Pantaléon, avait fait fabriquer à Constantinople de magnifiques portes de bronze destinées à l'église d'Amalfi ; elles portent la date de 1166 ; celles du monas-

---

1. L'Antichita di Alba Fucense. C. Promis, Roma, 1836.

tère du Mont-Cassin sont de la même année ; celles du
Mont-Saint-Ange au Gargano ont été fondues en 1076.
Un consul Pantaléon avait aidé de sa bourse le cardinal
Hildebrand à doter, en 1070, de magnifiques portes
de bronze la basilique de Saint-Paul-hors-les-Murs. La
porte de la cathédrale de Salerne, faite en 1099, est
encore de fabrication byzantine. Mais dès le commencement du xiiᵉ siècle, à Troia en 1127; à Trani en 1160;
à Bénévent en 1150, de nouvelles portes de bronze
sont dues à des artistes italiens : Roger d'Amalfi, Odé-
risius de Bénévent, Barisanus de Trani. Imitateurs
encore ·serviles des fondeurs de Constantinople, ces
artistes deviennent bientôt originaux et indépendants ;
Bonnanus abandonne le trait gravé de ses prédécesseurs et sculpte en haut-relief les fameuses portes du
dôme de Pise en 1180, et celle de la basilique de
Monreal en 1186.

L'antiquité avait laissé à Rome de beaux modèles en
ce genre : on peut citer la superbe porte du Panthéon
avec ses deux grands pilastres et ses clous richement
ornés; la porte de l'église des Saints Cosme et Damien ;
celle de Saint-Jean-de-Latran que l'on a cru provenir
de la basilique Émilienne, mais le moyen âge n'avait
encore rien produit en ce genre.

Les grands vantaux de bronze destinés à fermer la
chambre haute du palais du Latran et placés aujour-
d'hui au Baptistère, devant l'oratoire dédié à saint Jean-
Baptiste, donnent une juste idée de ce qu'était à Rome,

à la fin du xııᵉ siècle, sous le règne du pape Célestin III, cette branche de l'art du sculpteur. Chaque vantail est divisé en deux panneaux autour desquels court un champ lisse ; dans le cadre supérieur, la Vierge Marie, placée sous une sorte de dais à arcature aiguë, présente l'Enfant divin, vu de face, debout sur ses genoux ; le cadre inférieur est occupé par deux séries d'arcades superposées. Cette très simple ornementation, presque exclusivement architecturale, est environnée d'un bandeau plat sur lequel, à la partie supérieure, est gravée l'inscription :

✠ ANNO . V . PONTIF . DNI . CELESTINI III . PP . CINCIO . CARD . S . LVCIÆ . EIVSDEM . DNI . PP . CAMERARIO . IVBENTE . OPVS . ISTVD . FACTVM . EST.

Or, la cinquième année du pontificat de Célestin III, année de sa mort, correspond à la date de 1198.

La signature est placée sur l'archivolte des deux arcades inférieures.

✠ HVI . OPVS . VBERT . ET . PETER . FR . MAGISTRI .
PLESENEN . FECERVNT . ✠

Maître Ubertus et maître Petrus, son frère, bien que nés à Plaisance, travaillaient donc à Rome et peuvent prendre rang parmi les sculpteurs romains de la fin du xııᵉ siècle.

CHAPITRE II

TROISIÈME PARTIE

LES MARBRIERS OMBRIENS

XIIᵉ SIÈCLE

SOMMAIRE

Rivalité artistique entre les cités ombriennes. — Dôme de Narni. — Cathédrale de Terni. — Cathédrale d'Assise. — École de Spolète. — Cathédrale de Spolète. — Fragment conservé au Musée municipal. — Église de Saint-Pierre. — Église de Saint-Grégoire. — Narni, Église Sainte-Marie. — Église du bourg de Saint-Gémini. — Temple de Clitumne. — Église du Saint-Sauveur à Spolète. — Abbaye de Saint-Pierre de Bovara. — École de Foligno. — Cathédrale, façade principale. — Église de Spello. — Bevagna, Église de Saint-Sylvestre, Église de Saint-Michel. — Cathédrale de Foligno, façade latérale. — L'Évêque Anselmus.

CHAPITRE II

L'ÉCOLE OMBRIENNE

La réforme grégorienne n'avait pas eu pour seul
résultat d'encourager à Rome la construction et la
restauration des églises. Cette grande influence, se
poursuivant pendant le xII° siècle tout entier, s'était
fait sentir au dehors. La partie de l'Ombrie, que la
vallée du Tibre met si naturellement en communication avec Rome, fut un des centres de cette renovation
architecturale, et, les arts délaissés reprirent dans cette
province, à la fin du xI° siècle et pendant le xII° tout
entier, un essor tout nouveau. Architectes, maçons,
sculpteurs se mettent à l'œuvre, s'adressent aux quelques rares édifices antiques conservés dans le voisinage,
et, ne pouvant en tirer, comme à Rome, des dépouilles
suffisantes, s'attachent à les étudier et savent y puiser
un enseignement. Sous le haut patronage de cette antiquité dévastée, détruite, mais imposant quand même le
respect et l'admiration, il se forme en Ombrie une école
de marbriers sculpteurs dont les œuvres ont un carac-

tère classique tout particulier et se distinguent nettement de ce que nous avons rencontré à Rome jusqu'ici.

Les nombreuses restaurations d'églises, fondées pour la plupart aux viiie et ixe siècles, mais à peu près abandonnées depuis, fournirent aux architectes ombriens l'occasion d'exécuter de nombreux travaux. Tout naturellement, entre ces villes situées dans la même région, s'établit une sorte d'émulation; on voulut faire d'un côté ce qui s'était fait de l'autre, les communautés, en s'installant dans le pays, apportèrent à cet élan l'appoint de leur établissement, et voulurent rivaliser avec les églises urbaines; aussi, l'école artistique locale, largement alimentée, put vivre sur elle-même et prospérer en ne faisant appel qu'à ses propres forces.

Timide et incertaine au début, l'école ombrienne arrive à son entier développement pendant la seconde moitié du xiie siècle, produisant principalement alors des œuvres de sculpture monumentale et décorative. C'est donc sur les façades des édifices qu'il faut rechercher son souvenir, en s'attachant surtout à l'examen des portes et des fenêtres qu'elle enrichit de gracieux reliefs. Spolète et Foligno furent les principaux centres de cet important mouvement artistique.

Toutefois, il est certain qu'il s'établit de bonne heure un certain courant d'idées entre les marbriers romains et ceux de l'Ombrie. Favorisé par la nature des travaux aussi bien que par la proximité des lieux, ce courant ne fit qu'augmenter d'intensité, et cette fusion produisit des résultats importants que nous constaterons plus tard en étudiant le cloître de l'abbaye de Sassovivo. Des deux côtés, tout était devenu semblable; ce qui se faisait à Rome se faisait également en Ombrie; ce que les marbriers romains inventaient était immédiatement reproduit par ceux de Foligno, et, le style adopté des deux parts prit partout le nom d'*Opus romanum.*

Si les artistes ombriens, à de très rares exceptions près, se sont toujours abstenus d'employer les marbres de couleur et les mosaïques comme système de décoration, on peut en trouver la cause dans la pénurie où ils étaient de ce genre de matériaux, n'ayant pas, comme dans les grandes villes et surtout à Rome, la libre disposition des ruines antiques pour y puiser les porphyres, les brèches et les serpentines. Cependant, un marbrier nommé SOLFERNVS exécute et signe en 1207, dans la cathédrale de Spolète, un grand pavement de marbres de couleurs éxécuté avec tout le luxe que l'on apportait à Rome aux beaux travaux de l'*Opus tessellatum.*

Autant qu'il nous a été possible de remonter dans la chronologie artistique du moyen âge, c'est au dôme de Narni qu'il faut aller chercher les premiers débuts de cette période d'activité artistique. Sur la façade principale on voit, encastrée dans la maçonnerie, une pierre portant une inscription dédicatoire avec la date 1123, de plus, la grande porte ouverte dans cette façade est couronnée par un bas-relief représentant des enroulements de rinceaux, assez vigoureusement traités, rappelant un peu le style de la sculpture antique. On peut donc appliquer la date de la réfection de la façade à l'exécution de la sculpture, et prendre celle-ci comme un des premiers spécimens de l'art ombrien.

A la cathédrale de Terni, la porte est également décorée de sculptures du même style, imitation encore malhabile de l'antiquité romaine, mais cherchant déjà à s'en approcher par le dessin et par l'exécution; cette imitation est même tellement fidèle que l'artiste, bien que destinant son œuvre à la décoration d'une église, ne change rien à son modèle et n'ose y introduire la Croix, signe de la rédemption chrétienne. Cette œuvre est contemporaine de la précédente.

Peu d'années après, la ville d'Assise, riche par son commerce avec les cités voisines, voulut édifier une cathédrale au-dessus de la crypte d'une ancienne église datant de 1025; l'architecte, Giovanni da Gubbio, auquel on a donné le surnom de Tedesco pour indiquer son origine lombarde, fut chargé, en 1140, de diriger les travaux. La façade, seul reste à peu près reconnaissable de cette construction, a subi des transformations considérables; il est cependant très probable que la forme et la décoration des portes n'a pas dû varier depuis cette époque. Ce sont trois ouvertures rectangulaires surmontées d'un linteau droit au-dessus duquel un encadrement cintré en arcade, se raccordant avec les pieds-droits, dégage l'emplacement d'une lunette ou tympan. La porte médiane, plus grande que les deux autres, est de plus entourée d'un double encadrement. Les lunettes latérales sont occupées par des bas-reliefs représentant des animaux affrontés buvant dans un vase; celle de la porte principale montre Jésus-Christ, dans une gloire, accompagné de la sainte Vierge et de saint Jean; personnages et animaux sont d'un dessin imparfait, grotesque même, et d'une exécution absolument primitive. Les champs des encadrements, occupés par des ornements courants où se retrouve la préoccupation d'imiter des modèles antiques, sont couverts de rinceaux, de postes, de grecques, tels qu'on en voit sur beaucoup de monuments de la décadence romaine. La façade de la cathédrale d'Assise est traversée par une galerie formée de petites arcades portées sur des colonnettes accouplées; au-dessus s'ouvre une grande fenêtre circulaire ornée d'une rosace et accompagnée des symboles évangéliques.

Giovanni passe également pour avoir dirigé à Assise, un peu plus tard, vers 1163, les travaux de l'église de Santa Maria del Vescovado, d'architecture assez semblable à celle de la cathédrale, quoique d'importance notablement moins grande.

Spolète, cette charmante ville fièrement campée sur le flanc d'une haute colline, possède une cathédrale qui nous réserve d'agréables surprises : les encadrements de

marbre de la porte principale, pieds-droits, cintre, tim-
pan sont couverts de sculptures d'une élégance de forme,
d'une correction de dessin, d'une finesse d'exécution
que nous n'avons pas remarquées à Assise ; de plus, au
sommet de la partie cintrée, la Croix se dresse comme
le point de départ d'une ornementation composée de
sarments de vigne s'enroulant en rinceaux accompagnés de fleurs et de grappes de raisin ; sur les pieds-
droits, quelques figurines d'enfants et d'oiseaux se
jouent au travers des volutes du rinceau. Dans un
espace laissé libre, le sculpteur a inscrit son nom :
GREGORIUS MELIORANZIO. Cette signature, bien
que sans date, est gravée en caractères se rapportant
évidemment à l'époque où fut exécutée, selon toute vraisemblance, la décoration générale de la porte, époque
qui doit correspondre à la grande restauration de
l'église exécutée, vers 1167, après la dévastation que
fit subir à toute la contrée le passage de l'empereur
Frédéric Barberousse et de son armée.

Voici donc un sculpteur ombrien du moyen âge, exécutant une œuvre que l'on serait presque, tant elle est
délicate et pure dans ses formes, tenté de faire remonter
au siècle d'Auguste, et indiquant le premier la tendance
générale de l'école. Malheureusement, ce nom de Grégorius Mélioranzio ne se rencontre plus nulle part, et
nous n'avons rien pu découvrir qui puisse se rapporter
à la personnalité de cet artiste.

Ce style si particulièrement étonnant à rencontrer

dans un monument de cette époque, cette ornemén-
tation si correcte et si gracieuse se retrouve cependant
sur un fragment encastré dans le mur de l'escalier
du palais municipal de cette même ville de Spolète.
C'est un bas-relief demi-circulaire destiné, selon toute
vraisemblance, à occuper la lunette d'une porte
d'église, car, sous une arcade à modillons, la Croix,

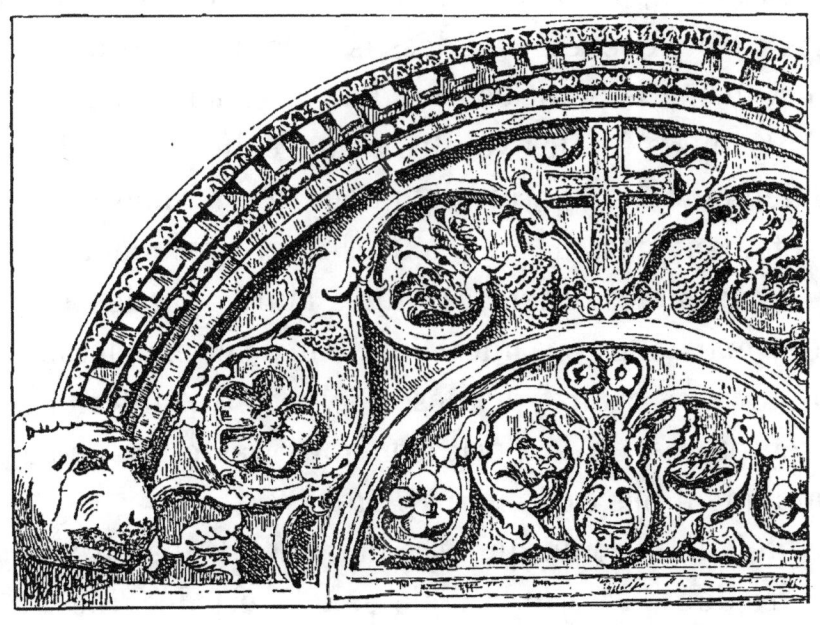

Tympan d'une porte d'église conservé au Palais municipal à Spolète. —
XIIᵉ siècle.

portant à son sommet un crochet, symbole du monogramme du Christ, forme le départ d'un rinceau d'où
jaillissent deux branches se développant en larges
enroulements terminés, au centre de chaque volute, par
une fleur d'espèces différentes. Le tympan circonscrit
par cette archivolte est décoré d'un ornement ayant les

mêmes caractères d'élégance et de fermeté. Il y a une telle similitude d'exécution et de conception entre cette sculpture et la précédente, que, malgré l'absence de toute signature, il semble naturel de l'attribuer à Grégorius Mélioranzius.

L'œuvre, peut-être la plus parfaite en ce genre que nous ayons rencontrée à Spolète ou aux environs, se voit sur la façade de l'église Saint-Pierre. Toujours le même motif s'y trouve répété : au-dessus de la porte principale, la Croix forme le point central d'un rinceau de fleurs et de fruits, mais ici les volutes comprennent dans leurs enroulements des figures d'hommes et d'animaux assez correctement dessinées. D'autres figures et même des scènes complètes ornent certaines autres parties de la façade, mais elles ont une allure lourde et embarrassée qui autorise à croire qu'elles doivent être antérieures aux sculptures de la porte ; en tous cas elles ne sont certainement pas du même artiste.

Ces défauts se remarquent également à l'église de Saint-Grégoire dont la porte latérale gauche est décorée d'un grand bas-relief représentant une croix à branches égales supportée par deux espèces de lions, et servant de départ à des rinceaux de sarments de vigne. On peut faire aussi les mêmes reproches aux sculptures qui couronnent une des portes latérales de l'église Saint-Ansano.

L'école toute locale dont Spolète était le centre et

Mélioranzius le principal représentant, a produit dans les villes voisines des œuvres ayant une grande analogie, pour ne pas dire une parfaite ressemblance, avec celles qui avaient été exécutées à Spolète.

Ainsi, la façade de l'église de Sainte-Marie, à Narni, est ornée de quelques motifs parmi lesquels on remarque les animaux symboliques des évangélistes, des lions tenant une proie, des hommes courbés vers la terre, soutenant de leurs mains levées des branches et des fleurs ; sculptures assez grossières du reste. Les trois portes sont surmontées de tympans circulaires absolument semblables à celui du palais de Spolète.

Or, l'église de Sainte-Marie, ou du moins la façade de cette église, a été édifiée en 1175, comme l'indique une inscription commençant par les mots :

ANNO DOMINI. M. C.LXXV.....

cette date est donc absolument certaine et permet de contrôler celle que nous avons attribuée au bas-relief signé Melioranzio.

A Saint-Gemini, petit bourg situé dans le voisinage de Narni, une église d'architecture très semblable à celle de Sainte-Marie, et probablement contemporaine, est revêtue d'une décoration presque identique. Il faudrait donc constater chez les sculpteurs de l'école de Spolète, à côté d'une grande finesse d'exécution, une certaine impuissance d'invention, une persévérance craintive à s'adresser toujours aux mêmes modèles et à suivre une route déjà tracée, si nous ne rencontrions sur la porte de l'église de Saint-Dominique à Narni un superbe morceau de sculpture joignant à une exécution magistrale une variété toute nouvelle de composition. On y voit, à côté de belles volutes de rinceaux comprenant quelques petites figures, douze grands disques circulaires contenant les bustes des douze apôtres, et, si ces têtes ne sont pas encore absolument régulières, elles sont exécutées du moins avec un soin tout particulier qui dénote un grand effort. Une inscription très effacée, malheureusement tout à fait illisible, accompagne, du côté gauche, le pied-droit de la porte.

Il nous faut dire maintenant quelques mots d'un petit monument très intéressant, dont l'origine n'a jamais été bien exactement déterminée, bien qu'il ait été étudié par de nombreux artistes et savants.

Le joli temple élevé sur les bords escarpés de la rivière Clitumne, entre Spolète et Trévi, est, à n'en pas douter, un édifice d'architecture romaine : sa forme générale, sa construction, son portique aux colonnes cannelées ou couvertes d'écailles, la sculpture des chapiteaux, des anthes et des colonnes, tout en fait foi. L'hypothèse la plus admissible le désigne comme un oratoire sacré élevé, au temps de l'empereur Théodose, à côté d'un ancien relai de poste de la voie Flaminienne. Mais, si le monument est antique, il est non moins certain que le motif qui, naguère encore, décorait le fronton principal est de facture médiévale, et appartient à l'école ombrienne[1]; il présente du reste une remarquable concordance avec plusieurs de ceux que nous avons déjà décrits. Une grande croix en occupe le centre, formant le départ de rinceaux qui enroulent gracieusement des fleurs et des fruits variés. Ces ornements sont dessinés avec une telle souplesse, une telle

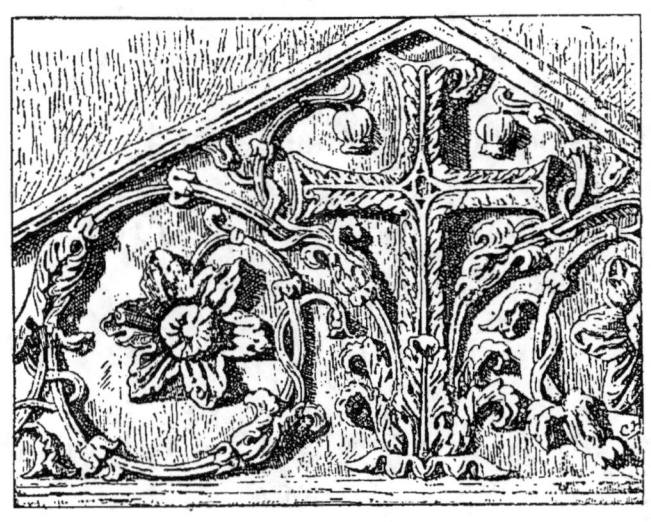

Fronton du Temple de Clitumne près de Spolète. — xiiᵉ siècle.

ampleur, une telle élégance qu'on ne peut mieux comparer ce bas-relief qu'aux beaux fragments de l'ancien arc de la Paix élevé à Rome sous le règne d'Auguste, fragments conservés au palais Fiano.

Le temple de Clitumne avait trois portiques, l'un, le principal, ne donnait pas accès à l'intérieur de l'édi-

1. Ce bas-relief aujourd'hui déplacé, gît à l'intérieur du petit temple.

fice, la déclivité du terrain est telle de ce côté qu'il avait fallu renoncer à y établir un escalier, et l'on avait fait porter les colonnes sur un mur en terrasse assez élevé. Les deux autres portiques précèdent les portes latérales, quelques marches permettent d'y arriver.

On peut encore lire très distinctement, sur la frise du grand portique, l'inscription :

✠ SCS DEVS ANGELORVM QVI FECIT
RESURECTIONEM ;

Sur l'un des portiques latéraux est gravé :

✠ SCS DEVS PROPHETARVM QVI FECIT
REDEMPTIONEM ;

et sur l'autre :

✠ SCS DEVS APOSTOLORVM QVI FECIT
REMISSIONEM.

Les caractères dont se composent ces inscriptions sont de belles lettres romaines, identiques à celles de la grande inscription du dôme de Foligno datée, comme nous le verrons tout à l'heure, de 1133. Il n'est pas probable que la croix ait été introduite à travers un bas-relief romain pour remplacer un fleuron qui en aurait occupé le centre ; de plus, l'abréviation SCS, et les invocations au Dieu des Anges, au Dieu des Prophètes et au Dieu des Apôtres, appartiennent exclusivement au

moyen âge chrétien. On peut donc admettre, avec certitude, qu'inscriptions et bas-relief datent de la même
époque, et, que ce dernier est l'œuvre d'un sculpteur de
l'école de Spolète, peut-être même de Melioranzio qui
semblerait en être le chef.

Le bas-relief du temple de Clitumne est un type
auquel peuvent être rapportés quelques autres morceaux
de sculpture sortis des mains des marbriers ombriens.
On trouve encore un exemple de ce style, dérivé de la
belle antiquité, sur la façade d'une très ancienne église
élevée auprès de Spolète, en l'honneur du Saint-
Sauveur, mais communément appelée *Il Crocifìcio*.

Comme à Clitumne, l'édifice était à l'origine un temple
païen ; trois portes en marbre blanc donnaient accès à
l'intérieur, et certainement, celles qui existent encore
aujourd'hui ne sont que la reproduction, peut-être
même la reconstitution de celles qui faisaient partie de
la construction première. L'architrave droite, la frise et
la corniche à modillons, soutenue à ses extrémités par
de minces consoles, nous reportent bien encore à une
époque absolument romaine, mais la sculpture qui orne
les frises des trois entablements est évidemment l'œuvre
de l'école ombrienne du moyen âge.

Une croix, émergeant d'un fleuron central, sert de
point de départ aux enroulements d'un rinceau dont les
branches délicates enferment des fleurs largement
épanouies; cette frise se termine à ses extrémités par

deux palmettes absolument étrangères au développement du rinceau, ornements que le sculpteur ombrien
a maladroitement ajoutés, et qui, certes, n'appartenaient
pas au modèle antique qu'il avait pris à tâche d'imiter.
En dehors de cette critique, on peut admirer sans
réserve la finesse du ciseau, la noblesse d'allure, le style
si magistral et si pur de ces beaux bas-reliefs. Entre la
sculpture du temple de Clitumne et celle des portes
du *Crocificio,* il n'y a aucune différence, c'est exactement le même art, la même habile et savante reproduction des beautés d'une grande époque.

MM. Mothes et de Rossi ont cherché à reconstituer
le temple de Spolète dans sa forme primitive. Nous
sortirions de notre sujet en suivant ces savants dans leur
tentative de restitution, mais nous ne devons pas passer
sous silence les trois fenêtres ouvertes à la partie supérieure de la façade, entre des pilastres dont on aperçoit
encore bien nettement la trace. Deux de ces fenêtres
sont rectangulaires et surmontées d'un fronton ; la troisième, celle du milieu, est cintrée en arcade. Les encadrements de ces trois fenêtres rappellent les formes
de l'architecture romaine, mais on comprend, à l'examen, que cette tentative d'imitation a été faite par un
architecte peu expérimenté ou peu scrupuleux. D'après
l'opinion d'un autre savant archéologue, le père Grisar,
opinion appuyée d'un grand nombre de preuves,
il conviendrait de reporter la construction de ces
fenêtres au xɪɪ° siècle, en les classant parmi les œuvres

de l'école des marbriers ombriens dont nous nous occupons.

En remontant la voie Flaminienne au delà du temple du Clitumne, et avant d'arriver à Foligno, on rencontre l'abbaye de Saint-Pierre de Bovara dont l'église a conservé, malgré d'importantes restaurations modernes, quelques restes intéressants des décorations originales de sa façade. La lunette de la porte principale est encore occupée par un bas-relief d'une bonne exécution, représentant, comme toujours, des rinceaux de branches de vigne enlaçant de larges fleurs. Le milieu du motif est ici, non pas une croix, mais un double fleuron, et l'on pourrait se croire en présence d'un véritable bas-relief antique ajusté sur cette porte, si une inscription qui la domine, ne donnait les indications suivantes :

ATTO SUA DEXTRA TEMPLVM
FECITQVE FENESTRAM CVI DEVS ETERNAM
VITAM TRIBVATQVE SVPERNAM.

Ainsi, un architecte nommé Atto fit de sa main le temple et la fenêtre, et demande à Dieu pour prix de son travail de lui accorder au ciel une vie éternelle.

Cette inscription, composée de grandes lettres romaines, toute chrétienne dans la forme et dans les termes, bien en rapport du reste avec les idées de foi ardente et de renaissance religieuse propagées dans la vallée du Haut-Tibre entre Pérouse, Orvieto et Spolète, nous reporte au milieu du XII° siècle ; époque qui concorde évidemment, à quelques années près, avec celle que nous avons assignée aux travaux de Melioranzio et de son école. Le bas-relief de Saint-Pierre di Bovara peut donc encore être rangé parmi les œuvres des marbriers appartenant à l'école de Spolète.

Entrons maintenant à Foligno, le second centre artistique de l'Ombrie.

La cathédrale présente d'une façon marquée, dans son architecture extérieure, le caractère de deux époques très distinctes, bien que chronologiquement assez rapprochées l'une de l'autre. La façade principale, la partie la plus ancienne de l'édifice, est très simple, presque entièrement dépourvue d'ornementation sculptée, mais elle tire son intérêt de cette simplicité même.

Malgré les modifications considérables, survenues par suite d'une reconstruction presque totale faite au cours du XVIII° siècle, il n'est pas difficile d'en reconstituer l'ordonnance. Trois portes donnant accès dans les nefs, deux fenêtres géminées s'ouvrant au-dessus des portes latérales, un large bandeau appareillé en damier de coloration rouge et blanche, s'étendant à la partie supérieure de la façade, et couronné par une corniche à modillons, sont des éléments suffisants pour se rendre un compte exact de ce qu'était autrefois le monument ; on peut y ajouter quelques têtes d'animaux sculptés en relief et encore encastrés dans la maçonnerie.

Au-dessus des portes passait une frise de marbre blanc portant une longue inscription gravée en grands caractères romains. Bien que l'architecte de la moderne réfection ait cru devoir rompre cette frise pour faire place au fronton de la porte principale, l'inscription a pu être conservée intégralement; elle indique, avec le nom de l'architecte et la date de la construction, les causes de l'extrême simplicité de l'œuvre entière. Elle commence par les mots : ANNO . DOMINI . M . C XXX . III.... « *Dans* « *l'année du Seigneur mille cent trente-trois ce temple* « *sacré du Père, du Fils et du Saint-Esprit fut com-* « *mencé à être construit dans un temps de grande* « *famine par le Seigneur Marco sous le pontificat de* « *Calixte II* LATHOMUS ATTO *que le Christ les pré-* « *serve et leur vienne en aide. Amen.* »

Il y a dans cette inscription un léger anachronisme, le pontificat du pape Calixte II s'étend de l'année 1119 à l'année 1124, et la date, 1133, se rapporte au règne d'Innocent II ; il faudrait donc lire 1123 au lieu de 1133, puisque le nom CALIXTUS II ne peut être l'objet d'aucune incertitude. Quoi qu'il en soit, ces temps troublés par des guerres perpétuelles, des invasions successives, avaient à ce point ruiné les populations de l'Ombrie et dévasté leur territoire, que des temps de grande famine devaient en être la conséquence immédiate ; aussi, nous pouvons nous étonner qu'un particulier ait encore pu trouver les sommes nécessaires à payer un travail aussi considérable que celui de la construction d'une église, quelque modeste et simple qu'en ait été l'architecture extérieure.

On lit dans l'inscription de Foligno : LATHOMVS ATTO ; or le mot *Lathomus* ou *latomus* signifie tailleur de pierre ; Atto aurait donc été le directeur de la construction, le maître de l'œuvre, l'architecte. Ce personnage peut être identifié avec celui que nous avons rencontré à l'abbaye de Bovara ; rien ne s'y oppose, les lettres des deux inscriptions sont bien de même forme et le texte exprime exactement la même pensée de salut éternel ; on peut donc admettre qu'elles ont été gravées par la même main sous l'inspiration du même sentiment.

Avant de compléter notre étude du dôme de Foligno par l'examen de la façade latérale, la plus riche et la plus importante, il est nécessaire, pour suivre le développement de l'école ombrienne, de faire une excursion aux environs de la ville.

Arrêtons-nous d'abord au bourg de Spello, situé sur la route d'Assise. Nous y trouvons une église dont la façade rappelle exactement celle du dôme de Foligno, même ordonnance générale, même mode de construction, même pauvreté d'ornementation. Suivant Jacobili[1], elle aurait été fondée en 1127 ; il est certain toutefois que la chronique locale la désigne dès 1167

---

1. Ludovico Jacobile da Foligno. — Discorso della cita di Foligno, 1646.

comme étant la « nouvelle église ». De même qu'à Foligno, la façade est traversée par une grande inscription, malheureusement presque illisible, gravée sur une seule ligne. On y peut cependant distinguer très nettement les mots :

XĪP MADIO SVB MENSE MAGISTRI.....

la suite est complètement effacée ; il est donc impossible de lire les noms qui devaient terminer l'inscription.

Cette regrettable lacune pourrait peut-être se trouver comblée en se reportant à une autre inscription gravée sur une pierre encastrée dans la façade de l'église du bourg de Saint-Gemini. On y voit que, en 1145, trois artistes, Nicolas, Simon et Bernardus, *commencèrent ce travail ;* or, le voisinage des localités, le rapprochement des dates, la similitude des caractères, et surtout, l'emploi du mot *Magistri,* écrit au pluriel dans l'inscription de Spello, indiquant par cela même que plusieurs maîtres ont simultanément travaillé à la construction de l'église, permettent de supposer, non sans une grande vraisemblance, que ces collaborateurs ou entrepreneurs associés n'étaient autres que ceux dont les noms se lisent à Saint-Gemini.

Du reste, plusieurs architectes exerçaient leur art dans ces contrées à cette même époque ; on trouve dans l'église de Saint-Apollinaire à Foligno une inscription gravée sur pierre donnant à cet égard une indication précise : « *En l'année 1149, Colas Pucci donne l'ordre*

à FELICIANVS *de construire cette église* »*; le* rensei-
gnement est complet.

Bevagna est un autre gros bourg, ou mieux une petite
ville, voisine de Foligno. Ici, deux églises, toutes deux
fort intéressantes, sont situées sur la même place et se
font vis-à-vis l'une à l'autre. La plus ancienne, croyons-
nous, autrefois placée sous l'invocation de Saint-Sylvestre, a été complètément désaffectée, tout ce qui consti-
tuait son mobilier a été enlevé, mais les murs, les voûtes
et les colonnes subsistent, et l'on peut se rendre compte
de l'effet saisissant que devaient produire ces dispositions originales. Par trois portes on pénètre dans trois
nefs peu étendues, séparées par une suite de trois
grandes arcades portant sur de grosses colonnes tra-
pues ; la nef du milieu est terminée par un large escalier
d'une douzaine de marches montant au transept et au
sanctuaire surélevés, tandis que, à l'extrémité des deux
autres nefs, deux autres escaliers descendent au contraire et amènent à une belle crypte s'étendant sous
tout le transept et l'abside ; de nombreuses petites colonnes de marbre supportent la retombée de voûtes
d'arête juxtaposées qui la couvrent. Cette disposition
d'ensemble, fort élégante et très favorable au développement des cérémonies religieuses, avait été adoptée
dans la construction de plusieurs églises voisines ; on la
retrouve, à peu de chose près la même, à Saint-Syxte
de Viterbe et à Saint-Pierre de Toscanella.

La façade de l'église de Saint-Sylvestre est très simple : trois portes, avons-nous dit, amènent à l'intérieur ; au-dessus de la porte médiane s'étend une loggia composée de trois arcades portées sur des doubles colonnettes de marbre. De chaque côté, des fenêtres géminées éclairent les nefs latérales, et, au-dessus, passe une corniche dont la saillie est soutenue par des modillons ornés parmi lesquels on remarque quelques têtes d'animaux.

La porte principale cintrée, s'ouvre sous une archivolte entièrement sculptée reposant sur deux pieds-droits également couverts de sculptures dans toute la hauteur. Cette première archivolte, ornée d'un rinceau vigoureux, est elle-même enveloppée par deux arcs concentriques dont les claveaux, alternativement rouges et blancs, sont adossés à une moulure extérieure.

Auprès du pilaste de droite, sur un morceau de marbre encastré dans la maçonnerie, on lit l'inscription suivante gravée en petits caractères gothiques :

ANNO DOMINI M.C.X.C.V. ENRICO IMPERA-
TORE REGNANTE DEVS TE SALVET PRIOR ET
FRATRES EIVS ET BINELLUS VIVANT IN CHRIS-
TO.AMEN.

La mention faite expressément ici du nom de l'empereur, et l'omission de celui du pape, indique d'une façon assez remarquable qu'à cette époque, l'influence

allemande s'étendait sur toute la contrée. Frédéric Barberousse était mort en effet en 1190, laissant l'empire
à son fils Henri VI, qui depuis vingt ans portait le
titre de roi des Romains. Toutes les villes de l'Ombrie
reconnaissaient sa suzeraineté, ses troupes étaient
cantonnées à travers tout le pays ; le pape ne jouissait
plus d'aucune autorité, son pouvoir spirituel, comme
nous le constatons, n'était même plus invoqué lorsqu'il
s'agissait de consacrer une église.

Si nous avons reconnu, pendant les trois premiers
quarts du xiie siècle chez les artistes ombriens, un ar-
dent désir de se rapprocher des formes et des beautés
antiques ; si, dans bien des cas, ils y sont parvenus d'une
façon tout à fait remarquable, la fin de ce même siècle
marque pour l'école ombrienne une véritable transformation ; les délicatesses, les finesses, les élégances, ont
disparu, les mêmes principes d'ornementation, les
mêmes lois architectoniques sont toujours appliqués,
mais la force, l'ampleur, un peu de lourdeur même ont
remplacé la gracieuse fermeté d'autrefois. Peut-être
a-t-on pris d'autres modèles, peut-être a-t-on cédé
à des inspirations venues d'autre part, en tous cas,
il est certain que l'influence nouvelle se faisait sentir
jusque dans l'interprétation de l'antiquité. Les rinceaux
de l'archivolte, à la porte de l'église Saint-Sylvestre,
ainsi que les ornements courants des pieds-droits,
sont décoratifs, abondants, bien dessinés, sculptés
avec vigueur, mais il se distinguent nettement de

ce que nous avons vu à Spolète et au temple de Clitumne : d'un côté la sobriété d'une apogée, de l'autre
l'abondance d'une décadence.

L'église voisine, dédiée à saint Michel est, à l'intérieur, complètement modernisée ; mais la façade, restaurée avec soin et intelligence, donne encore une idée
très exacte de ce qu'elle devait être au moment de la
construction primitive. Trois portes s'ouvrent, comme
toujours, au rez-de-chaussée ; de triples fenêtres sont
percées au premier étage sous une corniche soutenue
par de petites arcatures retombant sur des modillons
variés ; de distance en distance, au droit de quatre larges
pilastres, de grands animaux symboliques, reposant sur
des consoles en encorbellement, interrompent la ligne
de la corniche ; à l'étage supérieur, une rosace éclaire
la grande nef. Seule, la porte principale est accompagnée d'une riche ornementation ; trois archivoltes concentriques, en retrait les unes sur les autres pour former ébrasement, encadrent la partie cintrée et reposent
alternativement sur des pilastres et sur des colonnettes.
La première de ces archivoltes, celle qui se développe
à l'extérieur, est formée d'un champ de marbre blanc
incrusté d'un beau dessin courant formé de mosaïques
d'émail ; l'archivolte intermédiaire est un simple clavage
de marbre rouge ; enfin, sur l'archivolte intérieure, protégée par les deux autres, un rinceau, largement composé et vigoureusement exécuté, se déroule en volutes
symétriquement disposées à partir du sommet de l'ar-

cade. A gauche, entre le pied-droit et la retombée de
l'arc, un sommier de marbre porte gravés, en caractères
gothiques exactement semblables à ceux de l'inscription
de Saint-Sylvestre, les mots :

RODOLPHVS ET BINELLVS FECERVNT EC

OPERA XPS BENEDICAT ILOS SEMPER MICHAEL

CVSTODIAT.

Comme à Saint-Sylvestre, cette inscription ne comporte aucune mention du pape régnant ; elle n'est pas
datée, mais la similitude absolue de l'écriture, le style
identique des sculptures, les dispositions analogues de
l'architecture, ne peuvent laisser de doute sur l'origine
presque contemporaine des deux édifices. Il y a mieux
encore. Binellus apparaît dans les deux inscriptions
comme ayant été l'architecte des deux églises, mais,
chargé seul à Saint-Sylvestre, de la direction des travaux, il est forcé, à Saint-Michel, de s'adjoindre un aide ;
ce qui tendrait à prouver que la construction des deux édifices ayant eu lieu presque simultanément, l'architecte de
l'un, déjà fort occupé par ces premiers travaux, n'avait
pas cru pouvoir se charger des seconds sans le secours
d'un collaborateur. Nous inscrirons donc les deux
églises comme appartenant aux dernières années du
XIIe siècle, et nous pouvons leur attribuer à toutes deux
la date de 1195.

Cette association des deux maîtres ombriens, ayant

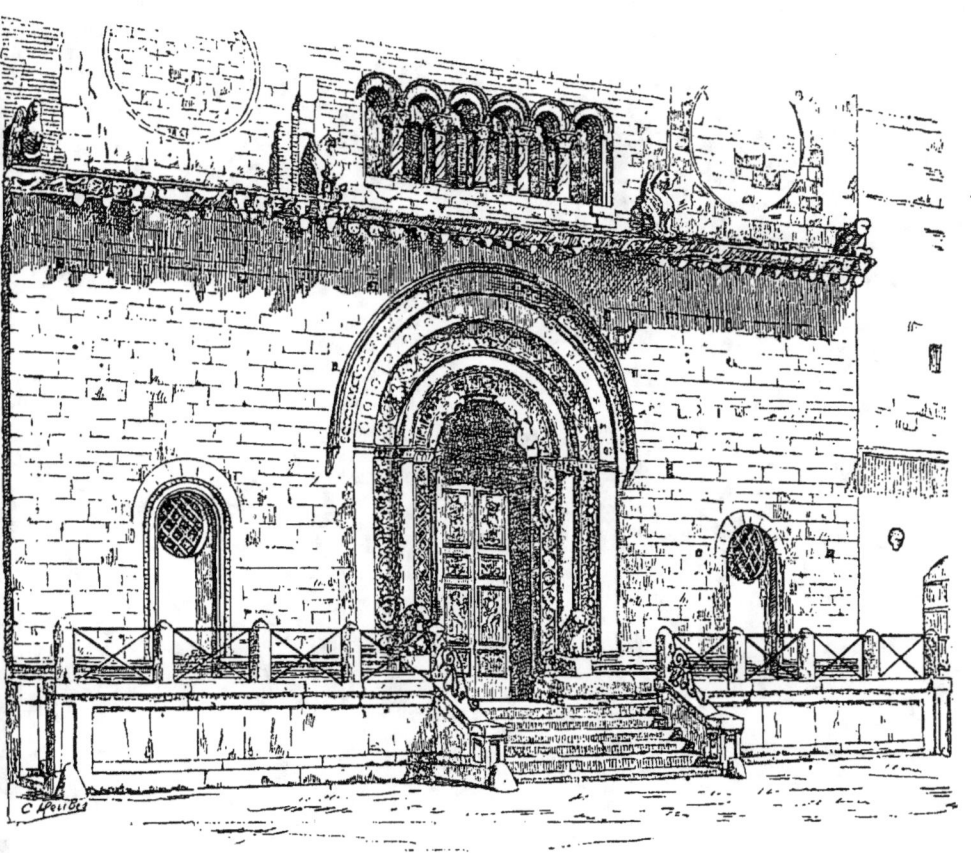

Façade latérale de la cathédrale de Foligno. — XIIᵉ siècle.

donné à Bevagna d'heureux résultats, a pu subsister pendant quelques années, et, comme rien ne s'oppose à cette supposition, il est permis de croire, à défaut d'indications plus précises, que Rodolphus et Binellus furent choisis pour diriger la reconstruction de la façade latérale de la cathédrale de Foligno. En la comparant à la façade principale de Saint-Michel à Bevagna, on y retrouve en effet le même sentiment artistique, le même style, les mêmes combinaisons architectoniques, le même genre d'ornementation, la même facture même; il n'est donc pas téméraire d'attribuer les deux édifices à la collaboration des mêmes maîtres.

Malgré les transformations importantes qui ont complètement changé l'aspect de sa partie supérieure, la façade latérale de la cathédrale de Foligno n'en reste pas moins un des monuments les plus intéressants, le plus important peut-être, qu'ait produits l'école ombrienne. La partie centrale de cette façade forme, du reste, un ensemble distinct, séparé du grand mur latéral de l'église par une saillie assez accentuée et appareillé avec beaucoup plus de soin. A ces deux indices on peut tout d'abord reconnaître une œuvre faite après coup et postérieure à la construction générale de l'église.

Comme à Saint-Michel de Bevagna, une corniche coupe la façade transversalement dans toute sa largeur; les modillons qui en supportent la saillie sont pour la

plupart sculptés en forme de têtes d'animaux variés,
quelques-uns représentent des dragons ou des lézards
rampants, et l'on y remarque de belles têtes de bœufs
refaites ou rapportées, mais n'ayant certainement pas fait
partie de la disposition première. Quatre chimères ailées
s'appuient sur cette corniche en laissant entre elles des
espaces à peu près égaux ; celui du milieu est occupé
par une loggia formée de six arcades retombant sur de
légères colonnettes cannelées en spirale, avec des chapiteaux ornés de feuilles et de colicornes. Trois portes s'ou-
vraient à la partie inférieure, mais, autant la porte principale est riche et largement encadrée, autant les deux
autres sont petites et insignifiantes; nous n'en parlerons
pas.

Un perron de quelques marches, placé dans l'axe de
la façade, amène donc à une baie cintrée, encadrée par un
large chambranle composé de cinq voussures formant
ébrasement et retombant sur des pieds-droits échelonnés
les uns derrière les autres. La sculpture domine dans
l'ornementation générale, cependant les deux derniers
arcs, l'un extérieur, tracé sur le nu du mur, l'autre reposant sur un pilastre tout uni, sont incrustés de rosaces
et de postes en mosaïque de marbre de différentes couleurs. En opposition à cette partie relativement simple
de l'encadrement, un troisième arc, complètement
couvert par les enroulements d'un superbe rinceau,
retombe sur des pilastres également ornés de sculptures;
la quatrième voussure est formée par un tore tout uni

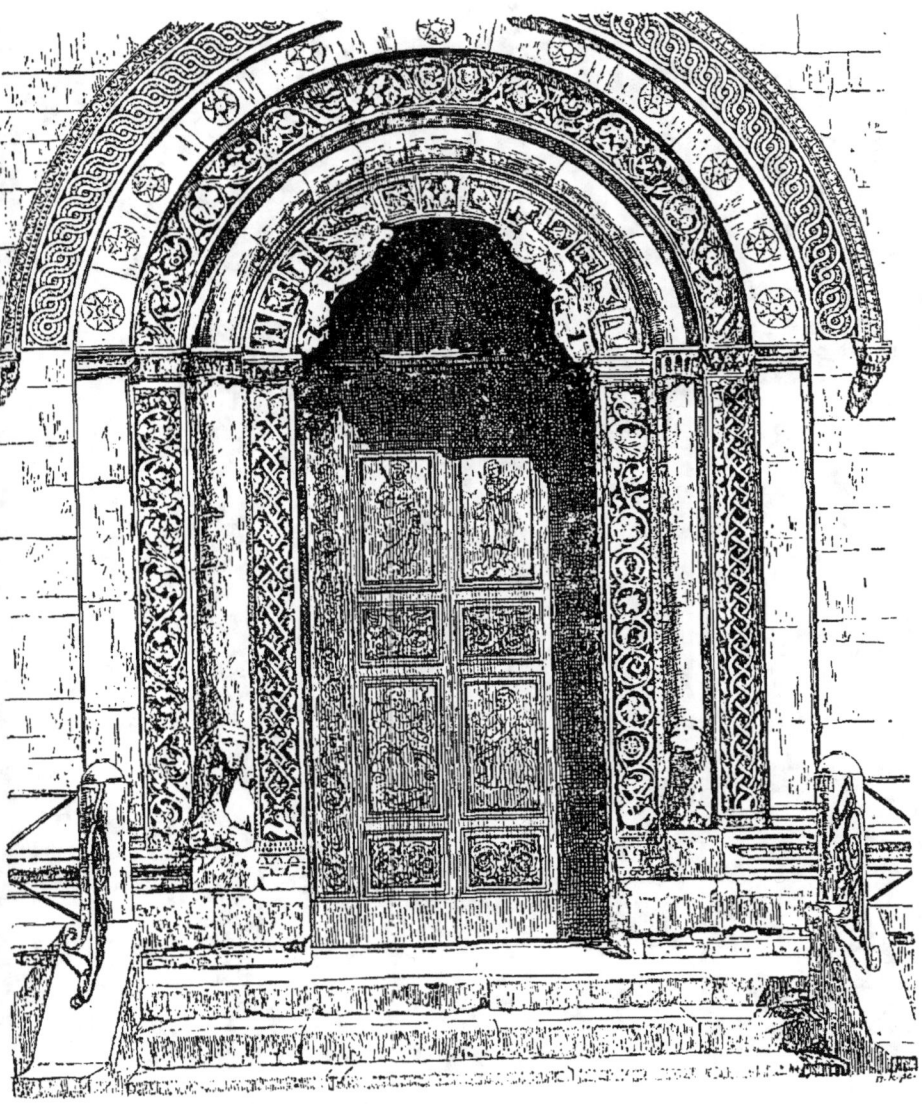

Porte de la cathédrale de Foligno. — XIIe siècle.

correspondant à des colonnes engagées posées sur le dos de deux lions, elle sépare la première arcade sculptée d'avec le dernier arc, non moins richement décoré, mais dont la partie cintrée offre une particularité frappante. Cette arcade est divisée en treize claveaux comportant tous un sujet différent ; dans celui qui forme clef de voûte deux personnages nimbés représentant Jésus-Christ et la Sainte-Vierge, et, dans les autres, les douze signes du Zodiaque sont reproduits en bas-relief. L'Ange, le Bœuf, l'Aigle et le Lion, symboles évangéliques, se détachent en haut relief accrochés à l'intrados de la voussure.

L'ensemble de cette architecture forme une œuvre véritablement belle ; l'opposition bien pondérée des parties nues avec les parties décorées, la riche ornementation de celles-ci, ornementation inspirée comme toujours de l'antiquité, mais interprétée avec une liberté qui touche de bien près au naturalisme, le soin apporté dans la distribution des colorations, rouge pour les portions unies, blanc pour celles qui sont sculptées, la préoccupation du constructeur de mettre ainsi cette porte en harmonie avec le parement de la façade, composé de hautes assises de marbre blanc séparées par des assises basses de marbre rouge, tout dénote un goût artistique avancé, une science déjà grande. Certes, il est bien évident que le sculpteur était encore fort embarrassé lorsqu'il s'agissait de reproduire la figure humaine, ses personnages sont lourds et difformes, mais l'ornementation est en général largement conçue, habilement répartie et vigoureusement enlevée.

Sur le claveau central du plus grand arc, le soleil et la lune apparaissent encadrés dans l'inscription suivante, écrite de chaque côté en lignes verticales :

ANNO.DOMINI.M.CC.I.M.IV.NII.SIDA.S.OL

LVNA.MOSTRAT.SVA.TPA.PVRA.

Dans l'année du Seigneur mil deux cent, le premier mois, le quatrième jour des nones, la lune montra sa face pleine au soleil.

Il ne faut pas faire honneur de cette science astronomique au maître marbrier probablement peu au courant des conjonctions célestes ; les indications nécessaires à l'exécution du zodiaque et de la clef d'arc lui ont été fournies par un personnage d'une instruction supépérieure. On en trouve la preuve en lisant l'inscription gravée en petits caractères gothiques, sur le couronnement d'un des pieds-droits de l'ébrasement :

ELVMNVS.FVLGENENSIS.ET.NVCER.ECCLESIE.

EPE.HOC.OPVS.FIERI.FECIT.

Elumnus ou Anselmus, évêque de Foligno et de Nocera avait ordonné ce travail.

Il faut croire que l'évêque, fier de son savoir, avait voulu en faire part à ses administrés. La chronique de Foligno, recueillie par Jacobili, indique qu'en l'année 1160, Anselmus fut nommé évêque de Foligno, et, qu'ayant bien mérité du Saint-Siège Apostolique, le pape Alexandre III, en l'année 1163, lui concéda le titre d'évêque de Nocera; Jacobili ajoute qu'il entreprit de grands travaux d'embellissement à la cathédrale, et qu'il mourut le 20 août 1201.

Anselmus ne s'était pas borné à faire reconstruire la façade latérale que nous venons de décrire; en 1190, il fondait et consacrait dans la même ville de Foligno, une autre église placée sous l'invocation de saint Thomas; l'inscription gravée près de la porte l'indique en ces termes :

EDEM . FVNDAVIT . IPSAM . DOMINOQVE .

SACRAVIT . FVLGENEI . PRAESVL . ANSELMVS . ET .

HIC . NVCERINVS .

Anselmus, évêque de Foligno et de Nocera fonda cet édifice
et le consacra au Seigneur.

Nous voici arrivés à l'extrême limite du xiiᵉ siècle. Pendant tout son cours nous avons suivi les efforts faits par les marbriers romains ou ombriens pour sortir de l'état de décadence où leur art était tombé. Sans atteindre au degré de perfection réservé aux artistes du xiiiᵉ siècle, ces modestes artisans n'en ont pas moins créé de nombreux monuments où prennent naissance les formules nouvelles dont leurs successeurs vont s'emparer.

En architecture, comme en sculpture, ce sont des précurseurs. Et, si l'on veut bien faire la part de la difficulté des temps, se reporter aux époques troublées qu'ils eurent sans cesse à traverser, on reconnaîtra que leur ardeur et leur persévérance ont eu une grande part dans le développement des arts pendant la période brillante qui leur a succédé.

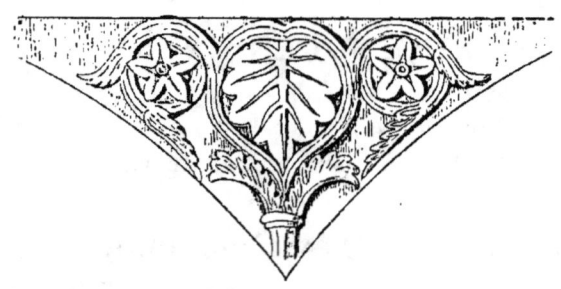

Tympan. — Cloître de Saint-Jean de Latran. — xiiie siècle.

CHAPITRE III

ÉPOQUE ROMAINE

XIIIe SIÈCLE

SOMMAIRE

Innocent III et les papes du XIIIe siècle, leur séjour dans les villes voisines de Rome. — Corneto, église de Sainte-Marie *in Castello,* Façade, Porte, Fenêtre, Ambon. — Cathédrale de Fondi, ambon. — Ravello, ambons. — Toscanella, église de Sainte-Marie Majeure, Restauration de la façade. — Église de Saint-Pierre, Restauration de la façade, Rosace, Porte. — Viterbe, Rosace de l'église de Saint-Jean in Zoccoli. — Alba-Fucense, Ambon, Chancel, Pilier. — Rieti, Cathédrale, Portique, Palais épiscopal. — Église de Profiana. — Cathédrale d'Ancone, Crypte, Bas-relief, Porche, Chancel. — Vassaletus, père et fils. — Ancien ambon de Saint-Pierre de Rome. — Viterbe, niche. — Anagni, Cathédrale, Siège épiscopal, Candélabre pascal, Bénitier. — Église de Saint-Laurent hors les murs à Rome, Portique d'Honorius III. — Église de Saint-Georges en Vélabre, Portique. — Église des Saints-Vincent et Anastase aux Trois-Fontaines, Autel. — Église de Saint-Laurent-hors-les-murs, Ambons, Cathédra, Tombeau du cardinal Fieschi. — Église de Sainte-Marie *in Ara Cœli,* Ambons. — Église des Saints-Nérée et Achillée, Cathédra. — Église de Saint-Césaire, Ambon, Autel. — Statue de Nicolas IV à Saint-Jean de Latran.

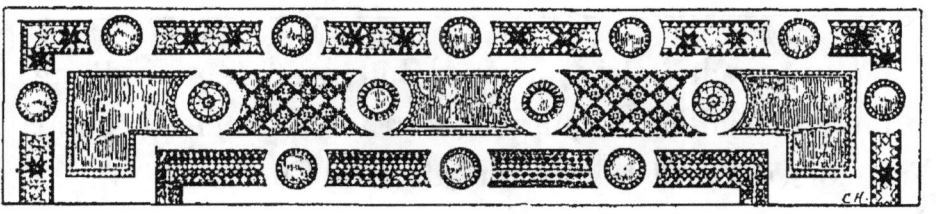

Linteau orné. Porte de l'église de Civita-Castellana. — XIIIᵉ siècle.

CHAPITRE III

ÉPOQUE ROMAINE

XIIIᵉ SIÈCLE

Les règnes glorieux d'Innocent III et d'Honorius III vont faire prendre à l'art du marbrier romain un nouvel essor, l'amener par un élan vigoureux à donner toute sa mesure, à s'affirmer par tous ses moyens.

L'apparition des artistes florentins, il est vrai, chefs ou disciples d'une école douée d'une telle vitalité qu'elle entraîne à la suite de ses représentants, poètes, peintres ou sculpteurs, tout ce qui, en Italie, est en état de concevoir, de produire et de penser, va transformer l'art romain, et lui faire adopter des éléments nouveaux; mais, cette transformation a lieu sans lui faire abandonner les règles et les principes qui de tout temps ont fait son honneur et sa gloire. Comme toujours, cependant, la véritable cause de ce nouvel effort est une force morale.

Le xiiiᵉ siècle italien, à son début, a été témoin d'une étonnante exaltation religieuse; il fut le siècle de saint François, de saint Dominique, de saint Thomas d'Aquin, de saint Bonaventure, de saint Antoine de Padoue, tous dignes par leur ardeur mystique ou leur grand savoir, d'être placés au rang des bienheureux. Cette renaissance eut un caractère général d'humanité, et le christianisme fut alors régénéré par son amour de la pauvreté. Mais cette transformation prit dans les arts un caractère de naturalisme tout nouveau, inconnu du moins depuis l'anéantissement de l'antiquité romaine.

La peinture, malgré quelques rares tentatives d'émancipation, comme nous en trouvons des exemples à Subiaco et à Toscanella, était encore généralement délaissée des Romains ; les Byzantins colportaient toujours dans l'Italie entière leurs figures monotones et semblables à elle-même; mais les architectes et les marbriers sculpteurs éprouvèrent au contraire le contre-coup de cette immense impulsion et bénéficièrent de nombreux encouragements. A Rome et dans les provinces romaines, les papes ou les prélats les appelèrent fréquemment à construire de nouvelles églises, à en restaurer d'autres, à les embellir toutes de somptueux ornements ; et, les abbayes, riches de biens considérables, reprenant leurs anciennes constructions ou édifiant à nouveau, purent rivaliser de luxe et d'éclat avec les églises cathédrales.

La chrétienté était alors gouvernée par Innocent III

d'illustre mémoire. On sait de quelle main ferme ce
pontife, dès son exaltation, dirigea les intérêts de
l'Église et s'attacha à placer l'influence religieuse au-
dessus des pouvoirs politiques. Membre de la famille
des Conti, une des plus considérables de l'Italie centrale, possédant des domaines importants dans la ville
d'Anagni et aux environs, Innocent se fait prêter
serment d'obéissance par les barons romains, recon-
quiert les provinces de l'ancien domaine ecclésiastique,
et, grâce au zèle des populations qui viennent seconder
ses efforts, chasse les grands vassaux allemands.

Dans de telles circonstances, il n'est pas étonnant de
voir les travaux concernant les édifices religieux reprendre avec vigueur. Pendant les dix-huit années de son
règne, ce grand combattant pour les idées de paix universelle, ce vainqueur des Vaudois et des Albigeois, témoin
et instigateur de deux croisades, ce pape d'une activité
dévorante, d'une immense érudition, violent, emporté,
inflexible quelquefois, ne cesse d'encourager les arts
et tout ce qui peut donner essor à la pensée humaine.
A Rome, il restaure les basiliques et enrichit les moin-
dres églises d'ornements sacrés, de vases, de cha-
subles ; il répare l'abside de Saint-Pierre et en relève
l'atrium ; reprend au Vatican les travaux de Célestin III,
agrandit le palais, et le fortifie de murailles et de tours,
trouvant cette résidence plus sûre que le Latran, trop
souvent inquiété par les tumultes populaires. Un des
plus beaux titres d'Innocent à la reconnaissance des

Romains fut la création, dans la cité Léonine, de l'hospice du Saint-Esprit, ouvert aux infirmes et aux enfants trouvés. Ses séjours favoris étaient : Anagni sa ville natale, Segni où se trouvaient les biens de sa famille et Ferentino où l'attirait son amitié pour l'évêque. Il mourut à Pérouse le 16 juillet 1216 ; une urne très simple, placée dans la cathédrale, renferme les cendres de ce grand pape.

Il eut pour successeur Cencio Savelli, romain de naissance, qui prit le nom d'Honorius III et continua l'œuvre commencée. Pendant dix ans, le célèbre fondateur des ordres mineurs et prêcheurs chercha par tous les moyens possibles à assurer la prépondérance ecclésiastique au milieu de l'agitation générale. C'est lui qui donna à saint Dominique le monastère de Sainte-Sabine sur l'Aventin. L'esprit remuant des Romains, cédant à des excitations républicaines ou à des haines particulières, força néanmoins Honorius à chercher, comme ses prédécesseurs, un refuge en dehors de Rome ; Pérouze et Tibur furent ses retraites habituelles.

Le collège des cardinaux élut alors Grégoire IX Ugolini, parent d'Innocent III, également originaire d'Anagni. Forcé comme ses prédécesseurs d'abandonner plusieurs fois Rome devant la turbulence de ses sujets, c'est à son pays natal et à la ville de Rieti que Grégoire demande asile.

A sa mort, un certain nombre de cardinaux choisirent

encore Anagni pour se mettre à l'abri des violences de
l'empereur Frédéric, et intronisèrent l'un d'eux, Fieschi,
sous le nom d'Innocent IV. Presque toujours absent
d'Italie, ce pontife ne put exercer aucune influence sur
le développement des arts ; il n'en est pas moins inhumé
dans un magnifique mausolée où l'on voit sa statue couchée dominer une pyramide formée de plusieurs étages
de socles incrustés de mosaïques ; mais ce sarcophage a
été élevé en 1308, longtemps après la mort d'Innocent
dans la basilique de Saint-Janvier, à Naples, par le
cardinal Humbert de Montorio. Étrange contraste entre
deux hommes qui, pour gouverner la chrétienté,
s'étaient placés sous le patronage du même saint : Innocent III, grande figure dans l'histoire, trouve à peine
une humble dalle pour recouvrir ses restes, tandis
qu'Innocent IV, personnage obscur, toujours dominé
par les événements, repose dans un splendide tombeau.

Un neveu d'Innocent III, également originaire
d'Anagni, lui succéda. Chassé de Rome par le sénateur
Brancaleone, Alexandre IV s'attacha à réparer les
églises du domaine ecclésiastique, à les embellir et
mourut à Viterbe en 1260. Alors, pendant près de vingt
années, cette ville devint la demeure favorite des
papes : Jean XXI y meurt en 1277 dans un bâtiment
neuf qu'il avait fait construire pour remplacer le vieux
palais écroulé ; Nicolas III, Martin IV et Honorius IV y
séjournent, et, c'est de là que les cardinaux assemblés
gouvernent l'Église pendant plusieurs interrègnes.

Avec Gérôme d'Ascoli, pape sous le nom de Nicolas IV, en 1288, les Colonna entrent en scène grâce à
l'affection toute particuilère que leur témoigne le
pontife. Mais la guerre intestine ne fait que changer de
champions et son but reste toujours le même.

Enfin, Boniface VIII, Benoît Gaëtani, voit s'achever le
xiiie siècle. Né à Anagni où la famille Gaëtani possédait
un palais, Benoît, après son élection, vient s'installer
à Rome, habite le Latran; mais, c'est à Anagni que se
joue le drame final de son règne; c'est là que Nogaret
et Colonna s'emparent de sa personne et lui infligent un
traitement tellement barbare, que, malgré sa délivrance,
Boniface meurt de douleur, trois jours après son retour
triomphal à Rome, le 11 octobre 1303.

Ce court exposé historique fera facilement comprendre combien le séjour prolongé et sans cesse répété
des papes dans les petites villes des provinces, en
accrut l'importance et la prospérité. Modestes localités
au début, restes d'antiques cités étrusques ou volsques
devenues municipes romains, elles se sont peuplées,
agrandies, et ont bénéficié pour une grande part de
l'activité artistique qu'engendrait naturellement la présence de la cour pontificale. Aussi, allons-nous retrouver
dans la plupart d'entre elles, Tivoli, Fundi, Farfa,
Corneto, Ferentino, Alba-Fucense, Terano, Segni,
Falleri, Subiaco, Altari, Anagni, Civita-Castellana, Foligno, Orvieto, Pérouse, Viterbe, des monuments inté-

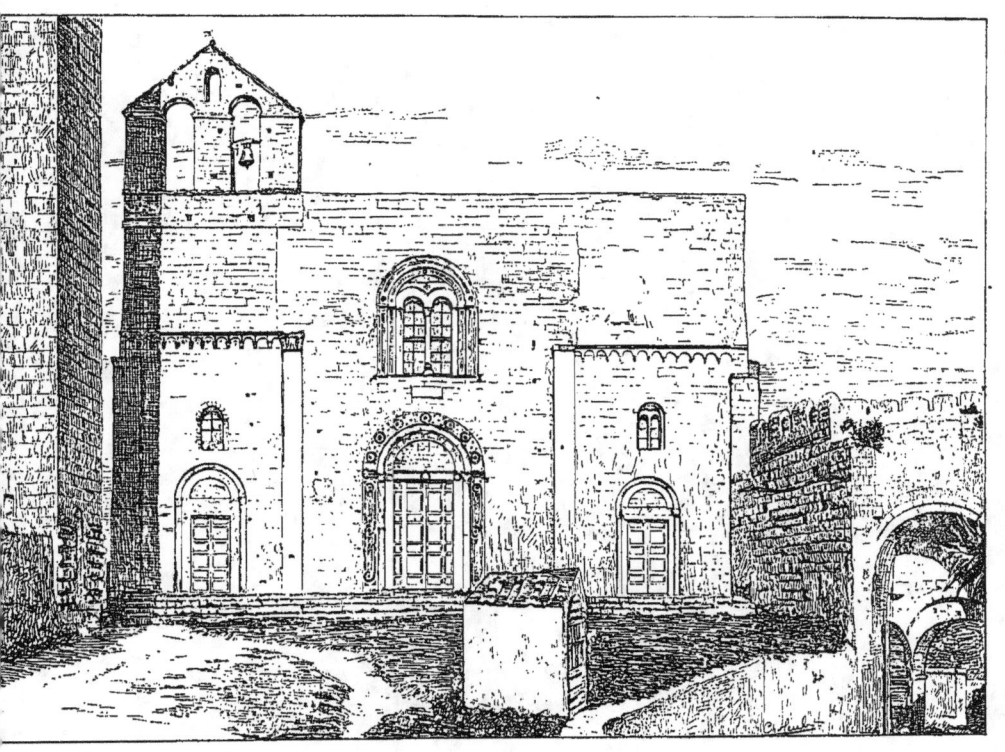

Façade de l'église de Sainte Marie *in Castello* à Corneto. — XIIIᵉ siècle.

ressants, façades d'églises, ambons élégants, sièges
épiscopaux, tabernacles, ciboria, tombeaux, véritables
chefs-d'œuvre où la sculpture et la mosaïque complètent
et décorent si heureusement l'architecture; monuments
marqués d'un caractère artistique vraiment romain,
élevés par les architectes et les marbriers romains du
xiii° siècle.

Nous suivrons autant que possible dans nos descriptions, comme nous l'avons fait précédemment, un ordre
à peu près chronologique en nous reportant aux dates
historiques, ou à celles que nous fourniront les
inscriptions.

Nous voici ramenés, tout d'abord, à Corneto. La
façade de l'église de Sainte-Marie in Castello, église
dont nous avons déjà décrit le ciborium, est divisée en
trois parties correspondantes aux trois nefs de l'intérieur. Les pilastres en légère saillie qui limitent les
deux parties latérales sembleraient indiquer, de la part
du constructeur, l'intention de les élever en forme de
campaniles et de les diviser en plusieurs étages, ce que
confirme une série de modillons et de petites arcatures
passant au-dessus de ces pilastres. Du reste, la façade
a été plusieurs fois remaniée; les parties inférieures
seules sont appareillées avec soin et comportent une
régularité dans le choix des matériaux que nous ne
retrouvons pas dans les parties supérieures. Cette
reprise, faite, semble-t-il, en même temps que les portes

et la fenêtre centrale, daterait d'une époque bien postérieure à la reconstruction exécutée par le prieur
Guido, en 1121; nous pouvons la fixer aux premières
années du xiii° siècle. Elle dénote, en tous cas, un art
déjà fort avancé, en pleine possession de ses moyens,
bien supérieur à l'architecture intérieure, inhabile,
barbare même, d'un caractère germanique lombard
assez prononcé, remontant, comme nous l'avons vu, au
x° siècle ou au commencement du xi°, et au mérite de laquelle n'ont rien ajouté les voûtes en ogives adaptées au
commencement du xiii° siècle, suivant le système ima-
giné ou importé par les moines cisterciens venus de
Bourgogne en Italie.

Trois portes donnent accès dans l'église; la porte
principale, percée dans l'axe de la grande nef, est surmontée d'une fenêtre géminée, et deux portes latérales
avec deux fenêtres de moindre importance s'ouvrent
aux extrémités des bas-côtés. Les encadrements de marbre blanc de ces baies affectent des dispositions similaires, indiquant une unité parfaite de style. La grande
porte est accompagnée d'un chambranle plat, accoté
d'une colonne engagée et d'un large champ lisse incrusté
de mosaïque de marbre formant des disques et des
étoiles; sur l'archivolte, se trouve gravée une inscription
dont les lettres ont été inégalement écartées, afin de ne
pas interrompre la régularité de la décoration. Bien
qu'un peu effacée, cette inscription permet encore de
lire distinctement le nom de l'architecte : il se nommait

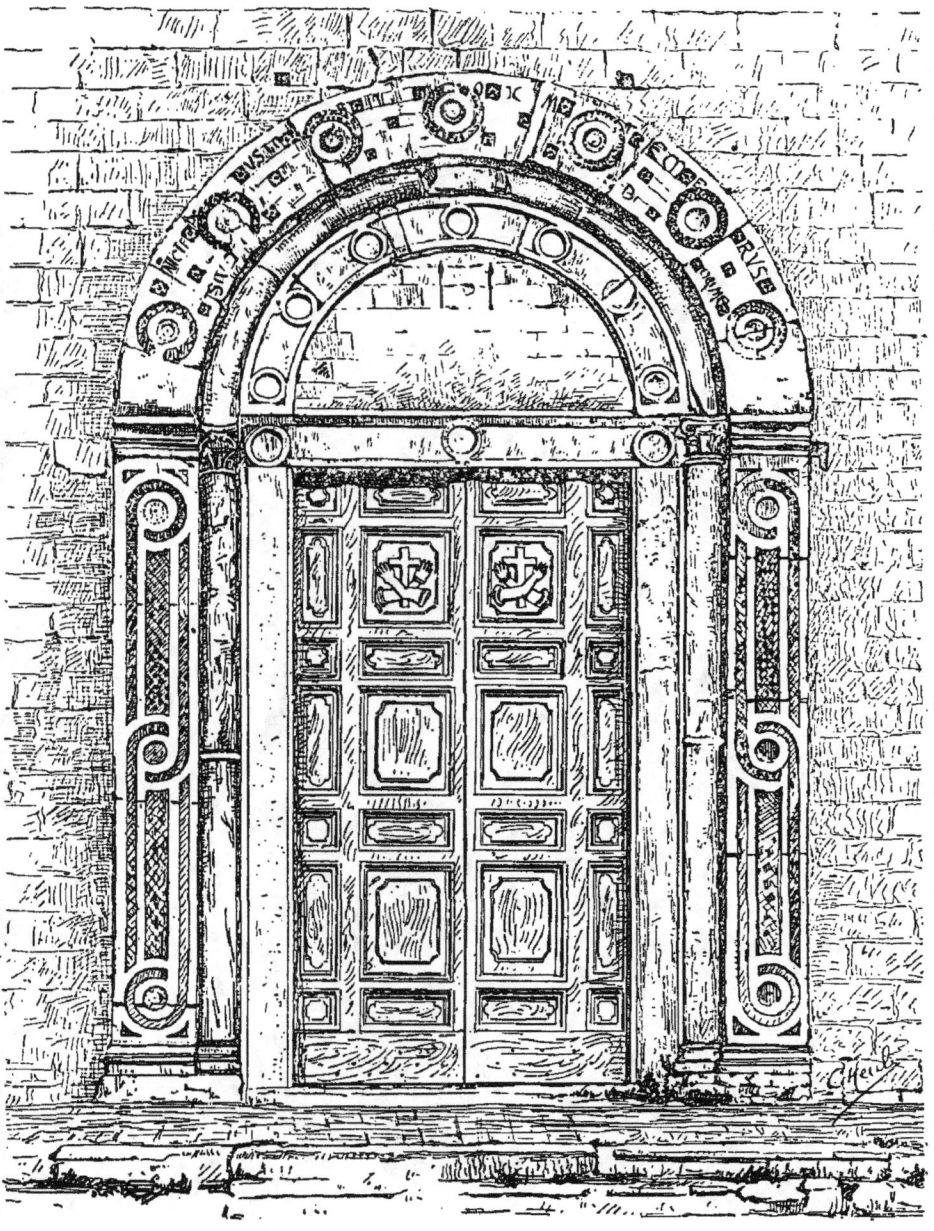

Porte principale de l'église de Sainte Marie *in Castello* à Corneto. — XIIIᵉ siècle.

Petrus, encore un Petrus, mais celui-ci se distingue de ses homonymes en ce qu'il est fils de Ranuccius :

RANVCCI PETRVS L....DVM.N....OCMATE.

MERVS . ISTVD . OPVS . MIRE . STRVXIT . QV̂OD.

FECIT . OPIME.

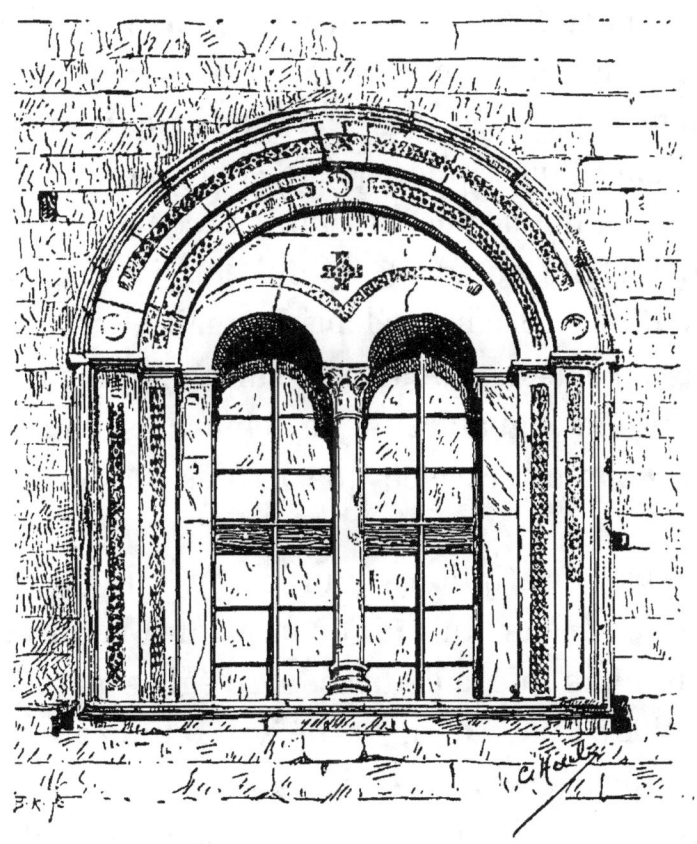

Fenêtre médiane. Eglise de Sainte Marie *in Castello* à Corneto. — XIIIe siècle.

La fenêtre géminée, située au-dessus de la porte, est ornée comme celle-ci, sur les méplats des arcs et des pilastres, de mosaïques en parfait rapport avec celles dès chambranles inférieurs. On peut lire, gravée dans le tympan, l'inscription :

NICOLAVS . RANVCCII . MAGISTER . ROMANVS .
FECIT.

De même que Petrus, Nicolas, l'auteur de cette fenêtre, était également fils de Ranuccius. Pierre et Nicolas, frères, et tous deux marbriers, travaillaient donc en même temps à la façade de l'église de Corneto, et chacun, dans l'inscription qui le concerne, se glorifie d'être fils de Ranuccius. Il faut en conclure que ce Ranuccius était, ou avait été lui aussi marbrier, et jouissait d'une certaine célébrité ; mais il est surprenant que sur aucun monument, sur aucun meuble, on ne retrouve la signature de ce Ranuccius dont l'existence ne nous est révélée que par les travaux de ses enfants.

Une autre inscription, gravée sur une pierre encastrée à l'extérieur du mur de face entre la porte et la fenêtre, indique que la dédicace de l'église eut lieu en l'année 1208 ; il faut donc, à défaut d'indication plus précise, rapporter aux premières années du xiiie siècle la reconstruction de la façade principale de l'église de Sainte-Marie in Castello.

A l'intérieur, adossé à l'un des piliers de la nef, s'élève un ambon de forme très élégante et d'une exécution très délicate. On y monte par deux escaliers

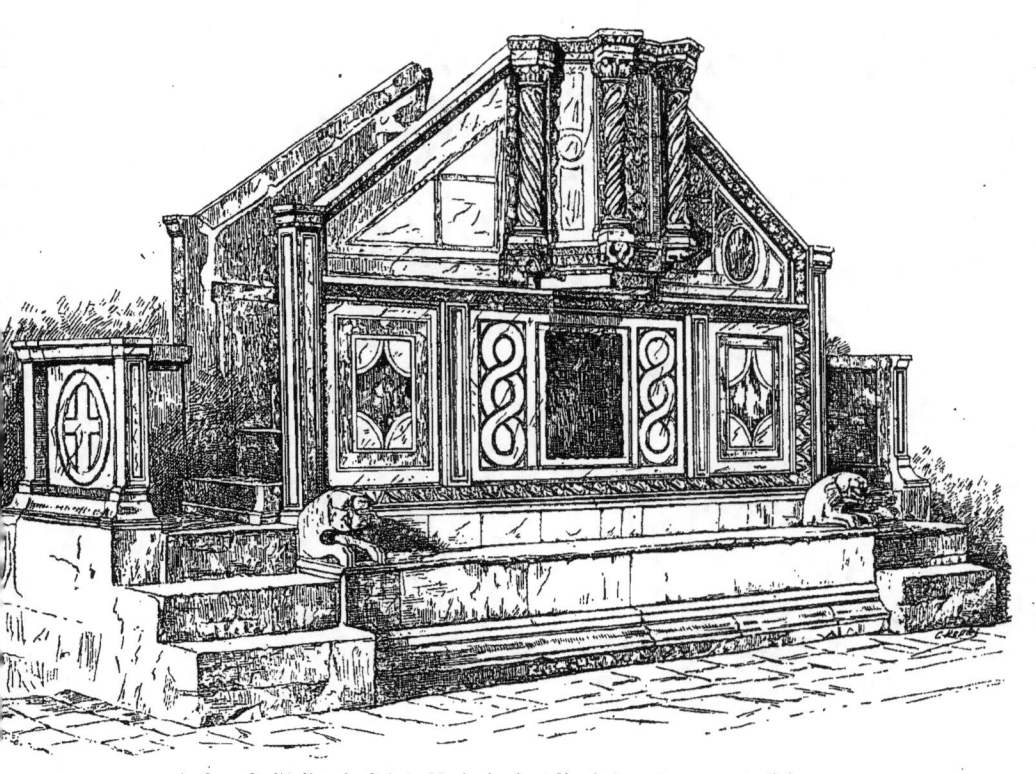

Ambon de l'église de Sainte Marie *in Castello*, à Corneto. — XIIIe siècle.

dont les trois premières marches sont comprises dans la hauteur du socle, et les six autres sont placées en retour d'équerre; la cuve, faisant saillie, présente trois faces distinctement séparées par des colonnes cannelées en spirale sur lesquelles ressautent la corniche et la base. Une moulure horizontale et deux pilastres verticaux déterminent, sur la façade, des panneaux de différentes grandeurs, ornés de marbres de couleurs, de porphyre et de serpentine, disposés suivant des dessins variés. La sculpture, judicieusement distribuée sur cet ambon, est particulièrement traitée avec soin, le coup de ciseau est nerveux et clairement détaché dans les parties purement ornementales, mais le dessin des chapiteaux et des bases, où des figures d'animaux fantastiques se mêlent à quelques feuillages, est lourd et maladroit; encore plus étranges sont les deux lions accroupis sur le socle, pour défendre, semble-t-il, l'accès des escaliers. Malgré ces imperfections, cette œuvre est remarquable, la conception générale en est bien équilibrée et les détails exécutés avec beaucoup de franchise et de netteté.

On peut lire très distinctement une grande inscription, tracée en lettres gothiques sur le méplat de la moulure transversale:

L . NDIE . D . AM . A . D . M . CC . VIII . ID . XI . MACT .

DNI . INNOCEN . PP . III . EGO . ANCEL . PRIOR . HVI .

ECCLE . HOC . OP . NITIDVM . AVRO . ET . MARMORE.

DIVERSO . FIERI . FECIT . PER . MANVS . MAGISTRI .
IOHS . GIVTTONIS . CIVIS . R . M . N.

Elle indique qu'en l'année du seigneur 1208, le prieur Angelus fit faire ce travail enrichi d'or et de marbres divers par le Maître marbrier romain Jean, fils de Guido.

En se reportant à l'inscription du ciborium, datée de 1060, on peut être surpris d'y trouver les deux noms, Jean et Guido, indiquant deux artistes distincts, tandis que sur l'ambon, ces deux mêmes noms réunis désignent une seule personne. Une erreur dans les dates des deux inscriptions peut paraître admissible, et, il serait tentant d'attribuer les deux ouvrages au même auteur si le style bien différent des deux monuments ne rendait pas, tout d'abord cette supposition difficile à admettre. De plus, en examinant la forme des lettres on reconnaît entre les deux inscriptions une différence considérable. La similitude apparente des deux noms est donc un effet du hasard, mais il est intéressant de le signaler.

L'ambon de la cathédrale de Fondi, magnifique tribune carrée, portée sur quatre colonnes dont les bases reposent sur le dos de lions accroupis et dont les chapiteaux représentent des aigles aux ailes déployées est, en outre, inscrusté de superbes mosaïques et porte l'inscription suivante :

TABVLA . MARMOREA . VITREIS . DISTINCTA.

LAPIDIS . DOCTORE . STVDO . SCII . EST . ERECTA.
IOANNIS . ROMANO . GENITI . COGNOMENE . NI-
COLAS[1].

Le sculpteur marbrier Jean, citoyen romain, dont il
est ici question, serait donc le fils de ce Nicolas qui
travaillait à la façade de Sainte-Marie in Castello, et par
conséquent, petit-fils de Ranuccius ; cette famille aurait
ainsi fourni trois générations successives de marbriers
sculpteurs ou architectes.

A Ravello, petite ville située au sommet d'une montagne s'élevant à l'extrémité d'une étroite vallée, retraite
presque inaccessible, choisie, dès le ixe siècle, par les
habitants du pays pour se mettre à l'abri des fréquentes
incursions des Sarrazins, la cathédrale, dédiée à saint
Pantaléon, possède deux splendides ambons. L'un présente la forme romaine, avec tribune saillante placée
entre deux rampes d'escalier ; l'autre, le plus important
des deux, est porté, comme à Fondi, par six colonnes
reposant sur le dos de lions accroupis, tous deux d'ailleurs sont ornés de mosaïques décoratives et stelliformes
avec une abondance toute byzantine. Ces beaux meubles
rappelant par leur forme et par leur richesse ceux
de la cathédrale d'Amalfi voisine de Ravello, ont une
grande analogie avec les merveilleux ambons que l'ar-

1. Salazzaro.

chevêque Romualdus fit faire dans la cathédrale de Salerne par les artistes du Mont-Cassin en 1180.

Sur le grand ambon de Ravello, on trouve gravée l'inscription suivante :

EGO . MAGISTER . NICOLAVS . DE.

BARTHOLOMEO . DE . FOGIA . MARMORARIVS

HOC . OPVS . FECI:.

Autre part est indiquée la date 1272.

Ce marbrier Nicolas, travaillant à Ravello, serait donc fils de Bartholomeo, architecte du palais de Foggia construit sur l'ordre de l'empereur Frédéric II en 1223, et n'aurait rien de commun avec le Nicolas fils de Ranuccius de la cathédrale de Fondi. La similitude des noms nous a seule amené à parler de son œuvre et à indiquer son existence [1].

Les églises de Toscanella, dont nous avons déjà décrit le très ancien mobilier, vont nous fournir d'intéressants documents relatifs aux architectures ombrienne et romaine au début du XIIIᵉ siècle.

---

1. Il ne reste du palais de Foggia qu'une seule grande arcade engagée dans la façade d'une maison moderne située sur la place Federico II, elle est formée de deux rangs superposés de claveaux présentant deux séries de feuilles d'achante sculptées et recourbées à leur extrémité; ces deux arcs concentriques sont circonscrits par une doucine ornée. Au-dessus de la porte de la maison on a encastré une pierre provenant de la façade du palais; elle porte une inscription donnant la date 1223, année dans laquelle l'empereur s'était rencontré à Foggia avec le pape Honorius III pour arrêter le plan d'une croisade. Le palais de Foggia, aujourd'hui disparu, fut une des résidences favorites de cet empereur du nord menant en Italie une existence toute orientale.

La ville de Toscanella, siège d'un évêché important, était, à la fin du XII° sièle, en partie ruinée par les vicissitudes des luttes entre l'empire et la papauté ; ses églises se trouvaient dans un état d'abandon et de délabrement presque complet. Sous la haute inspiration d'Innocent III, et pendant l'administration de l'évêque Ranierus, on entreprit une restauration générale des deux églises les plus importantes et l'on en reconstruisit les façades. Sainte-Marie-Majeure reçut une nouvelle consécration, comme l'indique une inscription gravée sur le marbre à l'intérieur de l'édifice, et cette cérémonie eut lieu en présence de : « *Ranierus, évêque de Toscanella, Pierre de Sutri, Gérard de Népi, Mathieu d'Orviéto, et de plusieurs autres, le 6 octobre 1206* ». La cathédrale, placée sous l'invocation de saint Pierre, fut rendue au culte vers la même époque ou peu après, par les soins du même Ranierus :

EGO RANIERVS EPS TVSCANENSIS
RECONSECRAVI ALTARE AD HONOREM B .
BLASII ET HORVM CONFESSORVM.

Ces deux restaurations sont donc contemporaines des travaux exécutés à la façade de l'église de Corneto, et terminés, comme nous l'avons vu, en 1208. Rien n'indique que la réfection de la façade de Sainte-Marie de Toscanella ait été confiée à un architecte ou à un marbrier romain, nous la rattacherons plus volontiers à l'école ombrienne. Assise, Bevagna, Foligno, nous ont présenté des exemples de ces trois portes cintrées en arcade au-dessus d'une baie rectangulaire, et surmontées de voussures à plusieurs corps, portées sur des pilastres ou des colonnes échelonnés les uns derrière les autres pour former ébrasement.

Nous retrouvons ici, passant au-dessus de l'entrée principale, la galerie légère composée de petites arcades juxtaposées retombant sur des colonnettes et terminée à ses deux extrémités par deux chimères sculptées, telle qu'elle existe à Bevagna et à Foligno. La grande rosace de Toscanella est complète, avec ses arcades rayonnantes, partant d'un *oculus* central. C'est bien là, cette architecture lombarde modifiée par les artistes ombriens, qui avait valu à Guido, le constructeur du dôme d'Assise, le surnom de Tedesco. La sculpture des archivoltes, des tympans, des piliers se rapproche également de celle des portes de Foligno, de Bevagna et d'Assise; c'est le même art, dérivé de l'antique, mais épaissi dans ses formes, alourdi dans son exécution.

Il n'en est pas de même à l'église de Saint-Pierre. Bien que la distribution des éléments architectoniques de la façade soit presque identiquement la même qu'à Sainte-Marie; bien que la décoration des portes latérales soit à très peu de chose près semblable, la façade de Saint-Pierre est marquée d'un caractère tout particulier, principalement en ce qui concerne la partie centrale.

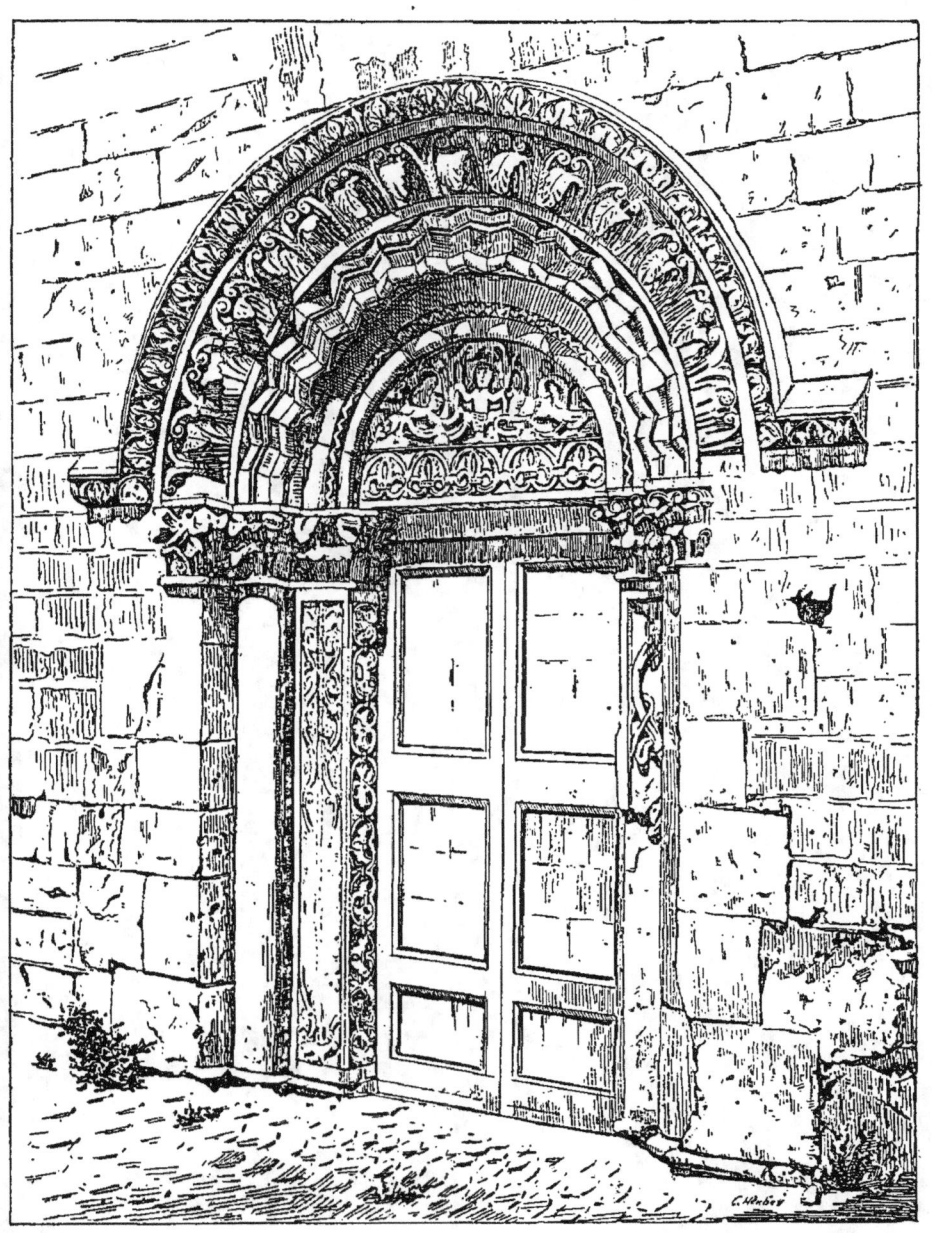

Porte latérale de l'église de Sainte Marie Majeure, à Toscanella. — XIII° siècle.

Sous un fronton incliné suivant la pente des deux versants de la toiture, s'ouvre la grande rosace rayonnante. Elle est encadrée par un grand cercle formé de claveaux réguliers ornés de feuilles à crochets semblables à celles des archivoltes des portes secondaires. Autour du point central se développe une roue, faite de colonnettes en rayons d'arcs légers ; un double cercle, ajouré d'une succession de lobes, enveloppe la roue et supporte une série de calices ou fleurons évasés. Cette grande ouverture, *fenestra,* comme on disait alors, est inscrite dans un encadrement carré où l'on voit, sculptés aux angles, les animaux évangéliques. Pour augmenter la richesse de cette architecture, tous les arcs, disques, grands cercles, sont incrustés de mosaïque d'émail, indice caractéristique d'une inspiration et d'une facture romaines.

La porte principale est ouverte sous une voussure concave formée de quatre arcs concentriques en retrait les uns sur les autres. Les trois premiers, larges bandeaux méplats, sont supportés par d'élégantes colonnes de marbre d'un galbe presque irréprochable, accompagnées de chapiteaux corinthiens de style assez pur. Les pilastres formant chambranle, le linteau et la dernière arcade sont entièrement décorés d'une brillante mosaïque. Tous les arcs de la voussure sont formés de claveaux régulièrement disposés, ceux de l'arc extérieur présentent, sur leur face, une étoile incrustée en marbre de couleur. Le tympan de la lunette, aujourd'hui obstrué par un remplissage de grossière mosaïque, avait dû certainement être évidé et occupé par une demi-rosace rayonnante décorée de mosaïques d'émail, tout à fait en rapport avec la grande rosace de la façade ; nous pourrons en étudier un très bel exemple lorsque nous nous occuperons de l'église de Civita-Castellana, ville assez voisine de Toscanella.

Ainsi, cette façade de l'église Saint-Pierre est marquée, comme nous le disions tout à l'heure, d'une empreinte vraiment romaine, et il nous semble très probable, bien que rien ne l'indique avec certitude, que sa décoration a dû être confiée à un artiste de cette école. Sa ressemblance frappante avec la façade de Sainte-Marie in Castello, à Corneto, peut-elle permettre de l'attribuer à Petrus ou à Nicolas, fils de Ranuccius, qui y ont gravé leur signature? Jean de Guido, l'auteur de l'ambon, en aurait-il été l'architecte? Faut-il aller chercher un membre de la grande famille des Cosmati, trois d'entre eux ayant, comme nous le verrons plus tard, exécuté à cette même époque, à Civita-Castellana, des travaux analogues à ceux de Toscanella? Nous l'ignorons. Les dates inscrites sur les trois monuments peuvent autoriser ces suppositions ; mais, l'œuvre de Toscanella n'est pas signée. Nous sommes donc forcés de rester dans un doute absolu.

Il en est malheureusement de même en ce qui concerne un autre remarquable monument de ce même art brillant et délicat. A Viterbe, la façade de l'église de Saint-Jean in Zoccoli est percée d'une très belle rosace que sa grâce, sa légèreté, la simplicité et l'heureuse

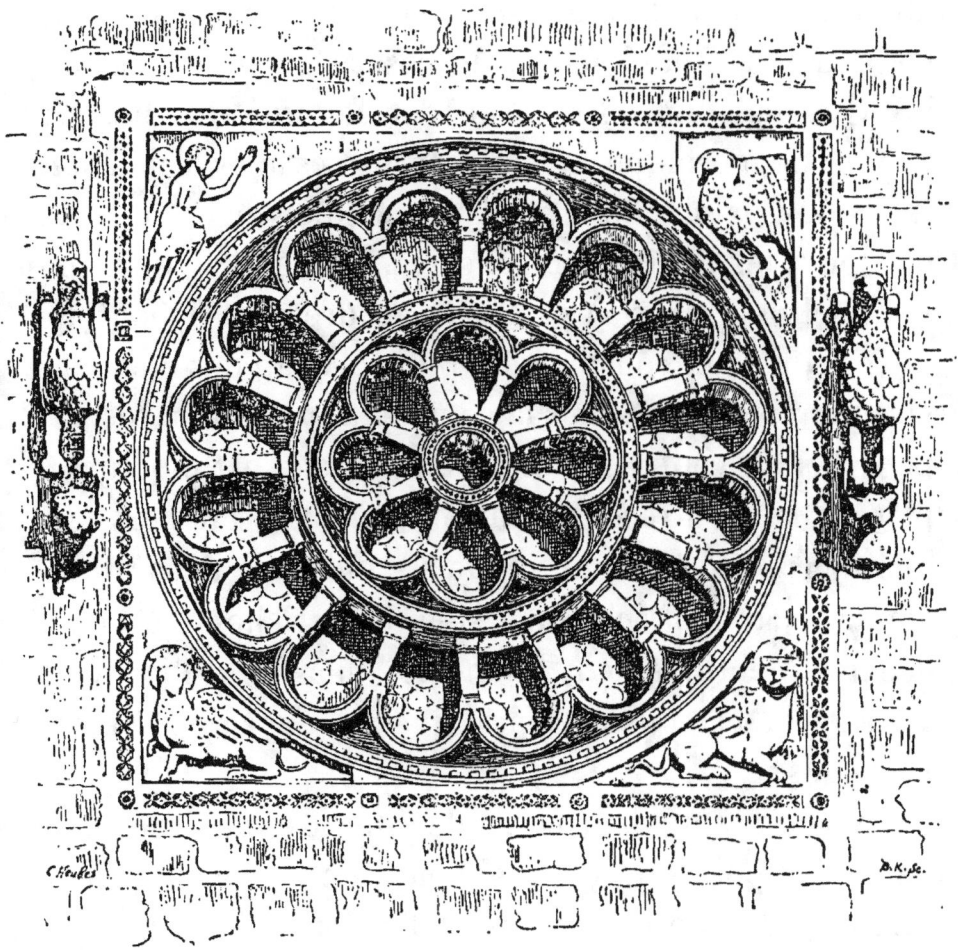

Rosace centrale. Église de Saint Jean *in Zoccoli* à Viterbe. — xiiiᵉ siècle.

combinaison de ses éléments peuvent nous faire considérer comme un type auquel il est permis de rapporter toutes les œuvres similaires.

Autour d'un *oculus* central, rayonnent huit petites arcades portées sur des colonnettes : un cercle tangeant aux sommets des arcades reçoit les bases de seize autres colonnettes servant de points d'appui à un pareil nombre d'arcs, le tout est encadré par une corniche circulaire à modillons. Cette rosace ainsi formée est inscrite dans un carré orné sur les quatre côtés de bandes de mosaïque d'émail inscrustées dans le marbre. Le Lion, l'Aigle, le Bœuf et l'Ange, sculptés en bas-reliefs, occupent les quatre tympans, et, en dehors, deux oiseaux chimériques vus de face se dressent debout appuyés sur deux consoles. De plus, chacun des éléments circulaires entrant dans la composition de cette rosace, petit cercle central, arcs, grand cercle, est mouluré à plat de façon à recevoir entre deux filets ou nervures une incrustation de mosaïque. Ce mode de décoration, ajoutant par son éclat une singulière richesse à l'effet général identiquement le même qu'à Saint-Pierre de Toscanella, est mis ici en pratique au moyen des mêmes procédés.

Il y a donc entre les rosaces de Viterbe et de Toscanella de grands points de ressemblance, on pourrait presque dire une identité d'inspiration. Des deux côtés, la mosaïque joue le même rôle, est employée de la même façon, soit qu'elle se trouve incrustée sur les moulures intérieures, soit qu'elle accompagne l'encadrement extérieur. Des deux côtés aussi, les animaux sculptés ont une parfaite concordance, les poses sont à peu près les mêmes et le même procédé, consistant à creuser le marbre autour des figures, a été employé pour en dégager la saillie.

Quels étaient donc ces artistes capables de faire de si belles choses, et tellement modestes qu'ils n'ont pas cherché à se faire connaître ? Peut-être quelques moines ; et encore, malgré l'humilité du froc, beaucoup de ces personnalités artistiques et monacales sont sorties de l'ombre.

En tous cas, et malgré notre regrettable ignorance à ce sujet, nous pouvons en toute sûreté déclarer que l'auteur ou les auteurs de la rosace de Saint-Jean à Viterbe, de la porte principale et de la rosace de Saint-Pierre à Toscanella, étaient de véritables marbriers romains[1].

Alba-Fucense ou Fucensis est aujourd'hui un pauvre village situé aux environs de la ville d'Avezzano, entre le Mont Velino, un des plus élevés du massif central des Apennins, et la rive de l'ancien lac Fucin à présent desséché. Alba, la principale forteresse du pays des Marcs, devint plus tard, sous le nom d'Alba-Marsorum, le siège d'une légion romaine. L'antique cité, complètement ruinée, occupait une colline à trois sommets. Sur l'un se sont peu à peu agglomérées les maisons du village moderne ; sur l'autre, une vieille tour du moyen âge élève ses murailles décrépites ; le couvent et l'église

1. Voir Clausse et Tournaire: *Les Églises de Toscanella*; Extrait de la *Revue de l'Art chrétien*, t. VII, 3ᵉ et 4ᵉ liv., 1896.

de Saint-Pierre ont été construits sur le troisième au milïeu des, débris antiques; ainsi, trois églises chrétiennes sont venues remplacer les temples de Jupiter, de Junon et de Mercure qui couronnaient jadis ces sommets.

L'église de Saint-Pierre, presque entièrement édifiée avec les restes de l'ancien temple dédié à Jupiter, est pavée, en grande partie, de fragments de mosaïques anciennes; elle possède en outre, pour séparer les nefs, de belles colonnes de marbre blanc, cannelées et surmontées de chapiteaux corinthiens très purs de style. Malgré une apparence extérieure fort modeste, son mobilier est d'une richesse surprenante, reste des magnificences introduites au monastère par certains abbés jaloux d'imiter quelques somptueux voisins.

L'ambon attire tout d'abord les regards. Élevé entre deux colonnes, sur le côté gauche de la nef principale, ce beau monument ressemble étonnamment à celui de Corneto, aussi, paraît-il difficile de ne pas les attribuer tous deux au même marbrier. Ce sont les mêmes données générales, et, à bien peu de choses près, les mêmes dimensions; on y retrouve les paliers de trois marches rachetant la hauteur du socle, les escaliers latéraux, la cuve faisant saillie en avant et en arrière sur les murs de façade. Cependant ces deux ambons ne sont pas servilement copiés l'un sur l'autre; celui d'Alba, probablement postérieur, est décoré avec plus de richesse et de science; toutes les surfaces

visibles, les parapets des petits escaliers, aussi bien
que les deux façades et les panneaux de la cuve sont
littéralement couverts de mosaïques, encadrant des
plaques de porphyre et de serpentine.

Au-dessus d'un socle formé de morceaux antiques
sur lesquels se voient encore quelques fragments d'inscriptions romaines, des pilastres divisent un large panneau rectangulaire en trois parties décoratives distinctes;
dans celle du milieu, une table carrée est entourée de
rosaces, dans les deux autres des disques sont encadrés
de moulures de marbre et de bandes de mosaïque, de
chaque côté, les rampants des escaliers sont également
couverts d'ornement en mosaïques. Le parapet polygonal
de la cuve fait, comme à Corneto, saillie sur le nu des
façades, mais les panneaux, couverts de mosaïques, sont
ici séparés par des colonnettes dégagées dont les cannelures en spirale sont également incrustées de mosaïques ;
ces colonnettes reposent sur des consoles sculptées et
leurs chapiteaux, assez régulièrement dessinés, se
composent, réminiscence à peu près exacte des chapiteaux antiques, de deux rangées de feuilles d'où
s'échappent des volutes formant colicornes. La face
postérieure de l'ambon comporte des divisions correspondantes à celles de la face antérieure, de simples pilastres remplacent les colonnettes dégagées, mais, les
panneaux et les parapets sont décorés d'encadrements,
de table et de disques aussi riches d'un côté que de
l'autre. La cuve également en saillie de ce côté permet

au prédicateur de s'adresser aux fidèles placés dans la nef latérale.

Comme à l'ambon de Corneto, une grande inscription est gravée sur la cymaise de la façade; et l'on doit remarquer que les caractères employés sont absolument semblables dans les deux monuments. Cette inscription est ainsi conçue.:

CIVIS . ROMAN . DOCTISSIMVS . ARTE . IOHS .
CVI . COLLEGA . BONNVS . ANDREAS . DELVIT .
HONNVS . HOC . OPVS . EXELSVM . STRVSSERVNT .
MENTE . PERITI . NOBILIS . ET . PRVDENS . ODE-
RISIVS . ABFVIT . ABAS .

Ce texte vient confirmer ce que l'on était en droit de supposer à première vue ; le *magister Jean, fils de Guido, citoyen romain,* travaillant à Corneto, est bien le même que le *citoyen romain Jean* que nous trouvons à Alba-Fucense. Seulement, ici, le nom du père a été supprimé; Jean n'avait plus besoin de se réclamer de cette parenté, les mots *Doctissimus in arte* indiquant suffisamment que sa réputation était alors tout à fait établie. L'inscription nous apprend, en outre, que maître Jean n'avait pas été seul chargé de la direction du travail; il avait un collègue nommé *Andreas,* mais celui-ci, plus modeste, se contentait du second rang, laissant à l'*illustre et très savant maître et citoyen romain* l'honneur d'occuper le premier.

L'église d'Albe est séparée dans toute sa largeur par
un chancel, ouvrage considérable. Vis-à-vis des bas
côtés, ce parapet est un simple mur revêtu d'un enduit
sur lequel ont été assez inhabilement appliqués des
débris antiques ; travail grossier, fait, à une époque
indéterminée, par les moines du couvent, ou par les
ouvriers inexpérimentés du pays. En face de la grande
nef, ce chancel prend une toute autre allure ; on y
reconnaît la main d'un maître. Ouvert en son milieu,
pour laisser un passage, il est élevé sur un socle de
marbre, et divisé par de minces pilastres en une série de
panneaux décorés, avec une extrême richesse, de cadres
et de champs de mosaïques à fond d'or renfermant des
tables de porphyre entourées d'un filet de mosaïques.
Au-dessus, une série de colonnes, formant portique,
s'appuient sur le parapet et supportent une architrave.
Ces colonnes sont cannelées en spirales et incrustées
de mosaïques ; leur base, bien qu'agrémentée de
griffes, se rapproche beaucoup du profil corinthien, et
leurs chapiteaux ressemblent à ceux des colonnes de
l'ambon ; l'architrave, à laquelle devaient être suspen-
dues des draperies masquant le sanctuaire, est également décorée d'un bandeau de mosaïque à fond d'or.
Ce beau travail porte gravé sur la plate bande d'un des
grands panneaux la signature :

ANDREAS . MAGISTER . ROMANVS . FECIT . HOC.

OPVS.

Voici donc le modeste marbrier de l'ambon passé maître à son tour ; peut-être, son illustre confrère Jean avait-il quitté le monastère en laissant au collaborateur de ses travaux le soin de les achever ; en tous cas, Andreas est ici le seul signataire, le seul maître de l'œuvre.

Il est curieux de remarquer qu'Andreas, en prenant la qualification de maître, prend également celle de citoyen romain. Était-ce un titre simplement honorifique, ou bien était-il né à Rome ? Nous ne savons. En tous cas, l'influence de l'école romaine est absolument manifeste, aussi bien dans le chancel que dans l'ambon, tous deux sont du plus pur style, *opus romanum,* et l'artiste qui en faisait une si belle application pouvait à bon droit, et quelque fût le lieu de sa naissance, se dire marbrier romain.

L'église du couvent de Saint-Pierre nous révèle encore l'existence de trois autres marbriers. Sur un pilier placé dans un des bas-côtés et surmonté d'un chapiteau on lit :

ABAS . ODERISIVS . FIERI . FECIT . MAGISTER.

GVALTERIVS . CVM . MORONTO . ET . PETRVS.

FECIT . HOC . OPVS.

Nous remarquons, ici, l'absence du qualificatif *romain,* et nous en conclurons que ces trois marbriers devaient appartenir à quelque école locale. Du reste, rien n'indique la provenance de ce pilier, et, son chapiteau, représentant des animaux superposés s'appuyant à une espèce de figure humaine, est d'un art tellement grossier qu'il ne plaide en rien en faveur de l'auteur. On serait même tenté d'attribuer ce morceau à une époque de beaucoup antérieure, si la forme des caractères de l'inscription ne révélait une écriture de la fin du xii° siècle ou du commencement du xiii°. Les noms de Gualterius et de Moronto ne se retrouvent nulle autre part; Petrus, comme nous l'avons déjà fait remarquer, pourrait être celui qui travaillait quelques années auparavant à l'ambon de Saint-Vittorino.

A Rieti, nous allons retrouver quelques-uns des artistes ayant travaillé à Alba-Fucense.

L'antique cité sabine de Reate, devenue la ville de Rieti, agréablement située aux pieds d'une colline, sur la rive droite du Velino, possède une cathédrale fondée en 1109, comme l'indique une inscription gravée sur la façade; mais cette église a été complètement transformée, surtout à l'intérieur, par de modernes restaurations. Au dehors, elle est précédée d'un portique composé d'arcs retombant sur des colonnes; malgré son apparence médiévale, cette construction date du xv° siècle, mais reproduit presque textuellement un portique beaucoup plus ancien, édifié en l'année 1252, en même temps que le grand campanile qui l'accompagne; les chartes de la cathédrale indiquent cette date d'une manière fort précise. A la base du campanile, on voit une inscription assez difficile à déchiffrer, se terminant par les mots :

...... INCIPIT . ISTVD . OPVS . IN . MATIS . NOIE . XI . PETRVS . ET . ANDREAS . HERICVS . STVQ . MACRI .

Voici donc encore un Petrus. En rapprochant les époques, on peut l'identifier avec celui d'Alba-Fucense et de Saint-Vittorino. Rien ne s'oppose également à ce que l'Andreas de cette inscription ne soit le même que l'Andreas dont nous avons admiré les travaux à l'église d'Albe ; vingt-cinq ou trente ans au plus séparent les deux ouvrages ; le troisième signataire, Henricus, est resté absolument inconnu.

Il est plus difficile d'admettre que ce même marbrier Andreas ait été l'architecte du palais épiscopal élevé sur le flanc de la cathédrale. Cela semble cependant résulter d'une longue inscription gravée à l'un des angles de l'édifice, indiquant la date de M . CC . LXXXIII, et se terminant par les mots :

ANDREAS OPERI PREFECTVS MENTE PERITVS HOC STVDIO FIERI FECIT IN ARTE CITVS .

Si Andreas avait assez de talent, assez d'expérience en son art pour être désigné au chancel d'Alba-Fucense,

vers 1220 ou 1225, sous le titre de *Magister Romanus,*
il est peu probable qu'il ait eu, à cette époque, moins
d'une trentaine d'années. En 1283, lors de la construction du palais épiscopal de Rieti, Andreas aurait donc
atteint l'âge de quatre-vingts ans. Le doute est permis.
Cependant, de tels exemples de longévité et d'activité
artistiques n'étaient pas rares au moyen âge, et nous
ne connaissons aucun autre artiste du même nom
auquel auraient pu s'adresser les expressions louan-
geuses d'*homme* à l'*esprit habile* et de *directeur des
travaux.* Quelques mots compris dans le corps de l'inscription viennent apporter un témoignage de plus en
faveur de cette opinion. On lit en effet :

......TVM PISANI SIC OPVS INCIPITVR.....

Cette phrase indiquerait que Jean de Pise ou son fils
Nicolas, alors dans toute leur gloire, avaient été appelés,
ensemble ou séparément, à donner les plans du palais
épiscopal de Rieti, peut-être même à diriger le commencement des travaux, et que, forcés de s'éloigner, le
vieil Andreas aurait été, après leur départ, chargé de
les achever. Les faits s'accordent du reste parfaitement
avec cette supposition. Le style de l'architecture du
palais est en effet plutôt toscan, c'est-à-dire gothique,
que romain ; et l'on sait que Nicolas de Pise fut appelé
par Charles d'Anjou, en 1269, pour construire une
église et un monastère à Tagliacozzo, dans le voisinage

de Rieti, en mémoire de la victoire qu'il venait de remporter sur Conradin.

Les Pisans pouvaient donc avoir assisté au début des travaux de Rieti, vers 1270, tandis qu'en 1283, ils avaient quitté le pays, appelés à Naples sur l'ordre du roi pour construire le château neuf qui domine la ville.

Les inscriptions assez nombreuses de Rieti font connaître un autre architecte du nom d'Andela, probablement religieux, qui, en 1255, aurait dirigé la translation d'un couvent de cisterciens, reconstruit dans la montagne pour éviter l'insalubrité de la plaine.

D'autres artistes encore ont certainement travaillé dans ces mêmes contrées, car ils devaient être nombreux les constructeurs de cette époque. Sous l'influence religieuse alors prédominante, le xiii° siècle tout entier fut un temps de grande expansion ; chacun voulait affirmer sa foi, offrait une partie de sa fortune pour l'édification de quelque église ou chapelle, et, sous la haute influence de saint François, de saint Dominique et de saint Antoine, les monastères sortaient nombreux de cette terre où s'étaient accomplis des miracles. La plupart des artistes chargés d'exécuter ou de diriger ces travaux sont restés inconnus ; cependant, d'actives recherches nous ont permis de découvrir les noms de quelques-uns.

A peu de distance de Foligno s'élève une ancienne église, Saint-Giovanni Profiamma, dont la façade et la confession sont restées à peu près telles que les avaient édifiées les premiers constructeurs. Jacobili fait remonter la fondation ou la consécration de cette église à l'année 1231 en s'appuyant sur une inscription, aujourd'hui détruite, mais relevée par lui sur place, indiquant l'année du Seigneur A . D . M . CC . XXXI . et le temps du pape Grégoire IX. La façade est ornée de sculptures variées parmi lesquelles, au milieu de rinceaux de feuillage, se détachent quelques figures intéressantes ; ainsi, au pilier de droite de la porte on voit un enfant assis sur un dragon offrant un livre à un autre dragon, et, de l'autre côté, un évêque mitré, la crosse en main, tenant un livre ouvert sur lequel on peut lire : PAX . VO . BIS . A droite de l'évêque, l'auteur a signé en lettres placées verticalement :

FELIPO ME FECIT. .

Sans trop nous éloigner de Foligno, centre artistique du pays, faisons au sujet de Felipo une excursion jusqu'à Ancone.

La cathédrale, dédiée à Saint-Ciriaque, premier évêque du diocèse, domine du haut de son rocher la ville, le port, la contrée voisine et la mer Adriatique qui s'étend à ses pieds. Cet emplacement, digne d'une acropole antique, était autrefois occupé par un temple de Vénus. La fondation de l'église chrétienne remonte, croit-on, au XIe siècle ; aucune date certaine, provenant d'une charte ou d'une inscription, ne confirme cepen-

dant cette tradition, mais rien dans l'aspect du monument ne s'oppose non plus à ce qu'elle puisse être acceptée ; peut-être conviendrait-il mieux, selon nous, de rattacher cet édifice au siècle suivant. Le plan général
reproduit presque exactement la forme d'une croix
grecque régulière, à quatre bras égaux, dont trois sont
terminés par des absides demi-circulaires apparentes à
l'extérieur, tandis que le quatrième s'ouvre dans son
milieu par une baie qui sert d'entrée principale. Les
charpentes, fort simples dans leurs combinaisons, sont
apparentes ; les murs se développent dans une parfaite
nudité au-dessus d'arcades supportées par des colonnes
de marbres antiques variées de modules et de proportions différentes. Au point central, une coupole duodé-
cagone surélevée par un tambour également à douze
faces, est supportée par quatre grands arcs retombant
sur quatre piliers carrés cantonnés de demi-colonnes.
Les absides des bras latéraux sont occupées par des
chœurs exhaussés permettant la construction de cryptes
auxquelles on accède par des escaliers intérieurs.

Que la basilique date du xɪᵉ ou du xɪɪᵉ siècle, il ne s'en
est pas moins écoulé un temps considérable entre la
transformation ou la démolition du temple de Vénus et
l'édification de l'église actuelle. Que s'était-il passé
pendant ces cinq ou six siècles? Cela est bien difficile
à dire, mais il est certain qu'aux vɪɪɪᵉ et au ɪxᵉ siècles, il
existait à cette même place une église dont on retrouve
encore de nombreux souvenirs.

Il faut citer, tout d'abord, les colonnes de marbre, qui, si elles ont appartenu au temple païen, ont dû certainement servir de principal élément constitutif à l'agencement de la primitive église chrétienne. Elles sont surmontées de chapiteaux présentant tous, quoique sous des formes différentes, les principaux caractères de la sculpture byzantine ; quelques-uns même sont ornés de feuillage d'olivier délicatement ajouré, comme nous en avons trouvé des exemples à Rome et à Milan dans les œuvres des sculpteurs grecs du viᵉ siècle. De plus, dans la crypte située sous le bras droit du transept, on voit encore de nombreux fragments, réunis en une sorte de musée, parmi lesquels on distingue des morceaux d'arcs de ciborium en marbre ornés de dessins mixtilignes de baguettes de joncs entrelacées, tels que nous les avons signalés comme étant d'un emploi général au viiiᵉ et au ixᵉ siècle.

Il est donc bien certain qu'une première église a succédé au temple antique, en lui empruntant une partie de ses richesses, et qu'elle fut pourvue plus tard d'un mobilier presbytéral. Cet édifice a dû être ruiné ou en partie détruit par les Sarrazins qui, vers le milieu du ixᵉ siècle, occupèrent et dévastèrent tout le pays.

Dans le musée lapidaire, installé comme nous venons de le dire dans la crypte de l'aile droite, se trouve un bas-relief demi-circulaire en marbre, représentant Jésus-Christ vu debout, à mi-corps, placé entre le Bœuf et le Lion symboliques qui tiennent tous deux un livre

ouvert. Cet intéressant morceau ayant dû appartenir
à un ensemble plus complet, occupait probablement la
lunette d'une porte, ou servait d'ornement à une
face d'autel. Quoi qu'il en soit de la destination
première de ce fragment, sa décoration est encore
bien naïve et ne donne pas une haute opinion du
talent du sculpteur: le corps du Christ est court et
trapu, les plis du vêtement sont lourds, les traits du
visage, bien que dissimulés par de longs cheveux et une
barbe épaisse, sont barbares et presque repoussants ;
les animaux, à défaut de noblesse, prennent une allure
terrible. Mais ce qui accroît singulièrement l'intérêt de
ce marbre, c'est l'inscription en lettres lombardes dont
il est gravé, à la suite de laquelle est nettement indiquée l'année M.CCXXIII. Plus bas, à droite du Christ,
on lit distinctement les mots :

MAGISTER . FELIPPO . ME . FECIT.

En rapprochant ce bas-relief des sculptures de Saint-
Giovanni Profiamma, on y reconnaît les mêmes défauts,
la même ignorance de la forme humaine et l'on y retrouve
aussi, sous des dates très rapprochées l'une de l'autre,
la même signature, gravée avec les mêmes caractères
lombards. Le titre de magister qui précède ici le nom
du marbrier ne peut changer l'identité des deux inscriptions. Felipo d'Ancone et Felipo de Saint-Giovanni sont
donc un seul et même personnage.

Nous ne quitterons pas la cathédrale d'Ancone sans parler du beau porche en saillie sur la façade principale. Il se fait surtout remarquer par l'ampleur et la convenance de ses proportions, par la profondeur de sa voussure, abritée sous une toiture à deux versants, et portée par deux colonnes de granite rose s'appuyant sur les reins de lions de grande allure. Si l'on en croit Vasari, le florentin Margaritone d'Arezzo, après avoir été peintre dans sa jeunesse, sculpteur dans son âge mûr, devenu architecte dans sa vieillesse, aurait donné le dessin de ce portail en même temps qu'il construisait le palais du gouverneur dont il sculpta lui-même les fenêtres, comme en témoigne une inscription un peu effacée, mais dans laquelle on distingue encore son nom avec la date 1270.

De la même époque doit dater le chancel de marbre blanc placé en avant du chœur élevé du côté droit du transept. Cette balustrade est formée de panneaux assemblés dans d'étroits pilastres qui les séparent, et porte sur une haute doucine ornée. Chaque panneau renferme un sujet enlevé à plat sur le fond surbaissé : tantôt ce sont deux personnages formant un groupe, tantôt des paons affrontés se dressent sur les parois d'un vase au long col, ou bien des fleurs s'échappent en jets symétriques de chaque côté d'une coupe, motifs empruntés à l'art du viiie siècle, dont la basilique devait offrir encore à cette époque de nombreux modèles, mais traités ici avec un fini plus délicat et une souplesse de composition que n'avaient pas connus les siècles précédents. La doucine est ornée d'une remarquable série de palmettes alternées en raies-de-cœur, telle que nous la trouverons au chancel de Civita-Castellana, telle surtout qu'elle se voit encore à la corniche du temple de Jupiter Stator au Forum romain.

Felipo et Andela appartenaient donc à l'école de Foligno, école florissante, comme nous l'avons vu, à la fin du XIIᵉ siècle, mais dont l'activité s'était toujours dépensée dans un rayon restreint autour de son centre.

Le nom de Vassaletus, nom célèbre dans l'histoire des marbriers romains, apparaît avec le XIIIᵉ siècle. Deux générations de marbriers l'ont fait connaître, et, si le fils l'a illustré au point d'éclipser de beaucoup la modeste renommée du père, si les œuvres de ce dernier ont presque totalement disparu, nous pouvons tout au moins constater encore son existence.

Une pierre encastrée dans la façade de l'église de Ferentino porte l'inscription : PETRVS BASSALETVS, avec la date 1185. Une signature à peu près semblable existe à l'église des Saints-Apôtres à Anagni, on y trouve le nom BASSALETUS, sans prénoms et sans date, gravé sur le socle d'un lion de marbre blanc placé en dehors du portique, seul reste d'un ouvrage plus important sans doute que l'on est en droit d'attribuer à ce premier Vassaletus. Un ancien manuscrit relatif aux

travaux exécutés dans la basilique de Segni, détruite en
1626, indique une œuvre d'un marbrier PETRUS BAS-
SALETVS avec la date 1186. Mais là s'arrêtent nos in-
formations, aucun document écrit ou gravé ne nous
fournit plus de renseignements sur la personnalité ou
l'œuvre de cet artiste.

A l'exception du beau cloître du Latran, sur lequel nous
reviendrons avec quelques détails, travail qui a porté si
haut la gloire du second Vassaletus, très peu des œuvres
sorties des mains de cet illustre marbrier sont parvenues
jusqu'à nous. A Rome, on ne trouve absolument rien ;
ce serait à croire qu'après avoir donné la mesure de son
talent, Vassaletus était tombé dans une disgrâce complète,
ou que, pour une cause quelconque, il avait quitté Rome,
si Ciampini ne nous faisait savoir, dans sa description
très détaillée de l'ancienne basilique de Saint-Pierre,
que l'un des ambons, détruit à l'époque de la reconstruction, portait l'inscription[1] : *Hoc opus ex auro vitris
Laurentius egit — Cum Jacopo nati sculpsit simul atque
peregit — Opus magistri Vassaleti quod ipse fecit.*
Ciampini ne décrit pas cet ambon, mais il est certain
que ce devait être un monument important puisque l'inscription donne les noms du mosaïste et du sculpteur travaillant sous les ordres du maître marbrier. En tout cas,
Vassaletus a dû faire appel à tous ses moyens, déployer
tout son talent pour mener à bien un travail sur

---

1. Ciampini : *de Sacris Ædificiis*, Rome, 1693.

lequel il a pris soin de placer, apès son nom, les mots :
quod ipse fecit (qu'il fit lui-même) pour bien montrer
que, s'il s'était fait aider dans l'exécution de cet ambon,
il revendiquait pour lui seul l'honneur et le droit de
s'en intituler l'auteur.

En dehors de Rome, on trouve le nom de Vassaletus
inscrit sur une niche située à l'intérieur de la cathédrale de Viterbe. La baie carrée est entourée d'un encadrement en marbre blanc fait, semble-t-il, d'après le
souvenir assez vague de quelque monument classique ;
deux colonnes engagées, cannelées en spirale, accompagnées de leur chapiteau, supportent un fronton et
reposent sur un linteau ; les cannelures des colonnes, la
frise de l'entablement ainsi que le linteau sont incrustés
de mosaïques d'émail et d'or ; l'ouverture comprise entre
les colonnes est fermée par un vantail en bois. Dans le
tympan du fronton on lit :

S. OLEVM INFIRMORV.

Cette sorte d'armoire était donc destinée à recevoir les
saintes huiles. Sur le linteau sont gravés les mots :

VASSALETVS ME FECIT.

Point de date, mais la simplicité des profils, le peu
d'élévation des colonnes, le manque de légèreté de leurs
cannelures, le défaut de proportion générale tendent à
faire classer cette décoration parmi les œuvres de la
jeunesse du célèbre marbrier.

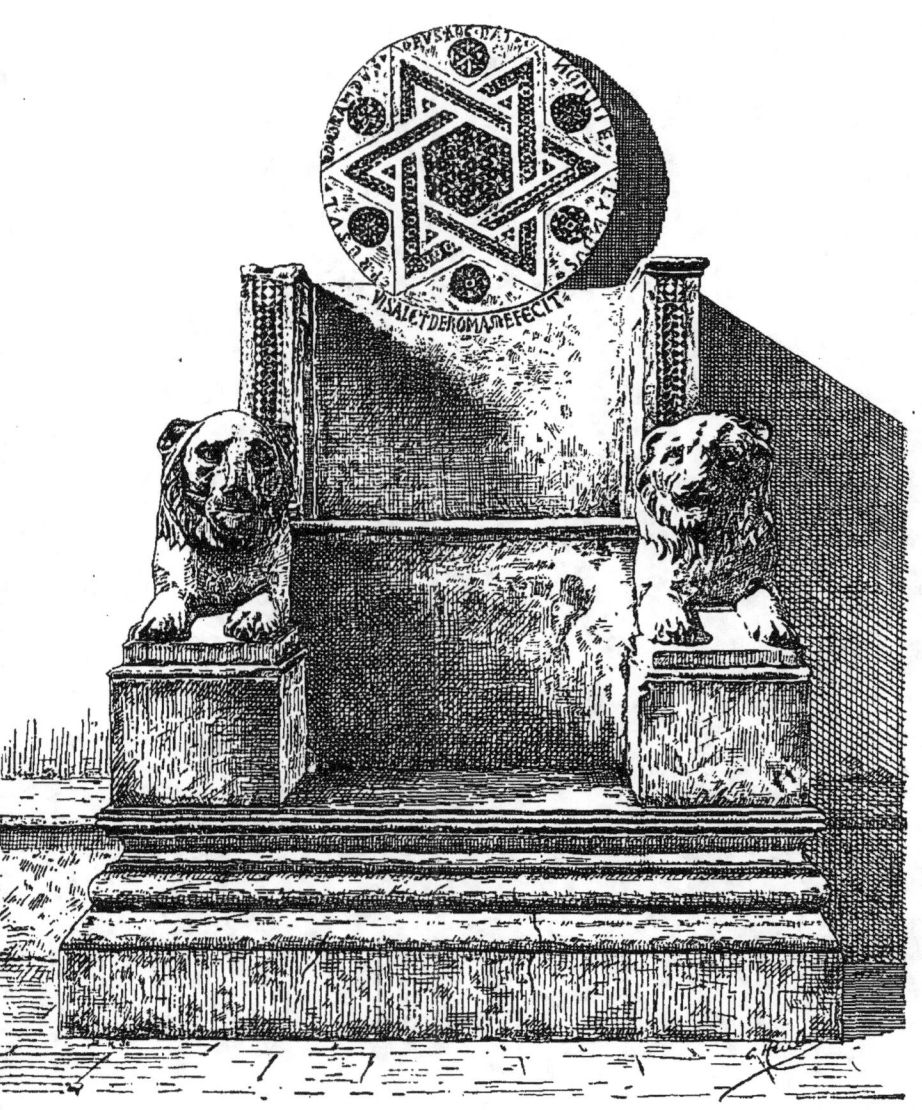

Siège épiscopal. — Cathédrale d'Anagni. — XIIIᵉ siècle.

Le nom de Vassaletus se trouve également gravé sur
l'ambon de l'église de Rocca di Botte. La cuve de cet
ambon, ou plutôt, la tribune de ce pulpitum, est de
forme rectangulaire, la face principale, beaucoup plus
importante que les faces latérales, est protégée par un
parapet élevé, composé de montants, de panneaux
de marbre incrustés de mosaïques et de morceaux de
porphyre; des colonnettes dégagées, cannelées en spirale, incrustées de mosaïques d'émail concourent à
l'ornementation des façades et reposent sur des consoles en saillie ornées de têtes diverses; une corniche
sculptée d'une feuille répétée couronne le parapet en
ressautant sur les colonnettes. Cette tribune est portée
par quatre tronçons de colonne auxquels ont été adaptés
des chapiteaux variés; les bases reposent sur le dos de
bêtes aplaties du plus barbare aspect. Évidemment,
colonnes, chapiteaux, socles, animaux, sont d'anciens
matériaux utilisés par Vassaletus pour l'édification du
nouveau pulpitum; les parapets seuls, avec leur belle
décoration de sculpture et de mosaïque, peuvent lui
être attribués. Mais, de même que la niche de Viterbe,
cette œuvre est encore un peu lourde, incertaine, et,
bien qu'elle ne soit pas datée, doit remonter aux
débuts de l'artiste, alors que, jeune encore, il n'avait
d'autre ambition que de suivre les traces de ses
devanciers.

Il n'en est pas de même à la cathédrale d'Anagni,
où, sous les auspices de l'évêque Landi, vers 1263,

Vassaletus a signé le siège épiscopal et le candélabre pascal. Ici, l'artiste se montre dans la plénitude de son talent, avec toute la force et l'élégance qu'avait pu lui faire acquérir une carrière d'étude et de noble pratique.

La cathedra, simple banc de marbre à dossier circulaire, terminé par des pilastres droits incrustés de mosaïques, repose sur deux superbes lions couchés, dont la grande allure, les belles proportions, la fermeté de dessin et la franchise d'exécution, en rehaussent singulièrement la valeur et l'aspect. Pour tempérer ces formes un peu sévères et donner plus de richesse à l'ensemble, Vassaletus a orné le disque de marbre qui surmonte le dossier d'une belle étoile de mosaïque autour de laquelle se trouve gravée circulairement l'inscription :

PRESVL . HONORANDVS . OPVS . HOC . DNI .
NOMINE . LANDVS ;

et au dessous, sur le marbre du dossier :

VASALET DE ROMA ME FECIT ;

signature bien digne, dans sa brièveté, d'un marbrier romain fier de sa réputation et arrivé à l'apogée de sa gloire.

Le candélabre pascal n'a pas moins de mérite. Une colonne de marbre élancée, cannelée en spirale et

incrustée de mosaïque, avec une base
délicatement moulurée porte sur le dos
de deux sphynx couchés. Le nom : VAS-
SALETVS, est gravé en beaux caractères
sur la face antérieure du socle.

Est-ce bien à Vassaletus qu'il faut attribuer l'enfant placé au-dessus du chapiteau ? Certes, cette figure dénote beaucoup
d'inexpérience dans la reproduction de
la nature humaine, inhabileté en rapport, du reste, avec ce que nous savons
des artistes de cette époque ; cependant,
cet enfant isolé, accroupi, levant les bras
au-dessus de sa tête pour porter d'un
geste élégant la vasque d'où s'élance le
grand cierge, est une heureuse conception, bien digne de notre grand marbrier, si toutefois il n'en a pas puisé
l'idée à quelque source antique. En tous
cas, ce gracieux mouvement donne à
l'ensemble un intérêt particulier et une
singulière légèreté. Vassaletus a fait
effort pour créer un meuble original, hors
de pair, si on le compare à tous les candélabres avec base unie et chapiteaux à feuilles dont l'emploi était
alors général.

On peut également attribuer à

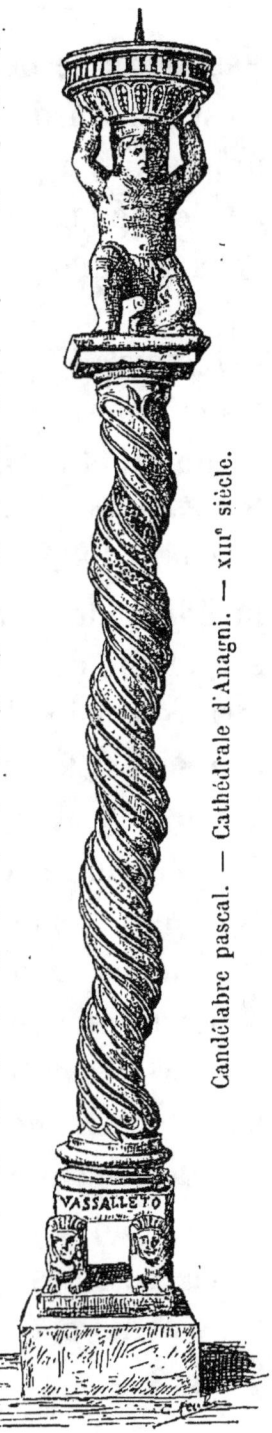

Candélabre pascal. — Cathédrale d'Anagni. — xIII° siècle.

Vassaletus le bénitier placé près de la porte de l'église :
c'est une vasque circulaire s'appuyant sur une colonne
unique qui a pour base deux lions couchés. Le style et
l'exécution ont un grand caractère de ressemblance avec
ceux du candélabre ; mais il n'y a pas de signature.

L'œuvre la plus considérable exécutée à Rome dans
les premières années du xiii° siècle est sans contredit la
reconstruction presque totale de la basilique de Saint-
Laurent-hors-les-Murs [1].

A la suite de ces grands travaux, le pape Honorius III
fit édifier le portique qui précède l'église. A peu près
semblable aux portiques qu'Eugène III avait fait construire à Saint-Jean de Latran et à Sainte-Marie Majeure,
celui-ci est formé de huit colonnes antiques en marbre
blanc, de diamètres différents ; six de ces colonnes
sont cannelées en spirale, les deux autres, placées aux
extrémités, sont lisses. Tous les chapiteaux, d'un style
ionique assez pur, bien que trop chargés d'ornements,
sont parfaitement semblables entre eux, ce qui serait déjà
une preuve suffisante de leur exécution médiévale si la
défectuosité de la sculpture ne faisait écarter toute pensée de leur attribuer une origine antique. Ces colonnes
supportent un riche entablement dont la corniche est
ornée de têtes de lions en haut relief réunies par des
ornements courants avec fleurons et rosaces ; la frise,

---

1. Voir *Basiliques et Mosaïques*, t. II, p. 474-480.

très élevée, est incrustée d'un succession de tables de porphyre et de disques de serpentine entrelacés par des bandes de mosaïque à fond d'or. Une toiture élevée, lourde et disgracieuse vient malheureusement gâter l'élégance de la colonnade en retombant directement sur l'entablement. Les murs intérieurs sont encore couverts de peintures exécutées peu de temps après la mort d'Honorius.

Ce portique, très pittoresque d'aspect, très intéressant à étudier dans ses détails, donne une idée bien exacte du degré d'assimilation auquel les architectes romains du moyen âge avaient pu atteindre en prenant pour modèles les restes de l'antiquité, mais il fait sentir en même temps l'immense distance qui séparait encore leurs travaux les plus soignés d'avec les monuments qu'ils voulaient imiter¹.

Avant de pénétrer dans l'intérieur de la basilique et de nous étendre sur la beauté de son luxueux mobilier, nous devons signaler, en passant, deux ouvrages exécutés à la même époque que le portique extérieur de Saint-Laurent.

Le narthex de l'église de Saint-Georges au Vélabre, bien qu'édifié pour la première fois par le pape Zaccharie en 745, bien que refait une seconde fois au ixe siècle, par Grégoire IV, et orné de peintures à cette époque, a été entièrement reconstruit au xiiie siècle par les soins et par les libéralités d'un prieur de l'église.

1. Voir pour les détails de ce portique : *Edifices de Rome*, Letarouilly, vol. III, pl. 268; et pour la vue d'ensemble: *Basiliques et Mosaïques,* vol. II, p.448.

Quatre colonnes surmontées de chapiteaux ioniques assez correctement exécutés, et deux forts piliers d'angle couronnés de moulures et de fragments de sculpture datant du viii° siècle, posent sur un soubassement ouvert vis-à-vis de la porte de l'église et supprimé sur les côtés afin de permettre le libre accès aux voitures. Ces points d'appui supportent directement un entablement de proportions assez anormales, composé d'une architrave sur laquelle est gravée une longue inscription, d'une haute frise et d'une corniche où la brique, les modillons de marbre et les morceaux de terre cuite se trouvent bizarrement réunis pour former différents corps de moulures. Le texte de l'inscription est diffus et donne peu d'indication précise : « *La pieuse ambition qui animait Stefano, prêtre* « *de cette église, homme d'un rare mérite, d'être élevé* « *jusqu'aux régions célestes en récompense de cette cons-* « *truction faite de ses deniers en l'honneur de saint* « *Georges.* » Elle ne comprend ni date, ni nom d'auteur, cependant, la forme des caractères nous reporte très vraisemblablement au commencement du xiii° siècle. Cette opinion se trouve confirmée par la similitude absolue existant entre les chapiteaux ioniques des colonnes et ceux des portiques de Saint-Jean et Paul et de la basilique de Saint-Laurent-hors-les-Murs ; or, nous savons avec certitude, au moins en ce qui concerne ces derniers, qu'ils ont été exécutés vers 1220, nous pouvons donc fixer à peu près à cette même époque la date de la reconstruction du portique de Saint-Georges au Vélabre.

Le second des ouvrages que nous désirons signaler est un autel paraissant absolument contemporain des travaux exécutés au portique de Saint-Laurent.

Il résulte d'une inscription métrique placée dans le chœur, que le pape Honorius III consacra, en 1221, aux saints Vincent et Anastase, une église construite auprès de Rome, à l'endroit appelé les Trois-Fontaines, lieu de pèlerinage où, suivant la tradition, saint Paul subit le dernier supplice. Un des autels de cette église est formé d'une table de pierre supportée au centre par une courte colonne à chapiteau ionique, et aux quatre angles par des piliers carrés. Cette disposition, fort ancienne, n'offrirait rien de particulier, s'il n'existait une ressemblance frappante entre cette colonne centrale servant de support et la colonne de la Flagellation, apportée de Jérusalem à Rome en 1223. Toutes deux sont de même diamètre et de même grandeur, seulement ici on a ajouté le chapiteau pour pouvoir atteindre la hauteur normale d'une table d'autel. Cette similitude, due à la vénération dont on entourait alors une relique aussi sacrée, indique d'une façon presque certaine que l'autel dont nous parlons a dû être exécuté très peu de temps après l'arrivée à Rome du pilier de marbre auquel le Christ avait été attaché pendant sa passion.

Entrons maintenant dans la basilique de Saint-Laurent-hors-les-Murs. Cette église avait été meublée

par les successeurs d'Honorius, principalement par
Innocent IV, vers 1243, avec une telle magnificence que
le siège épiscopal et les deux ambons peuvent encore
être regardés comme les plus beaux spécimens de l'art
du marbrier romain à cette époque[1].

Des deux ambons placés vis-à-vis l'un de l'autre au
milieu de la grande nef, le plus simple, destiné au lecteur, est formé de tables de brèche violette séparées par
d'étroits pilastres ; il n'a qu'un seul escalier, quatre
marches arrivent à la hauteur du soubassement et sept
autres, en retour d'équerre, amènent à la cuve ; celle-ci
fait sur la façade une saillie que protège un parapet à
trois faces.

L'autre ambon servait et sert encore aux prédications.
Beaucoup plus riche que le précédent, il reproduit
exactement la forme, la décoration, l'agencement même
du bel ambon de Corneto. A-t-il également pour auteur
Giovanni di Guido qui se serait répété dans les deux
ouvrages ? Ce meuble est-il au contraire une copie faite
postérieurement, d'après l'original de Sainte-Marie *in
Castello ?* La seconde hypothèse nous semble plus admissible : Guido, s'il avait été l'auteur de l'ambon de
Saint-Laurent, l'aurait certainement revêtu d'une inscription analogue à celle que nous avons relevée,

---

1. Les ambons de Saint-Laurent-hors-les-Murs ont été plusieurs fois
reproduits; on en trouvera l'ensemble et les détails dans les ouvrages déjà
cités: Letarouilly, *Edifices de Rome*, I; R. Gailhabaud : *Monuments anciens
et modernes*, I; R. Rohault de Fleury: *La Messe.*

sur ceux qui portent sa signature, tandis que date,
signature ou inscription font ici complètement défaut.
A ce premier indice, il faut ajouter que la cathedra
du chœur a été érigée sous Innocent IV en 1254 ; or,
il est probable que le même marbrier a dû être chargé
en même temps de tous les travaux relatifs à son
art. L'ambon de Corneto pouvait, encore à cette
époque, être regardé comme un type, et pris pour
modèle, tout en ajoutant à sa décoration une plus
grande quantité de marbres précieux et de mosaïques,
afin de le mettre en rapport avec l'importance de la
basilique.

A l'origine, le grand ambon de Saint-Laurent devait
être symétrique et comporter deux escaliers semblables,
l'un à droite l'autre à gauche ; par une regrettable mutilation le premier palier de droite et les marches inférieures ont disparu. La façade principale repose sur
un soubassement comprenant dans sa hauteur deux
gradins en forme de bancs ; au-dessus, murs et parapets
sont divisés en panneaux par des bandes de mosaïques
encadrant des disques de porphyre et de serpentine ; les
pilastres de séparation et les piliers extrêmes sont
également ornés de mosaïque. La cuve polygonale en
saillie porte sur une corniche délicatement sculptée ;
quatre pilastres, ornés d'incrustations sur fond d'or,
séparent les trois panneaux de marbre précieux dont
se compose le parapet. Dans celui du milieu, un aigle
aux ailes déployées tient dans ses serres le corps

d'un animal peu reconnaissable, peut-être un mouton, représentation de l'Agneau pascal. Une cymaise légère, agrémentée de feuilles d'eau, couronne le parapet et court sur toutes les parties rampantes.

La façade postérieure, sur laquelle la cuve fait également saillie, est sensiblement moins ornée, de simples panneaux la décorent. Les matériaux employés à la construire proviennent certainement d'un monument plus ancien, car on peut voir, sur les faces intérieures des panneaux, des traces d'inscriptions ainsi que d'assez grossières images gravées au trait représentant un cerf, un oiseau, un animal semblable à un renard et quelques plumes de paon ; mais il est impossible de déterminer si ces débris appartenaient à l'ancien chancel de la basilique ou à la balustrade du chœur dont on voit encore les attaches sur les faces latérales du petit ambon. Du reste, aucun caractère chrétien ne distingue ces figures auxquelles on pourrait même attribuer une origine payenne.

Un candélabre pascal, reposant sur les reins de deux lions accouplés, accompagne cet ambon ; le fût est une colonnette cannelée en spirales incrustées de mosaïques, et surmontée d'un chapiteau corinthien très finement sculpté.

La cathedra représente à elle seule un véritable monument. L'abside circulaire de l'ancienne basilique ayant disparu par suite de son changement d'orientation, le fond du chœur est actuellement occupé par un mur droit auquel se trouve adossé le siège épiscopal et les bancs destinés aux membres du clergé[1].

Sur un soubassement de marbre, formé d'une marche et d'un gradin, s'élève une sorte de chancel dont le trône occupe le milieu. De chaque côté, un socle en porphyre supporte un vaste panneau formant dossier, subdivisé lui-même en quatorze caissons placés sur deux rangs ; chaque caisson a pour fond une dalle de porphyre, et est environné d'une bande de mosaïques d'émail et d'or ; une corniche couronne ces panneaux et repose, aux extrémités, sur des pilastres accotés de colonnes torses ; la sedia, élevée à la partie centrale sur un haut degré, domine cet ensemble.

Tout le talent, toute la patience, toute l'ingéniosité de l'artiste ont été mis à contribution pour décorer ce siège avec une magnificence exceptionnelle : partout, des disques de porphyre entourés de cercles et d'entrelacs en mosaïques surpassent encore en éclat la splendide ornementation des grands panneaux. Sur le dossier, on lit, gravé en beaux caractères romains :

XPI . NASCENTIS . IN . SECVLV .. VERO ..
MANENTIS.ANNVS.MILLENVS..QVINQVAGENVS.
QVARTVS..DVCENTVS.

---

1. Voir Cailhabaud : *Monuments anciens et modernes*, t. II; Rohault de Fleury : *La Messe.* Letarouilly : *Edifices de Rome*, vol. III.

Cette année, *1254 depuis la naissance du Christ,* qui marque ainsi la fin de ce superbe travail, vit mourir le pape Innocent IV. Le pontife avait pu achever cette œuvre qui lui était chère ; mais combien nous déplorons aujourd'hui de n'en pas connaître l'auteur ; nulle part on ne découvre les noms de celui ou de ceux qui l'ont exécutée. Peut-être est-elle due à des moines anonymes abritant leur personnalité derrière les murailles du monastère annexé à la basilique ; peut-être pourrait-on l'attribuer avec quelque vraisemblance à l'un des Cosmati, leur réputation était grande à Rome à cette époque, et nous trouverons à Civita-Castellana une œuvre absolument semblable dans l'ensemble et dans les détails, portant la signature de l'un des membres de cette famille. Mais il pourrait être téméraire de décider en se basant sur un indice aussi peu certain ; toutes les œuvres des Cosmati sont signées, celle-ci ne l'est pas ; et, il ne faut pas oublier que des exemples de balustrades ou de parapets de chœur, ayant beaucoup d'analogie avec les parties latérales du trône épiscopal de Saint-Laurent-hors-les-Murs, existaient alors à Corneto, à Alba-Fucense et même à Rome, aux églises des Saints-Nérée et Achillée et de Sainte-Sabine.

De l'examen de cette cathédra nous emportons cette conviction : que le siège épiscopal, autrefois placé au fond de l'abside démoli, a dû être conservé, et, que pour lui donner plus d'importance on en a surélevé le dossier dans la forme des trônes byzantins ; les deux

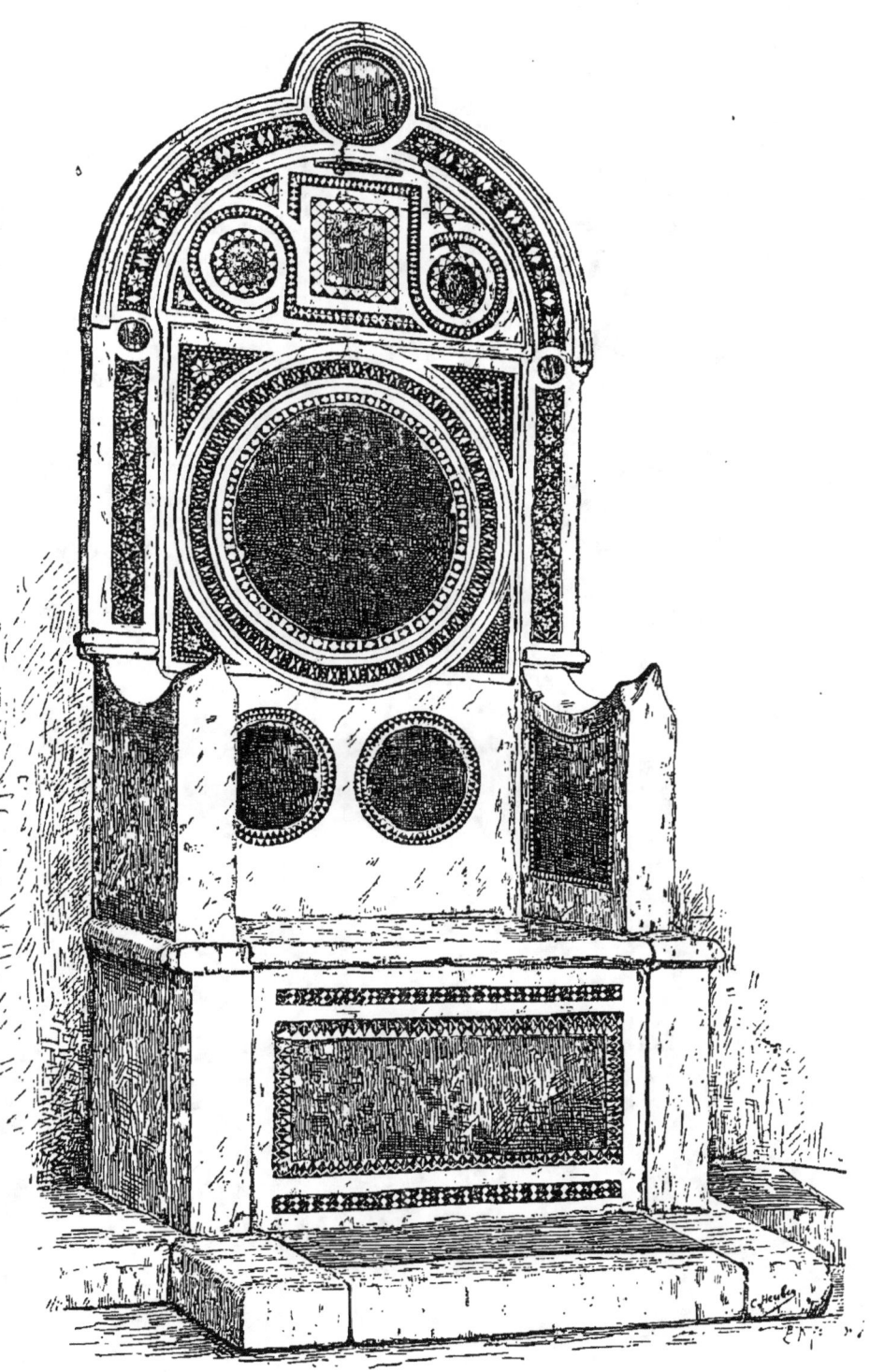

Siège épiscopal. — Église de Sainte-Balbine à Rome. — XIIIᵉ siècle.

grands panneaux latéraux ont dû également occuper les deux côtés de la façade de l'ancienne clôture du chœur.

Nous n'avons pas cru devoir présenter le dessin d'un ensemble qui a déjà donné lieu à de nombreuses reproductions, nous pensons qu'il sera plus intéressant de faire connaître à nos lecteurs une autre cathédra absolument semblable de forme, de style et d'ornementation, mais moins généralement visitée que celle de Saint-Laurent.

Elle se trouve à Sainte-Balbine, petite basilique très ancienne située derrière les thermes de Caracalla ; le siège épiscopal placé au fond de l'abside répète exactement celui de Saint-Laurent, sauf les montants des accoudoirs qui sont restés ici dans leur état primitif. La partie supérieure du dossier surtout est absolument identique, même dessin et même travail de mosaïque ; ces deux ouvrages peuvent avoir été copiés l'un sur l'autre, du moins, l'anonymat gardé des deux côtés, tend à faire supposer qu'ils ont pour auteurs des membres d'une même communauté religieuse.

Le cardinal Fieschi, neveu d'Innocent IV, survécut peu à son oncle, mourut dans le courant de l'année 1256, et fut inhumé dans la basilique de Saint-Laurent-hors-les-Murs, qu'il avait probablement contribué à doter de son superbe mobilier[1]. A défaut de date inscrite sur son tombeau, nous pouvons supposer que ce monument a

---

1. Le mausolée du cardinal Fieschi est adossé au mur près de la grande porte d'entrée, à droite en pénétrant dans l'église.

été érigé peu de temps après la mort du cardinal, mais aucune signature ne nous révèle le nom de l'auteur.

Quoi qu'il en soit, c'est un étrange mausolée, différent par ses formes et par son caractère de tous ceux que nous avons rencontrés jusqu'ici. L'urne destinée à contenir le corps du défunt est un magnifique sarcophage antique de l'époque impériale, élevé sur un socle de marbre; la façade représente une cérémonie nuptiale admirablement sculptée en bas-relief, et le couvercle est orné aux angles de quatre beaux mascarons. Appuyée contre le mur de l'église, cette tombe est surmontée d'une sorte de ciborium, dont trois côtés sont seuls visibles, le quatrième étant appliqué au mur. Deux colonnes de marbre blanc, à bases et à chapiteaux ioniques, supportent en avant une architrave décorée d'une bande de mosaïque à fond d'or; au-dessus, une rangée de colonnettes, retournant sur les parties latérales, porte une seconde architrave également incrustée, sur laquelle vient s'appuyer une toiture à deux versants.

Cette disposition rappelle les ciboria construits aux premiers siècles de l'Église; cependant, un examen attentif des détails ne permet pas de croire à la transposition au-dessus du sarcophage d'un véritable ciborium. Les grandes colonnes sont peut-être des fûts antiques, mais les chapiteaux ioniques ont trop d'analogie avec ceux du portique extérieur pour ne pas avoir la même origine; une des bases porte même des griffes, ce qui exclut toute présomption d'antiquité. Ce dais

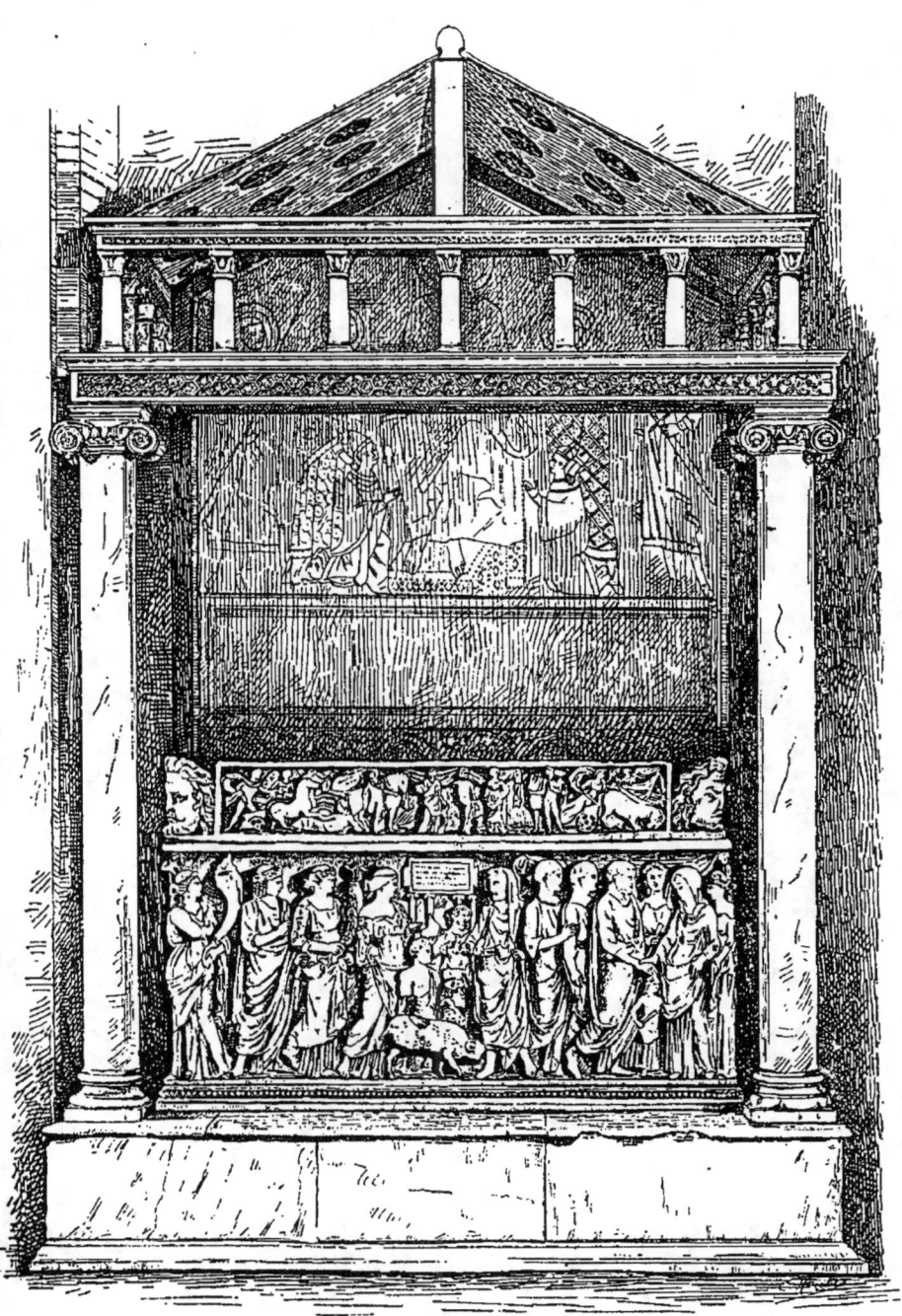

Tombeau du cardinal Fieschi. — Basilique de Saint-Laurent-hors-des-Murs à Rome.
XIIIᵉ siècle.

ou baldaquin, dont l'attique à colonnettes est disposé comme celui du grand ciborium du maître autel, aurait donc été érigé après la mort du cardinal pour donner plus d'importance à sa sépulture. Sur la partie du mur comprise entre les deux pilastres postérieurs, une peinture de style byzantin, bien en rapport avec les mosaïques de cette époque, représente le Christ assis, bénissant, ayant à ses côtés, d'une part, saint Hyppolite et saint Laurent présentant le pape Innocent IV agenouillé, et de l'autre, saint Étienne et saint Eustache implorant la miséricorde divine en faveur de Fieschi, petite figure prosternée, vêtue de la mître et de la chape épiscopale.

Se servir d'un sarcophage antique pour en faire une sépulture chrétienne n'était pas une innovation, mais, faire servir ce sarcophage à renfermer les restes d'un prélat et le placer dans une basilique, était peut-être une hardiesse à cette époque ; cependant, nous en connaissons quelques rares exemples. Innocent II, mort à Rome en 1143, avait été enseveli dans l'urne de porphyre primitivement destinée à renfermer les cendres de l'empereur Adrien, et, le sarcophage avait été déposé à Saint-Jean-de-Latran ; ce très précieux spécimen de l'art romain, mis en pièces par la chute de la charpente de la basilique pendant le grand incendie, pouvait, à l'époque de Fieschi, constituer un précédent. Il faut encore citer le sarcophage antique renfermant les restes du pape Adrien IV, mort en 1154, déposé aujourd'hui dans les cryptes vaticanes ; mais il serait difficile d'indiquer d'autres tombeaux de ce genre datant des xiie ou xiiie siècles.

L'église de Sainte-Marie *in Ara Cœli* possède deux ambons situés vis-à-vis l'un de l'autre, à l'extrémité de la grande nef, et adossés aux deux derniers piliers.

Celui de gauche, côté de l'évangile, est un *pulpitum* n'ayant qu'un seul escalier droit pour monter au palier ; par une dérogation aux anciens usages, cet escalier n'est plus placé parallèlement, mais se trouve être perpendiculaire à l'axe de la nef. Sur un socle uni, un premier soubassement, divisé en grands panneaux de serpentine bordés de mosaïques, est orné sur la façade d'un disque de porphyre surmontant six petites arcades ; au-dessus, des pilastres limitent les trois faces du parapet polygonal de la cuve ; celle du milieu, encadrée par des colonnettes torses dégagées, avec cannelures incrustées de mosaïque, chapiteaux sculptés et bases moulurées, présente, en haut relief, un aigle tenant un serpent dans ses serres, emblème de l'Église triomphant de l'Erreur. L'Encorbellement du palier repose sur une corniche richement ornée d'où se détachent les consoles qui supportent les colonnettes ; les parties rampantes triangulaires, décorées de disques et d'encadrements de mosaïques suivent l'inclinaison des marches et rejoignent le parapet. Ce meuble, très brillant par la richesse des matériaux dont il est composé, n'est pas

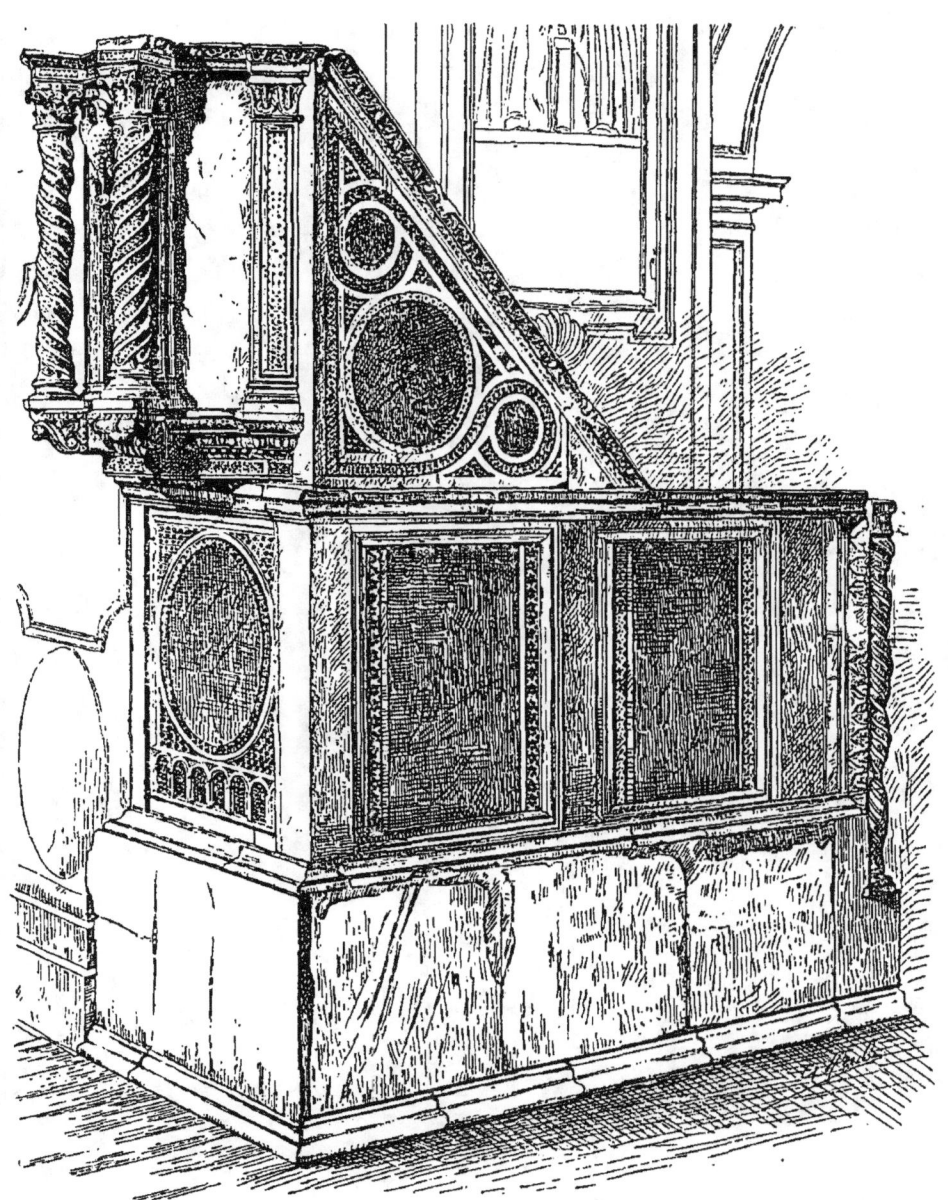

Ambon. — Église de Sainte-Marie *in Ara Cœli* à Rome. — XIII⁰ siècle.

une œuvre originale, c'est une adaptation d'éléments divers rapprochés assez maladroitement par des mains inhabiles, à en juger à la lourdeur de la sculpture et au peu de finesse des moulures. Ces restaurations d'anciens mobiliers étaient presque toujours confiées à des moines dont la patience et la bonne volonté dépassaient trop souvent le talent.

L'ambon de droite, côté de l'épître, bien que de forme absolument semblable à celui qui vient d'être décrit, en diffère cependant par quelques détails : ainsi, les panneaux de la cuve sont ici en marbre blanc avec encadrements de mosaïques, séparés par de simples pilastres, sans l'adjonction de colonnettes détachées. On peut reconnaître, sur les faces intérieures de ces panneaux, des motifs de sculpture et des croix dans le style du viiiᵉ siècle, indiquant que ces marbres proviennent d'un monument ou d'un meuble très ancien; mais, ce qu'il faut surtout remarquer, ce sont deux pilastres assez larges, placés sur les faces latérales de l'ambon, à l'intersection du rampant et du parapet de la cuve, pilastres décorés de bandes de mosaïque d'émail sur fond d'or, d'un dessin très délicat et d'une exécution très fine, n'ayant aucun rapport avec la façon dont sont traitées les mosaïques voisines. Sur le listel supérieur de l'un de ces pilastres on lit gravés les mots :

LAVRENTIVS CVM.

Et sur le listel de l'autre :

IACOBO FILIO SVO VIVVS HVJVS OPERIS
MAGISTER FVIT.

Ces deux inscriptions n'en forment réellement qu'une seule, et les deux derniers mots sont écrits en lettres verticalement placées.

Le marbrier Laurent vivait, comme nous le verrons plus tard, entre les années 1140 et 1210, mais à partir de 1205 on ne trouve plus trace d'aucune collaboration entre lui et son fils; la signature commune a donc été gravée vers la fin du xii° siècle ou dans les premières années du xiii°, alors que l'église d'Ara Cœli, confiée à la garde des moines bénédictins, était encore placée sous l'invocation de Sainte-Marie au Capitole.

Il n'est pas difficile, en choisissant dans les deux meubles dont nous venons de parler certains éléments de style analogue, de reconstituer un véritable ambon, tel que les marbriers romains avaient l'habitude d'en construire, avec une tribune, deux parapets et deux escaliers latéraux pour y accéder. Laurent et Jacques ont certainement dû créer un meuble parfait, très riche, très délicatement travaillé même si l'on en juge par ce qui reste; longtemps après, eut lieu la dislocation de cet ambon pour former au moyen du raccordement de quelques-unes de ses parties les deux chaires bizarres que nous voyons aujourd'hui.

Rome offre, du reste, de nombreux exemples de

meubles presbytéraux refaits par des anonymes avec des fragments provenant de monuments plus anciens. Ainsi, l'église des Saints Nérée et Achillée, fondée par le pape Léon III (798-816) pour recevoir les restes des saints martyrs déposés jusque-là dans la basilique cimétériale de Sainte-Pétronille, hérite en grande partie de l'antique mobilier qui garnissait celle-ci. Abandonnée depuis l'année 1213, époque de la translation des reliques à l'église de Saint-Adrien sur le Forum, l'église des Saints-Nérée et Achillée reprit au xvi⁰ siècle une existence nouvelle. Le savant Baronius, créé cardinal de ce titre, fait alors exécuter de grands travaux, tout en ayant soin de conserver, autant que possible, les meubles et les ornements de marbre qui existaient précédemment. La mosaïque de l'abside est réparée, l'autel, la balustrade du chœur, les candélabres, ainsi que la célèbre cathédra sur laquelle saint Grégoire s'était assis pour prononcer son immortelle homélie, sont remis en leur place primitive. L'incurie avait réduit ces précieuses œuvres d'art à un état de détérioration presque complète; Baronius les fit restaurer, mais, lès réparateurs auxquels ce travail fut confié, soit par mépris pour des formes depuis longtemps démodées, soit par ignorance, leur firent subir de profondes altérations.

Rien n'est plus bizarre, pour ne pas dire grotesque, que l'espèce de façade monumentale dans laquelle se trouve encadrée l'antique siège pontifical : sous un fronton pointu, dont les rampants sont ornés de cros-

settes, passent des arcs aigus superposés retombant
à leurs extrémités sur deux fûts de colonnes antiques
cannelées en spirales. Au centre, la cathédra de Saint-
Grégoire fait saillir ses puissants accoudoirs de marbre
que soutiennent deux lions debout d'une noble tournure. Le dossier est refait : c'est une sorte de niche,
ornée d'une coquille, dans laquelle Baronius fit graver
en entier, sur une plaque de marbre noir, la vingt-
septième homélie prononcée par l'illustre réformateur
de l'Église, éloquente exhortation adressée aux Romains, pour les engager à chasser du sol de la patrie
les Lombards qui ravageaient alors l'Italie. Comme il
est facile de s'en rendre compte, ce monument n'a
aucune valeur artistique ; son seul mérite réside dans
le souvenir qu'il évoque. L'autel, malgré les quelques
morceaux de mosaïque antique qui le décorent, n'est
pas une œuvre plus originale.

L'église de Saint-Césaire, toute voisine de celle des
Saints-Nérée et Achillée, possède encore quelques beaux
restes de son ancien mobilier. La chaire à prêcher,
avec ses panneaux de porphyre et ses colonnettes
torses incrustées de mosaïques, a certainement été
construite avec les fragments d'un ambon datant du
xiiie siècle. La cathédra, refaite avec des éléments étonnamment divers, accompagnée de colonnes torses
antiques, de frontons, d'arcs, de corniches bizarrement
assemblés sans règle et sans ordre appréciable, est

encore décorée de panneaux de mosaïque d'incrustation que l'on peut attribuer à la belle époque des marbriers romains. La partie supérieure de l'autel peut avoir la même origine, bien qu'elle porte des traces non douteuses d'une réfection plus moderne; toutefois, les anges volants qui relèvent, pour permettre de voir la confession, le voile de marbre dont semble entourée la partie inférieure, forment un motif d'un style absolument discordant, et donnent à cet autel un aspect particulièrement étrange. Seuls, les parapets du chœur, composés de panneaux carrés juxtaposés, peuvent, comme à Saints-Nérée et Achillée, prétendre à une origine ancienne et ne pas avoir changé de destination.

Aucun de ces monuments, refaits ou remaniés postérieurement à leur création, ne peut être compté au nombre de ceux dont on doit faire honneur aux véritables marbriers romains; ce sont d'intéressants fragments, parvenus jusqu'à nous grâce à leur origine, grâce surtout à la richesse de leur décoration, mais n'offrant qu'un intérêt artistique assez restreint.

Il n'en est pas de même de la statue de Nicolas IV, déposée à la basilique de Saint-Jean-de-Latran dans une des chapelles du transept.

Adossée à un panneau de marbre blanc décoré de bandes s'entrecroisant et d'écussons en mosaïque d'incrustation sur fond d'or, la figure du pape se détache agenouillée, les mains jointes, dans l'attitude de la prière. Coiffé de la mitre pontificale, les mains gantées, le corps revêtu de l'ample pallium dont les plis l'enveloppent tout entier, les pieds chaussés de vastes mules brodées, le souverain pontife Nicolas IV n'a plus rien de la modeste allure du moine franciscain Gérome d'Ascoli. La statue est posée sur deux pilastres ou panneaux de marbre dont la face est ornée d'incrustations en mosaïques.

Nicolas IV, le fondateur de l'église gothique de Sainte-Marie sur Minerve, le restaurateur de la grande mosaïque absidale de Sainte-Marie-Majeure, avait été inhumé dans cette dernière église. En entrant à gauche, on voit un beau monument où il est représenté donnant la bénédiction entre les figures allégoriques de la Justice et de la Religion. Ce mausolée, dû au ciseau de Nicolas de Sarzane, est venu remplacer, sous le pontificat de Sixte-Quint, à la fin du xviᵉ siècle, l'ancien tombeau élevé sans doute, peu de temps après la mort de Nicolas, aux dernières années du xiiiᵉ. La statue qui nous reste aujourd'hui devait probablement surmonter un sarcophage reposant sur un soubassement décoré de mosaïques, dans le genre de celui que nous allons rencontrer au tombeau d'Étienne de Surdis. Quoi qu'il en soit, cette figure est due à un ciseau déjà fort habile bien que la tête soit un peu forte par rapport au corps du personnage, mais le visage, modelé par larges plans, respire la vie, avec une expression de noblesse et de franchise

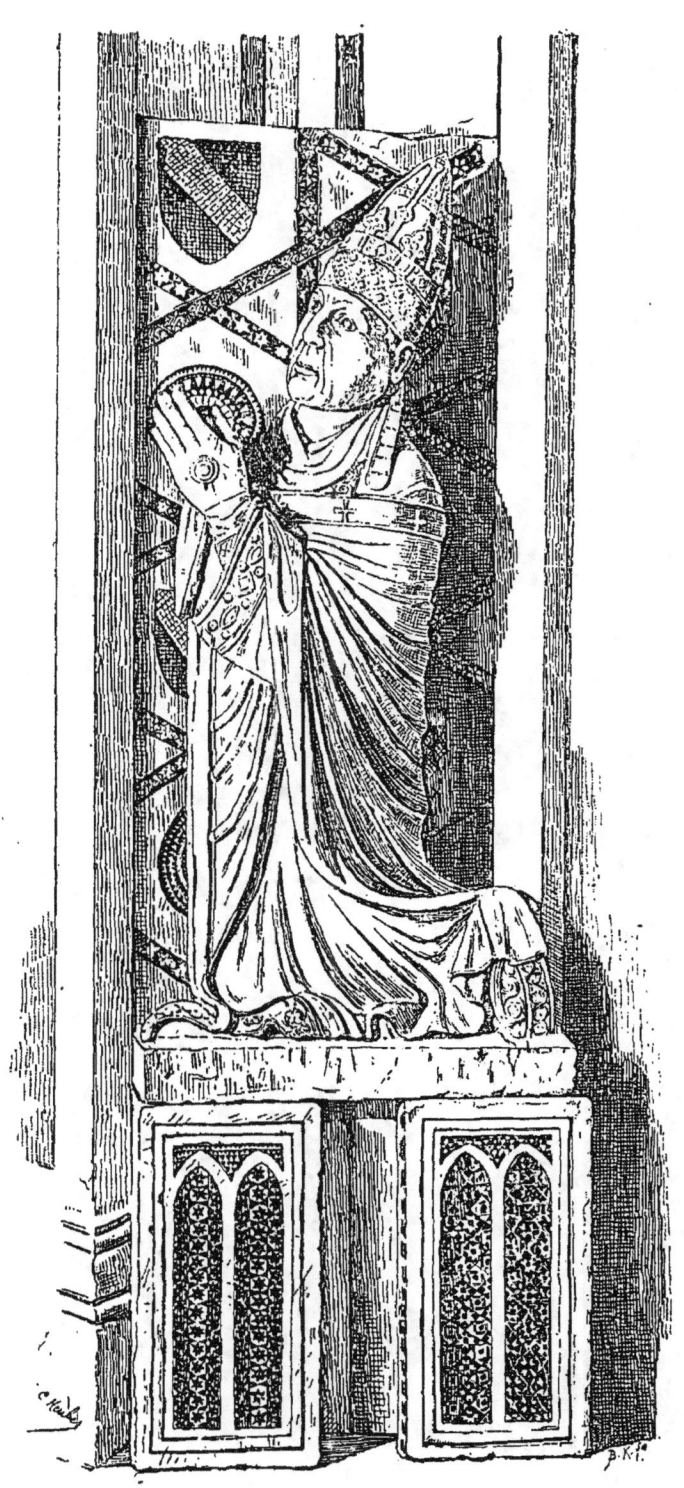

Statue du pape Nicolas IV. — Basilique de Saint-Jean-de-Latran à Rome.
XIIIᵉ siécle.

bien rare à rencontrer dans les statues de cette époque
qui représentent généralement des physionomies ina-
nimées ; la pose d'ensemble est naturelle, et, les grands
vêtements, enrichis de broderies, ont une ampleur et
une souplesse tout à fait exceptionnelles. Quelqu'ait
été l'auteur inconnu de cette belle œuvre, c'était un
artiste de haute valeur. La pureté du marbre aux
teintes blanches et rosées, le fini et la délicatesse des
mosaïques, devaient faire du tombeau de Nicolas IV
une des ouvrages les plus parfaits qui soient sortis des
ateliers de Rome.

Un nombre considérable de monuments ou d'édicules, exécutés par les marbriers romains des xiᵉ,
xiiᵉ et xiiiᵉ siècles, ont été détruits ou dispersés à
la suite des nombreuses transformations dues à la
succession des styles et des écoles germant sur un
sol si fertile en inspirations artistiques. Parmi ceux
qui nous restent, nous croyons avoir cité les plus
intéressants, mais il est certain qu'à cette époque,
aucune église, aucune abbaye, aucune communauté
n'avait voulu, même au prix de sacrifices importants,
se priver de ces belles décorations, de ces meubles
sculptés de riches ornements et brillamment incrustés.
Les nombreux exemples que nous avons présentés suf-
firont, nous l'espérons, à constater d'une façon précise
les progrès du génie italien appuyé sur les souvenirs
de l'ancienne Rome, à indiquer sa marche à travers les
révolutions, les secousses et les perturbations aux-

quelles le pays a été soumis, et à déterminer le point
déjà élevé qu'il était parvenu à atteindre.

Il existe cependant, tant à Rome que dans les provinces de l'Église, de nombreux et superbes monuments de cette époque, romains d'origine, romains de
style et de forme, dont nous n'avons pas encore parlé.
Ce sont les œuvres des premiers membres de la grande
famille des Cosmati. Nous nous réservons de décrire
ces œuvres un peu plus tard ; nous avons pensé qu'il
serait préférable de réunir en une seule étude la succession complète des travaux dus à tous ces artistes,
et nous leur avons consacré un chapitre spécial.

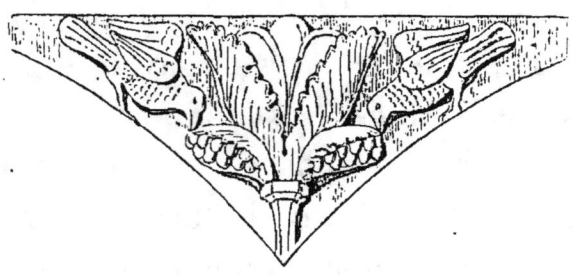

Tympan. — Cloître de Saint-Jean-de-Latran. — XIIIe siècle.

CHAPITRE IV

ÉPOQUE ROMANO-GOTHIQUE

XIII° SIÈCLE

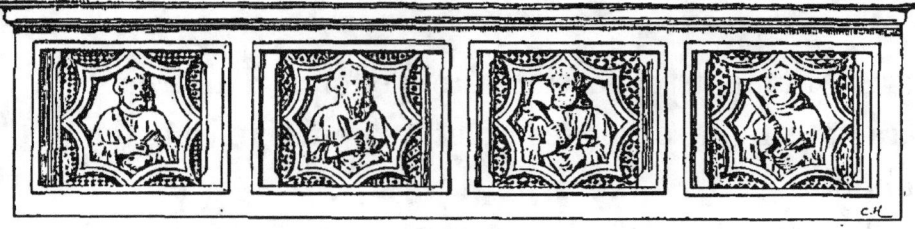

Sarcophage du tombeau de Benoît XI à l'Église Saint-Dominique de Pérouse.
xive siècle.

CHAPITRE IV

ÉPOQUE ROMANO-GOTHIQUE

XIIIe SIÈCLE

IL est impossible de passer sous silence, même dans une histoire de l'art réduite aux productions des seuls marbriers romains, la grande influence exercée sur ces artistes, vers le milieu du xiiie siècle, par l'apparition, les œuvres et l'enseignement d'un maître étranger à la Ville, mais novateur illustre parmi tous ceux qui, en Italie, se sont honorés d'avoir été architectes ou sculpteurs.

Nicolas, fils de Pierre, de la paroisse de Saint-Blaise à Pise, naquit vers 1205, car il a été impossible, jusqu'ici, de fixer avec exactitude la date de sa naissance. Avec ce grand artiste l'art en Italie prend un nouvel aspect, s'approprie des formes jusque-là étrangères à ce sol classique; l'arc ogival apparaît aux façades

des monuments et la statuaire s'efforce d'arriver à un caractère de pureté et de noblesse depuis bien longtemps oublié.

L'introduction dans les arts italiens d'idées si peu en harmonie avec des traditions vieilles de tant de siècles, ne pouvait être l'œuvre d'un artiste isolé, livré à ses propres forces, quelque mérite qu'il pût avoir. Deux causes ont déterminé ce grand mouvement.

Un puissant inspirateur exerçait à cette époque une haute souveraineté sur le cours des événements. L'empereur Frédéric II, admirateur passionné des arts et des coutumes de l'antiquité, frappait des monnaies représentant, à l'imitation de celles des Césars de Rome, son effigie couronnée de lauriers, accompagnée de l'épigraphe AVG.IMP.ROM; sur le revers, un aigle avec le nom FRIDERICVS; fondait des villes qu'il appelait Augusta et Cæsarea, et faisait porter à sa mère le titre de Diva. Mais, tout enthousiasmé qu'il fût pour les beautés antiques, l'empereur germain, ne pouvant échapper au sentiment de patriotisme qu'éveillaient en lui les merveilleuses cathédrales gothiques élevées en grand nombre dans ses états du nord, devait nécessairement favoriser toute tendance à implanter sur le sol de l'Italie l'architecture triomphante en Allemagne.

D'un autre côté, l'influence française se faisait également vivement sentir. La célèbre abbaye de Fossanova avait été construite de 1187 à 1208, dans le style gothique bourguignon, par des religieux cisterciens venus de Hautecombe en Savoie; c'est même à ce premier édifice qu'il convient de faire remonter l'apparition du style gothique dans les États de l'Église. Placée sur la voie Appienne, au sud des marais pontins, entre Rome et Naples, Fossanova devenait bientôt un centre de culture intellectuelle, une sorte d'université d'où sont sortis des architectes; les églises construites dans le voisinage, à Terracine, à Amaseno, à Piperno, à Fondi, à Ferentino et d'autres encore, signées de noms originaires de Piperno, ville située à cinq milles de l'abbaye, ont un caractère gothique bourguignon très frappant. De Fossanova part donc une pléïade d'artistes se dirigeant un peu de tous côtés, arrivant même jusqu'en Toscane où ils s'établissent au monastère de San Galgano. En même temps qu'ils construisent leur abbaye, les moines de San Galgano dirigent les travaux de la cathédrale de Sienne : de 1259 à 1268 Fra Vernaccio; en 1260 Fra Melano; en 1284 Fra Mario, tous frères convers de l'abbaye, sont désignés comme maîtres de l'œuvre[1].

L'abbaye de Saint-Martin auprès de Viterbe, également fondée par des religieux cisterciens, à peu près à la même époque que celle de Fossanova, prit au nord de Rome une influence équivalente à celle que cette dernière s'était attribuée sur les provinces situées

---

1. C. Enlart, *Origines françaises de l'architecture gothique en Italie.* Paris, 1894.

au midi. Les beaux monuments gothiques de Viterbe sont tous postérieurs à la construction de Saint-Martin.

Architectes pour leur propre compte et travaillant surtout à étendre la prépondérance de leur ordre, les moines de Citeaux imitent ce qui se fait en Bourgogne, le reproduisent aussi bien que le leur permet la nature des matériaux qu'ils ont sous la main, mais ne se montrent pas novateurs. Nicolas de Pise, lui, est un artiste enflammé, il s'attache à la recherche d'un véritable idéal, il va, il vient, tantôt au nord, tantôt au midi; d'abord inhabile, inexpérimenté, puis se perfectionnant peu à peu, mais agissant toujours dans le sentiment naturel de son pays, il ne cherche pas à imiter servilement un style étranger, ce qu'il veut c'est créer un gothique italien approprié au climat et au sol. Ses premiers efforts, tout infructueux qu'ils aient été, n'en sont pas moins intéressants; il obtient un style bâtard où l'arc ogival se trouve mélangé avec des formes bizarres appartenant soit à l'architecture byzantine, soit aux souvenirs de l'antiquité; Nicolas est italien, aussi ne peut-il, dès l'abord, s'affranchir de l'influence qu'avaient exercée, à un si haut degré et depuis tant de siècles, ces deux puissantes sources d'art. Cette tendance naturelle, involontaire, fait son originalité, et cette originalité fait sa force et crée une école.

Appelé d'abord à Naples par Frédéric II pour construire ou agrandir les forteresses du Castel Capuano et

du Castel dell' Ovo, il est à son retour désigné pour
ériger à Padoue une basilique en l'honneur de saint Antoine, mort en cette ville, en 1231, et canonisé en 1234
par le pape Grégoire IX ; ici, nous pouvons juger le
novateur à ses débuts. Le style de cette construction est
lourd, on y aperçoit les tâtonnements d'un artiste qui
cherche sa voie, l'ogive et les pinacles venus du nord
accompagnent d'une façon étrange les coupoles orientales qui dominent le monument. Peu après, Nicolas
vient à Venise, construit les églises des Saints Jean et
Paul et des Frari ; puis, retourne à Pise édifier celles
de Sainte-Catherine et de Saint-François ; enfin, ayant
pris possession de lui-même, nous le voyons à Florence
diriger les travaux de l'église de la Trinité et faire une
œuvre élégante et d'un goût plus pur.

Si Nicolas, architecte, a innové en élevant sur le sol de
l'Italie des monuments d'un caractère particulier où
l'arc aigu remplace le plein cintre dont les architectes
ne s'étaient pas départis jusqu'alors, son grand mérite
comme sculpteur est au contraire d'avoir été rétrograde,
d'avoir compris l'inanité des efforts tentés jusqu'alors,
et, d'être franchement revenu en arrière choisir ses
modèles parmi les beaux restes de l'antiquité. Étudiant
alors la nature au travers de ces données d'un ordre
supérieur, Nicolas parvint à créer un art complet:
tentative prodigieuse, impliquant une puissance d'initiative que Giotto et Donatello ont à peine égalée.

Cet art nouveau se manifesta pour la première fois à

la chaire à prêcher dont les Pisans eurent la pensée d'enrichir leur magnifique baptistère. Nicolas, pour donner de l'importance à son petit monument, le dressa sur un plan hexagonal et le fit porter sur sept colonnes, dont une au centre et six aux angles, reliées par des arcs en plein cintre trilobés. Les cinq faces ainsi obtenues, séparées par des statues debout reposant sur les chapiteaux de colonnes correspondantes, forment cinq panneaux de marbre que l'artiste a pu couvrir de sculptures. L'influence de l'antiquité apparaît ici encore enveloppée de toutes sortes de timidités. Plus tard, Nicola Pisano traitera ses sujets avec plus de hardiesse et de bonheur, mais on ne peut méconnaître dans ces premiers bas-reliefs, tableaux compliqués de la présence de nombreux personnages, l'enseignement qu'il avait puisé dans l'examen attentif des sarcophages et des vases grecs rapportés d'Orient par ses concitoyens.

Au-dessus du panneau représentant le Jugement dernier, on lit, sur le listel de la cimaise, cette inscription en trois vers, gravés sur une seule ligne :

ANNO MILLENO BIS CENTUM BISQVE TRICENO
HOC OPVS INSIGNE SCVLPSIT NICOLA PISANVS
LAVDETVR DIGNE TAM BENE DOCTA MANVS.

L'an 1260, Nicolas de Pise a sculpté ce bel ouvrage ; qu'une main aussi savante soit dignement louée.

Les expressions laudatives que comporte cette ins-

cription indiquent bien qu'elle a été gravée postérieurement à l'exécution du monument; mais elle fixe une
date certaine.

Peu de temps après, en 1265, au moment où Man-
fred, le fils de Frédéric II, tombait sous les coups de
Charles d'Anjou, Nicolas de Pise était appelé à Bologne
pour élever une église placée sous l'invocation de Dominique Calaroga, fondateur de l'ordre des frères prêcheurs, mort en 1221, et canonisé en 1234. Nicolas fut
également chargé d'édifier et de sculpter un magnifique tombeau dans lequel le corps du saint fut enseveli
en 1267. Ce tombeau désigné en Italie sous le nom
d'*Arca di san Domenico* est une des œuvres les plus
remarquables sorties du ciseau de sculpteur pisan.

Pendant qu'il achevait ce magnifique mausolée avec
la collaboration de quelques élèves distingués, Nicolas
passa un contrat avec le chapitre de la cathédrale
de Sienne, par lequel il s'obligeait à commencer, dès
l'année 1267, une chaire à prêcher sur le modèle de
celle du baptistère de Pise. Plus grand que celui de
Pise, ce pultitum est de forme octogonale, soutenu par
neuf colonnes, dont quatre reposent sur des lions,
quatre sur des piédestaux sans ornements, et la neu-
vième sur un groupe de figures. Sept bas-reliefs enri-
chissent les panneaux de la cuve, en les encombrant
presque de leurs multiples personnages, et représentent
des sujets tirés du Nouveau-Testament. On retrouve
dans ces sculptures la trace de la double tendance de

l'esprit de leur auteur : l'amour de la nature et l'admiration de l'antiquité.

Enfin, le vaillant artiste termine sa carrière comme il l'avait commencée, par des travaux d'architecture ; et construit, d'après les ordres de Charles d'Anjou, l'abbaye de Tagliacozzo.

Nicolas était donc chef d'école, de nombreux disciples recueillaient son enseignement en l'aidant dans ses travaux. Parmi les plus célèbres, il faut citer le moine dominicain Fra Guglielmo Agnelli, né vers 1238, mort en 1313, collaborateur assidu de son maître, et auteur de la très remarquable chaire de Pistoia. Mais celui de tous qui lui fit le plus d'honneur, celui qu'il associa le plus souvent à ses travaux, était son propre fils, Giovanni Pisano ou Jean de Pise, qui, devenu maître à son tour, fut le véritable précurseur de Giotto, le grand champion du naturalisme en sculpture, et favorisa en même temps de tout son pouvoir le triomphe du style gothique en architecture.

Est-il besoin de rappeler ici l'immense influence qu'exerça Jean de Pise sur tous les artistes de son époque. Comme architecte, on lui doit plusieurs églises : à Pise, le célèbre et pittoresque Campo Santo qui entoure de ses vastes portiques la terre sainte rapportée du Calvaire ; à Cortone, le couvent de Sainte-Marguerite ; Sienne, Pérouse, Pistoie, Florence, Venise, Padoue, Orvieto, Arezzo, Naples s'enrichirent de ses œuvres.

Son talent, sa grâce élégante, sa façon si délicate d'interpréter la nature entraînèrent à sa suite tous ceux qui étaient en état de manier le compas ou le ciseau. Rome subit également l'ascendant de son génie, et, comme nous le verrons tout à l'heure, les marbriers romains s'empressèrent d'imiter ses ouvrages.

A côté de Fra Guglielmo et de Giovanni, un autre artiste de grand mérite suivait également les leçons du premier des Pisans. Arnolfo di Cambio, l'illustre architecte florentin, acquit en effet les principes de son art à l'école de Nicolas. Esprit lent et tardif, Arnolfo, né en 1232, avait déjà quarante-cinq ans lorsque Charles d'Anjou le mit à même d'exécuter quelques travaux importants. Il revint à Florence en s'arrêtant à Rome, et, pendant son séjour, put établir d'intimes relations avec les artistes romains.

Il est bien certain qu'il s'est fait à Rome, sous le bénéfice des influences pisane et bourguignone une transformation considérable dans les œuvres des architectes et des sculpteurs marbriers ; modification profonde que nous constaterons dans tous ses détails et dont la manifestation la plus grandiose est l'église de Sainte-Marie-sur-Minerve construite vers 1290, sous le règne de Nicolas IV, par deux moines dominicains Fra Sisto et Fra Ristoro. Mais, en dehors des progrès ainsi accomplis, progrès de tradition ou progrès de reflet, nul mieux que le fils de Cambio n'était en mesure, par la puissance de son génie et la grandeur de sa réputation, d'imprimer une marque personnelle et une direction nouvelle à l'art romain.

Arnolfo a signé le grand ciborium qui, préservé comme par miracle du désastre de 1828, domine et protège encore aujourd'hui la confession de l'apôtre à la basilique de Saint-Paul-hors-les-Murs.

Quatre colonnes de porphyre avec chapiteaux de marbre blanc ornés de feuillages supportent, sur plan carré, quatre arcades ogivales dont l'intrados est trilobé. Les tympans, sculptés en bas-reliefs, sont accotés aux angles par des colonnettes et des niches abritant des statues de saints; du côté de l'arc principal, on voit l'abbé Barthélemy, alors chef de la congrégation bénédictine qui desservait la basilique, offrant à saint Paul une petite effigie du ciborium. Une élégante corniche, passant au-dessus des grands arcs, supporte une sorte de dôme limité sur chaque face par un fronton appuyé contre des pinacles à clochetons, servant, par leur poids, à contrebuter la poussée de la voûte intérieure. Ces frontons sont ornés de crossettes rampantes, et, des rosaces quadrilobées percées dans leur partie centrale semblent être soutenues par deux anges ailés sculptés en bas-reliefs. A la partie culminante du dôme, une lanterne carrée surmontée d'une pyramide élancée porte à son sommet le globe et la Croix.

L'intérieur du ciborium n'est pas moins richement décoré que l'extérieur: les nervures diagonales de la

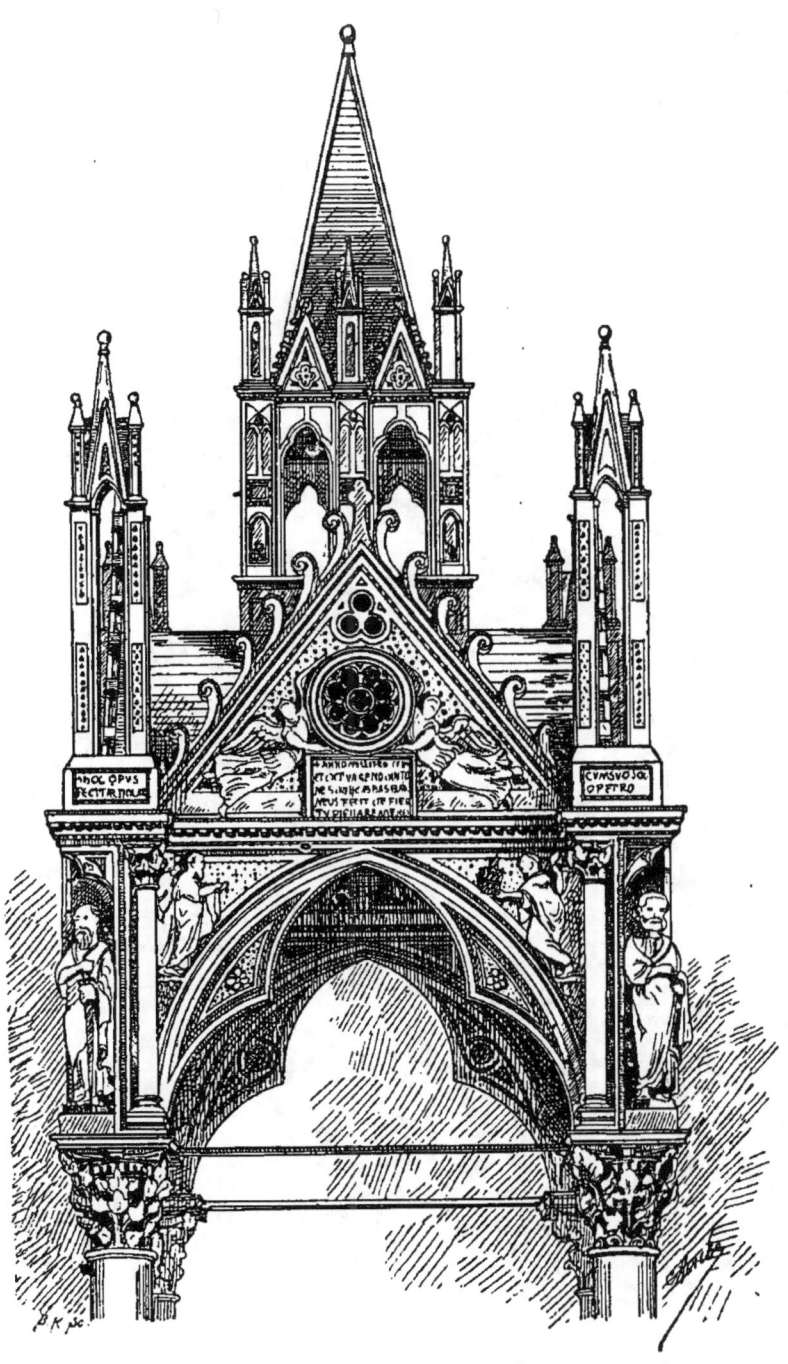

Ciborium du maître-autel à la basilique de Saint-Paul-hors-les-Murs à Rome.
XIIIᵉ siècle.

voûte retombent sur la tête d'anges placés debout sur
les chapiteaux des colonnes; les parois sont incrustées
de mosaïques d'or et d'émail alternant avec des disques
de marbre précieux; et, du centre de la lanterne, descend
une chaîne à laquelle est suspendue la colombe d'or
renfermant le Saint-Sacrement.

Dans un cartouche placé au sommet de l'arc principal, on lit une inscription indiquant qu'en l'année 1285
l'abbé Barthélemy fit faire ce monument:

✠ ANNO . MILLENO . CENTV̄ . BIS . ET . OCTA-
GENO . QVINTO . SVM . ME . D̄S . QD̲ . ME . ABBAS.
BARTOLOMEVS . FECIT . OP̲S . FIERI . SIBI . TV̄.
DIGNARE . MERERI.

Sur la base des pinacles sont gravées deux autres
inscriptions:
A gauche:

HOC . OPVS FECIT ARNOLPVS.

A droite:

CVM SVO SOCIO PETRO.

Rien ne manque donc pour déterminer exactement
l'origine de ce ciborium: le nom du donateur, celui des
artistes qui l'ont exécuté, la date de l'année dans laquelle
il a été terminé; tout est distinctivement indiqué.

Cependant, malgré des données si précises, de nombreuses controverses se sont élevées à propos du nom

d'Arnolfus. On s'est efforcé de démontrer que le célèbre architecte, fils de Cambio, ne pouvait être l'auteur du ciborium de Saint-Paul, et cela, en se basant sur ce qu'à l'époque indiquée par l'inscription, ce grand artiste devait être complètement absorbé par les immenses travaux dont la commune de Florence l'avait chargé : agrandir la dernière enceinte fortifiée de la ville, décorer de portiques la place d'Or-san-Michele, ériger la loggia dei Priori, jeter les fondations du palais dei Signori, entreprendre l'œuvre colossale de la coupole de Santa-Maria del Fiore, et, en même temps, sur l'ordre du cardinal Orsini, légat du pape, agrandir des églises et construire des chapelles.

M. de Rossi, s'efforçant d'écarter de Rome l'action directe des artistes de la grande école pisane, a même supposé qu'il existait à Rome, à cette époque, un autre Arnolfus, dont le véritable nom aurait été Rudolfus, nom corrompu et travesti dans la suite en celui d'Arnolfus, et, que ce marbrier-sculpteur, romain de naissance, aurait adopté dans ses ouvrages le style gothique alors en pleine vogue à Rome. M. de Rossi attribue à cet artiste un élégant ciborium, autrefois placé au-dessus du maître autel de la basilique de Sainte-Cécile au Transtévère, en se basant sur une inscription rapportée par Pompeo Ugonio avec la date de 1284[1]. En même temps que ce tabernacle, le même Rudolfus aurait, toujours d'après

1. Pompeo Ugonio. *Historia delle Stationi di Roma,* 1580.

Ugonio, exécuté les deux ambons qui se trouvaient placés dans le chœur de cette basilique. Malheureusement, ambons, tabernacle et inscription ont depuis longtemps disparu ; Pompeo Ugonio écrivait son livre en 1580 et, dès l'année 1600, le cardinal Sfrondato avait déjà fait de grands changements à Sainte-Cécile ; d'autres transformations plus considérables encore furent opérées en 1725. Il est donc bien difficile, pour ne pas dire impossible de se faire actuellement une juste opinion sur le style et la valeur de ces ouvrages et d'en déterminer l'auteur.

Le nom de Rudolfus ne se rencontre sur aucun monument à Rome, et la légende d'un second Arnolfus ne repose sur aucun fait certain. Il est plus simple, croyons-nous, d'admettre qu'Arnolfo di Cambio, s'étant arrêté à Rome à son retour de Naples, comme nous l'indiquions tout à l'heure, se soit occupé du ciborium de Saint-Paul, ou, tout au moins, que sollicité par le légat du pape après son retour à Florence, il ait fourni les plans et les dessins nécessaires au travail qui devait être fait à Rome. Dans tous les cas, un marbrier romain du nom de Petrus, très honoré de pouvoir s'inscrire comme le collaborateur du célèbre florentin, aurait été chargé de l'exécution matérielle de l'œuvre commune.

A l'appui de cette opinion, nous citerons divers documents rapportés par le père Della Valle, religieux franciscain et historien véridique, d'après lesquels il y avait à Rome, aux xiiiᵉ et xivᵉ siècles, plusieurs ateliers de

marbriers travaillant d'après des dessins et des plans
tracés par des architectes étrangers. Il indique, entre
autres monuments importants, la cathédrale d'Orvieto,
dont certaines parties furent exécutées à Rome, dans un
atelier situé près de la porte Saint-Paul, et expédiées
pièce à pièce par des bateaux qui remontaient le Tibre.
Della Valle ajoute même que tous ces marbres étaient
tirés des monuments antiques, et relate en plus l'existence de deux marbriers du nom de Petrus, vivant à
cette époque à Rome[1]. Il est donc très possible que l'un
d'eux ait été chargé par Arnolfo des travaux du ciborium
de Saint-Paul.

Au reste, dans cette discussion, le monument lui-
même apporte un argument d'une grande valeur : le
style adopté dans l'agencement et l'ornementation
des éléments dont il se compose est identique à celui
de beaucoup de monuments élevés à Florence par Arnolfo, on y retrouve l'arc aigu trilobé, le fronton à crossettes, et les pinacles surmontés de clochetons si fréquemment employés à l'église de Santa-Croce et au
Dôme. Si le fils de Cambio a enrichi le ciborium romain
d'une décoration particulièrement exceptionnelle, dont
on ne trouve pas d'exemple dans le reste de son œuvre,
c'est qu'il dessinait, non plus un monument de grandes
dimensions, mais un édicule, un meuble, tenant la
première place dans le mobilier presbytéral d'une

---

1. Della Valle. Storia del Duomo d'Orvieto.

superbe basilique, et tirant une importance considérable de la vénération qui s'attachait aux reliques de
l'Apôtre des gentils, dont il abritait le tombeau. Il parut
donc nécessaire à Arnolfo de traiter l'architecture de
ce ciborium d'une façon plus riche, plus délicate qu'il
ne l'aurait fait s'il s'était agi d'un édifice exposé au
contact de l'air et aux intempéries des saisons. Il voulut
en outre satisfaire au goût des Romains, grands admirateurs des colorations vives, des mosaïques d'émail et
d'or, rehaussées des tons vigoureux des porphyres et
des marbres.

Parmi les nombreux monuments exécutés pendant
cette importante période de l'art où les formes élancées
de l'architecture gothique sont accompagnées de sculptures d'un naturalisme presque classique, nous choisi-
rons, pour en faire le sujet de nos études, quelques
tombeaux dus en partie, il est vrai, à des artistes étrangers au territoire romain, mais se rattachant étroitement par leur destination à l'histoire artistique de Rome.

Le premier en date, ou du moins, celui qui par son
élégance, la simplicité et la convenance de ses dispositions, semble avoir été construit avant les autres, se
trouve à la cathédrale d'Anagni et renferme les restes
de plusieurs personnages de l'illustre famille des
Gaëtani, branche de la puissante maison des Orsini.

Depuis les temps troublés où, sous prétexte de patriotisme, le sénateur de Rome Brancaleone, avait, en

1257, chassé le pape Alexandre IV et ses cardinaux, Anagni, Viterbe et Pérouse eurent tour à tour l'honneur de donner asile à la cour pontificale. Aussi, presque tous les papes ayant régné pendant la seconde moitié du xiiie siècle ont-ils été inhumés dans les églises de ces trois villes : Alexandre IV et Jean XXI reposent à Saint-Laurent, cathédrale de Viterbe, dans un simple sarcophage surmonté de la statue du premier d'entre eux ; Adrien V est à l'église Saint-François de la même ville ; au dôme de Pérouse, Urbain IV, Innocent III et Martin IV ont trouvé place tous les trois dans une même urne en pierre de fort modeste apparence ; les restes de Grégoire X sont conservés au dôme d'Arezzo ; et le mausolée de Benoît XI, le dernier des papes ayant séjourné en Italie avant le grand exil, s'élève dans l'église Saint-Dominique de Pérouse.

La famille Gaëtani, originaire d'Anagni, a donné deux papes à l'Église : Nicolas III, cardinal diacre de Saint-Nicolas, préconisé le 25 mars 1277, mort à Suria près de Viterbe en 1280 ; et Boniface VIII, Benoît Gaëtani, élu le 24 décembre 1294, une des plus grandes figures du pontificat romain, personnalité digne d'être placée à côté de celles de Grégoire VII et d'Innocent III. Le tombeau où sont inhumés quelques-uns des membres de cette illustre famille porte une inscription qui fait connaître leurs noms et donne une date précise, mais qui, malheureusement, n'indique pas le nom de l'auteur du monument.

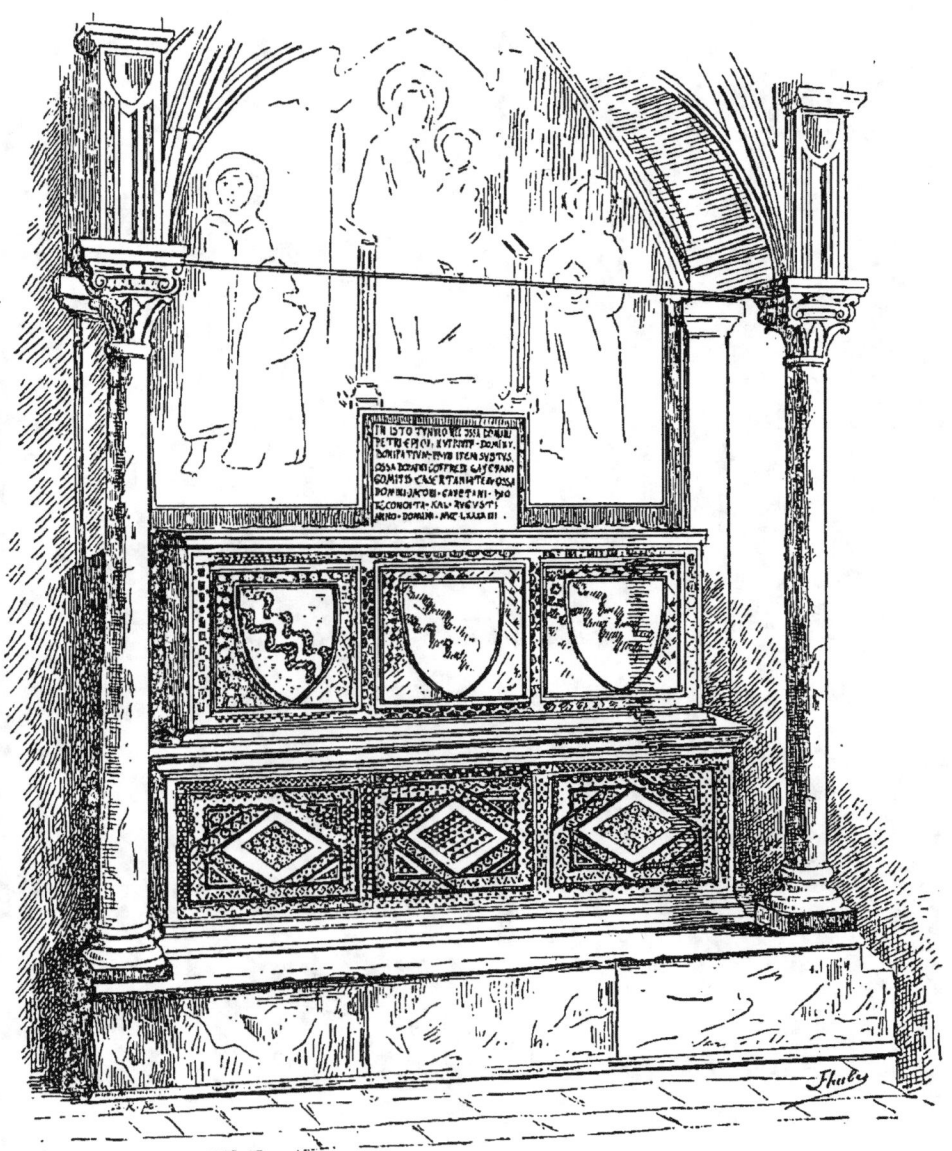

Tombeau de la famille Gaëtani. — Cathédrale d'Anagni. — xiiie siècle.

On s'accorde cependant généralement, sans preuves bien certaines il est vrai, à l'attribuer à Jean Cosmati, marbrier romain ayant construit plusieurs tombeaux du même style; mais rien n'est positif à cet égard. Voici l'inscription :

IN . ISTO . TVMVLO . RECL . OSSA . DOMINI.

PETRI . EPI . QVI . NVTRIVIT . DOMINV . BONIFA-

TIVM . PP . VIII . ITEM . SVBTVS . OSSA . DOMINI.

GOFFREDI . CAYETANI . COMITIS . CASERTANI.

ITEM . OSSA . DOMINI . IACOBI . CAYETANI . HIC.

RECONDITA . KAL . AVGVSTI . ANNO . DOMINI.

M . CC . LXXXXIII.

Aux calendes du mois d'août de l'année 1293, les restes de Pierre Gaëtani, père du pape Boniface VIII, de Godefroy Gaëtani, comte de Caserte, et de Jacques Gaëtani, ont été déposés dans ce tombeau.

Au-dessus d'un socle assez haut et d'un grand soubassement orné de bandes de mosaïques dessinant des losanges inscrits dans des compartiments carrés, s'élève le sarcophage, vaste coffre de marbre dont la face est divisée en trois champs couverts de mosaïques sur lesquelles se détachent en relief les écussons de la famille Gaëtani : d'or à une bande jumelle ondée d'azur. Cette tombe, d'une noble simplicité, est abritée sous un dais supporté en avant par deux colonnes de marbre dont les bases reposent sur le socle inférieur; une arcade ogivale, trilobée, surmontée d'un fronton à crossettes, retombe sur ces colonnes, donnant ainsi naissance à des tympans ornés de rosaces sculptées et de mosaïques. Deux pinacles à clochetons, reposant directement sur les chapiteaux, assurent la stabilité de l'édifice et contribuent à lui donner une parfaite élégance. La partie de la muraille circonscrite par cette arcade est couverte d'une peinture à fresque représentant, dans un style absolument byzantin, la Sainte-Vierge, intronisée entre deux anges, le divin Enfant sur ses genoux, recevant les prières de l'évêque Pierre et de saint Étienne qui lui présente un petit personnage vêtu d'un manteau de pourpre, la tête coiffée d'un bonnet d'hermine orné d'une couronne, dans lequel on doit reconnaître le comte de Caserte, Godefroy Gaëtani. Comme on le voit, si le sarcophage est de style romain, le dais qui l'accompagne est absolument gothique et se rapproche par son genre de construction et son ornementation du grand ciborium de Saint-Paul-hors-les-Murs ; ce sont les mêmes principes d'art, mais appliqués ici avec une certaine mesure et plus de timidité.

La famille Savelli avait puissamment contribué à la grande restauration de l'ancienne église de Sainte-Marie *in Capitolio*, plus tard Sainte-Marie *in Ara Cœli*. Jacques Savelli, cardinal du titre de Sainte-Marie *in Cosmedin*, devenu pape sous le nom d'Honorius IV, aurait dû trouver après sa mort une place honorable à l'intérieur d'un temple que les siens avaient embelli avec tant de soin et de libéralité. Il n'en fut rien cependant ; Honorius IV, mort en 1287, attendit trois siècles au fond des Grottes vaticanes, couché dans un modeste sarcophage surmonté de sa statue, que l'injustice de ses contemporains ait été réparée. Paul III en 1545 fit transporter la statue, à l'église de Sainte-Marie *in Ara Cœli,* et la fit placer dans la chapelle de Saint-François, fondée par la famille Savelli [1]. Honorius IV est représenté couché, revêtu des ornements pontificaux, la tête appuyée sur un double coussin, ce qui lui donne une pose disgracieuse, sans modifier en rien, par ce mouvement contourné, la raideur de l'ensemble. Il repose sur un très beau sarcophage primitivement destiné à recevoir le corps de Vana ou Giovanna Aldobrandesca de Santafiora, femme de Lucas Savelli et mère d'Honorius IV.

Au-dessus de deux socles superposés, ornés d'entrelacs et de bandes de mosaïques s'élève la châsse sépulcrale, dont les panneaux, complètement incrustés de mosaïques, figurent une riche étoffe noire étoilée de rouge. Sur la façade, se détachent les écussons des familles Savelli et Aldobrandini ; les premiers avec des bandes alternées rouges et blanches, l'autre, celui du milieu, avec son aigle noir sur fond d'or.

Une ancienne gravure de Francisco Gualdi de Rimini, de l'année 1677, reproduite dans la vie des papes par Ciacconio, donne le dessin d'ensemble du mausolée,

---

1. Cette chapelle est située dans le bras droit du transept, dont elle occupe l'extrémité.

tel qu'il était autrefois[1]. Un dais gothique avec arc trilobé et fronton à crossettes, soutenu en avant par deux
colonnes, protégeait le mausolée, et deux pinacles en
forme d'aiguille maintenaient les poussées de la voûte.

Cette disposition, sensiblement analogue à celle
adoptée au tombeau des Gaëtani, caractérise bien le
style en faveur, pendant les dernières années du xiii[e]
siècle ; les deux mausolées peuvent du reste être consi-
dérés comme contemporains. Le dais reproduit dans
la gravure de Ciacconio disparut en 1735, lorsque l'ancienne chapelle de Saint-François fut transformée et
consacrée à sainte Rose de Viterbe[2].

Le tombeau de Lucas Savelli, père d'Honorius IV, fut
certainement érigé avant la mort du pape survenue en
1287. Ce monument situé, dans la même chapelle de
Saint-François, vis-à-vis le mausolée d'Honorius IV, est
un sarcophage antique, datant comme celui du cardinal
Fieschi de la belle époque romaine. La façade, admirablement fouillée, représente trois génies tenant des guirlandes de fruits d'où émergent deux bustes, l'un de jeune
homme, l'autre de jeune femme. Le sarcophage était-il
accompagné d'un socle ou de quelque autre motif d'architecture ? Nous l'ignorons, M. de Rossi pense que longtemps après la mort de Savelli, deux sculpteurs de Sienne, Agostino et Agnolo, auraient transformé le monument

---

1. Ciacconio, t. II, p. 254, année 1285.
2. Casimiro, p. 109. — *Histoire de la Basilique de Santa Maria in Ara
Cœli.*

en suivant les indications données par un dessin de Giotto. C'est une supposition fort admissible sans doute, mais qu'aucune preuve ne vient appuyer.

Ce que l'on peut prendre comme certain, c'est que le sarcophage antique est aujourd'hui surmonté d'un autre sarcophage en forme de châsse, couvert de mosaïques d'incrustation sur lesquelles se détachent trois écussons aux armes de la famille Savelli. Aux angles s'élèvent des pinacles, et le tout est surmonté d'un dais à fronton orné d'une vierge allaitant l'enfant Jésus. La base de cette châsse est revêtue de nombreuses inscriptions qui lui donnent le caractère d'une sépulture de famille. On y trouve d'un côté le nom de LVCA SAVIELLO ; de l'autre, celui de ANTONIO SABI-GELLO ; sur une ligne on lit :

PANDVLPHVS D' SABICELLO DN̄A ADRCA
FILIA ... CI.

Enfin dans une autre inscription, l'état de la famille se trouve ainsi indiqué :

H̟IC IACET . DN̄S . LVCAS DE SABELLO . PĀT .
DN̄I . PP . HONORII . DN̄I . IONIS . E . DN̄I . PAN-
DVLP . Q̟ . OBIIT . DV̄ . EḠT . SENATOR VRBIS .
ANNO . DN̄I . M . CC . LXVI .

Ici repose le seigneur Lucas de Sabello, père du seigneur pape Honorius, des seigneurs Jean et Pandulphe, qui mourut tandis qu'il était sénateur de Rome en l'année du Seigneur 1266.

Parmi les villes du domaine de l'Église, Viterbe est celle que les papes ont le plus fréquemment habité. Dès le milieu du XII° siècle, en 1145, Célestin II s'était vu forcé de se retirer à Viterbe. Un peu plus tard, tandis qu'Alexandre III cherchait à Anagni un refuge contre les violences de Frédéric II, Octavien, l'antipape soutenu par l'empereur, s'installait à Viterbe, devenue, depus la ruine de Tusculum, la rivale la plus obstinée de Rome. Les Romains s'en emparèrent en 1201 et Innocent III vint y séjourner. La ville révoltée, devenue dès lors une fidèle alliée, résista à tous les efforts de l'armée impériale et la forca à se retirer après le siège de 1246. Alexandre IV, obligé d'abandonner Rome devant la situation hostile et prépondérante qu'avait prise le sénateur Brancaleone, vint habiter Viterbe en 1254, et canonisa la pieuse enfant vénérée sous le nom de sainte Rose. Urbain IV, Jacques Pantaléon, né à Troyes en France, fut élu pape à Viterbe en 1261, et mourut peu après à Pérouse, tandis que Clément IV, son successeur, intronisé à Pérouse, termina au contraire son existence à Viterbe en 1271.

Il n'est donc pas surprenant de retrouver à Viterbe les tombeaux de plusieurs des papes de cette époque. Dans l'ancienne cathédrale, basilique à trois nefs transformée, dont il reste encore les arcades et les colonnes de pierre avec leurs bizarres chapiteaux sculptés de feuilles et d'animaux fantastiques, le pape Jean XXI occupait une place honorable au fond d'une chapelle latérale dédiée à saint Philippe de Néri. L'ancien tombeau a été remplacé par un mausolée moderne où des femmes vêtues à la grecque pleurent devant une urne funéraire ; il est accompagné de l'inscription : *Hic in pace requiescat Joannes XXI qui Viterbi electus idis sept.* A.M.CC.LXXVI *ibidem supremum diemobiit octavo sacri principatis mense.* Le sarcophage pri mitif a cependant été conservé, il est accolé au mur, au bas d'un escalier de service voisin de la sacristie.

Le pape est représenté, dans ses vêtements pontificaux, étendu, dormant son dernier sommeil, la tête appuyée sur un coussin ; ses bras sont allongés par un mouvement assez souple et ses mains gantées et ornées de l'anneau pastoral sont croisées devant lui. Taillée dans un bloc de travertin gris foncé, cette statue est aujourd'hui assez dégradée et les détails se voient difficilement ; elle est cependant largement exécutée ; si elle n'est pas exempte d'une certaine raideur, il faut y reconnaître de la fermeté, de la dignité avec une grande simplicité dans l'expression. Le sarcophage sur lequel elle est placée est une très simple cuve oblongue rectangulaire de porphyre rouge ; une plaque de marbre ajustée au milieu de la façade présente l'inscription :

IOANNES.LVSITAN.XXI.PONT.MAX.PONT.SVI.

MENS.VIII.MORITVR.M.CC.LXXVI.

Le règne d'un autre pontife, Nicolas IV, Assoli, règne

n'ayant eu, comme celui de Jean XXI, que peu de durée
et peu d'importance, est rappelé, sur le mur d'une autre
chapelle, par une grande inscription de quinze lignes,
écrite en beaux caractères gothiques, se terminant par
les mots :

NICOLAVS . P̄P̄ . IIII° . DE̅D̅ . AN̅ . Dⁱ . M° . CC°.
LXXX° . IX.

Mieux partagée sous le rapport des souvenirs pontificaux que la cathédrale, l'église élevée par les disciples
de saint François en l'honneur de leur patron, église
dont ils continuent à avoir la garde, possède encore de
magnifiques tombeaux.

Élu dans le courant de l'année 1276, Adrien V, Otto-
boni de Fieschi, comte de Lavagno, succombe après
avoir occupé le trône apostolique pendant le bien court
espace de trente-neuf jours; néanmoins, quelques années plus tard, on lui éleva une tombe monumentale.

Ce travail fut évidemment confié à un artiste de talent,
mais il ne porte aucune signature. La seule inscription
visible aujourd'hui est gravée sur une plaque de marbre
encastrée dans le mur, à la place généralement occupée
par le tableau votif; elle relate les mérites du défunt et
fait savoir que le tombeau a été restauré et rétabli dans
son état primitif en l'année 1715. Cette date est bien
faite pour laisser quelques doutes sur l'authenticité
artistique du monument tel qu'il se présente aujourd'hui,

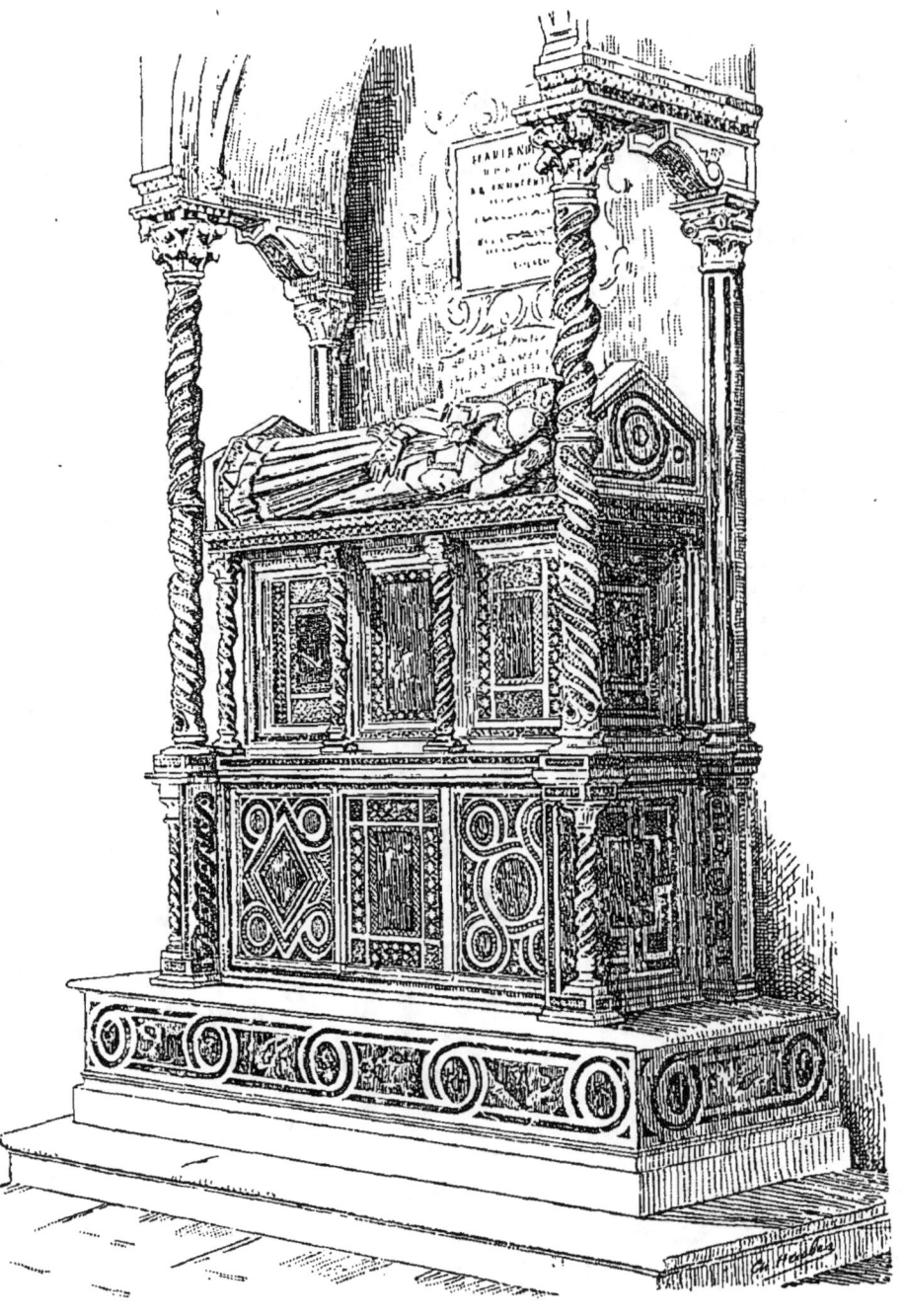

Tombeau du pape Adrien V. — Église de Saint-François à Viterbe. — XIIIe siècle.

cependant, sa forme générale et la combinaison de ses divers éléments permettent de fixer avec certitude son origine à la fin du xiiiᵉ siècle.

Le mausolée est placé dans le bras droit du transept. Adrien V est représenté couché, revêtu des ornements pontificaux, reposant sur un très haut sarcophage composé de deux étages de panneaux de marbre et de porphyre. L'étage supérieur est subdivisé par quatre colonnettes cannelées et incrustées de mosaïques d'émail, l'étage inférieur est renforcé aux angles par des pilastres cantonnés de colonnettes d'où s'élancent quatre belles colonnes torses incrustées de mosaïques à fond d'or, supportant le dais gothique qui recouvre tout l'ensemble. Si le sarcophage peut encore appartenir par ses dispositions rectilignes à l'école des marbriers romains, l'arc ogival trilobé, surmonté d'un fronton rampant orné de crossettes, indique clairement l'influence de l'école florentine ou pisane.

Ce monument, construit avec des marbres blancs très clairs ayant pris avec le temps une teinte rosée, plus brillant d'aspect que pur de style, est certainement l'œuvre d'un praticien habile, mais il dénote dans la conception générale certaines incorrections et beaucoup d'incertitude. Il n'est pas l'œuvre d'un maître, mais peut être celle d'un intelligent élève. Si l'on est frappé de ce fait, que l'église de Saint-François est elle-même un édifice d'un style gothique très primitif, et, si l'on se souvient qu'en 1304, l'architecte sculpteur Fra

Guglielmo, l'élève de Nicolas de Pise, élevait dans la même ville de Viterbe l'église de Saint-Michel in Borgo, une des premières où l'emploi de l'arc ogival ait été substitué à celui du plein cintre, si l'on songe que cet artiste a donné la mesure de son talent de sculpteur en exécutant au dôme d'Orvieto quelques-uns des bas-reliefs de la façade, ne pourrait-on pas, sans trop d'erreur, l'indiquer comme étant l'auteur du tombeau d'Adrien V ?

Vis-à-vis le mausolée d'Adrien V, dans le transept de la même église de Saint-François, s'élève le monument de Clément IV, primitivement situé à Sainte-Marie *di Gradi,* mais transporté peu après à la place qu'il occupe aujourd'hui. Pas plus ici que tout à l'heure, nous ne possédons à l'égard de son origine de données bien certaines ; date et signature nous font également défaut, mais l'influence de l'école pisane se fait sentir ici d'une façon absolue. Faudrait-il encore attribuer cette œuvre à Fra Guglielmo ? Il n'y aurait à cela aucune objection bien sérieuse. Le tombeau a été exécuté à la même époque que celui d'Adrien V, cela est indubitable ; cependant il dénote un esprit plus convaincu, plus sûr du but à atteindre ; il y a plus d'unité et d'harmonie dans l'ensemble, plus de fermeté et de finesse dans les détails.

Ce monument, restauré en 1811, comme l'indique une inscription, renferme la dépouille mortelle de Guido

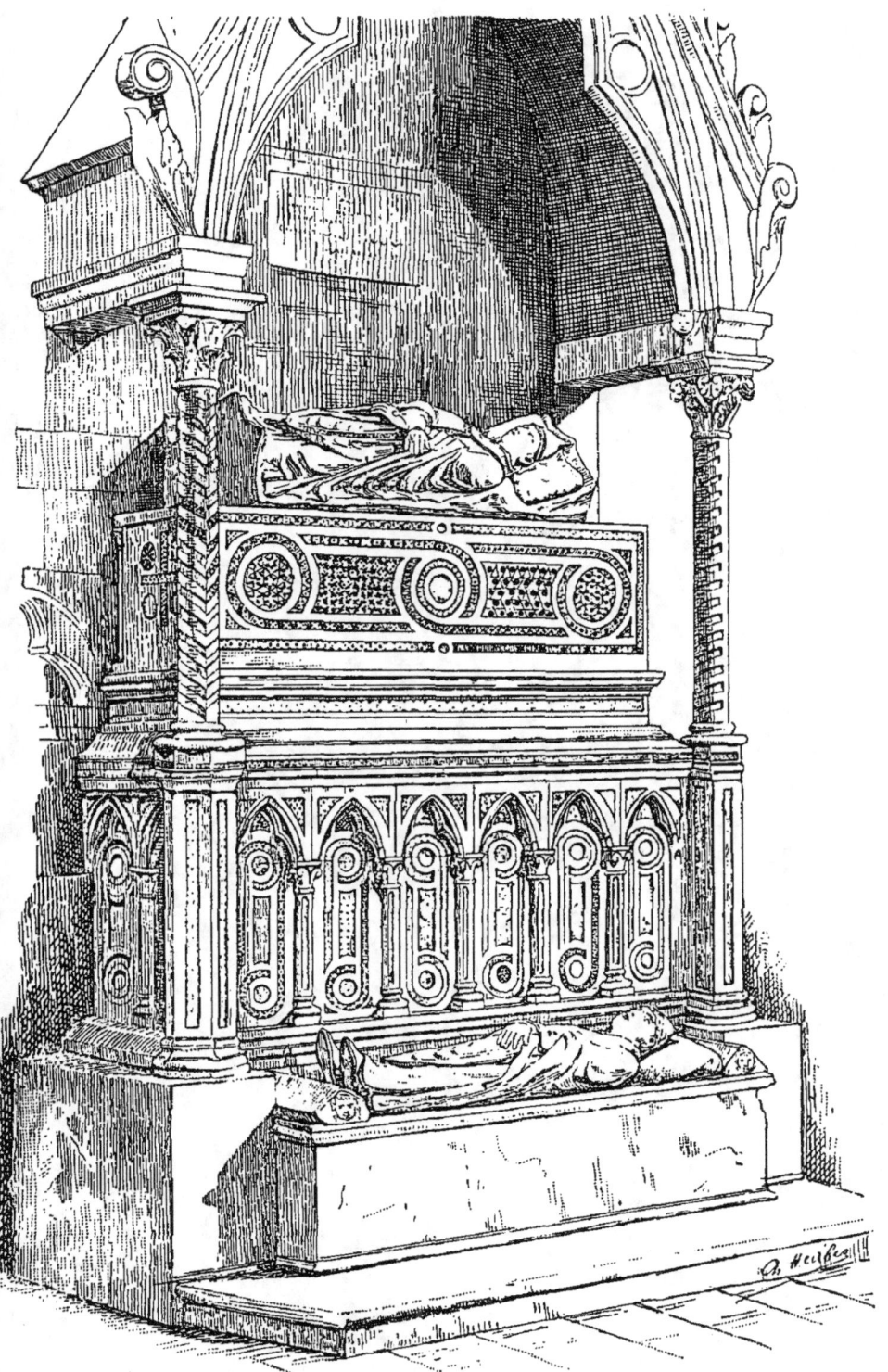

Tombeau du pape Clément IV. — Église de Saint-François à Viterbe. — XIIIe siècle.

Fulcodi, né de parents nobles à Saint-Gilles sur le Rhône, marié, père de deux filles, secrétaire du roi saint Louis, évêque du Puy, archevêque de Narbonne, cardinal du titre de Sainte-Sabine, élu pape en consistoire à Pérouse, le 22 février 1265, sous le nom de Clément IV, et mort à Viterbe, le 29 octobre 1268, un mois après la terrible exécution de Conradin.

Il est donc à peu près certain que Clément IV n'a pas été inhumé immédiatement après sa mort dans le tombeau que nous voyons aujourd'hui ; son corps a dû être conservé pendant une trentaine d'années dans une sépulture provisoire[1].

L'ordonnance générale est, ici comme partout, toujours la même, du moins à quelques détails près: un haut sarcophage, appuyé contre la muraille, est surmonté d'un dais gothique dont l'arc aigu trilobé et le fronton à crossettes rampantes sont supportés par de légères colonnes chevronnées et incrustées de mosaïques. Le sarcophage se compose de trois parties : un socle, ou gradin assez élevé ; un soubassement très important, orné sur toutes ses faces d'une suite d'arcades trilobées circonscrivant des champs de mosaïque ; et, au-dessus, la châsse funéraire, richement décorée de

---

1. Francesco Cristofori dans son livre « *Tomba dei papi in Viterbo* » publié à Sienne en 1887, dit que le tombeau du pape Clément IV était en construction pendant les années 1268 et 1270 et qu'il était terminé en 1274. Nous ne pouvons admettre ces dates, le style du monument, la fermeté et le naturel de la sculpture indiquent d'une manière trop précise la fin du xiiie siècle, moment où l'influence pisane se faisait tout particulièrement sentir.

disques et de panneaux de mosaïques, sur laquelle est couchée la statue du pape revêtu des habits pontificaux.

D'un art un peu brutal, mais d'une remarquable netteté d'exécution, cette figure indique, malgré la raideur de la pose, une recherche attentive du modelé et une science déjà grande dans la combinaison des draperies du vêtement.

Pierre Legros de Saint-Gilles, évêque, neveu de Clément IV, celui qui très probablement fit élever le mausolée, s'est choisi une place bien modeste à la partie inférieure du sarcophage. Sa statue, étendue sur un socle uni en avant du soubassement, semble, dans la rigidité de la mort, veiller encore humblement à ce que les marques de respect et de vénération ne fassent jamais défaut au pontife dont il avait été le parent et le fidèle secrétaire. L'idée est touchante; l'artiste s'en est emparé et l'a traduite avec bonheur. Cette statue, de grandeur naturelle, placée ainsi sous le regard du spectateur, sert de point de comparaison et permet de mesurer la grandeur de l'ensemble sans nuire à l'aspect général.

Cependant, la statue de Pierre Legros n'est pas du même marbre que le reste du monument; elle est faite d'un marbre blanc teinté de gris, et l'on pourrait admettre que cette figure couchée a été placée là après coup. Cette hypothèse est d'autant plus probable que la sculpture en est moins sèche, moins nerveuse que celle du pape; plus naturelle aussi et plus consolante, car Legros, dans sa pose funéraire, semble endormi d'un sommeil calme et éternel. Si les restaurations de 1811 ont été affectées à la construction de ce mausolée, elles n'ont pas dû s'appliquer aux mosaïques d'incrustation ; celles du sarcophage sont encore à peu près en bon état, mais celles du soubassement sont presque entièrement dégradées ou détruites.

Parmi les papes élus en conclave à Viterbe, il en est un dont le règne éphémère passa bien souvent inaperçu. Viccedomino de Plaisance, neveu de Grégoire X, et frère mineur de Saint-François, désigné par le collège des cardinaux pour succéder à Adrien V, le 6 septembre 1276, meurt dans la même journée, sans avoir pu faire acte de souveraineté. Son exaltation, omise par la plupart des historiens, est cependant mentionnée par Muratori dans sa chronique de Plaisance ; on la trouve également indiquée dans l'histoire générale de l'ordre de Saint-François. Les religieux du couvent de Viterbe ont tenu à honneur de donner à Viccedomino une sépulture particulière ; son corps repose dans une urne, simple cuve de pierre grise adossée au mur du transept, surmontée de sa statue. Le moine pape est couché les bras étendus et croisés, la tête coiffée d'une mitre ; les plis larges et droits de son ample vêtement manquent bien de souplesse, mais la figure entière n'est pas sans dignité. Il y a beaucoup d'analogie entre cette statue et celle du pape Jean XXI, même pose, même style, mêmes qualités et mêmes imperfections. Sculptées dans la même matière et certainement contemporaines, il est très probable qu'elles sont dues toutes deux au même auteur.

Bien que l'histoire des arts n'ait pas à compter avec l'apparition éphémère de Benoît XI sur le trône pontifical, et, que pour elle, le règne de Boniface VIII termine le xiii⁰ siècle et clôt le moyen-âge romain, le superbe tombeau élevé dans les premières années du xiv⁰ siècle pour renfermer les restes de Benoît XI, va nous servir, par un dernier exemple, à caractériser cette époque de transition où l'art classique, avant sa complète renaissance confine à l'art gothique nouvellement introduit en Italie.

C'est une curieuse figure dans l'histoire que ce Nicolas Boccassini, général de l'ordre des Frères-Prêcheurs, intronisé sur la chaire de Saint-Pierre sous le nom de Benoît XI. Dès son avènement, il révoque tout ce qu'a fait son prédécesseur, et se hâte d'accorder à Philippe le Bel l'absolution des violences commises contre le malheureux Boniface VIII. Avec lui, l'influence française s'empare de la direction des affaires, et, son règne de quelques mois prépare la translation de la cour pontificale en France. Il mourut à Pérouse le 6 juillet 1304, sans avoir quitté cette ville depuis le jour de son élection. Son corps repose dans un magnifique mausolée situé à l'église de Saint-Dominique.

L'ordre des Dominicains tout entier concourut-il à élever au premier pape sorti de son sein une marque de vénération digne de cette haute destinée ? Cela nous semble très probable. Le tombeau ne comporte, il est vrai, aucune inscription pouvant nous fixer sur ce point, mais on sait que les Frères-Prêcheurs firent construire à cette époque, dans cette même ville de Pérouse, l'église placée sous l'invocation de leur saint fondateur, que les travaux furent terminés dans le courant de l'année 1303, et, que le célèbre architecte Jean de Pise fut choisi pour les diriger. Giovanni Pisano avait alors complètement établi sa réputation d'architecte et de sculpteur de grand mérite ; toutes les villes se disputaient ses ouvrages. Travailleur infatigable, producteur d'une étonnante abondance, continuateur de l'œuvre de son père, mieux que lui peut-être, digne de porter le titre de chef d'école à cause de l'immense supériorité de son génie, Giovanni mourut en 1320, après avoir fourni une carrière prodigieuse, comparable à celle de Michel-Ange pour la durée, l'activité et l'importance artistique. Tel est l'artiste auquel les Dominicains de Pérouse, après l'achèvement de leur église, confièrent le soin d'ériger un monument destiné au souvenir et à la sépulture de leur frère devenu souverain pontife.

Jean était en pleine possession de toutes ses forces, son mérite était universellement reconnu, ses œuvres faisaient l'admiration de tous. Grand partisan des

formes de l'architecture gothique qu'il s'est efforcé
d'adapter à tous les édifices dont il a été l'architecte, il
a voulu, au tombeau de Benoît XI, en allier les délicatesses à d'autres élégances que l'étude de l'antiquité
lui avait révélées. De la juxtaposition de ces deux
styles, il est résulté une œuvre hybride, toute neuve en
ses conceptions, mais dans laquelle l'esprit nouveau
se découvre et marque les premières tentatives d'où
sont sortis, peu d'années après, les superbes édifices
élevés à Florence par les lumineux génies qui s'appelèrent Arnolfo et Giotto. Architecture fantaisiste du
reste, faite de grâce et de charme, dont les détails, sans
satisfaire pleinement la raison, font accepter cependant, par leur grâce et leur délicatesse ce qui manque
de logique et de juste pondération dans l'ensemble.

Le mausolée de Benoît XI donne bien la caractéristique de l'architecture gothique en Italie à la fin
du xiiiᵉ siècle, ou, du moins, de ce que les Italiens
avaient pu s'approprier de cet art venu du nord, presque
antipathique à leur climat et à leur tempérament. On y
trouve des formes élancées, des arcs aigus, mélangés à
des surfaces planes et à des lignes sévères, souvenirs
des monuments romains: c'est l'antiquité remise en honneur par un éminent artiste, mais en même temps, c'est
un sacrifice aux exigences d'une mode nouvelle, peu
réfléchie, non raisonnée comme toutes les modes, mais
n'en ayant pas moins d'empire.

Ce magnifique monument se compose de deux parties

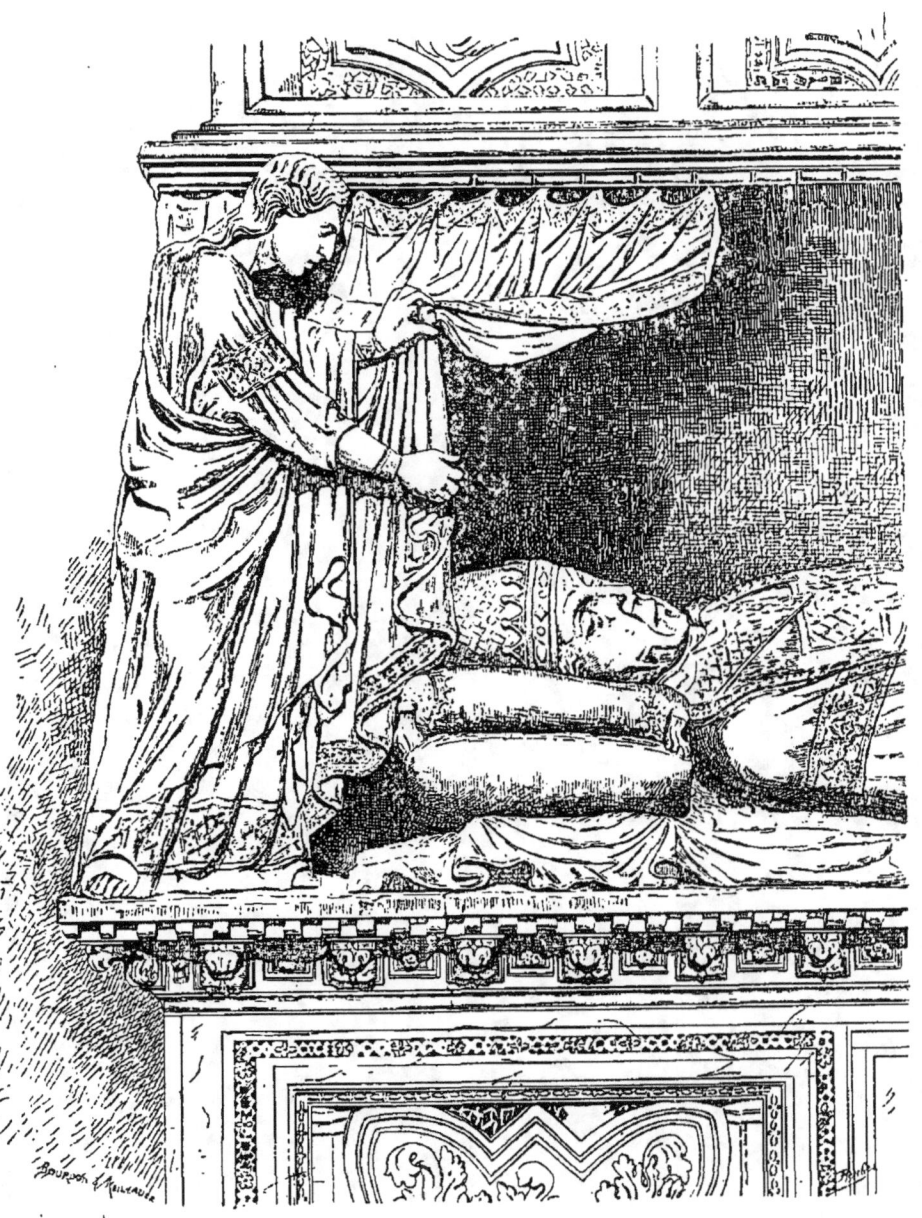

Tombeau du pape Benoît XI. — Partie médiane. — Église de Saint-Dominique
à Pérouse. — xive siècle.

distinctes : un coffre et un couvercle. Le coffre est un beau sarcophage décoré de trois médaillons sculptés, reposant sur un socle orné d'une frise de rinceaux ; le couvercle, enrichi de quatre caissons d'où émergent des têtes de saints, est surmonté d'une arcature, espèce de triptyque, dont les arcs aigus trilobés sont accompagnés de frontons à crossettes. Dans l'ouverture médiane, la sainte Vierge, assise, drapée dans de longs vêtements, porte l'Enfant Jésus sur ses genoux ; dans l'arcade de droite, un saint évêque se tient debout ; dans celle de gauche, saint Dominique présente Benoît XI prosterné, et, Marie s'incline vers le pape d'un air de tendresse et de bienveillance : délicieuses figures, pleines de justesse dans les proportions, de convenance dans les mouvements, de naturel dans les poses, d'élégance dans les ajustements.

Un assez grand espace sépare le couvercle d'avec le sarcophage, on le dirait suspendu, soulevé par une force invisible afin de laisser contempler, dans l'immobilité de la mort, Benoît XI étendu sur un lit de repos. Le pape est enfermé dans une sorte d'alcôve, dont deux anges placés aux extrémités écartent avec respect les courtines. Cette scène intermédiaire, toute pittoresque qu'elle soit, interrompt malheureusement l'harmonie de l'ensemble ; les deux parties du tombeau ne semblent plus reliées l'une à l'autre ; aucun point d'appui d'apparence solide ne supporte la partie supérieure fort importante par elle-même. C'est là une faute capitale dans la conception générale du monument, et, l'habileté du sculpteur ne saurait l'amoindrir ; car, il faut le reconnaître, la statuaire des personnages est véritablement traitée avec une grâce et une pureté bien surprenantes.

Pour se conformer à l'usage généralement adopté, Jean de Pise a surmonté le mausolée d'un grand dais gothique porté sur des colonnes torses incrustées de mosaïques ; le tympan du fronton est orné d'un buste de Notre-Seigneur bénissant, encadré dans un médaillon trilobé.

Le tombeau de Benoît XI, malgré toute l'admiration qu'on est forcé de lui accorder, est donc l'expression la plus sincère, la plus naïve de ce manque d'unité dans la composition, provenant du concours simultané de formes étrangères les unes aux autres : résultat des influences très diverses qui se faisaient sentir autour des papes et auxquelles les artistes ne pouvaient demeurer étrangers.

Marchione d'Arezzo, artiste toscan, aurait, d'après Vasari, dessiné et même sculpté, « avec un art alors inconnu en Italie » pendant les dernières années du XIIIe siècle, un monument très remarquable destiné à recevoir les restes du pape Honorius III, mort en 1227. Le tombeau se trouvait placé dans une chapelle dépendant de la basilique de Sainte-Marie Majeure, chapelle construite toute en marbre, par le même artiste, pour recevoir la précieuse relique de la sainte Crèche. Ce mausolée a été détruit ; aucun texte, aucun dessin ne nous permet d'en reconstituer l'ordonnance, mais il est très probable qu'il devait se composer, comme tous ceux que nous connaissons datant de cette époque, d'un sarcophage plus ou moins riche recouvert d'un dais gothique. Les restes d'Honorius sont venus augmenter la série nombreuse des papes auxquels les Grottes Vaticanes servent de dernier asile, tandis que l'édicule renfermant la sainte Crèche a pu, grâce à l'habileté de l'architecte Domenico Fontana, être transporté, tout d'une pièce, dans une autre magnifique chapelle désignée aujourd'hui sous le nom de chapelle Sixtine; véritable église construite dans la même basilique, vers 1584, par Sixte-Quint, alors qu'il n'était encore que cardinal Montalto.

Ces grands travaux nécessitèrent malheureusement l'enlèvement de plusieurs anciens meubles d'un grand intérêt artistique. On détruisit entièrement, car on n'en retrouve aucune trace, deux ambons ornés de marbres et de mosaïques que le pape Alexandre III avait fait placer vers 1160, de chaque côté de la grande nef. En avant du chœur s'élevaient également deux autels; l'un appelé l'autel *des Reliques,* portait l'inscription :

ANNO . DOMINI . M . DD . LXVI.

et datait du pontificat d'Alexandre IV; l'autre, dédié à saint Grégoire, avait été construit par ordre de Nicolas IV, vers 1290, à l'époque où ce pape refaisait et agrandissait l'abside de la basilique.

Letarouilly a reproduit, d'après un ancien ouvrage de l'abbé Angelis, les façades de ces ciboria, mais on remarque dans ces dessins une foule de détails incompatibles avec le style généralement adopté à la fin du XIII° siècle; nous pouvons toutefois constater que l'autel de Saint-Grégoire comportait des frontons aigus ajourés de rosaces, et des pinacles avec clochetons, indices bien certains de l'influence qu'exerçaient sur son auteur les enseignements de la grande école toscane.

Nous venons de passer en revue plusieurs monuments, tombeaux de papes ayant vécu à peu près à la même époque, faits par des artistes contemporains, et, par une gradation successive, nous avons pu montrer comment les formes de l'architecture gothique sont venues s'associer peu à peu à celles de l'architecture romaine et bientôt les remplacer tout à fait. Cet examen nous a permis d'apprécier la rapidité avec laquelle s'est accomplie une aussi importante transformation. Nous avons vu la décoration, cherchée et obtenue d'abord au moyen des seuls procédés de la mosaïque d'incrustation, être peu à peu demandée à la sculpture ornementale, puis, la présence de la figure humaine introduire la vie et le mouvement au travers des sévérités de la ligne. Il est facile de comprendre alors combien cette génération, lasse de piétiner sur place à la suite de celles qui l'avaient précédée et de ne disposer que des mêmes éléments d'art, était prête à accepter et à acclamer les tentatives d'innovation, qu'elles vinssent des contrées voisines, ou qu'elles prissent naissance sur le sol même de l'Italie.

La mort de Boniface VIII marque pour l'Italie la fin d'une période artistique que l'on peut désigner sous le

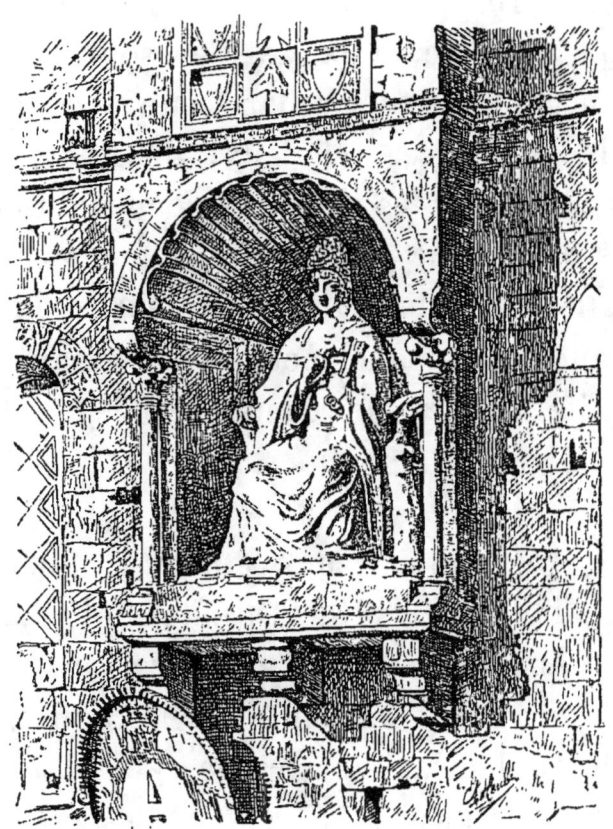

Statue du pape Boniface VIII en dehors de l'abside de la cathédrale d'Anagni.
xiiiᵉ siècle.

nom de moyen âge romain. Longue suite de siècles pendant laquelle l'Église, travaillant sans relâche à établir sa suprême domination sur le monde chrétien, cherche autour de son siège principal les forces nécessaires à son expansion, trouve de rares artisans d'abord, à peine capables d'imiter les modèles antiques ou de mettre en œuvre les dépouilles des anciens monuments, mais bientôt, par ses encouragements, crée de véritables artistes et s'empare de leurs travaux au profit de sa magnificence. Dans ce même temps, la résidence des papes, fixée à Rome, quoique bien souvent intermittente, fait néanmoins surgir, dans cette ville, un nombre considérable d'édifices religieux, décorés, surtout à l'intérieur, de toutes les richesses venues du dehors et de tout ce que l'Italie peut produire de plus beau et de plus somptueux. Cycle grandiose, plein de timidités et d'impuissance, sur lequel nous avons essayé de jeter un peu de lumière en cherchant à en dégager les éléments de vie.

Boniface VIII mourut au Vatican à quatre-vingt-six ans, le 11 octobre 1303, trente-sept jours après l'attentat d'Anagni, emporté par les émotions violentes que lui avaient fait éprouver les outrages et les menaces dont il avait été victime. Ce fut un pape à grand caractère, passionné, colère, despotique peut-être, mais le cœur haut, ferme et majestueux, le dernier prince de l'Église qui ait compris la papauté dans le sens de la domination universelle, dans l'esprit de Grégoire VII, d'Alexandre III et d'Innocent III. Son corps fut porté à Saint-Pierre avec une grande suite de noblesse et de chevaliers ; le roi de Naples Charles II l'accompagna.

Boniface fut déposé dans une chapelle qu'il avait, de son vivant, fait préparer et décorer de mosaïques pour recevoir un superbe tombeau. Chapelle et tombeau furent démolis plus tard pour faire place aux constructions de la nouvelle basilique. A cette occasion on ouvrit le sépulcre; on vit alors le pape, dont le corps était parfaitement conservé, vêtu comme autrefois du pallium et de la chasuble,

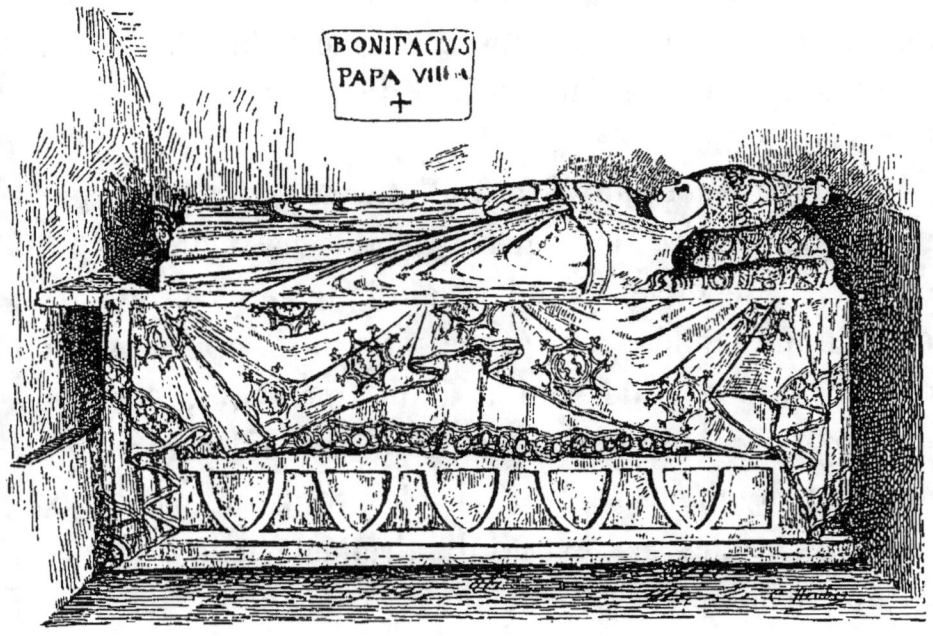

BONIFACIVS
PAPA VIII
✝

Tombeau de Boniface VIII aux Grottes Vaticanes. Rome, xiiiᵉ siècle.

les mains gantées de gants brodés de perles, ayant encore une bague au doigt, et la tête coiffée d'une petite mitre blanche en étoffe de laine ; sa taille devait dépasser la moyenne, il était chauve et n'avait pas de barbe[1]. De

1. F. Grégorovius, *Les tombeaux des papes romains.*

nombreuses statues reproduisant les traits de Boniface VIII nous ont été conservées : à Anagni, il est assis sur un trône et placé dans une niche derrière l'abside de la cathédrale ; à Orvieto on le voit dans la même position au-dessus d'une des portes de la ville ; à Florence il est également représenté assis, et surmonte à l'intérieur une des portes du dôme ; partout il porte la haute tiare orientale. A Saint-Jean-de-Latran, il existe un portrait de lui peint par Giotto : le pape est représenté entre deux princes de l'Église, annonçant du haut d'un balcon l'ouverture du Jubilé de 1300.

Boniface repose aux Grottes Vaticanes dans un sarcophage de marbre sur lequel sa statue est couchée. Le coffre est recouvert d'un magnifique tapis brodé de médaillons étoilés ; à la partie inférieure, apparaissent cinq écussons, vides aujourd'hui, mais qui, décorés par un travail de mosaïque, devaient se détacher sur un fond de même nature. La tête, soutenue par deux coussins brodés, est extraordinairement belle, et s'accorde parfaitement avec le portrait de Giotto. La tiare pointue à double couronne lui couvre le chef[1].

Un des titulaires de Sainte-Praxède, à Rome, le cardinal Anchero, a été inhumé dans un magnifique sarcophage

---

1. Boniface VIII fut le premier pape qui se servit de la double couronne tandis que ses prédécesseurs n'avaient porté qu'une simple mitre couronnée. Le nouvel usage subsista jusqu'à Urbain V, qui ajouta une troisième couronne à la tiare dont il se coiffa.

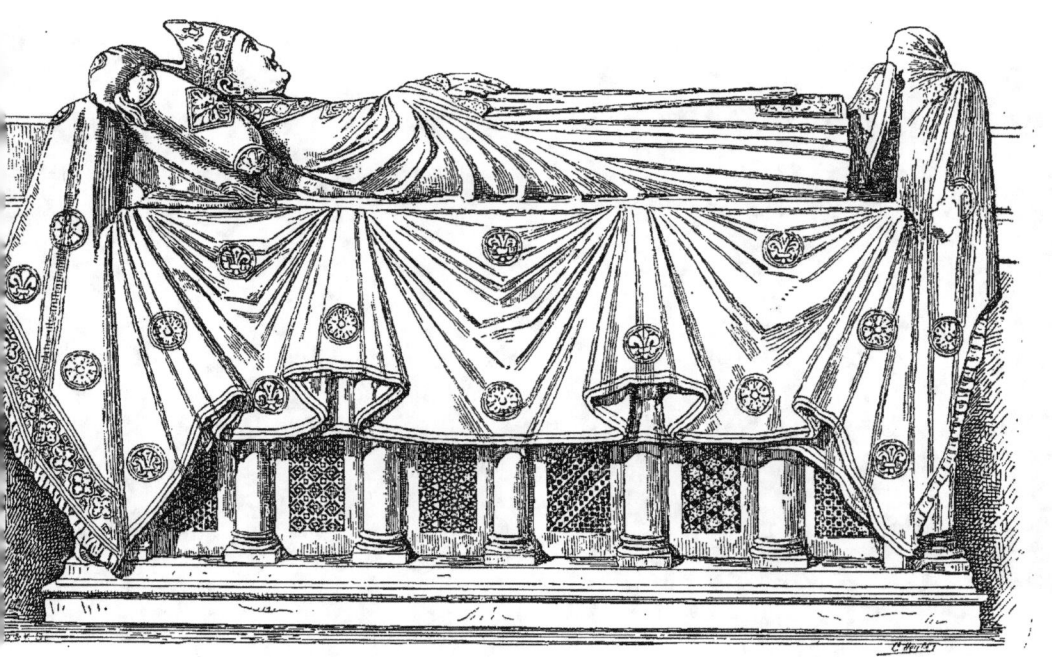

Tombeau du cardinal Anchero. — Église de Sainte-Praxède, Rome. — XIIIᵉ siècle.

placé contre le mur d'une des chapelles latérales de son église paroissiale. Anchero avait peu de titres à un tel honneur. Fils d'un frère du pape Urbain IV, originaire comme lui de la ville de Troyes en Champagne où leurs parents exerçaient la modeste profession de tailleurs d'habits, Pantaléon Anchero dut son élévation à ses liens de famille. Nommé cardinal dès la première année du règne d'Urbain, 1261, sa vie n'est marquée par aucun fait important, et il meurt sous le pontificat d'Honorius IV, en 1286, ayant pendant vingt-cinq années pieusement et charitablement administré sa paroisse. Ce fut peut-être à ses vertus ou à ses libéralités qu'il dut d'être enseveli dans le brillant monument de marbre que nous admirons aujourd'hui [1].

Le cardinal, revêtu de l'étole et de la chasuble, de la mitre et des chaussures brodées, la tête soutenue par un riche coussin, est étendu sur un véritable lit de repos que recouvre un immense drap frangé, parsemé de médaillons ornés, et relevé de manière à laisser apparaître la partie inférieure de la façade formée de panneaux de mosaïques séparés par des colonnettes engagées.

La statuaire de ce monument est d'un beau style et d'une superbe exécution : il y a de la noblesse et en même temps de la souplesse dans la pose du personnage ; le visage, largement traité, est plein et indique la santé sans dénoter par l'accentuation de ses traits aucune particu-

---

1. Ciacconio, *Historia Pontificum romanorum*, v. IV, p. 159.

larité de caractère. L'œil est ouvert; ce n'est donc pas la mort que l'artiste a voulu représenter, mais un état de placidité parfaite, en rapport avec la vie calme qu'Anchero a dû mener pendant son cardinalat. Les plis des étoffes, vêtements ou tapis, sont particulièrement beaux, larges, savamment disposés dans une ordonnance régulière; l'art qui a présidé à la composition de ce tombeau était, dans sa simplicité conventionnelle, déjà fort avancé, et avait su trouver de hautes inspirations ou de magnifiques modèles.

Dans la muraille à laquelle le monument est adossé, on a incrusté une dalle de marbre portant une inscription gravée; elle indique, à la suite de quelques lignes consacrées au souvenir du cardinal, la date :

ANNO MILLENO CENTVM BIS ET
OCTVAGENO SEXTO DECESSIT HIC PRIMA
LVCE NOVEMBRIS.

date correspondant aux kalendes du mois de novembre de l'année 1286.

Ce beau travail ne porte aucune signature et nous ne pouvons décider à quel maître l'attribuer; mais, quel qu'ait été cet artiste, c'était sans contredit un fervent adepte de la pure école romaine, car rien ne fait pressentir dans son œuvre l'apparition prochaine des nouveaux enseignements de l'école pisane ou florentine, et, rien n'indique également leur influence déjà active.

Cependant, la perfection du modelé, la haute conve-

nance de tous les ajustements, l'harmonie générale de
l'ensemble et certaines finesses de détails nous engagent à
reporter l'exécution de ce sarcophage à quelques années
après la mort d'Anchero : nous la placerons volontiers à
la même époque que celle du tombeau de Boniface VIII,
avec lequel celui-ci a, du reste, une telle ressemblance
que les deux ouvrages paraissent avoir été conçus par
le même esprit, sinon exécutés par la même main.

Pénétrer dans les cryptes de Saint-Pierre, que l'on
appelait autrefois *Grottae vaticanae,* est devenu maintenant une entreprise bien difficile à réaliser. Rome ayant
été, il y a peu d'années, le théâtre d'attentats sacrilèges,
le Saint-Père Léon XIII, dans la crainte que quelque
main barbare ne vienne à profaner ou à détruire les
saintes reliques déposées dans le sanctuaire de l'antique
basilique, a complètement interdit l'accès des galeries
basses qui contournent et avoisinent la confession.
C'est donc par une faveur toute spéciale que nous avons
pu descendre dans ces sombres souterrains, dernier lieu
d'asile de tant de papes ; et là, à la lueur des torches,
est apparu à nos yeux étonnés ce merveilleux musée
de la mort : depuis les immenses coffres monolithes des
siècles barbares, jusqu'aux urnes de moindre dimension mais revêtues des délicats ornements de l'époque
de la Renaissance ; depuis le superbe sarcophage antique de granit rouge destiné à contenir les restes d'un
empereur et servant de sépulture au pape Adrien IV, jus-

qu'aux compositions d'un style si élevé dues au ciseau
de Mino de Fiesole, exécutées à la fin du xvᵉ siècle pour le
mausolée du pape Paul II; depuis le tombeau de Junius
Bassus, si superbement décoré de bas-reliefs (393)
jusqu'à la balustrade supérieure de l'ancien ambon,
jusqu'aux bustes de Boniface VIII et de Benoît XII;
depuis les belles mosaïques du ixᵉ siècle, ayant appartenu au tombeau de l'empereur Othon II, jusqu'aux
triptyques peints par Giotto : tout est symétriquement
rangé sous des voûtes basses, auprès de murailles qui
s'en vont se perdant dans les ténèbres de ces profon-
deurs.

Parmi ces souvenirs d'existences disparues et ces
monuments d'art en partie détruits, il en est un qui
nous a surtout frappé par ses relations intimes avec
l'école des marbriers romains.

Le pape Paul V, au commencement du xviiᵉ siècle, fit
transporter dans une chapelle dédiée à sainte Marie du
Portique, à l'extrémité méridionale des souterrains,
une statue de saint Pierre, statue fort ancienne, célèbre
au moyen âge, placée autrefois dans le grand atrium de
la basilique primitive, entre les colonnes du portique,
vis-à-vis la porte d'entrée principale.

Ce marbre, d'origine romaine de la bonne époque,
devait représenter un personnage consulaire; on lui
refit une tête barbue et chevelue conforme à ce que la
tradition faisait connaître des traits de l'apôtre, la main
droite fut élevée pour bénir, dans la main gauche on

plaça deux clefs. Malgré ces adjonctions ou ces modifications, la figure n'en a pas moins conservé son caractère antique : les plis de la toge sont abondants, souples
et drapés avec élégance ; les pieds sont chaussés de

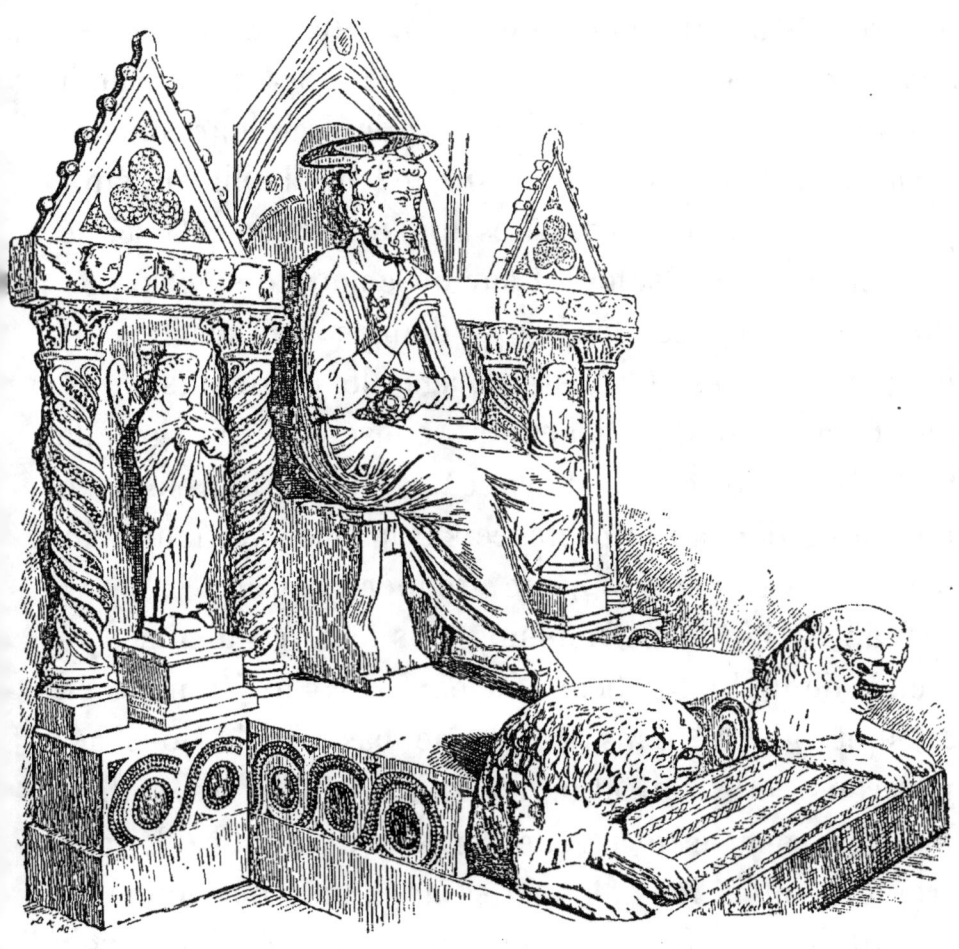

Trône et statue de Saint-Pierre. — Grottes Vaticanes.
Basilique de Saint-Pierre. — Rome.

calcei patricii réservés aux seuls sénateurs d'après les
coutumes romaines ; le mouvement du corps est naturel,
bien différent en cela du Saint-Pierre de bronze que

l'on voit aujourd'hui dans la basilique et dont le caractère principal est une raideur toute byzantine.

Le personnage est assis sur un siège de marbre dont le
dossier est relevé par un arc ogival trilobé surmonté d'un
fronton. De chaque côté, deux colonnettes, à cannelures
droites ou torses, mais incrustées de mosaïque d'émail
à fond d'or, différentes de galbe, de grandeur, encore
variées par la forme et le dessin de leur chapiteau, supportent un fronton à crossettes dont le tympan est occupé
par une rosace, s'enlevant sur un champ de mosaïque.
Entre les colonnes, des figures d'anges sont placées sur
de petits socles. Cet assemblage de fragments et de
motifs absolument étrangers repose sur une grande
plate-forme ornée, sur les côtés, d'un entrelacs en
mosaïque d'émail et protégée sur la face antérieure par
deux lions couchés sur une première marche.

D'après Lorenzo Dionisio, tous ces fragments pro-
viendraient du tombeau du pape Urbain VI mort en
1389 et inhumé dans l'ancienne basilique[1]. Nous admettrons cette indication en ce qui touche les statues
d'anges, peut-être est-elle également applicable aux
frontons, mais les colonnettes apparaissent comme un
travail de beaucoup antérieur, et, pourraient bien avoir
appartenu à quelque ancien ambon ou ciborium démoli,
tel que celui dont Vassaletus avait été l'auteur. Quant

---

1. Philippus Laurentius Dionysius, *Sacrorum Vaticanae Basilicae crypto-*
rum monumenta, Rome 1827.

à la grande plate-forme incrustée de mosaïques et de disques de porphyre, accompagnée de ses deux lions de facture si grossière, d'aspect si difforme, de tournure si archaïque, on peut, croyons-nous, en faire remonter l'exécution aux premières années du XIIIᵉ siècle, elle présente tous les caractères de la marbrerie romaine de cette époque.

Nous l'avons déjà constaté, en prenant divers exemples, les restaurateurs d'églises aux XVIᵉ et XVIIᵉ siècles croyaient bien faire en juxtaposant, pour les employer à nouveau, des fragments de meubles anciens brisés ou abandonnés. Leur bonne volonté n'était pas dirigée par un esprit éclectique bien châtié, aussi rapprochaient-ils souvent des éléments assez disparates. Il n'en est pas moins vrai que, grâce à eux, il s'est conservé dans beaucoup d'endroits, comme à l'Ara Cœli, comme aux Saints-Nérée et Achillée, comme à Saint-Césaire, comme à Sainte-Sabine, d'intéressants échantillons de la marbrerie romaine. C'est avec cette même pensée qu'ont été réunis autour de la statue de saint Pierre quelques-uns des morceaux les plus précieux du mobilier de l'ancienne basilique; grâce au génie décoratif inné chez tous les Italiens, les architectes de la basilique nouvelle les auront disposés pour former l'espèce de trône monumental sur lequel elle repose.

Après la mort de Benoît XI, survenue peu après celle de Boniface VIII, la papauté abandonne le territoire italien. Trois quarts de siècle vont s'écouler pendant lesquels Rome, livrée aux tribuns, n'aura pas un regard pour ses monuments, pas un encouragement pour ses artistes. Alors, un fait d'une extrême importance s'accomplit: le centre du mouvement artistique dû à l'initiative des Pisans se déplace et se trouve transporté à Florence, qui hérite de la force créatrice de sa rivale. Pise, abaissée par la chute de la maison de Souabe, trahie par le tyran Ugolin, d'atroce mémoire, fut vaincue à la bataille navale de Meliora par les Génois qui détruisirent sa marine et comblèrent les bouches de l'Arno. Ruinée, découragée, la république de Pise était devenue trop pauvre pour fournir aux héritiers du grand Nicolas et aux disciples de son école des travaux dignes de leur génie.

Rome ne conservait plus que le prestige de son nom, le souvenir de sa renommée. Pétrarque pouvait à bon droit se lamenter de voir: « tant de monuments imposants livrés à la rapacité des nobles pour s'en servir comme d'une carrière ou pour vendre les matériaux »; et Pogge, qui bien que vivant au xv° siècle donne une description très minutieuse de la Rome du xiv°, peut écrire: « Le Forum est entouré de palissades, on y plante des légumes; les pourceaux et les bœufs vont y paître. Les monuments publics et privés que l'on avait construits pour l'éternité gisent à terre et l'on dirait, en voyant leurs débris, les membres épars d'un géant redoutable. »

La vie de la cité s'était concentrée autour du Capitole ; les aqueducs ayant été rompus, les Romains étaient forcés de vivre aux bords du Tibre entre le Ghetto et le Campo di Fiore qui marquait au nord la limite de la région habitée. Le reste du terrain qu'environnait l'enceinte fortifiée était occupé par des plantations, des vignes et quelques habitations seigneuriales entourées de défenses.

La population pouvait encore s'élever sous Innocent III à trente-cinq mille âmes environ, mais vers la fin du XIIIe et au commencement du XIVe siècle surtout, elle décrut rapidement par suite des maladies et des absences ; en 1377, sous le pontificat de Grégoire XI, elle n'est plus que de dix-sept mille habitants ; chiffre inouï si on se rapporte à la splendeur d'autrefois.

Les églises étaient désertes, car, depuis le départ des papes, la misère avait chassé les prêtres chargés de les desservir. Sur trois cents que renfermait Rome au temps bien rapproché de Boniface VIII, quarante-quatre étaient complètement abandonnées ou gisaient à terre ; celle des Saints-Nérée et Achillée menaçait de s'écouler et celle de Saint-Alexis n'avait plus de toiture.

Les Romains, qui avaient conquis le monde, étaient à peine maîtres à l'intérieur de leurs murailles ; Viterbe, Velletri, Corneto, Tivoli, et bien d'autres villes comprises dans le domaine des papes étaient passées aux mains des barons et luttaient avec Rome.

Alors, et comme l'on fait à la mémoire d'un ami respecté, Giotto, le grand initiateur, l'inspirateur des dernières œuvres des marbriers romains, leur rend dans sa
patrie un suprême et dernier hommage; ses fresques,
soit à Florence, soit à Assise, sont pleines de colonnes
torses, de frontons, de frises, et d'une foule d'ornements
empruntés à l'art des marbriers; souvent même, il reproduit les mosaïques stelliformes, les porphyres et les
brèches, et perpétue ainsi au delà des limites de son
existence cet art disparu au moment où il atteignait le
faîte de sa grandeur.

Il nous reste à constater que, vers la fin du xiiie siècle,
la grande école des marbriers romains, dépassant les
limites de son territoire naturel, avait étendu son
influence jusqu'en des contrées éloignées.

En Angleterre, nous en trouvons des traces mani-
festes. A cette époque un certain *Petrus civis Romanus*
avait été appelé à Londres pour ériger un monument
destiné à recevoir les restes d'Édouard le Confesseur :
l'inscription comprend la signature du maître avec la
date 1269. Une autre inscription détruite, mais dont le
texte est conservé dans une description de l'abbaye de
Westminster datant du xve siècle, manuscrit appartenant
au British Museum, atteste que le tombeau d'Édouard le
Confesseur fut bien exécuté en cette année par Petrus : *Hoc
opus est factum quod Petrus duxit in actum Romanus civis.*
Peu de temps après, en 1281, un autre tombeau de

style identique, destiné au roi Henri III, est élevé dans
l'église de Westminster. Quelques années plus tard, la
fille de ce monarque est inhumée dans un sarcophage
conçu d'après les mêmes données. De plus, les pavements des cathédrales de Londres et de Cantorbery
sont l'œuvre d'un autre marbrier nommé Odericus, à
l'imitation de ceux des églises de Rome, avec des
marbres de différentes couleurs, reproduisant exactement les dessins et les divisions de l'*Opus tessellatum*.
*Tertius Henricus rex Urbs. Odericus et abbas hos compo-
suere porphireos lapides.*

On peut expliquer cette migration de l'art romain en
se rappelant que le monastère bénédictin de Saint-Paul-
hors-les-Murs recevait des élèves dont quelques-uns
venaient de l'étranger, notamment de l'Angleterre et de
l'Irlande, et, que l'abbaye tout entière fut pendant longtemps placée sous le protectorat des souverains anglais,
comme l'attestent les armoiries d'Angleterre conservées
en plusieurs endroits du monastère. Mais il est un fait
plus particulier, et qui donne une explication toute
naturelle de cette exportation de l'art romain. Richard
de Ware s'était rendu à Rome, en 1258, après son
élection à la charge d'abbé de Westminster, et y était
retourné en 1267. Ware mourut en 1283 et son épita-
phe dit : *hic portat lapides quos huc portavit ab Urbe ;*
indication précise que les marbres et les mosaïques
employés à la basilique de Westminster venaient de
Rome.

Ainsi l'art romain avait au dehors, sinon des imitateurs, au moins des admirateurs faisant appel à ses disciples eux-mêmes ; mais ces exemples sont rares, et constituent une véritable exception. C'est à Rome, et dans les
états romains, que l'art du marbrier, architecte et sculpteur, a pris naissance, s'est développé, et, c'est là
qu'il est mort après avoir été abandonné de la papauté,
sa haute et naturelle protectrice.

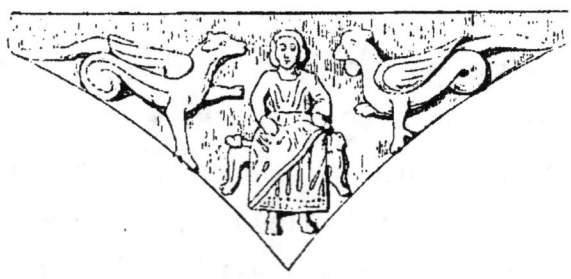

Tympan. — Cloître de Saint-Jean-de-Latran. — xiiie siècle.

CHAPITRE V

LES COSMATI

XIIᵉ ET XIIIᵉ SIÈCLES

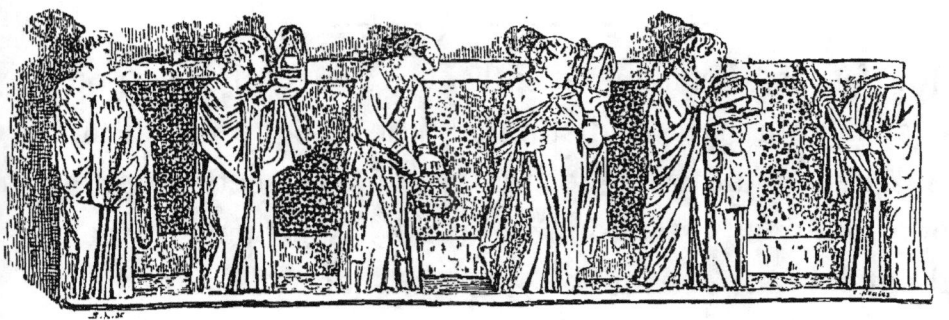

Face de l'autel de Sainte-Madeleine. — Basilique de Saint-Jean-de-Latran.
Rome. — xiiiᵉ siècle.

CHAPITRE V

LES COSMATI

xiiᵉ ET xiiiᵉ SIÈCLES

Parmi les familles de marbriers romains ayant acquis le plus de célébrité pendant le cours des xiiᵉ et xiiiᵉ siècles, il en est une qui domine toutes les autres par le nombre de ses membres, par leur talent et par l'importance de leurs travaux. On est convenu de désigner cette famille sous un nom générique, nom assez mal choisi du reste, car il dérive du prénom d'un de ces artistes sans que ce soit ni le plus éminent, ni le plus ancien. Ce personnage s'appelait Cosmas ou Cosmatus (les deux versions se retrouvent dans les inscriptions), de là, les archéologues et les historiens ont créé le nom de Cosmati, qu'ils ont appliqué, comme un nom propre, à chacun des membres de cette brillante pléiade ; et, qui plus est, beaucoup d'entre eux s'en sont servi pour désigner un style et distinguer une époque artistique.

A défaut du véritable nom que portait cette famille, nom qui nous est inconnu, qui n'existait peut-être pas, il eût été plus convenable, croyons-nous, de faire honneur de cette illustre lignée à celui qui en a marqué l'origine, et, de son nom Laurent, tirer celui de Laurentins applicable à tous ses descendants. Quoi qu'il en soit, nous nous conformerons à l'usage établi, et nous allons étudier quelle part d'influence revient aux *Cosmati* dans la marche générale de l'esprit artistique et dans les progrès accomplis à Rome au xiiiᵉ siècle. Cette étude nous fera comprendre en même temps l'action réflexe exercée par les événements au milieu desquels ces artistes ont vécu, sur le développement de leur art et la nature de leur talent.

Les documents écrits manquent complètement pour établir la généalogie de la famille des Cosmati ; les archives fouillées avec attention n'ont rien jusqu'ici laissé découvrir ; il est donc nécessaire de s'en rapporter aux monuments et aux inscriptions qui les accompagnent.

A la fin du xiiᵉ siècle, vers l'année 1190, Laurent, le premier des Cosmati, apparaît comme ayant travaillé à l'église de Falieri ; on le retrouve ensuite dirigeant les travaux du dôme de Civita-Castellana et construisant l'ambon de l'église d'Ara-Cœli à Rome. Jacques, son fils,

collabore aux œuvres de son père, puis, à partir d'une
date très voisine de 1205, mais que nous ne pouvons
fixer exactement, figure seul comme maître architecte marbrier; dès lors Laurent, trop vieux ou peut-
être mort à cette époque, disparaît; du moins, son nom
ne se rencontre plus nulle part. Laurent a donc probablement dû naître vers le milieu du XIIe. siècle; sans
crainte d'une trop grande erreur on peut fixer cette
époque aux environs de l'année 1140.

Jacques nous a laissé de nombreux ouvrages: une
des portes du dôme de Civita-Castellana, celle du couvent de Saint-Saba à Rome, les colonnes de l'église de
Saint-Alexis, le cloître de Sainte-Scholastique à Subiaco
sont revêtus de sa signature. Pendant que maître
Jacques exécutait ces travaux importants, un fils lui
était né, avait grandi en fréquentant l'atelier paternel;
disciple du même art, l'enfant se trouvait bientôt en
état de prendre une part active aux occupations de
son père. Au portique du dôme de Civita-Castellana en
1210, et un peu plus tard, au portail du couvent de Saint-
Thomas *in formis,* le nom du jeune Cosme se trouve
associé à celui de Jacques.

Cosme, que l'on a choisi pour patronner la famille,
a dû venir au monde entre les années 1190 et 1195,
plus près peut-être de la première que de la seconde de
ces deux dates, car il faut bien admettre que le jeune
homme avait au moins dix-huit ou vingt ans, lorsqu'en
1210, sa collaboration à la construction d'un monument

public était assez importante pour que son père lui attri-
buât une personnalité artistique particulière dans l'inscription gravée sur la façade.

Cosme avait donc environ vingt ans au début de cette
association qui dut, très probablement, se poursuivre
pendant plusieurs années, quoique nous n'en ayons pas
de preuve certaine, car aucun monument, en dehors
de ceux déjà signalés, n'est parvenu jusqu'à nous revêtu
de la double signature. En 1224, pour la première fois,
Cosme entreprend seul un travail à la cathédrale
d'Anagni. Il était alors établi, marié, et déjà père de
deux enfants, puisque sept ans après, en 1231, il exécute,
avec l'aide de ses deux fils Luc et Jacques, le pavement
de la crypte de cette église, et qu'il s'inscrit encore,
avec ces deux mêmes collaborateurs, au cloître de Sainte-
Scholastique, en 1235.

Cosme atteignit une extrême vieillesse, menant une
vie simple et laborieuse, privilège de quelques artistes
romains. Il eut quatre fils : l'aîné, Luc ou Lucas, né aux
environs de 1212, disparaît promptement, après 1235,
on ne retrouve plus son nom ; Jacques le second, d'un
an ou deux plus jeune, vécut fort âgé, exécuta de nombreux ouvrages, et dirigeait encore, en 1293, les travaux
de la cathédrale d'Orvieto ; il avait alors près de quatre-
vingts ans. Un assez long intervalle s'écoule entre la
naissance des deux premiers fils et celle des deux derniers ; Deodat et Jean ou Giovanni naquirent probablement vers 1230, Cosme devait avoir à cette époque

au moins quarante ans. Pour fixer cette date nous nous
basons sur ce fait, que les noms de Deodat et de Jean
ne se trouvent nulle part associés à celui de Cosme,
on peut en conclure que celui-ci n'exerçait plus son
art et jouissait probablement d'un repos mérité, lorsque
ses derniers fils furent en âge de devenir marbriers.
Il faut cependant remarquer que l'éducation artistique
de Cosme, en parfaite concordance avec celle qu'avait
reçue son fils Jacques, ainsi que leurs inspirations puisées
aux mêmes sources, rendaient l'association plus facile et
plus fructueuse; tandis que Deodat et Jean, beaucoup
plus jeunes, imbus d'idées nouvelles, introduisaient
dans leurs ouvrages des éléments gothiques avec lesquels
leur père n'était pas familiarisé. Cette divergence dans
les idées pourrait expliquer également l'absence de collaboration de Cosme avec ses derniers fils.

Deodat signe encore, en 1294, le ciborium de
l'église de Sainte-Marie in Cosmedin, et son frère Giovanni construit, en 1303, le tombeau du diacre Étienne
de Sourdis, *Stefano de Surdi,* dans l'église de Sainte-
Balbine sur l'Aventin.

Après la translation du Saint-Siège à Avignon, toute
trace de cette brillante lignée des Cosmati disparaît
complètement. Au milieu des désordres et des misères
que la papauté laissait derrière elle, la famille s'est-elle
éteinte? S'est-elle perpétuée sans donner naissance à
d'autres artistes? Nul ne le sait. Il n'est pas douteux
cependant, que si l'illustre Cosme avait vu naître autour

de lui des petits-fils aptes à devenir un jour marbriers,
il ne se soit empressé de les encourager dans cette voie
où ses propres enfants avaient si bien réussi; mais à
cette époque néfaste, les événements dominaient les
vocations et les bonnes volontés.

La descendance artistique du maître marbrier Lorenzo
s'arrête ici, et l'on peut établir, d'après des bases à peu
près certaines, le tableau généalogique suivant :

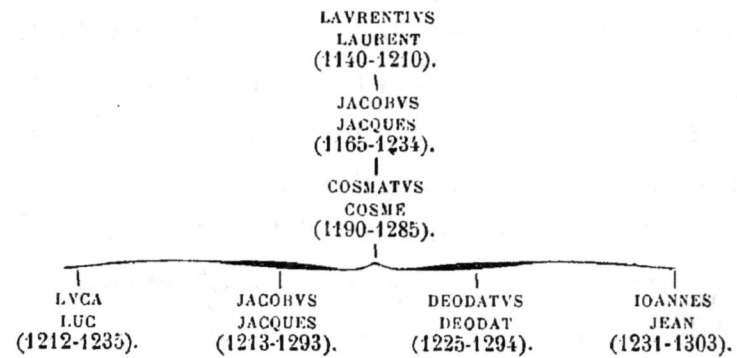

LAVRENTIVS
LAURENT
(1140-1210).

JACOBVS
JACQUES
(1165-1234).

COSMATVS
COSME
(1190-1285).

LVCA	JACOBVS	DEODATVS	IOANNES
LUC	JACQUES	DEODAT	JEAN
(1212-1235).	(1213-1293).	(1225-1294).	(1231-1303).

Voici donc une famille composée de sept personnes
ayant toutes exercé le même art, comprenant, depuis
la naissance du premier de ses membres jusqu'à la
disparition du dernier, un espace de près de cent cinquante ans. Le fait d'une succession dans la même profession n'était pas rare à cette époque; nous en pouvons
citer plusieurs exemples tels que les Pisans parmi les
architectes sculpteurs, et, un peu plus tard, les Gaddi
parmi les peintres, mais aucune n'a rempli, sans interruption, un si long espace de temps et n'a produit avec
une si grande abondance.

De plus, et cela est particulier aux Cosmati, les

œuvres très nombreuses qu'ils ont laissées ont entre elles un caractère de solidarité absolue ; c'est le même art auquel ils ont recours, ce sont les mêmes procédés qu'ils emploient, bien que, en dehors des progrès accomplis, nous puissions constater, vers les dernières années du xIII^e siècle, un abandon systématique du style romain proprement dit, pour recourir aux formes plus élancées du style ogival.

Presque toutes les œuvres des Cosmati parvenues jusqu'à nous portent une signature. On trouve, nous l'avons dit, le nom de Laurent, le premier des Cosmati, gravé sur la façade de l'église de Falieri ; Laurent et Jacques son fils se sont inscrits, soit ensemble, soit séparément sur la façade de la cathédrale de Civita-Castellana.

Civita-Castellana est une petite ville placée, comme une forteressé d'avant-garde, sur un des contreforts des Apennins pour dominer la campagne de Rome. Du haut de ses vieux remparts, dont une partie est encore debout, la vue s'étend sur cette immense vallée verdoyante, peuplée de troupeaux, à travers laquelle le Tibre serpente en détours argentés. Au loin sur la gauche, les montagnes de la Sabine se perdent dans une vapeur azurée, et plus près, le mont Soracte, au profil nettement découpé, laisse apercevoir sur sa plus haute cime l'église de Saint-Sylvestre environnée des murailles du monastère.

L'église de Civita-Castellana est une ancienne basilique à trois nefs, modernisée par tout ce que les siècles
ont pu lui ajouter de constructions annexes et de décorations somptueuses, dénaturant ainsi l'antique simplicité du monument primitif. Cependant le temps et les
hommes ont respecté les trois portes ouvertes dans le
mur de face ; sur le linteau de celle du milieu, on peut
encore lire l'inscription suivante, gravée dans le marbre
en beaux caractères romains :

LAVRENTIVS . CVM . IACOBO . FILIO. SVO .
MAGISTRI . DOCTISSIMI . ROMANI . H . OPVS .
FECERVNT.

Cette signature occupant une place aussi importante,
ne semble-t-elle pas indiquer que les deux artistes
avaient été les architectes du monument tout entier?
En tous cas, il ne peut y avoir de doute en ce qui
concerne la façade, et, même ainsi réduite, l'œuvre
des Cosmati est encore considérable. Du reste, le mot
doctissimi, s'appliquant à Jacques aussi bien qu'à Laurent, confirme leur renommée et nous apprend que déjà,
à cette époque, ils passaient tous deux pour des maîtres
d'un mérite consommé.

Cependant, si Laurent est en réalité le premier d'une
illustre suite d'artistes, il est impossible de le considérer
comme un chef d'école; il a peut-être perfectionné son
art, mais n'a rien innové. Les portes du dôme de Civita-

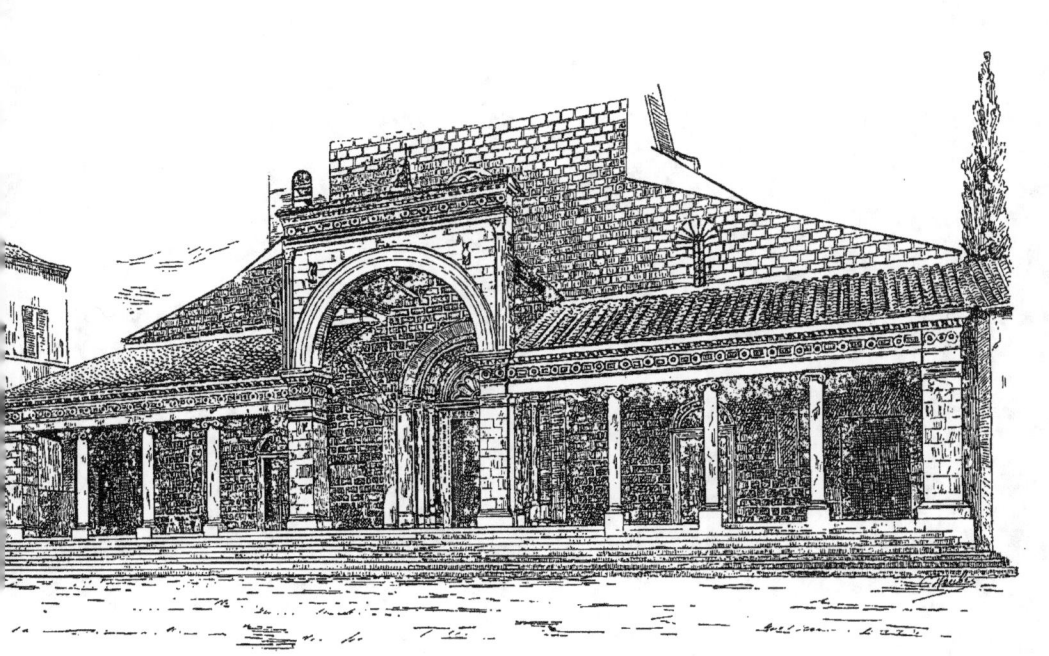

Portique et façade de l'église de Sainte-Marie à Civita-Castellana. — XIIIe siècle.

Castellana ressemblent de très près à celles de l'église de Sainte-Marie à Corneto et plus encore à la porte principale de l'église Saint-Pierre à Toscanella : ce sont les mêmes éléments mis en œuvre suivant la même ordonnance. Peut-être la reconstruction de la façade de Civita Castellana a-t-elle précédé celle des autres églises, mais de bien peu ; tous ces travaux doivent être contemporains. Le grand mérite du marbrier Laurent est d'avoir réuni sur un seul point, et d'avoir appliqué avec discernement, toutes les ressources décoratives de son art, lui procurant ainsi un vêtement nouveau, un noûvel éclat dont ses successeurs se sont servis pour le rajeunir.

Comme à Corneto, trois portes, accompagnées d'une architecture de marbre, s'ouvrent sur la façade et donnent accès dans les nefs du dôme de Civita-Castellana. Les baies des côtés sont rectangulaires ; un chambranle méplat décoré d'un large dessin de mosaïque d'incrustation les encadre et forme linteau ; au-dessus, une partie demi-circulaire ou lunette correspond à l'arc de décharge établi dans le mur et circonscrit un tympan. Ce système de construction, généralement adopté dans l'architecture byzantine, avait été magistralement employé, dès le commencement du xiiᵉ siècle, au dôme de Pise, par Rainaldo, continuateur de l'œuvre de Buschetto.

L'une des lunettes de Civita-Castellana est occupée par une remarquable mosaïque de style absolument byzantin, représentant le Christ en buste, nimbé, drapé dans un manteau d'or, une main levée pour bénir, tenant de l'autre le livre des Évangiles.

La porte que surmonte cette belle décoration est accompagnée d'une inscription fort intéressante :

MA IACO ✠ RANERIVS PETRI RODVLFI FIERI
FECIT ✠ BVS ME FECIT.

Ranierus, fils de Pierre Rodolphe, est le donateur ; Jacobus est le nom de l'artiste.

Laurent, le maître de l'œuvre, avait donc confié à son fils Jacques le soin d'exécuter, à lui seul, l'encadrement de cette porte, circonscrivant ainsi sa tâche pour lui fournir l'occasion de faire valoir ses talents de marbrier et de mosaïste. Nous ne pouvons donner de meilleure interprétation à cette signature isolée et d'apparence toute secondaire, car les termes dans lesquels elle est rédigée sont bien modestes, mis en regard de ceux dont se compose la grande signature commune.

Laurent et Jacques ont réuni leurs efforts pour donner à la porte centrale un aspect monumental et une grande importance architecturale. Elle s'ouvre sous une arcade dont l'ébrasement est formé de trois membres ou nervures superposées, retombant de chaque côté sur autant de pieds-droits ou points d'appui différents : deux sont des colonnes engagées, le troisième est un pilastre appliqué sur le mur. Cette disposition se rencontre dans la plupart des églises lombardes ; nous pouvons citer

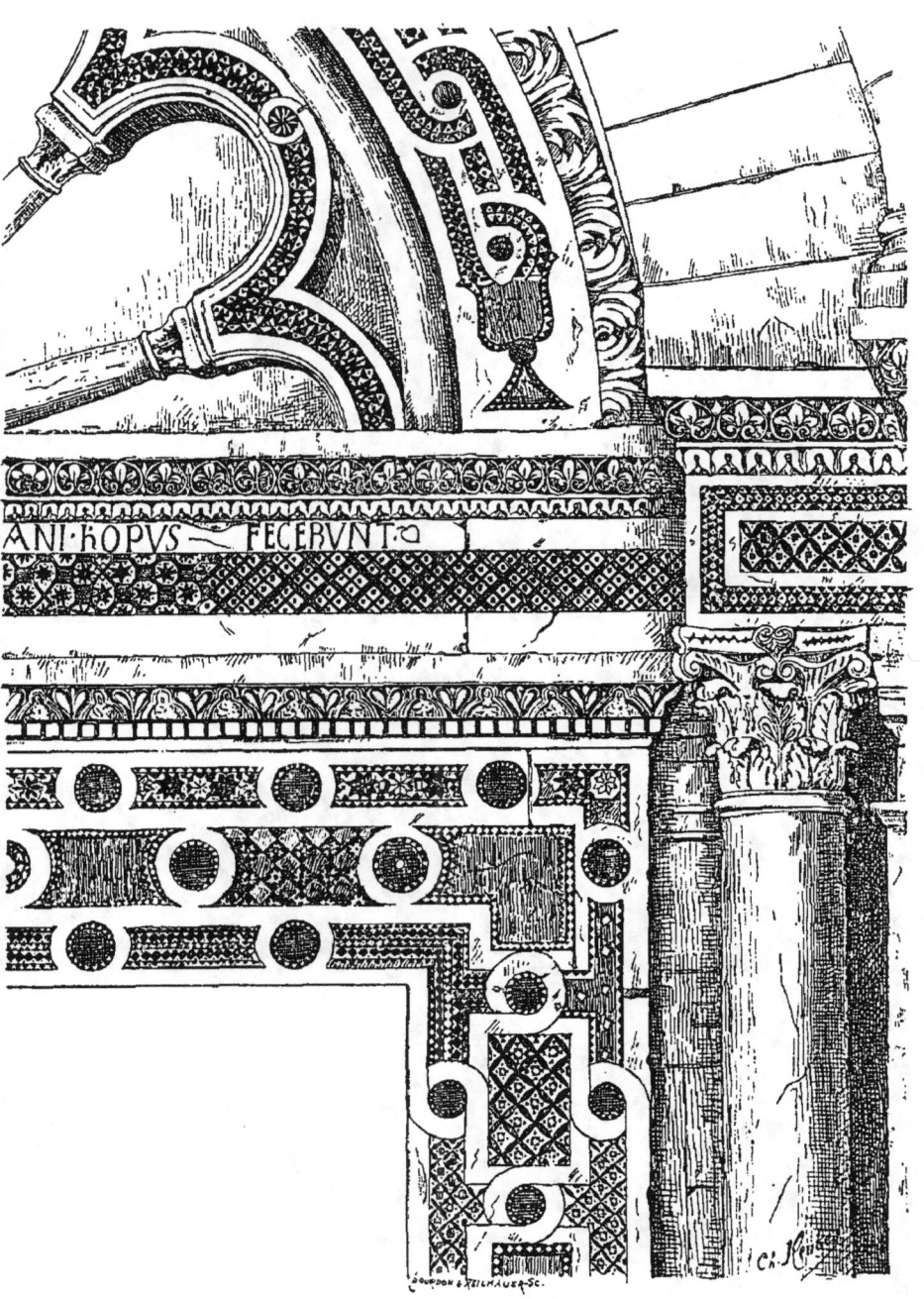

Porte principale de l'église de Sainte-Marie à Civita-Castellana. — XIIIᵉ siècle.
Détails.

spécialement la basilique de Saint-Michel à Pavie dont la porte principale, reconstruite à la fin du xᵉ siècle, après l'invasion des Hongrois, présente une analogie frappante avec celle-ci[1]. La baie rectangulaire est environnée d'un large chambranle et surmontée d'un linteau, tous deux ornés de moulures sculptées et de larges ornements en mosaïque d'inscrustation à fond d'or.

Le tympan de la lunette est ajouré d'une demi-rosace formée de petits arceaux incrustés de mosaïques d'émail et portés sur des colonnettes rayonnantes ; il est également entouré d'une archivolte décorée de mosaïques. Comme aux portails des églises lombardes, deux lions accroupis supportent la base des colonnes extérieures.

Ces diverses éléments, réunis et juxtaposés avec un indéniable talent, forment un ensemble d'un effet saisissant, plein de justesse, de bon goût, de richesse, ayant le grand mérite de satisfaire à la fois les principes d'une décoration raisonnée et les lois de la statique.

On pouvait lire autrefois, sur le côté gauche de la porte principale de l'église de Sainte-Marie à Falieri, une signature à peu près identique à celle que nous avons relevée sur la façade de l'église de Civita-Castellana :

---

1. Un des plus beaux exemples de baie ouverte sous un arc de décharge accusé par la juxtaposition d'une série de membres d'architecture se voit au Cambio de Pérouse construit au milieu du xvᵉ siècle ; elle a une grande relation de similitude avec la porte principale de Civita-Castellana.

LAVRENTIVS CVM JACOBO FILIO SVO HOC
OPVS FECERVNT.

La porte de Falieri existe bien encore, et sa ressemblance avec celle que nous venons de décrire est
manifeste, mais, par suite de quelque restauration,
l'inscription a disparu.

La façade de l'église de Civita-Castellana est précédée
d'un portique digne de toute admiration : monument
d'un style classique presque absolument pur ; peut-être
le plus beau de tous ceux qui furent élevés au xiiie siècle
dans les États romains, mais, à coup sûr, l'œuvre la
plus complète et la plus remarquable qui soit sortie des
mains des Cosmati.

Souvent, l'atrium des anciennes basiliques était
remplacé par une simple galerie plus ou moins large
construite en avant des églises, pour servir d'abri aux
fidèles. Parmi les beaux exemples de ce genre de construction, on peut citer à la suite du portique à doubles
colonnes de Sainte-Marie-Majeure, le plus ancien de
tous, édifié par le pape Eugène III, vers 1153, ceux
dont nous avons déjà parlé, de la basilique de Saint-
Laurent-hors-les-Murs, de l'église de Saint-Georges en
Vélabre, des basiliques de Sainte-Cécile, des Saints-
Jean et Paul et de Sainte-Marie du Transtévère. Ce
fut, pendant près d'un siècle, un engouement général,
motivé, du reste, par les nombreux services que ren-

daient ces galeries extérieures et le peu de places qu'elles occupaient[1].

Du reste, ces monuments, rappellant le portique antique dans sa très grande simplicité, se composaient toujours d'un entablement plus ou moins riche supporté par des colonnes et recouvert d'un toit; ce qui a permis aux architectes du moyen âge d'utiliser facilement les colonnes et les fragments légués par le trésor inépuisable des ruines de l'ancienne Rome. Il est à remarquer que l'ordre ionique a toujours été employé de préférence aux autres ordres d'architecture; peut-être sa gracieuse simplicité l'a-t-il fait choisir pour l'adapter à ces constructions légères; il n'en est pas moins surprenant de rencontrer à tous les portiques déjà cités, ainsi qu'à beaucoup d'autres, le chapiteau ionique, à peu près semblable à lui-même, surmontant les colonnes, qu'elles soient lisses, cannelées ou même sculptées, quelle que soit la différence de leurs dimensions et quelles que soient les proportions et la richesse des entablements.

Un palier de huit marches, s'étendant en avant et sur

1. Ce genre de portique, annexé à la façade d'un édifice avait été fréquemment employé par les anciens; on le nommait *Chalcidicum*, nom tiré de la ville de Chalcis où il avait été édifié, croit-on, pour la première fois. On ajoutait ces portiques aux constructions particulières aussi bien qu'aux monuments publics. Placés en avant des basiliques ils servaient à abriter non seulement les gens d'affaires, mais les marchands qui vendaient des objets de toute sorte. La basilique de la prêtresse Eumachia, à Pompeï, est précédée d'un vaste portique avec le mot *Chalcidicum* inscrit sur une table de marbre fixée à la muraille.

les côtés du portique de Civita-Castellana, amène au sol
de la galerie, sert de soubassement général au monument, et en augmente singulièrement la grâce et la
noblesse. Le portique est divisé en deux parties de
quatre entre-colonnements chacune, par une grande
arcade médiane, sorte d'arc de triomphe ouvert vis-à-vis
la porte principale de l'église ; les colonnes sont monolithes et reposent sur de petits socles isolés, ce qui rend
la galerie accessible de tous les côtés ; de larges piliers
carrés forment les points d'appui extrêmes. Les chapiteaux, suivant la coutume généralement admise, sont
d'ordre ionique, surmontés d'un abaque sculpté ; le
galbe en est élégant, les volutes largement arrondies.
L'entablement est combiné dans de justes proportions, bien que l'architrave soit un peu trop élevée ;
le larmier de la corniche s'appuie sur une rangée de
modillons taillés en forme de console ; la frise est enri-
chie de mosaïques d'incrustations représentant une
grecque à dessin répété, dans laquelle des bandes entrelacent successivement des disques et des carrés de
serpentine et de porphyre. Une charpente en appentis
supporte un toit de tuiles et recouvre la galerie.

Certes, l'idée est heureuse : faire passer les fidèles
sous un arc triomphal pour entrer dans l'église est d'une
convenance manifeste ; mais, de plus, cette pensée a été
rendue ici, avec une noblesse et un talent dignes
d'éloge. Au-dessus du grand arc soutenu par deux forts
piliers, s'élève un mur droit, limité sur les côtés par

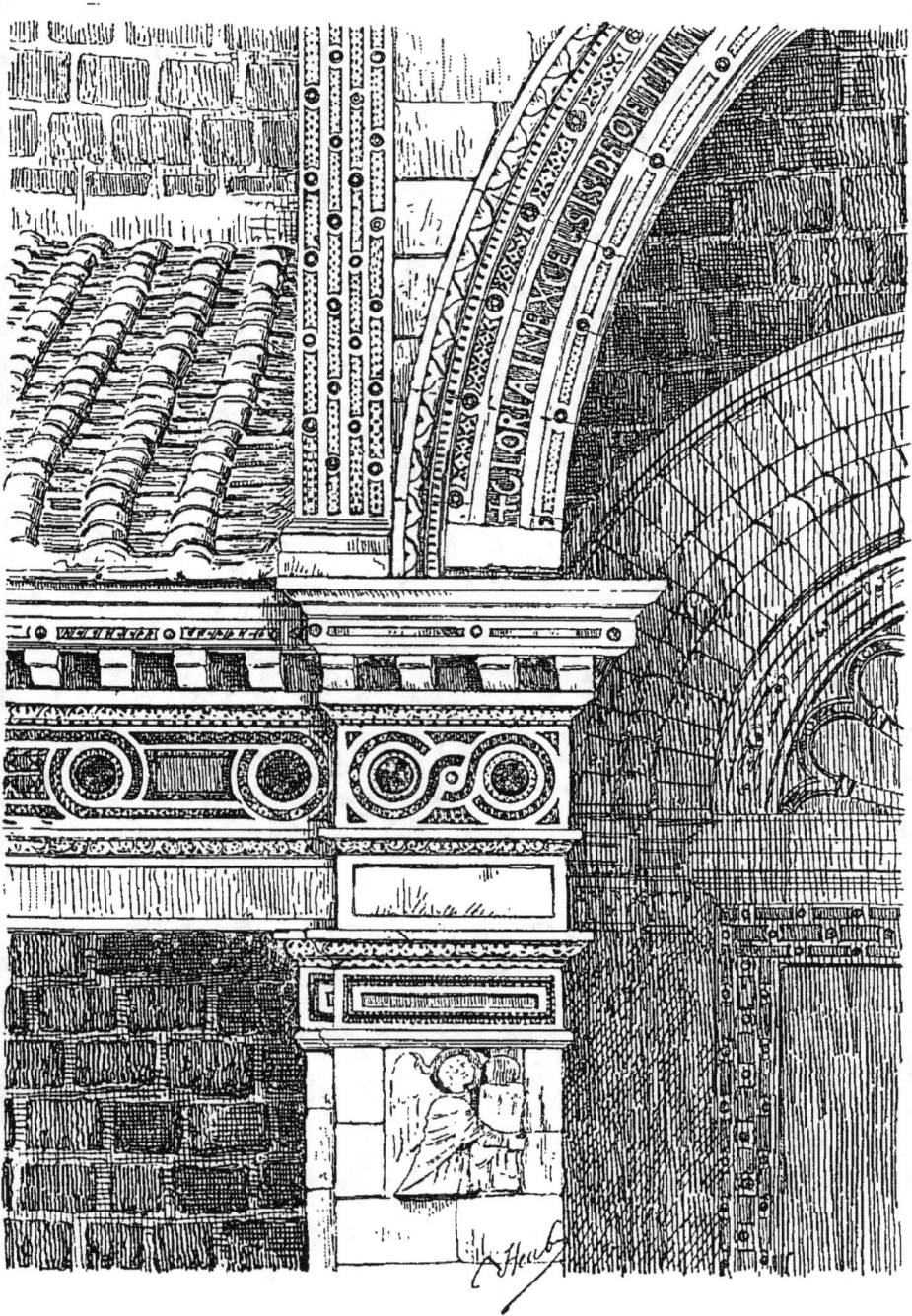

Portique de l'église de Sainte-Marie à Civita-Castellana. — xIIIᵉ siècle.
Détails.

deux pilastres cannelés, et couronné par un entablement semblable à celui du portique. La clef de l'arc est surmontée de l'Agneau Pascal sculpté en haut relief; dans les tympans, deux aigles s'appuient sur des consoles en saillie.

L'aspect de ce monument est véritablement superbe : c'est l'architecture antique remise en honneur, deux cents ans avant la Renaissance; aussi, doit-on sincèrement faire honneur au mérite de l'artiste qui, épris de la grandeur et de la beauté des anciens édifices romains, essayait à son tour de s'initier aux règles de l'art qui les avait créés, et, cherchait à en appliquer les principes à la décoration d'une église. Il ne faut pas lui en vouloir de quelques imperfections techniques, et nous ne lui ferons pas un grand crime de n'avoir pas su raccorder la grande arcade du portique avec le mur de face; l'espace qui les sépare est couvert en effet par une affreuse toiture à deux pentes, mal dissimulée et insuffisante.

Sur l'architrave de l'entablement supérieur on lit, écrit en grandes lettres de mosaïque d'or sur fond rouge :

MAGISTER . IACOBVS . CIVIS . ROMANVS . CVM.
COSMA . FILIO . SVO . CARISSIMO . FECIT . HOC.
OPVS . ANNO . DNI . MCCX.

L'expression *fecit* indique bien qu'en cette circonstance, Jacques a ordonné, a dirigé, a fait réellement fonction d'architecte; aussi le qualificatif *Magister* ne s'applique qu'à lui seul et le désigne comme seul Maître de l'œuvre. Cosme intervient ici comme un aide de peu d'importance; son nom n'occupe dans l'inscription qu'une place secondaire, en rapport avec le rôle modeste qui lui était dévolu.

La date 1210, indiquée dans cette belle inscription, nous reporte au glorieux pontificat d'Innocent III; ce pape a donc été l'inspirateur d'une œuvre aussi magnifique et seul pouvait en couvrir les frais. Il faut sincèrement regretter que des artistes de la valeur de Laurent, Jacques et Cosme n'aient pu bénéficier plus souvent d'aussi précieux encouragements, et être attachés à la construction d'autres édifices de semblable importance; la renaissance de l'antiquité romaine, au moins en ce qui concerne l'architecture, se serait probablement produite deux siècles plus tôt.

On conserve dans la sacristie deux superbes panneaux de marbrerie ayant autrefois formé les côtés de la clôture du chœur. Chacun d'eux est formé de la succession régulière, sur deux rangs, de plaques carrées de porphyre ou de serpentine encadrées de bandes étroites de mosaïque de marbre et de bordures de marbre blanc séparées par de larges champs de mosaïque d'émail sur fond d'or. L'ensemble de chaque panneau est entouré par une forte moulure admirablement sculptée, et couronné par une corniche reposant à ses extrémités sur les délicats chapiteaux de colonnes

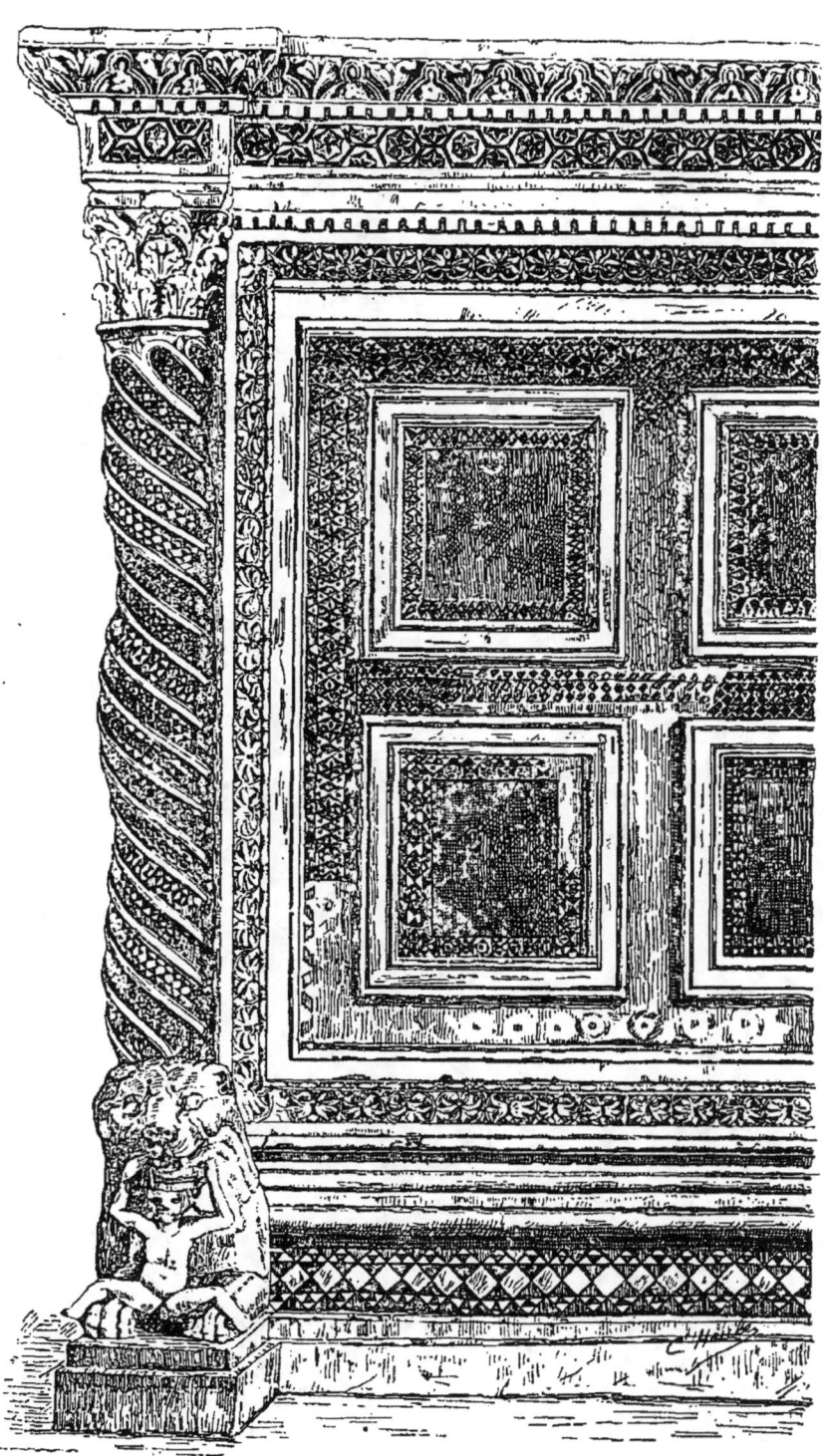

Panneau d'un chancel conservé dans la sacristie de l'église de Sainte-
Marie à Civita-Castellana. — XIIIe siècle.

torses incrustées de mosaïques, colonnes s'appuyant elles-mêmes sur le dos de sphynx et de lions. Le socle est orné de mosaïques de marbre en damier; le champ de la corniche est sculpté d'une succession de rosaces, tandis que, sur la doucine nous retrouvons exactement l'ornement antique à palmettes et à raies-de-cœur que l'on voit sur l'entablement intérieur du temple de la Concorde à Rome.

Cet ensemble est d'une surprenante richesse, la mosaïque, distribuée avec une extrême abondance sur toutes ses parties, est presque partout stelliforme, avec une infinie variété de dessins et une rare délicatesse d'exécution. La sculpture ornementale est traitée d'une main ferme et vigoureuse; les animaux, au contraire, bien qu'inspirés par des modèles antiques, ont encore une allure naïve et un peu barbare. C'est bien l'œuvre de véritables marbriers, très habiles à reproduire toutes les formes d'une ornementation connue, s'inspirant aux sources les plus pures avec une sincérité à laquelle il faut rendre hommage, mais incapables d'aborder avec hardiesse les modèles que leur offrait la nature.

Ce remarquable travail porte une signature parfaitement lisible, gravée dans le marbre en beaux caractères:

✠ DEOD ET LVCAS CIVES ROMANI MAGRI
DOCTISSIMI HOC OPVS FECERVNT.

Deodat et Lucas sont deux des fils de Cosme, et

s'honorent comme lui de porter le titre de citoyen romain. Bien que l'inscription ne donne pas de date, il est aisé d'admettre que l'ornementation intérieure du chœur de l'église a dû être postérieure à l'achèvement du portique et de tous les travaux extérieurs ; le nom des deux collaborateurs est bien fait du reste pour se rapporter à une époque que l'on peut fixer entre les années 1240 et 1250 sans cependant pouvoir se prononcer d'une façon plus certaine.

Nous avons déjà rencontré des chancels établis d'après les mêmes données décoratives et architecturales ; aux églises de Sainte-Marie *in Castello* de Corneto, d'Alba-Fucense, des Saints-Nérée et Achillée et de Saint-Césaire à Rome, les panneaux de façade de la clôture sont comme ici formés de l'assemblage de tables carrées, environnés d'un cadre monumental ; travaux similaires et tous à peu près contemporains. Mais le chancel de Civita-Castellana, le plus brillant de tous, se reproduit, avec la même richesse, le même éclat, les mêmes dispositions d'ensemble et de détails, dans les deux grands panneaux qui accotent le siège épiscopal à la basilique de Saint-Laurent-hors-les-Murs ; il y a identité de forme, de dimension, de dessin ; plaques de porphyre et de serpentine, cadres de marbre, champs de mosaïques, encadrement sculpté, socle, entablement, colonnes torses et pilastres, tout est absolument pareil. Ces deux ouvrages ont dû être faits à Rome, dans le même atelier de marbrerie, à quelques années de distance peut-être ; celui qui est signé étant le premier en date et ayant servi de modèle à l'autre.

A Falieri, petite ville voisine de Civita-Castellana la signature de Laurent et de Jacques se trouve gravée sur l'encadrement de marbre de la porte de l'église ; on lit :

LAVRENTIVS CVM JACOBO FILIO
SVO FECIT HOC OPVS.
HOC OPVS QVINTAVALLVS FIERI FECIT.

Ce travail doit être de quelques années antérieur à la restauration de Civita-Castellana.

Le nom du marbrier Laurent se retrouve encore gravé, comme nous l'avons vu précédemment, sur un pilastre d'un des ambons de l'église d'Ara-Cœli ; puis il disparaît. Jacques, son fils, devient seul directeur de l'atelier de marbrerie et entreprend désormais des travaux à titre d'architecte. Le premier travail qu'il ait dirigé et signé, ou du moins le peu qu'il en reste, se rencontre aujourd'hui à l'église de Saint-Alexis sur l'Aventin. On y voit deux colonnes torses, ornées de mosaïques mais dépourvues de leur chapiteau, placées au fond de l'abside, de chaque côté du siège épiscopal ; sur le socle de l'une d'elle, on peut lire l'inscription gravée, rapportée par le cardinal Taruggi comme ayant appartenu à la confession entière de l'église Saint-Bartolomeo dans l'île du Tibre :

IACOBVS LAVRENTII FECIT HAS DECEM ET
NOVEM COLVMPNAS CVM CAPITELLIS SVIS.

Jacques, fils de Laurent, avait donc exécuté dix-neuf
colonnes semblables avec leurs chapiteaux, ayant servi
très probablement à surmonter le chancel et à porter une
architrave pour former clôture entre le sanctuaire et les
nefs. Après les travaux de restauration exécutés dans
l'église de Saint-Bartolomeo au début du xviiᵉ siècle, les
deux colonnes qui subsistaient alors, seul reste de tout
ce grand portique, furent transportées à l'église Saint-
Alexis et déposées où nous les voyons aujourd'hui.
Jacques, à l'époque où fut exécuté ce travail, n'avait pas
encore adopté le titre de Magister et s'honorait simplement d'être fils de Laurent ; indication précieuse, qui, à
défaut de date, montre clairement que ces colonnes
avaient été exécutées au début de sa carrière.

Le couvent de Saint-Saba, fondé à Rome au viiiᵉ siècle
par des moines grecs de l'ordre de Saint-Basile, forme
un assemblage de bâtiments isolés, un peu perdus à
travers des terrains assez vagues cultivés en jardins,
situés derrière l'église de Sainte-Balbine [1]. Pour pénétrer
dans le monastère, on franchit le mur d'enceinte en
passant sous un porche saillant dont la voûte cylindrique
et le toit s'appuient, en avant, sur deux colonnes de

---

1. *Basiliques et Mosaïques chrétiennes*, vol. I, p. 221.

granit, et en arrière, sur deux forts pilastres de marbre blanc accolés au mur. Au fond, la baie servant de porte s'ouvre sous une arcade dont le tympan est orné d'une ancienne peinture représentant saint Saba et saint André; l'archivolte de l'arc est décorée d'une bande de mosaïque, et, sur la clef, l'Agneau Pascal debout, portant la croix, est inscrit dans un disque en forme d'auréole. La voûte en berceau s'appuie dans sa longueur sur des linteaux de marbres terminés en consoles à leur extrémité.

L'église, située au fond d'une petite cour, est précédée d'un portique sous lequel s'ouvre la porte d'entrée. Cette porte, surmontée d'une mauvaise peinture représentant la Vierge Marie entre deux saints, est encadrée par un large chambranle de marbre blanc comprenant, entre deux corps de fines moulures, un champ lisse décoré d'une bande de mosaïque d'émaux rouge, vert et jaune, étoilés d'or. A la partie supérieure de ce chambranle, sur le linteau, se trouve gravée l'inscription :

✠ AD . HONOREM . DOMINI . NOSTRI . IV . XPI .
ANNO . VII . PONTIFICATVS . DOMINI . INNOCEN-
TII . III . PP . HOC . OPVS . DNO . IOHANNE . ABBATE .
BENE . FACTVM . EST . P . MANVS . MAGISTRI .
IACOBI . ✠

En l'honneur de Notre Seigneur Jésus-Christ, la septième année du pontificat du seigneur pape Innocent III, cet ouvrage, le seigneur Jean étant abbé, fut exécuté par les mains de maître Jacques.

En pénétrant dans l'église, on remarque que la nef centrale est ornée d'un fort beau et très ancien pavement comprenant des disques de porphyre enlacés par des bandes de mosaïque de marbre. Nous pensons qu'il convient d'attribuer ce travail important, véritable *opus tessellatum* à Jacques Cosmati ; l'inscription que nous venons de rapporter n'aurait pas pris tant de développement et n'aurait pas été gravée en si belle place si elle n'avait concerné une restauration complète de l'église faite par l'architecte marbrier.

Jacques exécuta donc ce travail en même temps qu'il était occupé d'autre part aux grandes constructions de Civita-Castellana, car la septième année du pontificat d'Innocent III correspond à l'année 1205, époque où ces travaux étaient en pleine activité.

On peut encore voir à Rome un autre très intéressant souvenir du même Jacques Cosmati. C'est la porte de l'ancien couvent des frères de la Sainte-Trinité, devenu par la suite la Villa Mateï. Nous avons relaté, dans notre ouvrage déjà cité, les origines de cet ordre aussi humble que dévoué au soulagement des malheureux captifs. Innocent III, en confirmant, en 1198, à ces intrépides religieux, la règle sévère qu'ils s'étaient donnée, les logea dans les anciens bâtiments du couvent de Saint-Thomas *in Formis*, situé dans un quartier désert au sommet du Cœlius. Quelques années après, il chargeait les Cosmati, ses marbriers préférés, d'indiquer, par un signe visible

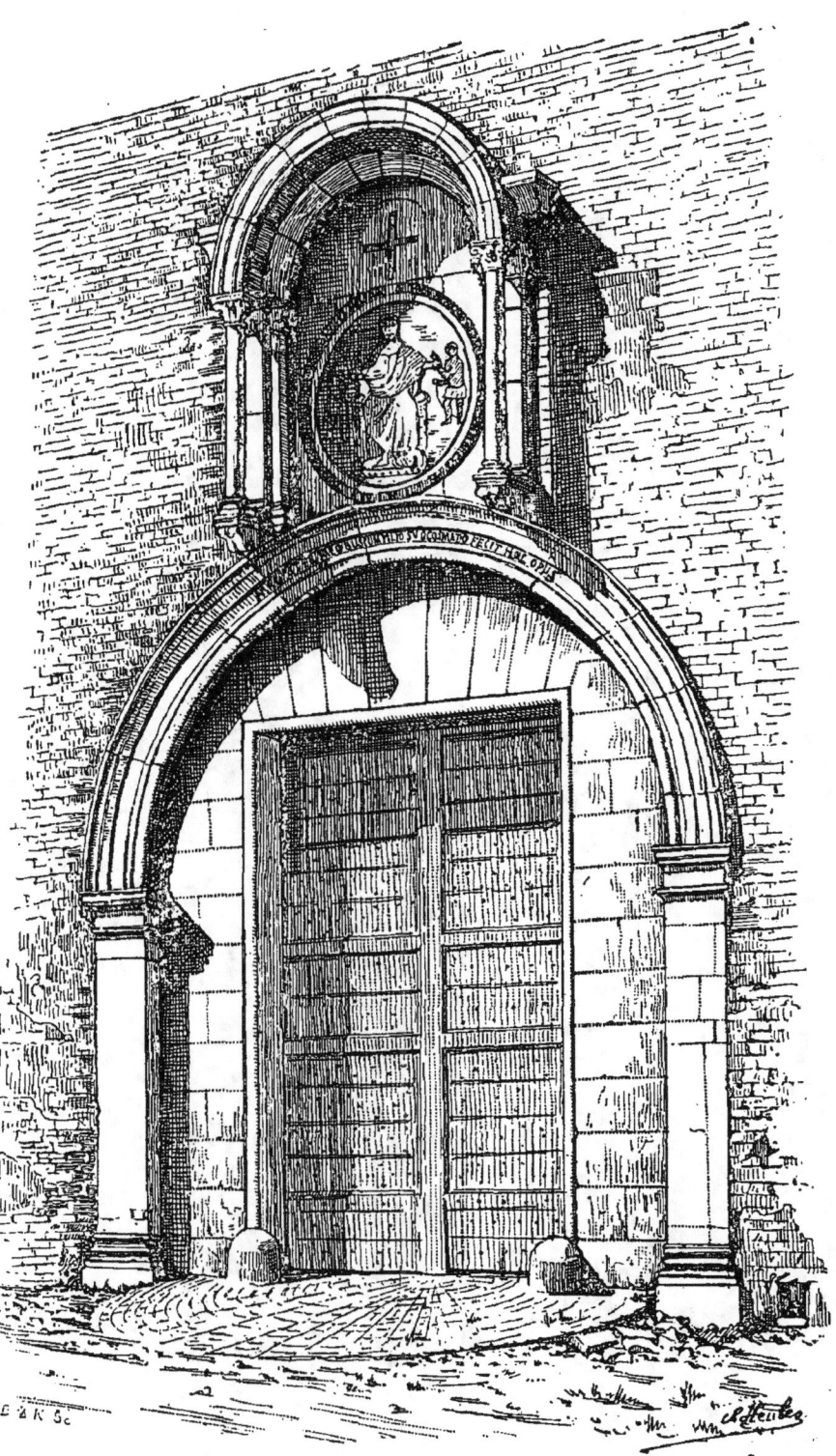

Portail du couvent de Saint-Thomas *in Formis* à Rome. — XIIIᵉ siècle.

extérieurement, la sollicitude qu'il témoignait aux œuvres de ces charitables missionnaires placés sous sa haute et bienveillante protection.

Jacques imagina d'ouvrir la porte du monastère sous une arcade de marbre portée sur des pilastres peu saillants, et de la surmonter d'un dais circulaire, afin d'abriter un tableau, en forme de médaillon, représentant, en mosaïque sur fond d'or, le Sauveur entouré de deux captifs. Nous nous sommes étendus sur le mérite et la signification de cette mosaïque[1] ; ce qu'il importe de rappeler ici, c'est l'élégance et la grâce de ce motif d'architecture où l'arcade saillante retombe de chaque côté sur des colonnettes accouplées, dont l'une est appuyée au mur et l'autre placée en avant de la première ; c'est la finesse des chapiteaux et la délicatesse des bases reposant sur des consoles engagées ; ce sont les belles proportions de la baie principale et la noble simplicité du chambranle qui l'accompagne.

L'archivolte de l'arcade porte gravée l'inscription :

MAGISTER IACOBVS CVM FILIO SVO COSMATO
FECIT HOC OPVS.

Jacques s'était donc adjoint son fils Cosme, ou Cosmatus, pour exécuter ce portail. Malgré l'absence d'autres indications, il n'est guère possible d'assigner à ce petit monument une date dépassant de beaucoup l'année 1210 ;

---

1. *Basiliques et Mosaïques*, vol. II, p. 464.

le style de son architecture concorde du reste absolument avec l'encadrement des portes de Civita-Castellana.

Cosme, le plus célèbre, sinon le plus habile de ces architectes marbriers, celui qui a donné son nom à la famille entière, travailla pendant de longues années à la cathédrale d'Anagni, d'abord seul, puis avec l'aide de ses fils.

Fondée en 1074 en l'honneur de la sainte Vierge sur l'emplacement d'un antique oratoire, achevée longtemps après, en 1102, la cathédrale d'Anagni fut à nouveau consacrée par le pape Alexandre III en 1179; elle comprenait comme bâtiments annexes, un cloître et un corps de logis occupé par les chanoines. L'église, nous l'avons vu, possédait un mobilier presbytéral des plus complets ; nous en avons décrit le beau ciborium, le candélabre pascal, le bénitier et le magnifique siège épiscopal ; il s'y trouvait en outre un chœur, probablement entouré d'une clôture, et deux ambons de marbre placés vis-à-vis l'un de l'autre. La clôture du chœur a complètement disparu ; quant aux deux ambons, on en trouve encore les débris, marbres incrustés de mosaïques d'émail sur fond d'or, gisant épars dans les nefs latérales.

Cosme fut chargé par Innocent III de restaurer complètement cette cathédrale. Les travaux durèrent plusieurs années et se terminèrent par l'adjonction à la charpente de la grande nef d'un plafond ou sophite peint en bleu d'azur avec étoiles d'or, et par l'exécution d'un pavement de marbre à compartiments de porphyre, d'albâtre, de vert antique et de granit oriental. Ce pavement était, au témoignage de de Magistris, accompagné d'une inscription gravée dans une bordure de marbre ; elle est aujourd'hui disparue :

Dominus Albertus venerabilis Agnanin. Epus. fecit hoc fieri pavimentum p. construendo Magister Rainaldus Agnanin. canonicus D. Honorii PP. III subdiaconus et cappellarius c. obulos aureos erogavit Magister Cosmas hoc op. fecit[1].

Les noms d'Honorius III, et de Rainaldus Conti, alors chanoine et sous-diacre de la cathédrale, chapelain du pape, devenu pape lui-même sous le nom d'Alexandre IV, ainsi que le nom de l'évêque Albertus, permettent de fixer la date de ce travail à l'année 1226.

Peu de temps après la fondation de l'église, le corps de saint Magnus avait été déposé dans la crypte et enfermé dans un très simple coffre de maçonnerie. Après avoir complété la restauration des nefs, Cosme procéda à celle de la crypte, et le corps du saint put être placé dans une confession digne de lui. Cette translation eut lieu le 11 avril 1231, comme l'indique une grande inscription commémorative se terminant par ces mots :

P . MANVS . MAGRI . COSME . CIVIS . ROMANI .

1. Alexandro de Magistris. Storia della cita e Basilica di Anagni. — Roma, 1747.

Tous ces mots étant employés au pluriel, il faut en conclure que Cosme s'était adjoint quelques-uns de ses fils, et que, père et fils se trouvent désignés ensemble par l'expression : « *Les maîtres Cosme, citoyens romains.* » Le pavement de marbre de cette belle crypte, fait, après la translation du saint, sur le modèle de celui de la nef, indique les noms des collaborateurs. On peut lire, difficilement il est vrai, car la plupart des mots sont effacés par les pieds des fidèles, mais on distingue encore une inscription gravée dans la marche placée au bas de l'autel ; nous la reproduisons en écrivant en caractères romains les lettres à peu près visibles : Magr. COS*mas* CIVIS R*oma*NUS. CV FILIIS SVIS LVCA ET IACOBO HOC OPVS FECIT.

Lucas et son frère Jacques qui portait le même nom que son grand'père, étaient, nous le savons, les deux premiers nés des quatre fils de Cosme.

Il semblerait que la vie d'un artiste tel que Cosme dût être consacrée tout entière au travail, et fournir de nombreux spécimens de son talent ; cependant, en dehors des cloîtres de Subiaco, datant de 1235, et du ciborium de la petite église des Saints-Jean et Paul sur lequel est gravé :

MAGISTER COSMATVS FECIT HOC OPVS.

il est impossible de retrouver avant la date de 1277

aucun autre monument portant la signature de ce maître. Cette lacune peut être attribuée aux architectes de la
Renaissance, qui, animés d'un zèle excessif et regrettable,
auraient détruit les œuvres de Cosme, comme ils l'ont fait
de tant d'autres en les traitant de barbares et en les sacrifiant au style nouvellement adopté; mais on peut accuser,
avec plus de certitude encore, les restaurateurs des
xviie et xviiie siècles, ces modernes barbares qui, dans
leur rage d'ornementation exubérante, ont bouleversé
un grand nombre d'anciennes églises et se sont rendus
coupables de la plupart de ces destructions infiniment
malheureuses. Quoi qu'il en soit, il faut, pour rencontrer à nouveau un monument exécuté par Cosme, arriver
au dernier quart du xiiie siècle, et encore, ce monument
est-il en partie dénaturé.

Il est impossible de se faire aujourd'hui une idée de
ce que pouvait être la chapelle dite « *Sancta sanctorum* »
lorsqu'elle faisait partie des bâtiments du palais du Latran, et servait d'oratoire privé aux papes. Située
au premier étage, non loin du grand Triclinium et
placée sous l'invocation de saint Laurent, elle fut
inaugurée par Étienne III, son fondateur, en 816;
Benoît III l'embellit et l'acheva en 856. Le Livre
Pontifical fait mention de cette chapelle aux règnes de
ces deux papes et indique qu'elle était précédée d'un
vestibule assez vaste. Plus tard on lui donna le nom de
Sancta sanctorum, en raison de l'importance des reliques qui y étaient conservées, on y voyait entre autres

le voile de sainte Véronique et les chefs de saint Pierre et de saint Paul. Cette chapelle était probablement en état de délabrement assez fâcheux lorsque Nicolas III ordonna à Cosme de la reconstruire complètement[1]. L'emplacement ne fut pas modifié, elle occupait une des extrémités du palais, et, grâce à cette situation écartée elle put être épargnée pendant les deux grands incendies de 1308 et de 1361 qui dévastèrent presque toutes les constructions du Latran. Sixte-Quint, ayant fait entièrement réédifier et transformer le palais, enjoignit à son architecte Fontana de rétablir cette chapelle vénérée au haut de la *Scala Sancta,* dans un bâtiment spécial, isolé, situé à quelque distance de la basilique. Domenico Fontana fit exécuter cette translation avec tout le soin possible, et nous voulons croire qu'il tint à honneur de conserver à l'architecture primitive son caractère particulier, mais il est néanmoins bien difficile d'affirmer qu'il ait pu reconstituer avec une parfaite exactitude l'œuvre de Cosme telle qu'elle était à son origine, en 1277.

Une voûte, entièrement décorée de mosaïques, avec des arêtes ogivales retombant sur des colonnes d'angle et se coupant suivant un plan rectangulaire, une frise formée d'une suite de niches trilobées, séparées par

1. On peut encore lire l'inscription suivante gravée en lettres semi-gothiques sur un des volets en métal fermant l'armoire aux reliques placée sous l'autel : *Nicolaus, pp.* III, *hanc basilicam a fundamentis renovavit et altare fieri fecit ipsum que cum eadem basilica consecravit.*

des colonnettes, des tables de marbre appliquées aux
murs, voilà tout ce que permettent de distiguer les
petites ouvertures grillées, percées à travers le mur de
la chapelle au palier supérieur de la Scala Santa. Il
faut se contenter de cette vue sommaire, car l'accès
intérieur en est rigoureusement interdit. Une plaque
de marbre sur laquelle sont gravés les mots :

MAGISTER COSMATVS FECIT HOC OPVS

est incrustée dans la muraille extérieure ; d'après l'opinion généralement reçue, cette inscription se rapporte-
rait à la reconstruction faite par les ordres de Nicolas III.
Nous n'y contredisons pas, mais nous sommes étonnés
de voir la signature de Cosme, que l'on pourrait à bon
droit appeler « le Romain », placée sur un monument
dont le style conviendait mieux à la manière de Jean son
fils. Il faut se rappeler cependant que Cosme, à l'époque
du pontificat de Nicolas III, n'était plus le jeune architecte de 1210, alors qu'avec son ardeur de vingt ans, il
aidait son père et affirmait vigoureusement son admiration pour l'antiquité romaine. Cosme était en 1277 un
vieillard de quatre-vingts ans, subissant peut-être, lui
aussi, l'influence étrangère et, ayant dû abandonner les
formes rigoureuses de l'arc en plein cintre pour suivre
le grand courant et adopter l'ogive florentine.

Nous ne pouvons refuser de reconnaître dans les
œuvres de Cosme un esprit judicieux et un talent vi-

goureux; mais il doit une grande partie de sa renommée à ses fils qui, après avoir cessé de travailler sous sa direction, se sont toujours dans leurs inscriptions réclamés de sa paternité. Ils ont beaucoup produit et leurs œuvres, parvenues en assez grand nombre jusqu'à nous, constituent une période artistique particulière et déterminent presque un style.

Des quatre fils du *Magister Cosmas* ou *Cosmatus*, les deux aînés disparaissent promptement. En dehors du pavement de la crypte d'Anagni, du cloître de Sainte-Scholastique et du chancel de Civita-Castellana, nous ne trouvons aucune mention du premier, Lucas; aussi sommes-nous autorisé à admettre qu'il mourut relativement jeune. Jacques, le second, vécut au contraire longtemps, et prit part, en collaboration avec son père, aux mêmes ouvrages que son frère Lucas. D'après ce que rapporte Cresembini, dans son histoire de la basilique de Sainte-Marie in Cosmedin, Jacques aurait signé, avec son frère cadet Déodat, le pavement de marbre de l'église de Saint-Jacques *alla Lungara*; on y voyait, dit cet historien, gravés sur une bande de marbre, les mots: *Deodatus filius Cosmati et Jacobus fecerunt hoc opus.* et Cresembini affirme avoir copié textuellement cette inscription avant la démolition de l'ancien pavage. Comme preuve de la longévité de Jacques, on le trouve mentionné dans les archives de la cathédrale d'Orvieto, en l'année 1293, sous le nom de *Jacopo de Cosma Ro-*

mano Maestro de Muratori (chef dirigeant les ouvriers maçons), ce qui équivaut à la fonction d'architecte des travaux[1]. Néanmoins, Jacques a peu produit, et cette longue existence de quatre-vingts ans serait de médiocre importance pour l'histoire de l'art, si elle ne se rattachait à la grande famille des Cosmati.

Jean, le troisième fils de Cosme, s'est au contraire fait connaître par de nombreux ouvrages presque tous parvenus jusqu'à nous dans un parfait état de conservation. Plutôt sculpteur qu'architecte, Jean s'est attaché principalement à la construction et à la décoration des tombeaux; mais, entre les travaux auxquels il participa comme collaborateur de son père, et ceux dont il eut seul la direction, on peut constater une différence considérable. Les premiers, en dehors des grands pavements des églises, sont des œuvres absolument romaïnes, tandis que les seconds, conçus sous l'impulsion des idées nouvelles, se rattachent au style ogival. Jamais, du reste, Jean et Deodat ne parvinrent à s'approprier pleinement le caractère de l'architecture gothique, leur éducation première s'opposait à ce qu'ils pussent en pénétrer parfaitement le génie. De là, est né ce genre bâtard, dépourvu de simplicité et en même temps de grandeur, élégant cependant, auquel il faut rapporter presque tous les monuments élevés

1. Della Valle : Storia del Duomo d'Orvieto.

dans les églises de Rome ou des environs, à la fin du XIIIᵉ siècle. Jean de Pise et Arnolfo di Cambio furent, pendant leur séjour à Rome, les promoteurs de ce mouvement de rénovation, mais ils ne laissèrent après leur départ que des imitateurs imparfaits ou des copistes inhabiles, aucun artiste ne se révéla capable de leur succéder et de marcher franchement dans la voie qu'ils avaient ouverte.

Dans un court espace de quinze années, on peut compter plusieurs monuments intéressants élevés sous la direction de Jean, fils de Cosme; quelques-uns ne portent pas de nom d'auteur, mais une identité absolue de style et d'exécution permet, sans aucune chance d'erreur, de les attribuer au même maître.

Guillaume Durand, évêque de Mende, illustre professeur de théologie à l'université de Bologne, mort à Rome après avoir occupé de grandes charges à la cour pontificale, est inhumé dans l'église de Sainte-Marie-sur-Minerve. Son tombeau, le premier en date des monuments funéraires sur lequel Jean ait gravé son nom, est signé à la partie inférieure du soubassement, dans un méplat de l'encadrement :

IOHS FILIVS MAGRI COSMATI FEC HOC OP.

Sur un socle, accompagné d'une grande inscription relatant tous les titres et les mérites du défunt prélat, s'élève un sarcophage, en forme de lit de repos, orné dans la partie basse de l'écusson de Durand, cinq fois répété, se détachant sur une mosaïque à fond d'or; un drap mortuaire, relevé au milieu et retombant sur les côtés en beaux plis symétriques, recouvre la partie supérieure.

L'évêque de Mende, étendu, les mains croisées, sur cette couche de marbre, appuie sa tête mitrée sur un coussin ; le corps est strictement emprisonné dans les plis sévères et réguliers des vêtements sacerdotaux ; deux anges debout, gardiens rigides drapés dans de longues robes, veillent aux pieds et à la tête du défunt. Le tombeau est surmonté d'un dais gothique, dont l'arcade ogivale trilobée, ornée de mosaïques, supporte un fronton à crossettes et retombe sur deux consoles saillantes. La partie du mur ainsi circonscrite est occupée par un tableau en mosaïques, représentant : la Sainte-Vierge, tenant l'Enfant Jésus sur ses genoux, assise entre saint Dominique d'un côté, et saint Privat, évêque, de l'autre ; ce dernier désigne à la Mère du Sauveur le pape Boniface VIII, petite figure agenouillée en posture de donateur, preuve suffisante de la participation active du pontife à l'érection du monument.

Ce lit de repos, ces anges, cette sorte d'alcôve tendue d'étoffe, constituent des éléments nouveaux dans l'œuvre générale des Cosmati et sont bien l'indice du sentiment naturaliste qui dominait alors, mais ces accessoires sont adaptés avec une naïveté et une timidité telles qu'elles touchent de près à la gaucherie ; l'artiste hésite, n'est pas sûr de lui, veut faire acte de novateur, et, c'est avec maladresse qu'il arrive à se satisfaire. Les lignes élégantes du dais présentent plus de netteté ; elles n'ont cependant rien en elles-mêmes de bien original et répètent à peu près les formes gothiques généralement en usage à cette époque.

Gonzalvo Rodriguez, évêque d'Albe, mourut peu de temps après Guillaume Durand, aussi, le même artiste, Jean fils de Cosme, put-il être également chargé de lui élever une sépulture. Ce mausolée est situé dans la basilique de Sainte-Marie-Majeure. On lit sur la face du soubassement l'inscription suivante :

HIC DEPOSITVS FVIT QUONDVM DOMINVS CONSALVVS EPS ALBONVM ANNO DOMINI M . CC . LXXXXVIII.

et au-dessous, la signature :

HOC OP FEC IOHES MAGRI COSME CIVIS ROMANVS.

Le seigneur Gonzalvo fut donc très probablement inhumé dans le courant de l'année 1298, et son tombeau a dû être achevé en même temps ou presque en même temps que celui de l'évêque de Mende. Du reste, tous deux pré-

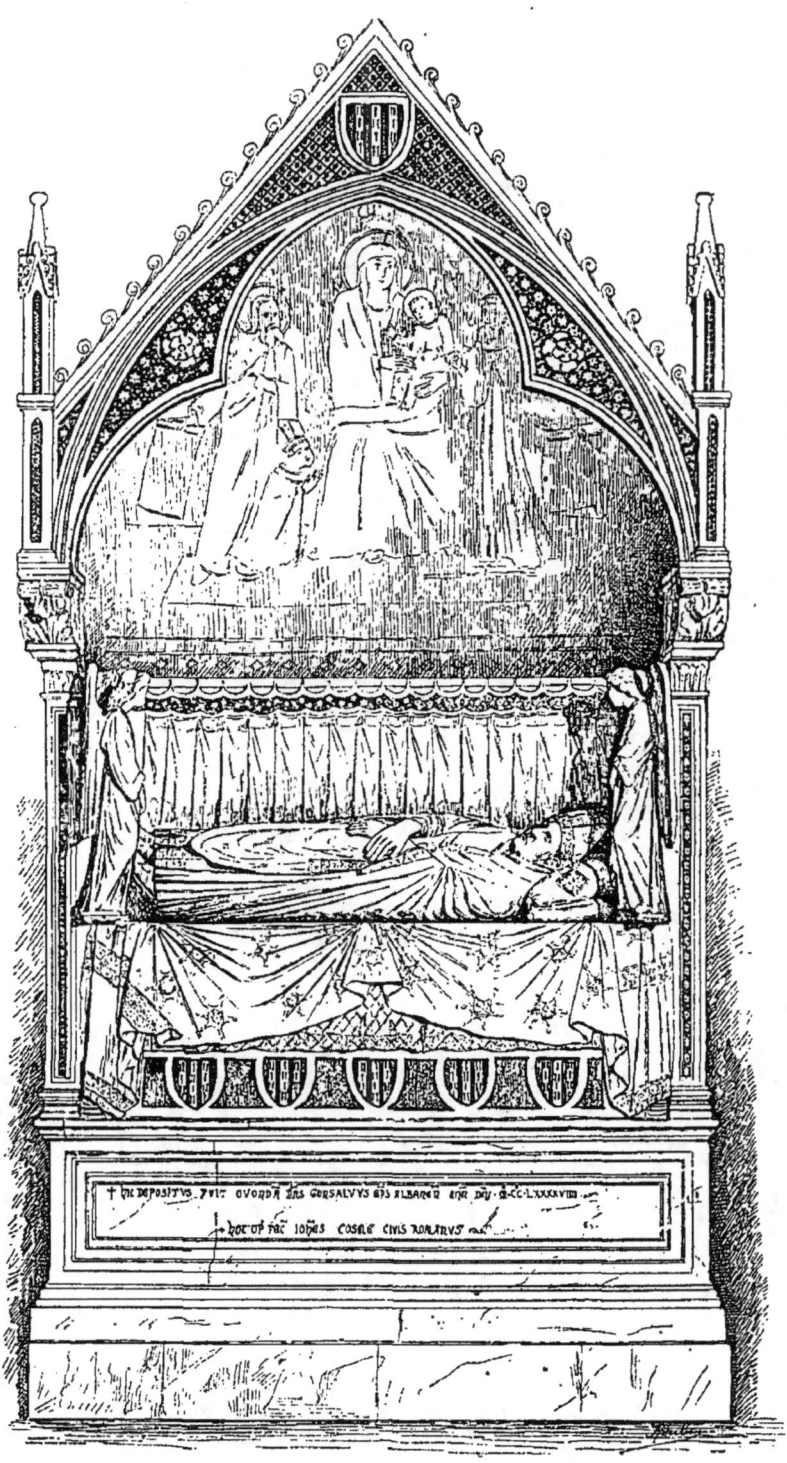

Tombeau du cardinal Gonzalvo Rodriguez. — Basilique de Sainte-Marie-
Majeure à Rome. — XIIIᵉ siècle.

sentent absolument le même type, les mêmes caractères, on les dirait copiés l'un sur l'autre : même socle, même lit de repos drapé de la même façon, également orné à la partie inférieure de cinq écussons ; mêmes anges protecteurs pour veiller aux pieds et à la tête du défunt ; enfin, même baldaquin ou dais gothique orné de mosaïques dans les tympans et porté sur des consoles soutenues elles-mêmes par des pilastres identiques. L'ordonnance du tableau en mosaïque placé sur la muraille est également la même : la Vierge Marie, portant le divin Enfant, est assise, ayant à sa gauche, saint Mathieu, et, à sa droite, saint Gérôme lui présentant l'évêque d'Albe agenouillé. La statue couchée de Rodriguez ressemble énormément à celle de Durand, la pose en serait exactement la même si elle n'était tournée dans le sens opposé.

Il est cependant entre les deux monuments une différence intéressante à constater, et qui, du reste, frappe au premier examen. L'un, le tombeau de Guillaume Durand, est signé modestement, timidement même, au bas d'un cadre, dans une moulure, l'auteur, loin de placer son nom en évidence, semble plutôt chercher à dissimuler sa personnalité ; tandis que l'autre, le monument de Gonzalvo Rodriguez, porte une signature superbe, gravée en beaux caractères gothiques sur le panneau même du soubassement, l'artiste s'y intitule fièrement citoyen romain, on dirait, que satisfait de son œuvre, il ne veut laisser personne ignorer qu'il en est l'auteur.

Et en effet, cette timidité d'exécution, que nous constations tout à l'heure, n'existe plus ici. Si l'ensemble est conçu dans les mêmes données, si le dessin est en tout semblable pour les deux monuments, la main qui tient à présent le ciseau s'est affermie, la pensée qui la guide est plus élevée. Les anges ailés ont un caractère de recueillement, une allure de protection, une souplesse de mouvement que nous ne leur connaissions pas, et, la statue principale, toute droite et raide qu'elle est encore dans sa pose, atteint un degré de noblesse qui a lieu de nous surprendre. La tête surtout, coiffée d'une mitre brodée, reposant sur un coussin de riche étoffe, un peu inclinée du côté extérieur, est d'une grande beauté plastique et d'un naturel parfait.

Que s'est-il donc passé en si peu de temps, car les deux tombeaux sont presque contemporains? Qu'est-il arrivé, pour que le simple maître marbrier soit devenu un sculpteur forçant à présent notre estime, sinon notre admiration? Giotto, Simone Memmi, Pietro Cavallini, ces éminents naturalistes dont on peut constater la présence à Rome pendant les années 1298 et 1300, avaient-ils initié le fils de Cosme aux secrets de leur art? Lui avaient-ils appris à étudier la nature? Dut-il ces étonnants progrès aux conseils de Jean de Pise? Peut-être, toutes ces hautes influences se sont-elles combinées pour concourir au résultat obtenu. En tous cas, elles n'ont eu qu'un effet restreint, et, si du côté de la statuaire, il y a réel progrès, le génie inventif fait défaut, le fils de Cosme parcourt des routes déjà tracées, avec plus de sûreté peut-être, mais sans apercevoir de nouveaux horizons[1].

Sous les voûtes nouvellement refaites de l'ancienne église de Sainte-Balbine, on trouve encore une des œuvres les plus remarquables de notre marbrier sculpteur. Nous voulons parler du tombeau du diacre Étienne de Sourdis, chapelain du pape Boniface VIII, mort en 1300.

Ce monument, bien qu'incomplet, car le sarcophage devait être sans nul doute abrité, suivant l'usage, sous un dais gothique, n'en offre pas moins un intérêt considérable. Il est signé dans une grande inscription commençant par les mots :

IOHS . FILIVS . MAGRI . COSMAT . FECIT . HOC.

OPVS.....

et se terminant par :

DOMM . STEPHANO . D . SVRDIS . DNI . PP.

CAPELLARIVS.

1. Giotto avait été appelé à Rome en 1298, sous le pontificat de Boniface VIII par Gœtano Stefaneschi, neveu du pape, créé cardinal sous le titre de Saint-Georges au Velabre. Il avait exécuté avec l'aide de Simone Memmi et de Pietro Cavallini, ses élèves, la célèbre mosaïque de la Nacelle à Saint-Pierre.

Ce mausolée doit donc être classé parmi les œuvres authentiques de Jean et prendre une date certaine, de très peu postérieure à celles des tombeaux précédents; mais il présente un caractère ornemental tout nouveau.

Sur un grand socle uni, s'élève un premier soubassement incrusté de larges dessins de mosaïques, disques de porphyre reliés entre eux par des bandes entrelacées. Le sarcophage proprement dit, la châsse sépulcrale placée sur ce soubassement est un coffre rectangulaire dont la façade refouillée en caissons de formes variées (étoiles à quatre branches ou octogones, avec fond de mosaïque) présente les écussons de la famille de Sourdis encadrés par des moulures géométriquement combinées. Cette fantaisie décorative obtenue au moyen des recoupements d'une série d'arcs ogivaux, n'aurait pas été admise dans un monument de style purement romain.

Le diacre Stefano repose au sommet de l'édifice, étendu sur un lit dont la draperie se relève en plis réguliers plusieurs fois répétés; il a les mains croisées sur la poitrine, la tête un peu inclinée vers le spectateur; son vêtement est un long surplis d'étoffe légère, orné d'une dentelle au col, aux poignets et au bas de la jupe. Malgré sa jeunesse, son visage, aux traits vigoureusement accentués, est empreint d'une austère gravité, mais, et c'est là le défaut particulier de cette statue, la rigidité est par trop absolue. Si le naturalisme florentin a inspiré maître Jean, celui-ci a poussé trop loin l'étude de la vérité; ce n'est pas le sommeil, c'est la mort que l'on a sous les yeux, on se croirait en face d'un cadavre habillé.

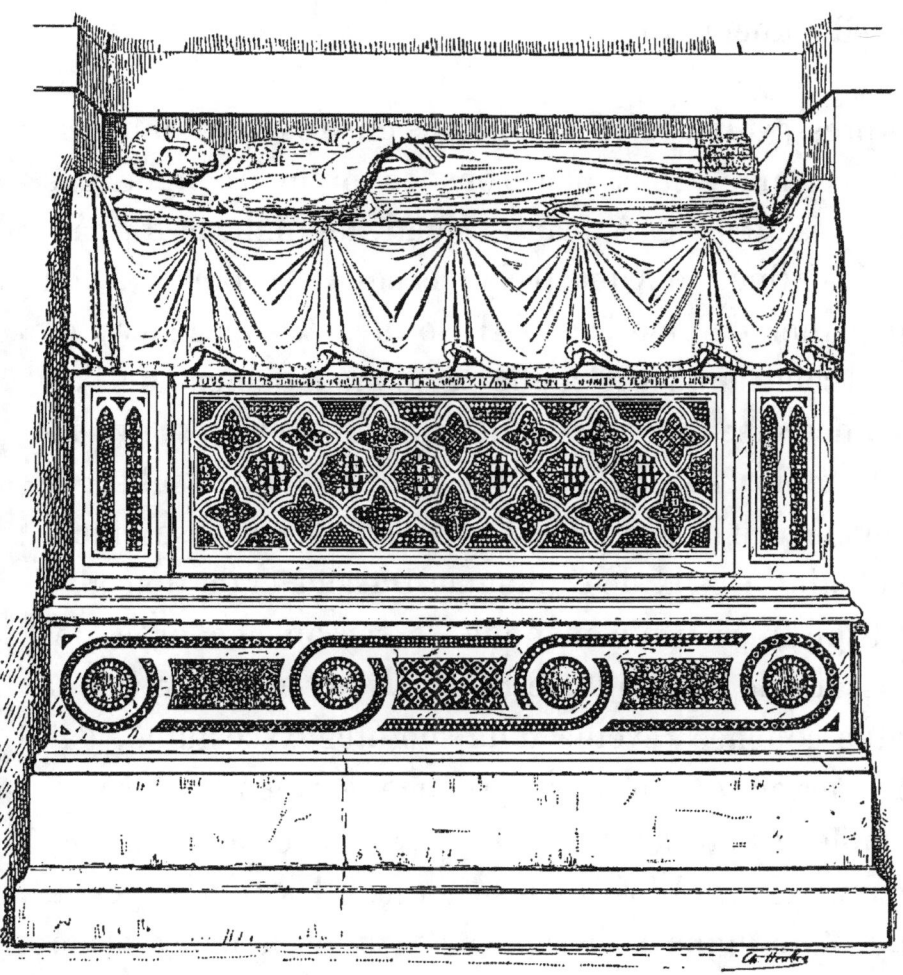

Tombeau du diacre Étienne de Sourdis. — Église de Sainte-Balbine à Rome.
XIIIᵉ siècle.

Un dais en forme de ciborium devait très proba- blement surmonter le tombeau, et, bien qu'il n'en existe plus aujourd'hui aucun vestige, nous pouvons le croire disparu à la suite des travaux de restauration exécutés dans l'église ; il est facile du reste de se le figurer exactement semblable à ceux que Jean avait précédemment édifiés.

Après avoir épuisé la liste des œuvres ayant une origine certaine, nous placerons en première ligne des ouvrages attribués à Jean Cosmati, le tombeau du cardinal Mathieu d'Aquasparta, évêque de Porto, l'ami particulier de Boniface VIII, son légat, son général en chef, celui auquel il confia le commandement de l'armée destinée à combattre les Colonna révoltés. Aquasparta mourut en 1300 et fut inhumé dans l'église de Sainte-Marie in Ara Cœli. Le monument est absolument semblable à ceux de Guillaume Durand et de Gonzalvo Rodriguez, rien n'y manque, le sarcophage orné des écussons de la famille, le lit drapé sur lequel repose la statue couchée revêtue d'un somptueux costume, l'alcôve servant de fond, les deux anges gardiens, et de plus, le tableau votif avec même ordonnance. Ici la Sainte-Vierge, tenant l'Enfant Jésus, reçoit les hommages de saint Dominique et de saint Mathieu, et, la figurine agenouillée représente le cardinal ; seulement, ce tableau est peint à fresque sur le mur, tandis que les autres sont incrustés en mosaïque.

Le sarcophage est surmonté, comme toujours, d'un dais gothique comprenant un arc ogival trilobé, des

tympans décorés de mosaïques et un fronton à crossettes porté en avant sur deux colonnes qui évidemment ont été ajoutées postérieurement. Il est fâcheux
que le restaurateur d'alors, ne s'en tenant pas à ce travail de consolidation, ait cru devoir inscrire au-dessus
du tableau, dans l'arcade ogivale, un arc en plein cintre
raccourcissant l'espace et écrasant absolument les personnages ; le segment ainsi obtenu est orné de décoration en mosaïques et d'une tête de Christ bénissant.

Si l'absence de signature peut laisser supposer que
Jean n'est pas l'auteur de ce tombeau, il faut admettre
chez le maître marbrier quel qu'il soit, auquel on
voudra l'attribuer, une tendance bien extraordinaire
à copier servilement ceux que le fils de Cosme avait
exécutés précédemment. Au reste, par la facture, par le
style des sculptures, ce monument se rapproche étonnamment de celui de Guillaume Durand ; s'il n'a pas
toutes les qualités du mausolée de Rodriguez, il est
facile d'admettre cependant que cette œuvre est sortie
de l'atelier des Cosmati et qu'elle a été faite sous la
direction de Jean qui en était alors le chef. A cette
époque, cet artiste surchargé de travaux, devant exécuter, presque en même temps, plusieurs ouvrages du
même genre, tous de grande importance, s'est vraisemblablement servi d'un type unique, satisfaisant
pleinement aux conditions du programme qui lui était
imposé, mais le temps a dû lui manquer pour imprimer
à chacun d'eux un caractère particulier et original ; de

là, cette similitude absolue dans l'ensemble et ces quelques différences dans les détails.

On a voulu, nous l'avons déjà dit, attribuer à Jean Cosmati, ce grand constructeur de tombeaux, le monument funéraire de la famille Gaëtani à Anagni. Quelques auteurs, Boïto entre autres, l'ont pensé, sans invoquer toutefois, à l'appui de leur dire, d'autres preuves qu'une certaine analogie dans la forme générale. Nous ne partageons pas cette opinion. Rien, selon nous, dans le sarcophage d'Anagni n'indique positivement la facture du fils de Cosme, pas même le baldaquin ogival dont il est surmonté, et qui était, à la fin du xiii° siècle, d'un usage tellement répandu que nous ne pouvons y voir un indice suffisant à une attribution particulière.

Nous ne saurions être aussi affirmatifs en face d'un monument très important et bien intéressant, situé dans l'église des dominicains à Orvieto. Beaucoup d'historiens dignes de foi s'accordent à indiquer un artiste du nom de Jean ou Giovanni, comme ayant exécuté le tombeau du cardinal Guillaume de Bray[1]. Cette attribution se base-t-elle sur une légende ou sur une tradition historique? Nous ne saurions le dire. En tous cas, si elle est exacte, il en faudrait conclure que ce Giovanni

---

1. Guillaume de Bray ou Braio était français, savant théologien, érudit, littérateur, il avait été archevêque de Reims avant d'être créé cardinal de Saint-Marc par Urbain IV, en 1263. Retenu par des charges importantes à la cour pontificale, il mourut à Orvieto en 1282, le troisième jour des calendes de mai.

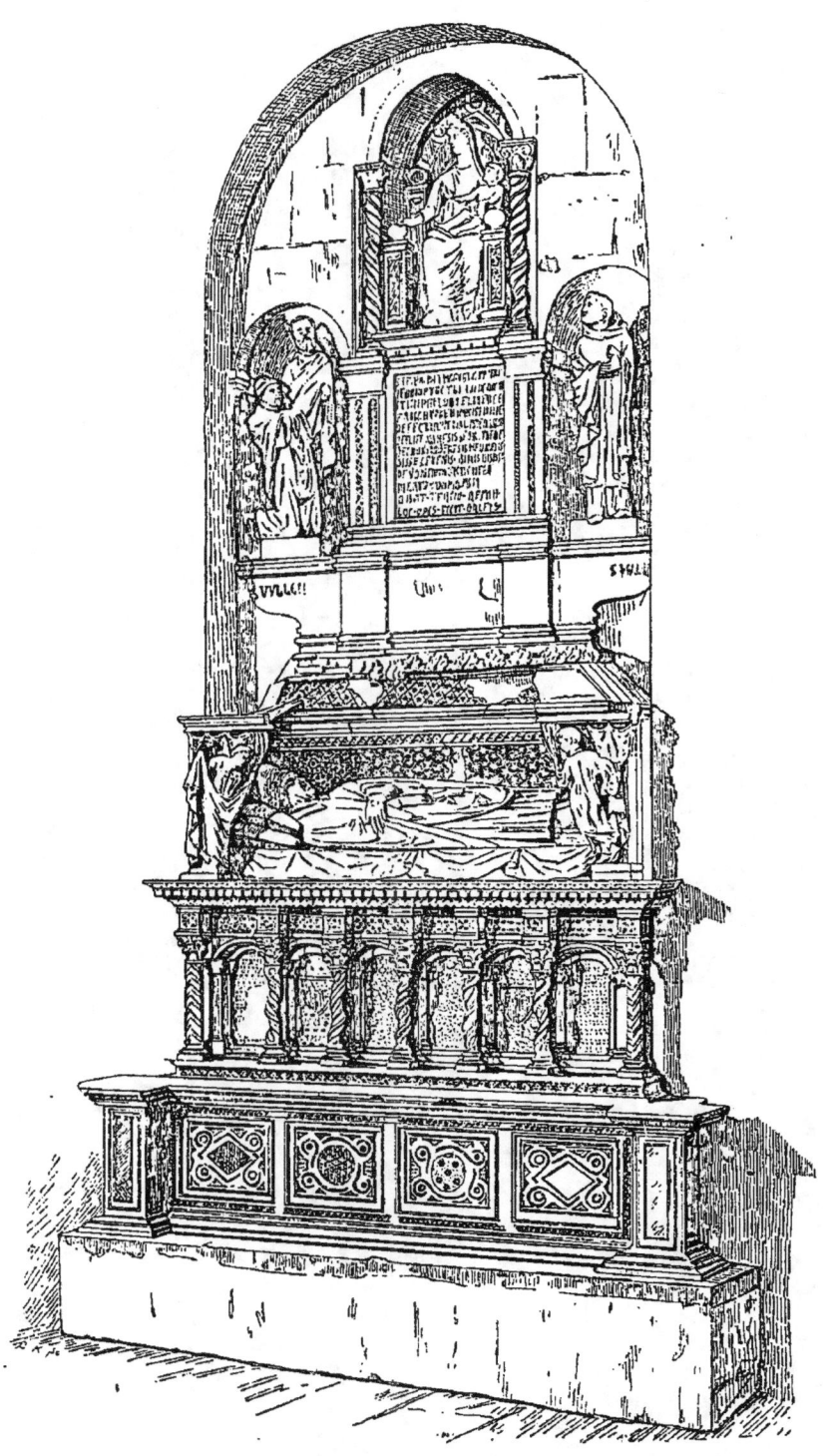

Tombeau du cardinal Guillaume de Bray. — Église de Saint-Dominique
à Orvieto. — XIIIe siècle.

aurait été chargé d'interpréter les dessins et les plans fournis par Arnolfo di Cambio, puisque le monument porte gravé sur le marbre, à la suite d'une longue inscription, le signature :

HOC OPVS FECIT ARNOLPHVS.

Ce Jean ne peut être Jean de Pise, qui, arrivé à cette époque, (le cardinal mourut en 1282) à l'apogée de son talent et de sa renommée, n'aurait pas accepté une situation relativement inférieure vis-à-vis d'un de ses condisciples. Il faut donc reporter à Jean Cosmati l'honneur d'avoir été dans cette circonstance le collaborateur de l'éminent architecte florentin.

Au-dessus d'un premier soubassement, large de 3ᵐ,75 et de 0ᵐ,75 de hauteur, orné de cadres et de panneaux en mosaïque, s'élève un étage de colonnes torses et d'arcades dont les fonds sont occupés par des écussons et des dessins d'étoffe également en mosaïques, souvenir assez frappant des dispositions adoptées au tombeau d'Adrien V. Sur ce riche piédestal, la statue du cardinal repose dans une sorte d'alcôve protégée par une toiture ; en avant, deux anges relèvent des rideaux glissant sur une tringle, motif reproduisant, d'une façon presque identique, la scène du mausolée de Benoît XI. La partie supérieure du monument comprend trois niches, dont deux, occupées par des statues de saints, accotent une table de marbre sur laquelle est gravée la grande inscription relatant les vertus, les titres et la date de la mort du cardinal ; tandis que la troisième, cantonnée de colonnes torses, domine tout l'ensemble, et renferme la statue de la Vierge mère du divin Bambino.

Toute la partie inférieure du monument est faite d'un marbre blanc qui a pris sous l'influence du temps une belle teinte rosée ; les mosaïques sont à fond d'or, leur coloration générale est d'un rouge éclatant. La toiture de l'alcôve, en partie brisée, laisse voir par cette cassure la mosaïque qui en tapisse le fond. Les draperies sont en général souples, il y a du mouvement dans les figures de la partie supérieure, les visages surtout sont d'un naturel très étudié ; la Vierge couronnée d'un diadème, assise au sommet, dans une pose majestueuse, porte le divin Enfant qui bénit. La tête de Guillaume de Bray est appuyée sur un double coussin de marbre blanc et rouge, le visage est imberbe et marqué de rides profondes, les mains sont recouvertes de gants brodés d'une étoile ; l'allure générale de cette statue est encore un peu roide, les plis du vêtement manquent de souplesse. Les deux anges sont au contraire plutôt un peu maniérés dans leur mouvement et les plis de leurs robes sont d'une extrême finesse ; on pourrait croire à un contraste voulu.

Somme toute, ce mausolée procède du même art que ceux de Viterbe et de Pérouse, art de transition, un peu bâtard, art romain toscanisé sous l'influence de

Giotto, de Jean de Pise et d'Arnolfo di Cambio. D'après ce que nous savons de lui, Jean Cosmati peut très bien en avoir été l'interprète.

Si Jean ne fit que des tombeaux, Deodat ou Adeodat, le dernier des fils de Cosme, ne fit guère que des ciboires. Cependant, comme nous l'avons vu, Deodat signe avec son frère Lucas le chancel de Civita-Castellana et avec son frère Jean le pavement de marbre de l'église Saint-Jacques *alla Lungara* ; cette signature acquiert même à l'égard de Deodat, une grande importance ; les mots *Deodatus filius Cosmati* étant le seul témoignage authentique par lequel on puisse rattacher avec certitude le marbrier Deodat à la famille des Cosmati.

Deux œuvres intéressantes de lui nous ont été conservées. La plus importante, le ciborium du maître autel de Sainte-Marie in Cosmedin, a été érigée, d'après l'inscription qui s'y trouve gravée, par les soins du cardinal François Gaëtani, neveu de Boniface VIII, mais cette inscription ne comporte aucune date. Cependant on peut avec certitude fixer la construction de ce ciborium aux dernières années du XIIIe siècle ; l'exaltation de Boniface VIII eut lieu en effet le 24 décembre 1294, et l'élévation de François au cardinalat est d'environ une année postérieure[1]. De plus, par sa forme générale, ce monument

---

1. François Gaetani fit partie de la première création de cardinaux faite après l'élévation au trône pontifical de son oncle ; elle eut lieu le 17 décembre 1295. Ciacconio. *Historiæ Pontificum.* Rome, 1677.

n'est qu'une reproduction diminuée du ciborium de Saint-Paul-hors-les-Murs, élevé en 1285.

Arnolfo, avec son génie, était un créateur ; Deodat, artiste d'un bien moindre mérite, n'a pu mieux faire que d'imiter, en la simplifiant, l'œuvre du grand architecte. A Sainte-Marie in Cosmedin, le ciborium repose sur quatre colonnes antiques de granite oriental rouge ornées de chapiteaux d'ordre composite, seuls restes de l'ancien ciborium restauré par Alfanus ; quatre arcs en tiers point, trilobés, portent sur ces colonnes, et quatre piliers ajourés, surmontés de pinacles, maintiennent aux angles la poussée de la voûte d'arête intérieure. Sur le sommet de ces arcs passe une corniche horizontale, et, au-dessus, s'élèvent quatre frontons ornés de crossettes ; un grand clocheton central terminé par une croix couronne le ciborium ; des anges sculptés en bas-relief, se détachant sur un fond de mosaïque d'or, décorent les tympans des arcs, tandis que ceux des frontons sont ajourés par une rosace quadrilobée.

Ainsi, Deodat, adoptant pour le ciborium de Sainte-Marie in Cosmedin les dispositions générales de celui de Saint-Paul-hors-les-Murs, aurait été nécessairement amené à appliquer les mêmes principes de stabilité, les mêmes règles architectoniques, le même style. Quelques différences peuvent être cependant constatées dans l'ornementation des deux ouvrages, mais si celui-ci présente moins de richesse, on reconnaît facilement que tous deux se composent des mêmes éléments. La

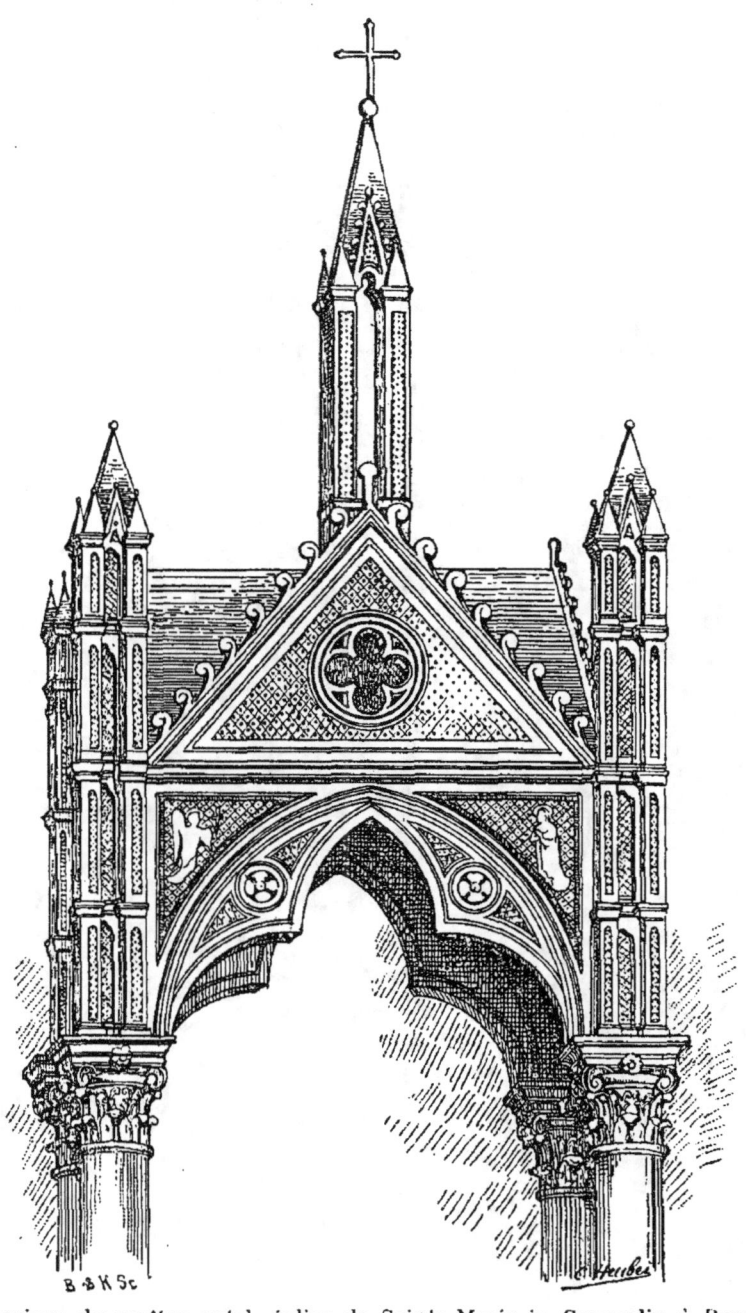

Ciborium du maître autel, église de Sainte-Marie in Cosmedin à Rome.
XIIIe siècle.

similitude est telle que l'on peut se demander si Deodat
a bien conçu lui-même le plan de son ciborium, tout
en s'inspirant de celui de Saint-Paul, ou, si sa tâche
plus restreinte encore, ne s'est pas réduite à exécuter
simplement, comme l'avait fait son frère Jean pour le
tombeau du cardinal de Bray, les dessins fournis par
Arnolfo ?

La signature :

DEODAT ME FECIT

placée au bas du tympan de la façade, ne répond pas
d'une façon bien catégorique à cette question. Son
extrême laconisme laisse subsister un doute, et ce doute
vient naturellement à l'esprit, lorsqu'on se souvient
qu'Arnolfo di Cambio vécut jusqu'en 1310 et se maintint
jusqu'à la fin de sa vie en correspondance avec les
marbriers romains.

Il est donc permis de croire, et nous inclinons fortement vers cette opinion, sans toutefois pouvoir nous
prononcer avec une certitude entière, que le marbrier
Deodat exécuta le ciborium de Sainte-Marie in Cosmedin
au moyen de procédés de collaboration analogues à
ceux dont s'était servi son collègue et contemporain
Petrus, lorsqu'il travaillait au grand ciborium de Saint-
Paul ; c'est-à-dire, d'après les dessins et sous la haute
direction d'Arnolfo.

En parcourant les galeries du cloître de Saint-Jean-de-Latran, musée lapidaire où sont conservés de nombreux fragments provenant de l'ancienne basilique, on peut remarquer deux grands tympans de fronton, ornés de crossettes rampantes, largement ajourés en leur milieu par une rosace composée d'arcades aiguës, trilobées, tendant en un point central au moyen de petites colonnettes formant rayons. Les parties planes de ces tympans étaient couvertes de mosaïques à fond d'or dont il reste encore quelques traces, et l'un d'eux est surmonté de l'écusson des Colonna. Ces restes, d'une architecture délicate et d'une ornementation pleine de finesse, faisaient autrefois partie d'un ciborium élevé au-dessus de l'autel particulier, dédié à sainte Madeleine (*diva Maria Magdalena*) situé, dans la grande nef de la basilique, à gauche de la confession de l'apôtre. On voit encore, gravés en belles lettres gothiques, de chaque côté de la rosace, les mots :

MAGR.DEODAT.FECIT.HOC.OP.

Ici l'inscription, plus complète et plus explicite qu'au ciborium de Sainte-Marie in Cosmedin, ne peut laisser de doute et proclame d'une façon certaine que Maître Deodat fut, dans toute l'acception du terme, l'auteur du monument.

Ce ciborium était porté sur quatre colonnes de marbre isolées, avait quatre faces, et quatre frontons semblables. Au droit des colonnes, quatre piliers en forme de pinacles servaient de point d'appui aux frontons en même temps qu'ils équilibraient par leur poids la poussée de la voûte intérieure[1].

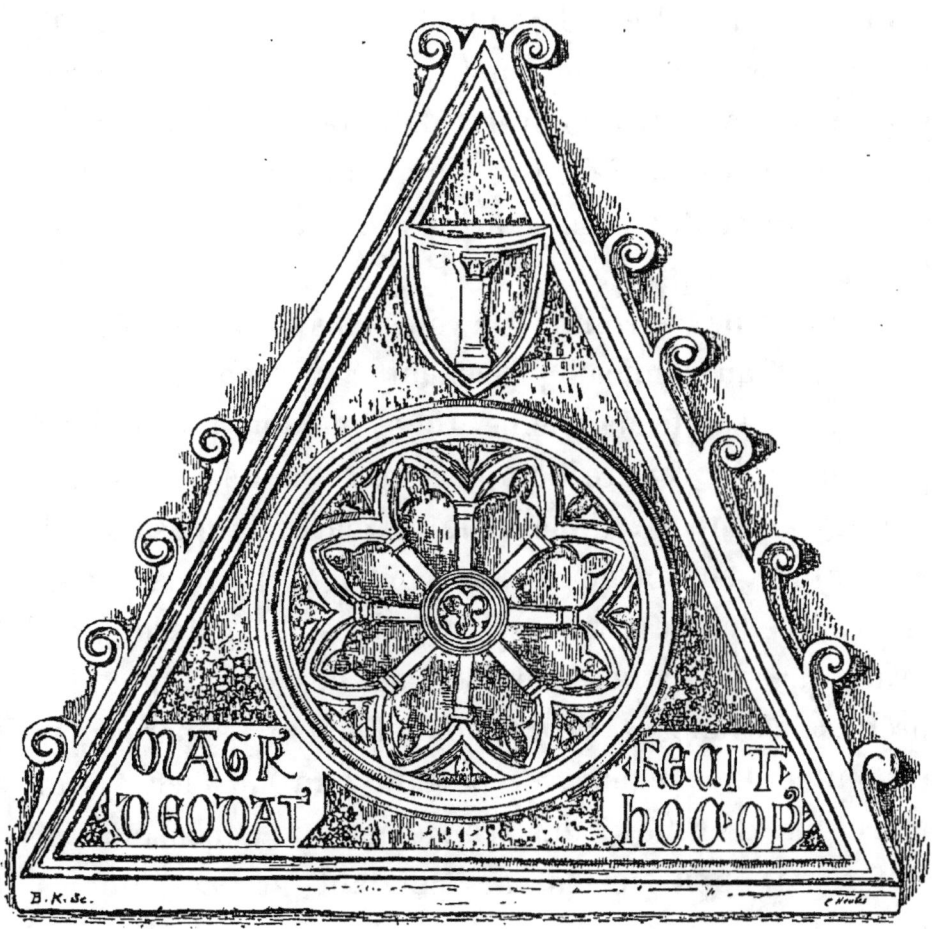

Cloître de Saint-Jean-de-Latran. — Fronton de l'autel de Sainte-Madeleine à Rome. — XIIIe siècle.

1. On pourrait peut-être reconnaître ces pinacles dans ceux qui surmontent deux groupes de colonnes torses mosaïquées, placées dans ces mêmes galeries du Latran, de chaque côté d'un beau siège antique, au-dessus d'un grand soubassement également décoré de panneaux de mosaïques.

Les deux frontons conservés au Latran seraient peut-être des guides assez sûrs pour permettre de reconstituer par la pensée le monument du xiiiᵉ siècle, mais les indications qu'ils donnent peuvent être complétées par l'étude du ciborium de Sainte-Marie in Cosmedin dont celui-ci devait être une répétition à peu de chose près exacte. Notre honoré confrère, M. Rohaut de Fleury, dans son beau livre sur la Messe, en a donné une restitution très intéressante; nous pouvons y renvoyer avec confiance le lecteur[1].

Non loin de ce fronton, on voit, dans la même galerie, un très beau panneau provenant également de l'autel consacré à sainte Madeleine. Un examen un peu attentif permet de se rendre compte que cet autel devait être autrefois composé d'une table de marbre reposant sur un coffre en forme de sarcophage. La face antérieure, celle qui est exposée dans la galerie, est ornée de six statues représentant des diacres et des prêtres s'avançant processionnellement, séparés par des intervalles égaux, et portant l'un un cierge, un autre un bénitier, un troisième un encensoir, et différents objets en usage pendant les cérémonies du culte; peut-être cette marche religieuse se développait-elle sur les autres faces de l'autel, mais rien ne l'indique d'une façon bien certaine. Ces figures se détachent en haut relief sur un fond de mosaï-

1. *La Messe*. G. Rohaut de Fleury, pl. xx ... xxvii.

que stelliforme très fines d'exécution ; les têtes, assez vigoureusement modelées, ont de l'expression ; les longs
vêtements sont finement drapés ; les personnages ont du
mouvement ; un peu de lourdeur et un manque assez
sensible de proportion trahissent seuls l'inexpérience
de l'artiste.

Si nous entrons maintenant dans la grande basilique,
nous allons rencontrer, sur un pilier situé entre deux
chapelles latérales, certains morceaux de sculpture, fort
heureusement conservés, qui viennent compléter les
renseignements déjà recueillis relatifs à l'autel de Sainte-
Marie-Madeleine. L'ensemble de ces fragments forme
une espèce de rétable reconstitué, à une époque relativement moderne, avec des panneaux anciens. Celui du
milieu est placé dans une sorte de niche plate en arcade
dont le fond est incrusté de mosaïque stelliforme, et dont
la partie supérieure est ornée d'une rosace rayonnante ;
le sujet représente le cardinal Jacques Colonna, agenouillé
dans une pieuse attitude d'adoration, offrant à notre Seigneur, sous la protection de saint Jean-Baptiste son patron, un petit édicule à fronton aigu accoté de pinacles. A
droite et à gauche de ce panneau central, il en existe deux
autres décorés d'une arcade ogivale subdivisée et d'une
rosace, dont les nervures de marbre blanc se détachent
sur un fond de mosaïque semblable à celui de la niche.

Non seulement le fond de mosaïque a ici une ressemblance frappante avec celui de la face d'autel de
la galerie du cloître, mais les personnages offrent des

deux côtés de grandes analogies, par leur manque d'élégance, par l'agencement des plis de leurs vêtements, par le style général de la sculpture, et par leur relief prononcé. De plus, et comme complément des indications que peut fournir le rapprochement de ces morceaux, tous du reste exactement de même hauteur, il existe sur le rétable une inscription, divisée en deux parties, ainsi disposée ; d'un côté :

ANNO . DOMINI . M . CC . LXXXVIII . MENSE.
APRILI . DIE . VIII.

et de l'autre :

DOMINVS . IACOBVS . DE . COLVMPNA . CARD.
SCC . M . IN . VIA . LATA . PRO . ANIMA . COMITIS.
FECIT . FIERI . HANC . CAPELLAM . CVM . ALTRI.
ET . OMNIBVS[1].

---

1. Jacques Colonna, fils d'Odon Colonna, avait été créé cardinal du titre de S. M. in via Lata le 4 des ides de mars 1278 par Nicolas III qui montra en maintes circonstances une affection toute particulière envers les membres de cette famille. Pierre Colonna, neveu de Jacques, fut élevé au cardinalat en 1288 par Nicolas IV. Jacques mourut le 14 août 1318 et fut inhumé dans le chœur de la basilique de Sainte-Marie-Majeure dont il était archiprêtre. Il est assez curieux de constater que l'autel dédié à sainte Madeleine, érigé sans doute, comme témoignage de reconnaissance pour les nombreux bienfaits répandus à cette époque sur toute la famille, ne fut consacré que sous le pontificat de Boniface VIII, l'ennemi des Colonna, celui qui, par une bulle en date du 10 mai 1296, les avait privés de tous leurs titres et les avait exilés de Rome. Ciacconio rapporte en effet qu'il existait avant l'incendie de la basilique une table de marbre scellée non loin du monument dont nous nous occupons, sur laquelle était gravée l'inscription suivante :
IN NOMINE DOM. AMEN. *Anno Domini* M CC LXXXX VII *mense... consecratum fuit Altare capituli ad honorem Dei et Divœ Mariœ Magdalenœ de*

Il n'y a donc pas à s'y tromper, l'édicule que Jacques Colonna tient à la main représente l'ensemble de l'autel complet, tel qu'il avait été conçu et exécuté par Deodat, et nous montre qu'il était surmonté d'un tabernacle dont faisaient partie les trois panneaux sculptés sur fond de mosaïque. Les mots *fecit hanc capellam cum altri et omnibus,* enlèvent à cet égard tous les doutes.

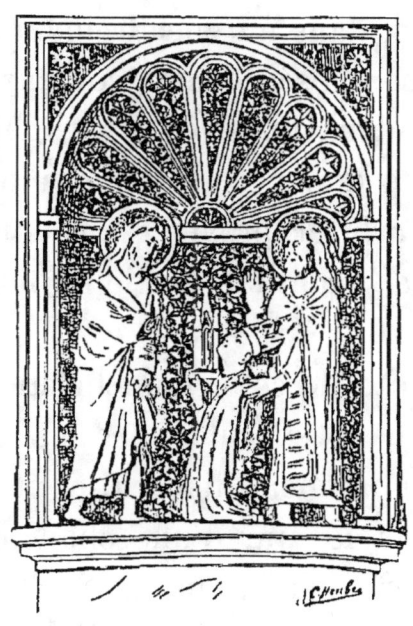

Basilique de Saint-Jean-de-Latran. — Panneau central du tabernacle de l'autel de Sainte-Madeleine. Rome. — XIIIᵉ siècle.

Ainsi l'œuvre de Deodat ne fut pas restreinte au seul ciborium, il avait également exécuté l'autel et le tabernacle ; le monument dans son ensemble avait été créé

mandato D. Bonifacii papæ octavi per D. Gerardum de Parma Episcopum Sabinum in quo Altari recondidit corpus ipsum Sanctæ sine capite et brachio et reliquias multorum aliorum Sanctorum.

par lui, et, pour en témoigner, il avait placé sa signature à l'endroit le plus apparent, sur la face principale
du ciborium.

Nous ne quitterons pas les galeries du Latran sans
remarquer un autre autel, dont l'auteur ne s'est pas fait
connaître, mais que l'on peut regarder comme un des
spécimens les plus élégants de l'art des Cosmati. Sur la
façade principale, dans un encadrement de mosaïque,
un petit ordre, composé de deux colonnettes cannelées
en spirale et de deux pilastres, porte deux arcs et un
fronton surmonté d'une croix en mosaïque. Ce travail,
dû à un habile marbrier, provient sans doute de quelque
chapelle démolie, ayant fait partie de l'ancienne basilique.

Enfin, à la suite de cette nomenclature des ouvrages encore existant, exécutés par les Cosmati, nous
signalerons un monument disparu, dont Deodat aurait
été l'auteur. Dans le mur d'une chapelle particulière
construite en 1685 par la famille des Capizucci dans
l'église de Sainte-Marie in Cosmedin, on a encastré
une pierre ayant fait partie d'un ancien tabernacle
destiné à renfermer de saintes reliques; sur cette pierre
sont gravés les mots :

HOC. OPVS. FECIT. MAGR. DEODATUS;

mais nul autre indice, nul document ne nous permet de
reconstituer ce tabernacle et d'en indiquer la forme.

Telle a été l'œuvre de cette grande famille des Cosmati, ou du moins, tel est, à bien peu de chose près,
tout ce qu'il est possible d'en découvrir. De l'apparition
du premier d'entre eux à la disparition du dernier, il
s'est écoulé plus de cent cinquante années. Bien que
les conditions au milieu desquelles ces artistes ont vécu
se soient, pendant ce long espace de temps, singulièrement modifiées, ils n'en ont pas moins exercé le même
art avec une étonnante persévérance, le perfectionnant
peu à peu en prenant toujours pour modèles et pour
bases de leurs études les monuments antiques dont
Rome était encore si largement pourvue. Si, comme ils
aimaient à le rappeler avec quelque fièreté, ces Cosmati,
architectes, sculpteurs et marbriers, pouvaient porter
le titre de citoyens romains, ils étaient surtout romains
par leurs tendances et par le caractère qu'ils surent
imprimer aux ouvrages sortis de leurs mains.

Vers la fin du xiiie siècle, les deux derniers membres
de la famille subissent l'influence irrésistible de Pise et
de la Toscane, représentée à Rome par leurs plus brillants
génies. Les formes gothiques qu'emprunte alors l'architecture, jointes au naturalisme de la sculpture, amènent
Jean et Deodat à créer des monuments d'allure indé-
cise, d'apparence bizarre ; c'est un style nouveau qu'ils
mettent en pratique, entraînés par l'engouement général ;
cela constitue, dans l'œuvre générale des Cosmati, une
seconde manière. Féconde pendant quelques années,
cette poussée éphémère est bientôt épuisée et ne peut

plus produire, mais les nombreux monuments qu'elle nous a laissés attestent son originalité et la vitalité dont elle avait été douée pendant cette courte période.

Avec le xiv° siècle, Rome abandonnée des papes semble également délaissée de l'art. Les Cosmati disparaissent, et les Florentins, venus pour créer des chefs-d'œuvre, sont rappelés dans leur patrie. Seul, Pietro Cavallini, l'élève de Giotto, illustre pendant quelque temps cette époque ; mais Cavallini est une exception, et, tout romain qu'il est de naissance, encore a-t-il des attaches artistiques toscanes. L'art s'est définitivement retiré de Rome ; Florence est devenue sa véritable capitale, le centre d'où tout émane, où tout revient, où se forment les maîtres et où travaillent les élèves : foyer intense qui échauffe le génie et va donner naissance aux précurseurs de la Renaissance.

L'art pratiqué pendant si longtemps par les marbriers romains du moyen âge avait néanmoins jeté autour de lui de fortes racines, et, de loin en loin, quelques rares rejetons en sont sortis. Nous pouvons signaler, à Sainte-Marie-Majeure, un autel de marbre sculpté, avec incrustations en mosaïques, consacré en 1340 sous le pontificat du pape Benoît XII, qui, malgré son éloignement de Rome, se montra toujours plein de sollicitude pour ses monuments et ses églises. A Sainte-Marie du Transtevère le mausolée du cardinal Philippe d'Alençon, mort en 1397, peut encore être, par certains côtés, rapproché des œuvres des marbriers du xiii° siècle. Mais il est surprenant de voir, plus d'un siècle après l'époque dont nous parlons, un artiste, d'un mérite relativement grand, s'inspirer encore aux sources de cet art oublié.

Il existe à Sainte-Marie du Transtevère, un monument funéraire que l'on pourrait croire sorti des mains d'un des marbriers du moyen âge, tandis qu'il a pour auteur le sculpteur Paulus, désigné par Vasari sous le nom de Paolo *Romano,* et vivant à Rome sous le règne de Pie II, Eneas Sylvius Piccolomini, pape de 1455 à 1464. Ce tombeau, dans lequel repose le cardinal Stefaneschi, mort en 1417, est placé au fond de la partie gauche du transept de l'église. La statue du cardinal est couchée sur un sarcophage encastré dans le mur et soutenu par quatre consoles; la façade, ornée au centre d'une grande inscription, porte aux extrémités deux écussons en mosaïque compris entre de petits pilastres; un entablement, également encastré et soutenu en avant par deux courtes colonnes appuyées sur le sarcophage, protège la statue.

Cette similitude, ces souvenirs du moyen âge apparaissant à nouveau dans la forme générale de quelques rares ouvrages exécutés au xiv° ou au xv° siècle, bien qu'intéressants à signaler, ne sont cependant qu'un fait isolé ne comportant ni succession ni tradition ; c'est un lointain reflet, toujours plus effacé, d'un art disparu.

En toute vérité, l'art romain ou, du moins, l'art mis

en pratique par les différentes écoles de marbriers romains, ayant cessé d'être encouragé après la translation du siège pontifical à Avignon, non seulement ne participe plus aux progrès de son temps, mais meurt tout d'un coup et s'éteint complètement. Rome pouvait encore décerner aux poètes les lauriers du Capitole ; mais, livrée à la révolte, au gouvernement des factieux, au brigandage des barons qui la saccageaient, l'éternelle Cité était devenue incapable de faire jaillir de son sein une flamme quelconque de vie artistique. La papauté absente, les maisons s'ébranlent et tombent en ruine, les rues sont dépavées ; au Capitole et au forum paissent les vaches et les chèvres, les places sont transformées en marais ; la désolation triste et morne qui s'abat sur la Ville traduit fidèlement l'histoire de ce temps. Et comme pour marquer par un signe de mort cette période de malédiction et d'impuissance, l'année même du départ de Clément V (1308), un effroyable incendie consuma la basilique du Latran, présage, pour les Romains, des calamités qui allaient fondre sur eux pendant l'exil des papes.

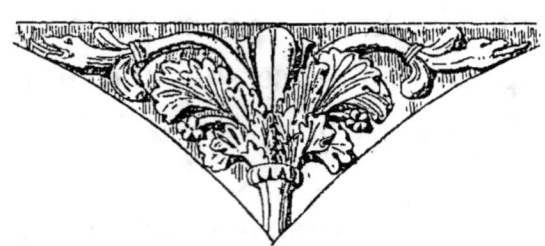

Tympan. — Cloître de Saint-Jean-de-Latran. — XIIIᵉ siècle.

CHAPITRE VI

LES CLOITRES DE MARBRE

ÉPOQUE ROMAINE
XIII° SIÈCLE

SOMMAIRE

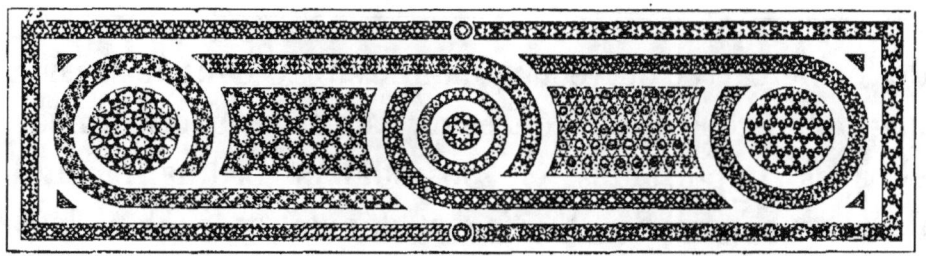

Bandeau en mosaïque. Cloître de Saint-Paul-hors-les-Murs. — XIIIᵉ siècle.

CHAPITRE VI

LES CLOITRES DE MARBRE

XIIIᵉ SIÈCLE

LES ouvrages les plus importants exécutés par les marbriers romains pendant le courant du XIIIᵉ siècle sont sans contredit les cloîtres construits ou reconstruits sous les pontificats des papes Honorius III, Grégoire IX, Innocent IV et Alexandre IV, entre les années 1220 et 1243. Toutes les magnificences de l'architecture, l'éclat des mosaïques à fond d'or, les délicatesses d'une sculpture expressive, apportèrent leur concours à l'ensemble général pour lui donner un air d'élégance et de richesse que n'avait encore comporté aucun des édifices de ce genre construits sur le territoire romain.

Le cloître était en général, au moyen âge, une cour

de forme carrée ou rectangulaire, située dans le voisinage des églises, et entourée de galeries couvertes. Les abbayes importantes en possédaient ordinairement deux : l'un précédait l'église et donnait accès dans les salles communes, réfectoires, dortoirs, salle capitulaire ; le second, plus petit, communiquait à la bibliothèque, à l'infirmerie et servait souvent de cimetière à la congrégation. Les cloîtres primitifs, copiés sur les portiques antiques, ne comportaient que des appentis en charpente soutenus par des colonnes dont la base reposait sur le sol ; plus tard, on construisit un socle ou mur d'appui continu, sauf à ménager certains passages ; les colonnes ou piles qui soutenaient la toiture, reposèrent alors sur ce socle. Souvent, on décorait les cloîtres de peintures appliquées sur les murs, reproduisant des scènes de l'Ancien et du Nouveau Testament. Lorsque avec le xiie siècle, les établissements monastiques furent arrivés à leur apogée de prospérité et de richesse, quelques-uns d'entre eux ne craignirent pas de déployer dans la construction de leurs cloîtres un luxe jusque-là inusité : les galeries furent soutenues par des colonnes de marbre et les sculptures des tympans retracèrent des emblèmes sacrés. Le cloître était considéré, après l'église, comme la partie la plus importante du monastère ; c'était le lieu de méditation, c'était là que les religieux passaient la plus grande partie du temps qui n'était pas consacré à la prière. Pour ces hommes, qui représentaient l'élément moral et intellectuel de la société, c'était dans le cloître que se débattaient souvent les affaires les plus importantes, que se discutait la prochaine élection d'un abbé, que se traitaient les points obscurs de controverse, et que se formaient des orateurs capables d'entraîner les masses.

La Sicile, où l'architecture normande était venue, après les croisades, se greffer sur l'architecture sarrasine, où s'étaient élevés des cloîtres immenses dont les galeries, portées sur de sveltes colonnettes accouplées, décorées de tympans sculptés, prenaient un caractère de légèreté et d'élégance tout nouveau ; cette terre en tout féconde, où s'étaient rencontrés des artistes venus des deux extrémités du monde, devait être une magnifique école pour les architectes romains. Les exemples qu'ils y rencontraient devaient les entraîner à abandonner une nudité par trop simple au bénéfice d'une ornementation plus somptueuse, peut-être même, en certain cas, trop abondante.

Le grand cloître de San-Martino à Monreale, l'œuvre la plus parfaite en ce genre que nous ait conservée la Sicile, avait été terminé en 1182, sous le pontificat d'Innocent III. Ce pape portait même un tel intérêt à l'avenir de ce nouveau siège épiscopal, que, pour en augmenter l'importance, il avait placé, par une bulle donnée en 1188, l'évêché de Syracuse sous sa juridiction[1]. Certains rapports devaient nécessairement s'être établis, dès cette

1. Voir *Basiliques et Mosaïques*, t. II, p. 77.

époque, entre les constructeurs siciliens et les marbriers de Rome ; il n'est donc pas étonnant de voir, quelques années plus tard, ceux-ci, appelés à édifier et à décorer des cloîtres, s'inspirer des magnificences siciliennes, en s'attachant à mettre en pratique à leur tour des principes de construction et de décoration ayant déjà donné de si beaux résultats.

Vassaletus, le premier dont le nom apparaît dans les inscriptions servant de signature à ces sortes d'ouvrage, employa, au cloître du Latran, le système décoratif adopté en Sicile. Il le fit néanmoins avec mesure, et sans se départir de l'ordonnance romaine. Les successeurs de Vassaletus, presque ses contemporains, entrèrent avec confiance dans cette voie ; les cloîtres de la basilique de Saint-Paul-hors-les-Murs, des monastères de Subiaco et de Sassovivo, ainsi que ceux de Viterbe, furent transformés d'après les même données et sous la même influence artistique. La concordance de ces différents monuments avec leur prototype, le cloître de Monreale, est telle que l'on retrouve une analogie frappante, non seulement dans leurs dispositions générales, mais encore dans les détails de leur ornementation ; c'est ainsi que les mêmes chapiteaux se remarquent en Sicile et à Rome, les mêmes motifs dans les tympans, les mêmes colonnes lisses ou cannelées en spirale, et, qu'il existe au cloître de Saint-Paul des colonnes entièrement incrustées de mosaïques très semblables à celles que l'on admire à Saint-Martin de Sicile.

Si les architectes romains, grâce à la protection alors toute puissante des papes, ne pouvaient manquer de s'inspirer de l'architecture monastique sicilienne, la Provence leur offrait également de beaux modèles. Les provençaux étaient restés, depuis 1098, en communication directe avec les croisés établis en Syrie ; il n'est donc pas étonnant de retrouver dans le midi de la France, aussi bien qu'en Sicile, des traces frappantes de l'art byzantino-sarrasin et d'y rencontrer des établissements religieux rappelant, par leur disposition générale, les cloîtres chrétiens dont le royaume d'Antioche était si largement pourvu.

Le plus bel exemple de cette introduction du style oriental en Provence est le cloître de l'abbaye de Saint-Trophime, fondée à Arles par saint Voigète vers 606, mais entièrement reconstruit d'après de nouvelles données en 1152, époque à peu près correspondante à celle de la construction de l'abbaye de Monreale. Deux des galeries qui l'entourent subsistent encore dans leur état primitif : chacune d'elles se compose de trois travées principales séparées par des piles très puissantes, et, chaque travée est divisée en quatre arcades portées sur des colonnettes accouplées. Les galeries, voûtées en berceaux continus, sont surmontées d'un toit rampant ou en terrasse, déversant ses eaux dans un chéneau dissimulé par la cimaise de l'entablement ; des têtes en saillie, faisant fonction de gargouilles, rejetaient ces eaux à l'intérieur du préau, dans des caniveaux qui les

amenaient au dehors. Colonnettes, chapiteaux, revête-
ment des piles, tout est en marbre, et, de tous côtés, les
motifs de sculpture abondent. Cependant, malgré l'adop-
tion des formes orientales, les ornements et les profils
se rattachent encore à l'architecture classique romaine :
Arles avait été dotée avec tant de magnificence par les
empereurs qu'elle devait pendant bien des siècles conserver son admiration pour les splendides monuments
qu'ils y avaient élevés.

CLOITRE DE SAINT-LAURENT-HORS-LES-MURS

La première tentative faite à Rome pour donner à un
cloître un certain caractère d'élégance se rencontre au
monastère de Saint-Laurent-hors-les-Murs ; tentative il
est vrai bien timide encore, bien naïve, dont le résultat
peut nous paraître bien peu satisfaisant, mais qui n'en est
pas moins un premier pas fait dans une voie nouvelle.
Ce petit cloître, édifié en 1187, sous le pontificat de
Clément III, pour remplacer des galeries beaucoup plus
anciennes, s'est conservé jusqu'à nos jours tel qu'il
devait être alors[1]. L'espace qu'il comporte est assez restreint, on compte 19 mètres sur la longueur et 12 mètres
sur la largeur ; il est environné de tous côtés par des
galeries voûtées ayant 5 mètres de largeur. De massifs
piliers de briques, faisant saillie sur les façades comme

---

1. Platina : Vita Clementis III. (Claustrum Sancti-Laurentii extra muros
ædificavit.

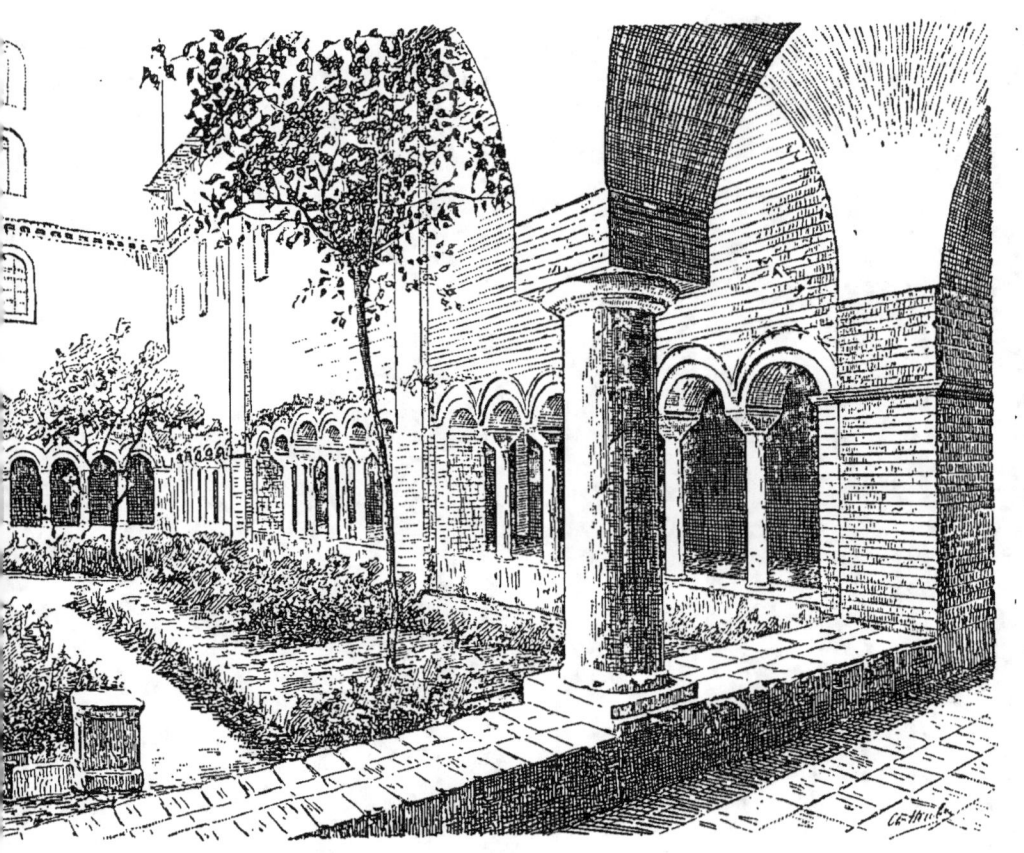

Intérieur du Cloître de la Basilique de Saint-Laurent-hors-les-Murs, Rome. — XIIᵉ siècle.

de véritables contreforts, limitent les grandes divisions
entre lesquelles sont ouvertes des séries de six arcades ;
il y a trois divisions sur les grands côtés et deux sur les
côtés extrêmes. Les arcades, toutes en plein cintre,
retombent sur des colonnes de marbre dont les chapiteaux sont remplacés par des espèces de coussinets
oblongs correspondant à l'épaisseur du mur ; quelques-
unes de ces arcades sont supportées par de doubles
colonnes placées en avant l'une de l'autre ; une archivolte
de brique circonscrit l'arcade et la distingue seule de
la haute muraille qui s'élève au-dessus ; un bahut reçoit
les bases rudimentaires des colonnes et limite la galerie.
Évidemment il y a une certaine recherche dans cette
tendance à remplacer les basses arcades et les massifs
piliers des cloîtres primitifs par quelque chose de moins
lourd et de moins barbare ; malgré toutes les imperfections inhérentes à un premier essai, il faut reconnaître dans ces subdivisions en petites arcades, dans
ces minces supports de marbre, une influence orientale
bien marquée. Nous sommes encore loin des élégances
du cloître de Saint-Trophime et des splendeurs de celui
de Monreale, mais l'architecte de Saint-Laurent a ouvert
aux modifications nouvelles la voie où nous allons
bientôt les voir se développer largement.

C'est aujourd'hui une rare bonne fortune que de
pouvoir pénétrer dans ce cloître de Saint-Laurent :
l'accès en est interdit. Cependant, par une porte légè-
rement entr'ouverte on peut encore jouir de la vue peu

ordinaire de ces hautes murailles, badigeonnées d'une peinture rouge et percées de quelques fenêtres à volets, s'élevant au-dessus de petites arcades et de sveltes colonnes de marbre blanc; elles encadrent une végétation merveilleuse composée d'orangers, de citronniers, et de grenadiers, véritables bosquets à l'ombre desquels croissent les roses et les fleurs variées des parterres. Les religieux franciscains auxquels est dévolue la garde de la basilique se retirent dans ce cloître silencieux aux heures de la méditation comme dans un inviolable et frais sanctuaire.

CLOITRE DE LA BASILIQUE DE SAINT-JEAN-DE-LATRAN

Après avoir parcouru l'intérieur de la basilique de Saint-Jean-de-Latran, l'œil encore ébloui par ses magnificences, c'est avec une douce satisfaction que, passant par une porte latérale, on pénètre dans le cloître du monastère. A notre première visite, souvenir lointain[1], on y trouvait non seulement un repos pour les yeux, le calme pour l'esprit, mais on y respirait un air tout chargé du parfum des fleurs dont le préau était alors encombré; d'immenses lierres, accrochés à de gros piliers de briques, s'étendaient de tous côtés avec une étonnante vigueur, masquant en partie les

---

1. 1860.

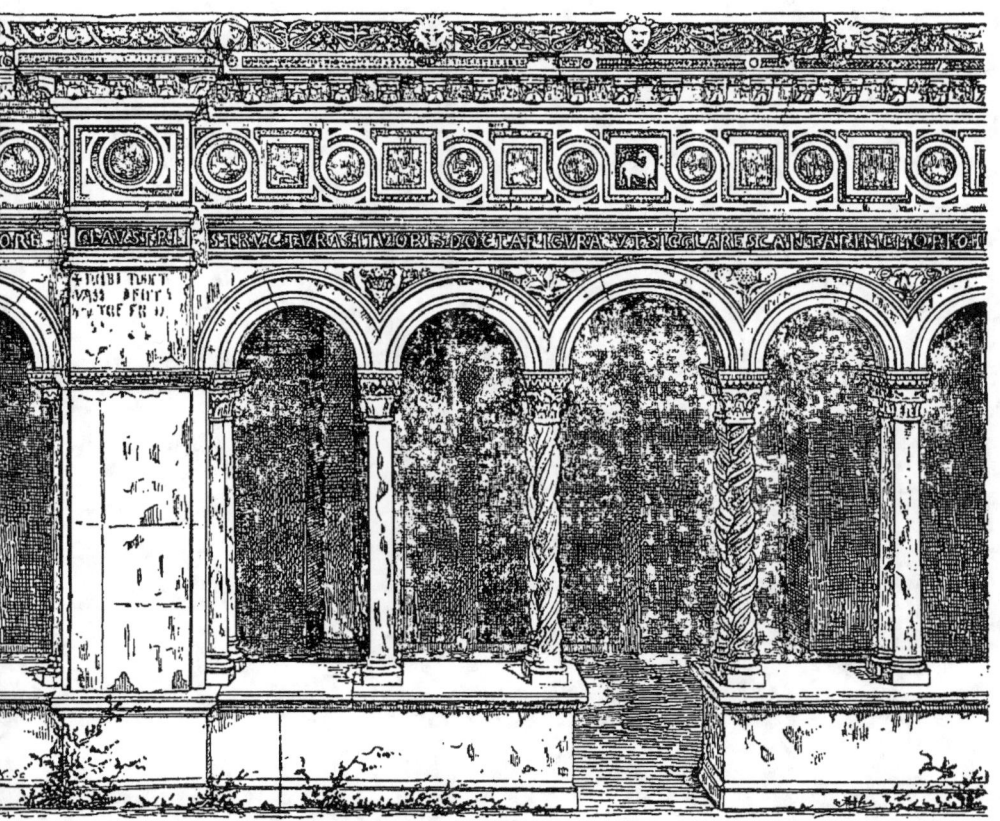

Portique du cloître de la Basilique de Saint-Jean-de-Latran. Rome. — XIIIe siècle.
Inscription et signature de Vassaletus.

délicatesses de l'architecture. Au centre du préau, deux colonnes de marbre, réunies par un fragment d'architrave, formaient portique au-dessus de la belle margelle du puits « de la Samaritaine », placé là par le pape Adrien Ier, lorsque sous les auspices de Charlemagne, il construisait le cloître et restaurait le Patriarcat du Latran. Une poulie, une corde et un sceau, suspendus à l'architrave, donnaient un sentiment d'existence à cette silencieuse retraite ; le monastère était occupé par des religieux dominicains chargés du service de la basilique.

Clément III fit reprendre le vieux cloître du vIII^e siècle, et donna à l'œuvre d'Adrien Ier une forme nouvelle. Les travaux commencés vers 1190 furent confiés au maître marbrier Vassaletus, le premier du nom, et se prolongèrent pendant plusieurs années. Continués en collaboration par le père et le fils, ils ne purent être achevés que vers 1225, sous le pontificat d'Honorius III qui leur avait imprimé une grande activité ; Vassaletus le fils en était depuis longtemps le seul architecte. Les nouvelles galeries apparurent alors, refaites, sinon avec un goût parfait, du moins avec un luxe inconnu à Rome : depuis le soubassement jusqu'à la corniche tout était en marbre blanc ; la sculpture, ainsi que la mosaïque avaient apporté un concours important à cette œuvre remarquable.

Les Vassaletus n'eurent cependant qu'un champ assez restreint pour exercer leur talent ; le cloître est de petite dimension ; le préau est un carré dont chaque côté n'a pas plus de quinze mètres de longueur. D'après l'ordonnance adoptée par le maître de l'œuvre, chacune des faces était divisée en trois sections par de larges pilastres sans base et sans chapiteau sur lesquels l'entablement ressautait ; chaque section comportait cinq arcades.

Malgré les efforts et les progrès déjà accomplis dans les arts à cette époque, ces architectes n'ont pas su éviter de flagrantes disproportions. Bien qu'ils aient eu sous les yeux de beaux modèles, et que dans d'autres ouvrages de moindre importance nous les ayons vus interpréter l'antiquité avec assez de bonheur, leur impuissance était trop grande pour leur permettre de faire concourir à un ensemble harmonieux les éléments divers qu'ils mettaient en œuvre pour la première fois.

Les arcades en plein cintre, assez élégantes de forme, surmontées de larges archivoltes, retombent sur des tailloirs denticulés et sont soutenues par de minces colonnes, accouplées, pour la plupart, deux à deux l'une devant l'autre. Ces colonnettes, rappelant d'assez près les légers supports employés depuis longtemps dans l'architecture arabe ou sarrazine, sont en général lisses, cependant quelques-unes, réservées aux entrées ménagées sur les quatre faces du préau, sont torses ou tordues en spirale et incrustées de mosaïques d'émail à fond d'or ; toutes reposent sur un haut stylobate

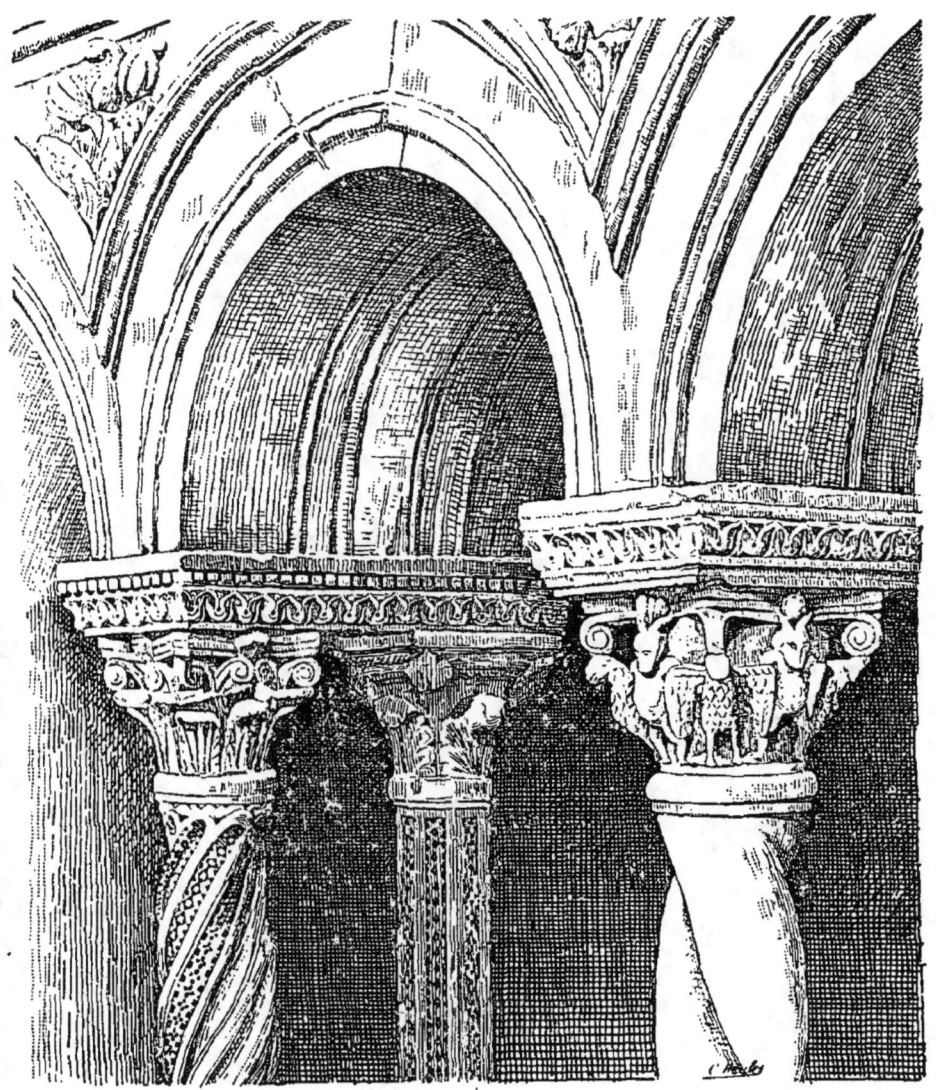

Cloître de Saint-Jean-de-Latran. Détails du portique. Rome. — XIIIᵉ siècle.

qui en diminue la hauteur et en alourdit l'aspect.
L'entablement trop élevé ajoute à la lourdeur de
l'ensemble et fait encore mieux ressortir l'exiguïté des
colonnes.

Ces critiques une fois faites à l'adresse de l'architecte,
il faut reconnaître que les détails de l'ornementation sont
traités avec une rare habileté. La cimaise de la corniche
est ornée de feuilles délicates et de têtes de lions en
saillie ; la frise, très haute, est tout entière incrustée de
mosaïques d'émail sur fond d'or, comportant une succession de cercles et de carrés alternés, reliés entre eux par
des bandes qui les entrelacent ; l'architrave, peu élevée,
est également ornée de mosaïques à fond bleu sur lesquelles se détache en blanc une longue inscription. A côté
des vives colorations de l'or et des émaux, la sculpture
ne joue pas un rôle moins brillant, les motifs en sont
d'une infinie variété ; ainsi, dans les chapiteaux, dans les
tympans des arcades, dans l'épaisseur des archivoltes,
partout enfin où une surface quelconque se prêtait à
l'introduction d'un motif ornemental, l'artiste a laissé
un libre cours à sa fantaisie, et a créé des sujets de
toutes sortes ; quelques-unes des compositions placées
dans les tympans sont allégoriques, d'autres représentent des symboles, mais la plupart sont purement décoratives[1] ; les chapiteaux sont en général assez simples
et ne comportent qu'une seule rangée de feuilles, mais

---

1. Nous avons reproduit quelques-uns de ces ornements en les plaçant
comme culs-de-lampe à la fin des chapitres.

ceux des colonnes ornées reproduisent toute la richesse
des chapiteaux corinthiens antiques.

Le portique, mesuré extérieurement, a environ
4^m,25 de hauteur; à l'origine, il était directement
recouvert par une toiture en appentis, les têtes de lion
en saillie sur la cimaise de la corniche et creusées
en gargouilles pour rejeter les eaux pluviales, ne
laissent aucun doute à cet égard. Les constructions
supérieures qui écrasent aujourd'hui cette délicate
architecture, murs, galeries, arcades et logements,
ont donc été ajoutées postérieurement, à différentes
époques, ainsi que les massifs piliers de briques,
devenus nécessaires pour porter le poids des nouveaux bâtiments. Restauration maladroite, grossière,
barbare même, déplorable à tous égards, mais qu'il
faut excuser néanmoins en pensant qu'on lui doit
la conservation des précieux restes de ce charmant
monument.

Si les deux Vassaletus ont travaillé à l'édification
du cloître du Latran, le second en a été le principal
architecte, ainsi qu'en témoigne une inscription rapportée à la partie supérieure d'un des piliers de marbre.
Cette inscription, relevée autrefois par Sismondi, avait
disparu par suite de l'adjonction des contreforts de
briques; la restauration du cloître l'a de nouveau
mise au jour. Nous la donnons telle qu'elle apparaît
aujourd'hui :

✝ NOBIL ET DOCTˢ HAC
VASSALLECTVS Ī AR Æ :
C̄V PATRE CEPIT OPVS.
QD. SOLˢ PERFECIT ĪPE.

Vassaletus noble et savant dans l'art commença cet ouvrage avec
son père et le termina seul.

Cette inscription prouve en outre, ce que nous avons
précédemment indiqué, que le talent et les mérites de
Vassaletus le fils surpassaient de beaucoup ceux de son
père, puisque les qualificatifs élogieux de « noble et
habile » ne s'appliquent qu'à lui seul, tandis que la
personnalité de son collaborateur semble à dessin re-
poussée dans l'ombre. Petrus Bassaletus, qui travaillait
et signait ainsi à l'église de Ferentino en 1185, devait
être fort âgé en 1217 ou 1218, époque probable à laquelle Honorius III fit reprendre les travaux du Latran ;
il est à croire qu'il mourut pendant le cours de ces
travaux ; son fils, encore jeune, puisqu'il travaillait quarante ans plus tard à la cathédrale d'Anagni, fut alors
chargé de les diriger et de leur donner une vigoureuse
impulsion. Vassaletus s'acquitta de cette tâche à la
satisfaction générale, cependant, malgré ses succès,
ainsi que les termes de l'inscription en font foi, il ne
se croyait pas encore le droit de prendre le titre de
Magister, cette appellation honorifique n'accompagne
son nom que plus tard ; mais nous savons qu'arrivé au

faîte de sa gloire, Vassaletus, se dispensant de tout qualificatif, signe avec une fièreté et une brièveté toute
romaine le siège épiscopal d'Anagni des simples mots:
Vassalet de Roma.

Le délicat portique dont Honorius III avait orné le
cloître du Latran était arrivé, après six cents ans d'existence, à un état de dégradation voisin de la ruine ; le
coup d'œil était pittoresque, il se dégageait de ces vieux
marbres un charme délicieux, mais l'examen était peu
rassurant pour la conservation du gracieux et délicat
monument. Une restauration générale s'imposait. Cette
restitution nécessaire a été exécutée sous le pontificat
de Léon XIII, en 1879, à la suite des grands changements opérés à l'abside de la basilique. En rendant au
cloître son ancienne splendeur, elle a fait disparaître
les traces de vétusté dont la nature, aidée par l'incurie
des moines, s'était plue à orner les finesses de l'architecture. Les grands lierres, les innombrables plantes
parasites ont été arrachés et ne mêlent plus leurs
pousses désordonnées aux fleurs des lauriers et des
rosiers cultivés dans le préau. Tout en rendant justice
au sentiment de conservation qui a fait disparaître ces
verdures, je m'efforce d'écarter mes souvenirs pour ne
pas regretter cette palette si puissante et si variée, s'al-
liant avec un bonheur extrême à la chaude coloration
des marbres, à l'éclat tempéré des vieilles mosaïques,
et formant une harmonie générale qui semblait augmenter encore la grâce et le mérite de l'édifice.

CLOITRE DE L'ABBAYE DE SAINTE-CROIX A SASSOVIVO

Nous avons signalé l'émulation vive qui existait au
xiiiᵉ siècle entre les marbriers romains et les marbriers

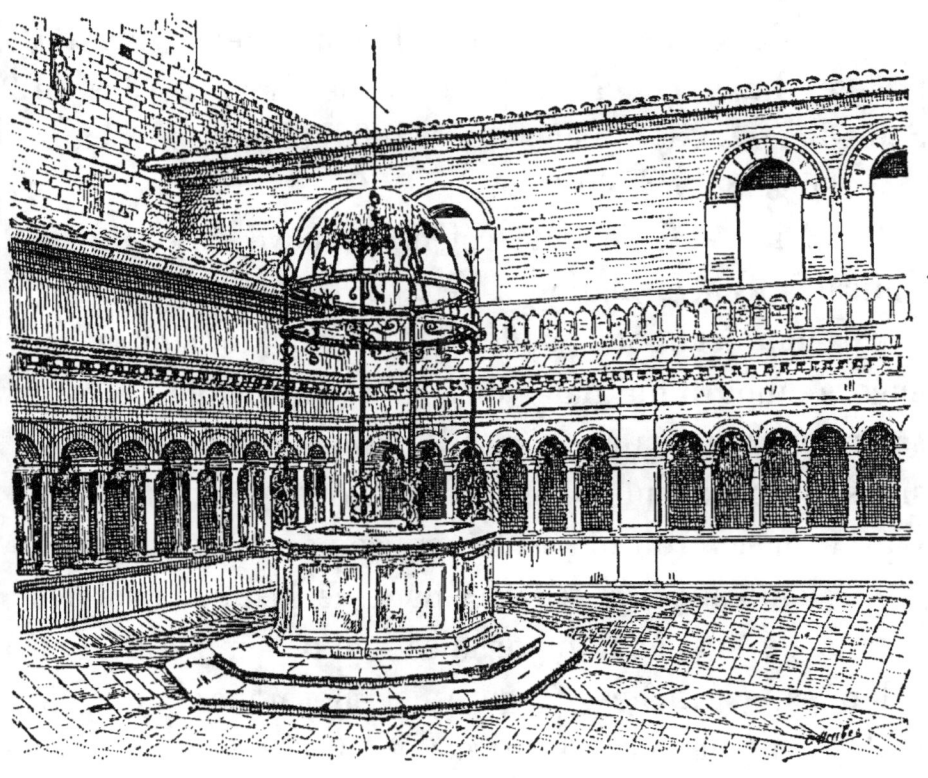

Cloître de l'Abbaye de Sainte-Croix à Sassovivo. — xiiiᵉ siècle

ombriens, nous avons reconnu qu'il y avait presque
identité dans le style de leurs œuvres, et nous avons
donné quelques preuves de cette analogie. Le cloître
de l'abbaye de Sassovivo va nous en fournir un nou-

vel exemple, très remarquable par son importance, très intéressant par la date de son exécution.

La riche abbaye de Sainte-Croix avait été fondée en 1070, à Sassovivo aux environs de Foligno, sur une des pentes des Appennins, par les moines bénédictins agissant sous l'inspiration de l'évêque Azzone. Mainardo leur premier abbé, institua parmi ses subordonnés une réforme telle, que cette maison religieuse devint bientôt la tête d'une congrégation spéciale dans l'ordre de Saint-Benoît. Au xv° siècle, en 1486, l'abbaye passa aux mains des moines olivétains [1].

Les bâtiments de cette célèbre abbaye ont subi de radicales transformations : l'église, façade et intérieur, a été complètement modernisée, mais le cloître est encore aujourd'hui dans un état remarquable de conservation. A première vue, et bien qu'il soit de dimensions plus considérables que celui de Saint-Jean de Latran, on les croirait absolument copiés l'un sur l'autre. La ressemblance est telle, et poussée jusque dans des détails de si peu d'importance, qu'il semblerait que colonnes, corniches, marbres et mosaïques aient été taillés à Rome, sous la direction de Vassaletus, puis transportés à Sassovivo, prêts à être mis en place. Il n'en est rien cependant, l'architecte marbrier auquel on doit le cloître de Sassovivo est né en Ombrie et a pris soin de faire passer son nom à la postérité en le faisant

1. Ludovico Jacobili, Discorso della cita di Foligno. 1646.

entrer dans une grande inscription rimée relative à
cette construction :

HOC CLAVSTRI OPVS EGREGIVM
QUOD DECORAT MONASTERIVM
DONNVS ABBAS ANGELVS PCEPIT
MVLTO SVMPTV FIERI ET FECIT
A MAGISTRO PETRO DI MARIA
ROMANO OPERE ET MASTRIA
ANNO DOMINI MILLENO
IVNCTO ET BIS CENTENO
NONO QUOQUE CV VICENO.

Cette inscription ne laisse exister aucun doute : maître
Pietro de Maria est l'auteur de ce beau monument
édifié dans le style qu'il désigne lui-même sous le nom
d'*Opus Romanum* ; et, ce travail, fait d'après les ordres
de l'abbé Angelus, a été exécuté en 1229, c'est-à-dire
quelques années à peine après l'achèvement du cloître
du Latran.

L'œuvre de Vassaletus avait-elle fait à ce point l'admiration des contemporains, que les moines de Sassovivo aient prescrit à leur architecte Pierre de Maria
d'en édifier une reproduction aussi fidèle que possible ?
Le pape Honorius avait-il imposé des deux côtés le
même programme, indiquant un type commun auquel
on devait se conformer ? Nous ne pouvons répondre

d'une façon bien positive; mais, d'après les remarques
faites au début de ce chapitre, nous n'hésitons pas à
admettre une influence commune venue de haut et
s'imposant avec autorité.

Au cloître de l'abbaye de Sainte-Croix, comme à celui
du Latran, tout est en marbre : colonnes, chapiteaux,
archivoltes des arcades, corniche, architrave, revête-
ment de la frise. Le préau occupe un espace rectangulaire assez vaste, entouré de toute part de portiques
comprenant ensemble cinquante-deux arcades divisées,
sur les petits côtés, en groupes de six par de larges
piliers, et, sur les grands côtés, en groupes de huit, par
des portes dont l'encadrement fait saillie sur cette façade.
Cent-vingt colonnes, accouplées deux à deux dans le sens
de l'épaisseur du mur, sont employées à supporter ces
arcades ; la plus grande partie d'entre elles sont lisses,
quelques-unes sont cannelées ou taillées en spirale, mais
elles sont en très petit nombre; toutes sont accompagnées
de chapiteaux semblables et de bases parfaitement identiques reposant sur le mur d'appui qui limite la galerie.
L'entablement, alourdi par la trop grande élévation de
la frise, est orné d'une suite de modillons très simples,
sans sculptures, mais d'un galbe élégant, et de deux
bandes de mosaïques placées, l'une sur le larmier de
la corniche, l'autre sur le méplat de l'architrave.

Malgré leur très grande similitude, on peut cependant,
avec un peu d'attention, établir des différences sensibles
entre le cloître de Sassovivo et celui de Saint-Jean-de-

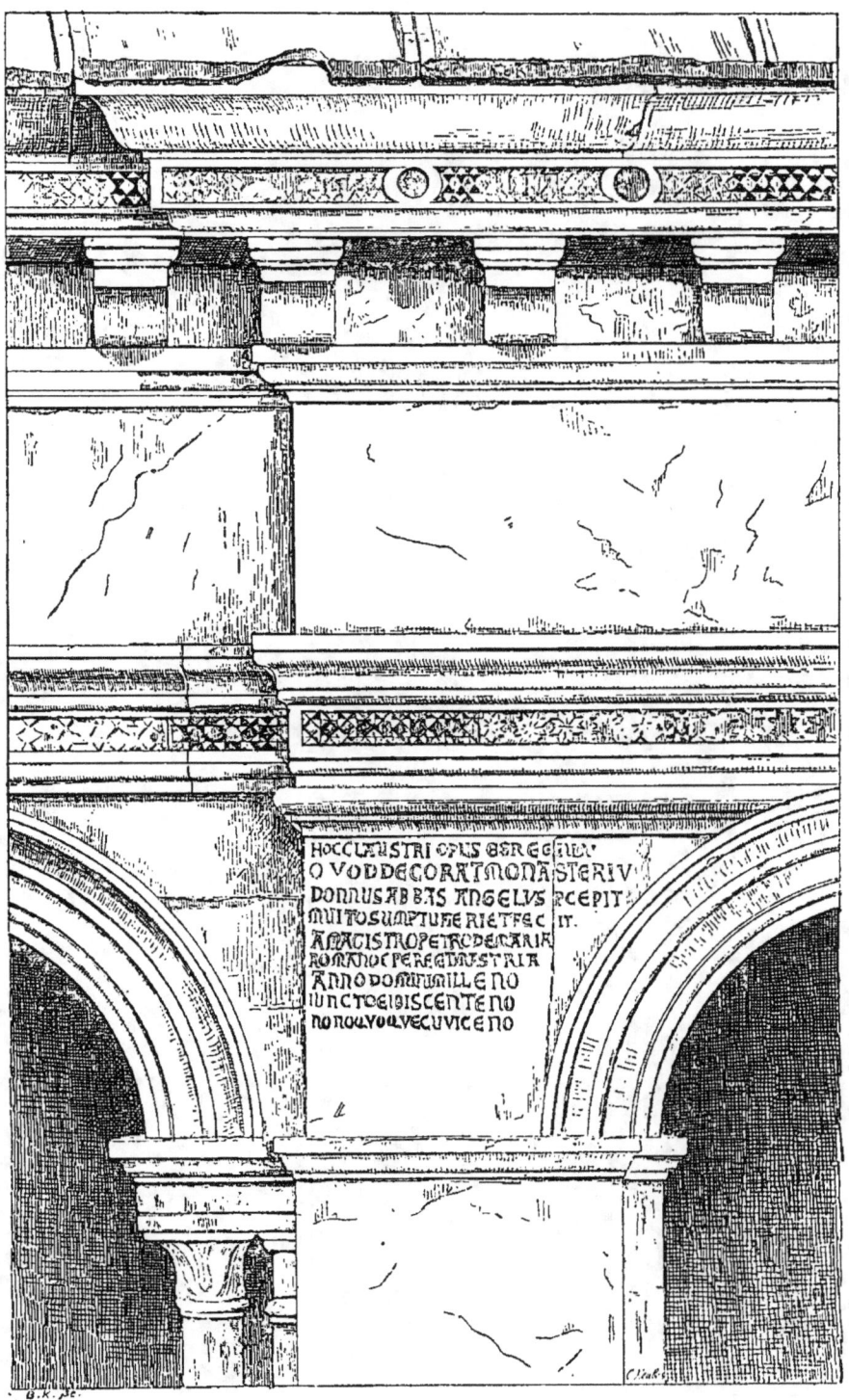

Entablement du cloître de Sassovivo. — Inscription et signature
de Pietro de Maria. — XIIIe siècle.

Latran. Des deux côtés le style est bien le même, mais son application est faite à Sainte-Croix avec plus de réserve, plus de sévérité, l'ornementation est plus sobre, les mosaïques sont plus rares, les tympans des arcades ne comportent aucune sculpture, la régularité des portiques est moins fréquemment interrompue par des piles de soutènement, et, de tout cela, il résulte ici une apparence d'austérité et de recueillement plus sensible qu'au Latran. Ce sentiment est encore augmenté par la nudité du préau dont toute verdure et toutes fleurs sont religieusement bannies pour faire place à un pavage de pierres. La margelle du puits centrale, élevée sur deux emmarchements, et surmontée d'une remarquable armature de fer forgé à laquelle est suspendue la poulie de service, vient seule faire diversion à cette froide simplicité.

Faut-il encore chercher d'autres différences? Nous en trouverons une bien marquée dans les aménagements des toitures dont une ancienne partie subsiste encore. On peut constater ici que les dalles de marbre juxtaposées pour former couverture, portent directement sur la cimaise de la corniche, de sorte que l'eau des pluies se répand librement dans le préau et n'est reçue dans aucun chéneau, ni rejetée par aucune gargouille. Ce système défectueux peut être mis sur le compte de l'inhabileté de l'architecte, mais il faut plutôt l'attribuer, croyons-nous, à une question d'économie.

Le mur latéral de l'église, auquel une des galeries du

cloître est adossée, est décoré à sa partie supérieure par une sorte d'attique en terre cuite composée d'une suite de trente-deux petites arcades trilobées portées sur des colonnettes; une inscription indique la date de 1314; cette décoration, faite après coup, n'a rien de commun avec l'architecture du cloître.

Pietro de Maria a donc créé une œuvre bien définie, d'une parfaite unité de style, d'une ordonnance régulière, arrivant à la majesté par sa simplicité même. S'il a exécuté les ordres qui lui avaient été donnés, il l'a fait avec une rare convenance, en s'inspirant du plus beau modèle que Rome ait pu lui fournir. Mais, architecte plutôt que sculpteur, il a voulu, tout en sacrifiant avec sobriété au goût dominant à cette époque pour les mosaïques, n'admettre cette ornementation que comme un accessoire obligé de l'architecture, et devoir tout l'effet de son monument au seul mérite des combinaisons architectoniques.

Chose bizarre, le nom de cet homme habile, pour lequel l'inscription du cloître réclame si hautement une large part de gloire, est impossible à retrouver; ni aux environs de Foligno, ni ailleurs, aucune inscription, aucune tradition ne rappelle Pietro de Maria. D'autres artistes du nom de Pietro ou Petrus nous sont déjà connus, mais tous ont une personnalité bien établie qu'il est impossible de confondre avec celle de l'architecte ombrien. Ce maître Pietro de Maria, bien qu'appartenant à l'école de Foligno, devait être un isolé, n'ayant eu ni ascendants ni postérité artistique. Ses œuvres ont-elles été détruites? A-t-il lui-même disparu après l'achèvement du cloître de Sassovivo? Aucune réponse ne peut être donnée à ces questions.

Ce que l'on peut supposer de plus probable, c'est que ce Petrus était un religieux appartenant à la congrégation bénédictine, et que, son œuvre une fois accomplie, il s'est de nouveau enseveli dans la retraite au fond du monastère.

CLOITRE DE L'ABBAYE DE SAINTE-SCHOLASTIQUE A SUBIACO

Fondée dans la vallée de la Puceja, à un mille environ au-dessous du *Sacro speco,* grotte habitée par saint Benoît lorsqu'il quitta Rome et vint se réfugier au milieu des gorges sauvages que creuse l'Anio, l'abbaye de Subiaco fut, dès l'année 528, dotée de biens considérables par les sénateurs Tertulus et Equitus, pères des deux plus jeunes disciples du pieux solitaire. Placée à l'origine sous l'invocation des saints Cosme et Damien, l'abbaye faisait partie des douze monastères construits aux environs de Subiaco et dirigés par saint Benoît lui-même. Saint Honorat, successeur de saint Benoît dans l'administration de cette vaste communauté, fit élever, auprès de la petite chapelle dédiée aux saints Cosme et Damien, une basilique plus grande à laquelle il donna pour patrons saint Benoît et sainte Scholastique sa sœur. D'après une inscription gravée sur le marbre, et conservée dans un des cloîtres, une réédification presque complète du monastère eut lieu sous l'administration de l'abbé Humbert, en 981 ; à cette occasion le pape Benoît VII vint à Subiaco et procéda à une nouvelle dédicace. Le vocable unique de Sainte-Scholastique fut alors adopté, la grotte, première retraite de saint Benoît, ayant été depuis un siècle transformée en une église placée directement sous son invocation personnelle.

Au centre des hautes montagnes de la Sabine, à l'extrémité d'une pittoresque vallée qu'arrose l'Anio, la ville de Subiaco étage ses blanches maisons sur les flancs d'une roche isolée dont le château des papes occupe le sommet. De nombreux pontifes, au moyen âge, vinrent occuper la forteresse, attirés, non seulement par la sécurité qu'offrait cette retraite, mais surtout par les souvenirs si voisins de l'illustre fondateur des ordres monastiques en Occident, et par la vénération que de toute part on témoignait à sa mémoire. En dehors de la ville, vis-à-vis les ruines d'une villa et de thermes construits, dit-on, par Néron, un chemin rocailleux s'élève au flanc de la montagne dénudée, dominant une gorge étroite, profonde, inhabitée, où l'Anio bondissant apporte seul le mouvement et trouble le silence. Après quelques minutes d'ascension apparaisssent brusquement, au détour du sentier, les vastes constructions du monastère de Sainte-Scholastique groupées les unes auprès des autres sur un plateau assez étendu : une église avec son campanile, trois cloîtres, des réfectoires, des bibliothèques, des bâtiments d'habitation et de service forment un ensemble imposant, mais d'aspect triste et sévère avec ses hautes murailles noircies où quelques rares ouvertures semblent avoir été ménagées à regret.

L'existence est ici toute intérieure, aussi les cloîtres ont-ils pris à Sainte-Scholastique une étendue et une importance inaccoutumées. Le plus vaste, le plus moderne aussi, est environné de larges arcades retombant sur des piliers carrés. Le plus ancien, le plus triste, date du xᵉ siècle ; il est entouré d'une large galerie, prenant jour par d'étroites arcades, largement espacées, et percées dans une épaisse muraille. Malgré des dimensions relativement assez grandes, on ne peut s'empêcher, en parcourant ce cloître, de songer à un préau de prison plutôt qu'à un lieu de promenade et de méditation. Il a subi au xɪɪɪᵉ siècle quelques modifications, les arcades primitivement en plein cintre ont été retouchées pour leur donner une apparence ogivale et les murs ont été surélevés.

Sous ces galeries obscures, à côté de quelques fragments antiques provenant sans doute des thermes de Néron, nous remarquerons un beau meuble de marbre, ayant, dans son extrême simplicité, tous les caractères des œuvres des marbriers romains de la fin du xɪᵉ ou des premières années du xɪɪᵉ siècle. C'est l'ancienne cathedra qui occupait la place

d'honneur au fond de l'abside de l'église : une dalle de
marbre sert de siège et trois gradins forment les accotoirs ; leur face extérieure est ornée de bandes de
mosaïque de marbre correspondantes aux ressauts des
gradins. De l'antique mobilier presbytéral, c'est là tout
ce qu'il reste, l'église ayant été complètement transformée à l'intérieur.

Le troisième cloître, le plus restreint par ses dimensions, mais le plus remarquable de tous par son architecture, est celui dont nous avons à nous occuper
spécialement.

Les galeries du préau sont dans un parfait état de
conservation, aucun changement important n'a été
apporté ni à leur ordonnance, ni à leur décoration ;
telles elles sont aujourd'hui, telles elles ont été édifiées
à l'origine. Ce résultat est dû non seulement à la solidité
des matériaux, mais surtout à la situation écartée du
monastère, ce qui lui a permis de traverser les siècles à
l'abri des ruines et des dévastations. Cette construction
n'est du reste qu'une restauration ; il est évident que le
portique est venu s'adapter sur des galeries plus anciennes dont le sol est inférieur à celui du préau.

Au début du xiii° siècle, la communauté était dirigée
par l'abbé Rainaldus auquel succéda bientôt un moine
nommé Landi. Celui-ci vécut longtemps, paraît-il, puisqu'on le retrouve encore mentionné dans la chronique
du monastère en l'année 1260, sous le pontificat
d'Alexandre IV, qui, lui-même, avait été religieux de

l'abbaye. L'abbé Landus, ou Landi, dit cette chronique, « avait fait beaucoup de belles choses, il construisit au monastère de Subiaco un cloître de pierre et « de marbre, et, à côté de ce cloître, une chapelle dédiée « à la sainte Trinité ». D'après les inscriptions, gravées de différents côtés dans le cloître, la date de ces constructions peut être fixée entre les années 1230 et 1235.

Le petit cloître de l'abbaye de Sainte-Scholastique, construit entièrement en marbre comme ceux que nous avons précédemment cités, peut passer pour une reproduction de celui de Sassovivo. Il comprend un espace rectangulaire de 17ᵐ,50 de longueur sur 11ᵐ,40 de largeur, environné de tous côtés de galeries dont les façades sont ajourées par plusieurs suites d'arcades en plein cintre, retombant sur des colonnettes accouplées dans le sens de l'épaisseur du mur, et portant sur un soubassement servant de socle et de mur d'appui. Au centre du préau, pavé de briques, s'élève la margelle d'un puits. Il n'existe pas de contreforts ou de piliers en saillie pour séparer les arcades, toutes se suivent, divisées en groupes de six par de larges pieds-droits situés dans le plan même du portique. Trois groupes sur les longs côtés, deux sur les petits, forment un ensemble de soixante arcades, auxquelles il faut ajouter les quatre portes permettant d'accéder au préau. Deux des galeries sont encore couvertes par les anciennes voûtes d'arête que séparent de solides arcs-doubleaux, au-dessus des autres, ces voûtes ont été remplacées par une charpente en bois avec solives apparentes ; les surfaces intérieures devaient être couvertes de peintures à fresque, on retrouve encore des traces assez nombreuses de cette décoration.

Tout en procédant identiquement des mêmes principes qu'à Sassovivo, l'architecture du cloître de Subiaco est encore plus sévère : les colonnettes, généralement lisses et accouplées deux à deux, portent sur un soubassement très élevé, les chapiteaux uniformément galbés en corbeille, alourdis par un abaque carré, n'ont pour tout ornement que de longues feuilles avec une nervure centrale, telles qu'on avait l'habitude de les modeler au xiie siècle. L'archivolte des arcades a peu de saillie sur le nu du mur ; une simple moulure indique l'architrave, et, de gros modillons unis, occupant à peu près la hauteur totale de la corniche, supportent la saillie du larmier. Comme à Sassovivo, il y a absence presque complète de sculpture ornementale.

Quelques-unes des arcades retombent cependant sur des colonnettes uniques, torses ou cannelées en spirale, ornées de feuillage dans les cannelures, et l'on remarque que ces colonnettes isolées sont couronnées, non plus par un chapiteau régulier, mais par un coussinet sculpté de feuilles, de volutes et de rosaces, s'étendant dans toute la largeur de l'intrados. Malgré ces exceptions, rares il est vrai, et pouvant provenir de changements ou d'adjonctions postérieurs, le caractère général du cloître subsiste dans toute sa simple sévérité.

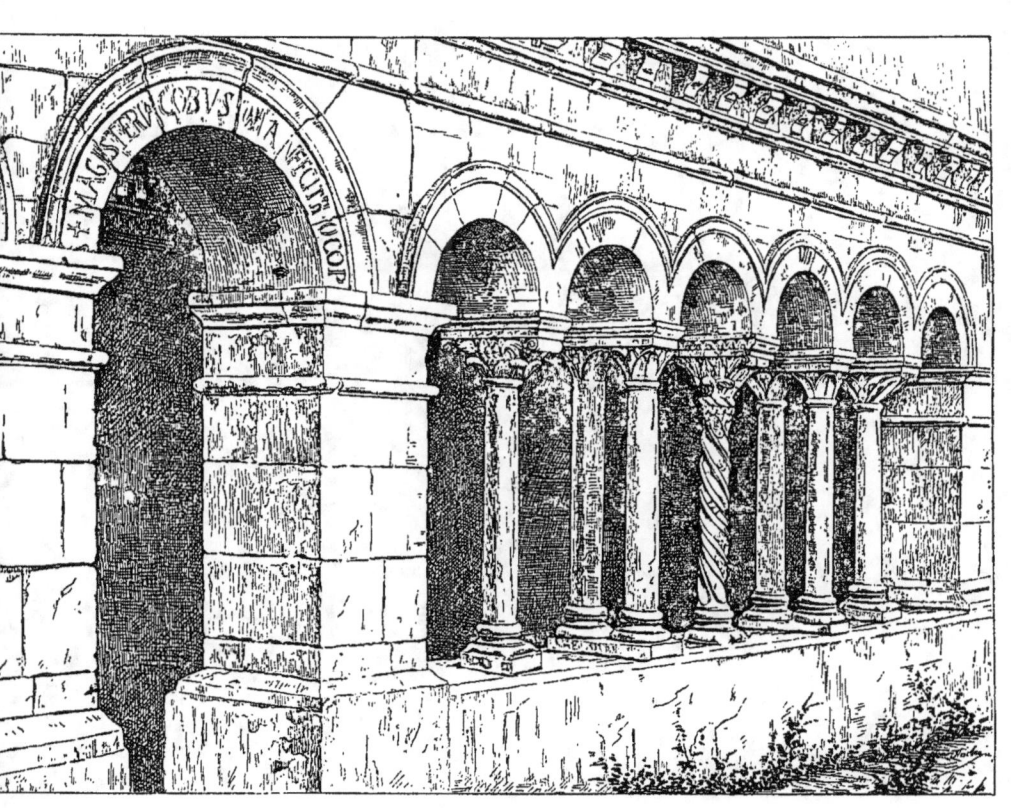

Petit cloître de l'abbaye de Sainte-Scholastique à Subiaco. — XIIIᵉ siècle.

Il faut noter que les proportions classiques et ration-
nelles sont mieux observées ici qu'aux autres cloîtres
de même style; la hauteur de l'entablement surtout
est plus en rapport avec les dimensions des arcades.
Néanmoins, malgré cette supériorité, le cloître de
Sainte-Scholastique serait d'une apparence certainement plus froide et plus austère encore, si l'architecte n'en avait égayé l'uniformité par une belle
décoration de mosaïque, occupant la frise de l'entablement, et formée de carrés de serpentine et de disques
de porphyre entrelacés, comme au cloître du Latran,
par des bandes d'or et d'émail à dessins réguliers.

Au reste, pas plus à Subiaco qu'au Latran ou à Sassovivo, il n'est possible de juger de l'effet que devait
produire cette architecture délicate, lorsqu'une simple
toiture la surmontait. Ces galeries légères sont écrasées
aujourd'hui par des constructions supérieures élevées
au xviiie siècle. Une série de hautes arcades, hors de
toute proportion avec les dimensions du portique, ont,
paraît-il, été jugées nécessaires, à une certaine époque,
pous fournir avec abondance l'air et le jour à des bibliothèques et à des dortoirs, mais quelques années plus
tard, il en fut décidé autrement, et les énormes baies
furent bouchées et remplacées par des fenêtres carrées.
Ces différentes transformations et ces adjonctions dé-
plorables enlèvent à l'ensemble du cloître tout aspect
d'élégance et de légèreté.

L'architecte de cette œuvre remarquable a transmis

en belle place son nom à la postérité; la frise entière
d'une des façades du cloître est consacrée à l'inscription
suivante :

COSMAS . ET . FILII . LVC . IA . ALT . ROMANI.
CIVES . IN . MARMORIS . ARTE . PERITI . HOC.
OPVS . EXPLERVNT . ABIS . T . PE . LANDI.

Cosme et ses fils Lucas et Jacques, tous trois citoyens romains, habiles marbriers, exécutèrent ce travail, au temps de l'abbé Landi.

Cosme et Lucas durent quitter l'abbaye de Subiaco
pendant le cours de ces importants travaux, en laissant
à Jacques le soin de les terminer seul, car sur l'archivolte d'une des portes-arcades du cloître on trouve cette
autre inscription :

MAGISTER IACOBVS ROMAN FECIT HOC OPVS.

Pour atteindre le couvent du Sacro Speco, il faut, par
une montée rapide, suivre le sentier tracé sur le rocher,
passer sous un porche et traverser le bosquet de magnifiques chênes-lièges que saint Benoît planta lui-même.
Au sortir de ce bois vénérable apparaît l'antique abbaye.
Ses bâtiments sont étagés sur les différents paliers formés par la montagne, pressés les uns contre les autres,
débordant le terrain solide, et soutenus au-dessus du

vide par d'immenses contreforts prenant leur point d'appui sur des roches inférieures. Étonnant spectacle que cette œuvre de piété, de volonté, de persévérance, due à la vénération dont fut à toutes les époques entourée la demeure de saint Benoît, le disciple aimé de saint Romain, l'habitant solitaire d'une caverne inaccessible où nul bruit, nul contact ne venait troubler les extases du bienheureux.

Le Sacro Speco, ainsi se nomme la caverne sainte, existe encore, tel qu'au temps de saint Benoît ; transformée en chapelle, elle est le premier sanctuaire que rencontre le pèlerin montant au monastère. De là, un large escalier droit, amène à l'église inférieure, voûtée, toute couverte des peintures les plus remarquables par leur ancienneté et leur beau caractère[1].

De cette crypte à l'église supérieure, également décorée de magnifiques fresques, la communication est établie par un emmarchement intérieur. La porte de l'église est ouverte sous un vestibule orné d'une décoration en mosaïque très semblable à celle du cloître de Sainte-Scholastique. Elle serait cependant antérieure de quelques années, car elle est signée :

LAVRENTIVS CVM IACOBO FILIO SVO FECIT
HOC OPVS

---

1. Tout auprès de la crypte, sur un terre-plein bien restreint, saint Benoît cultivait ces roses aux pétales blanches tachetées de rouge dont on retrouve encore sur place quelques échantillons, et qui ont conservé son nom.

ce qui nous reporte aux travaux exécutés à Civita-Castellana par les deux mêmes marbriers en 1205.

Le maître autel, dans lequel sont conservées les reliques de sainte Anatolie, est un ouvrage de marbrerie ayant le caractère très particulier des œuvres des artistes romains du XIIIᵉ siècle : tout de marbre blanc, il est orné sur la façade de belles mosaïques accompagnant des tables et des disques de serpentine et de porphyre, dans le style du véritable *opus romanum* ; deux colonnes torses également en marbre incrusté surmontent l'autel et supportent une arcade.

Un autre autel, placé dans une chapelle latérale, présente une décoration analogue mais plus simple : la façade est divisée en trois compartiments, une étoile en mosaïque d'émail occupe celui du milieu, deux courtes colonnettes torses incrustées, engagées de chaque côté de cette façade soutiennent les extrémités de la table sainte.

Une des fresques de la crypte, peinte au XIVᵉ siècle, représente le pape Grégoire IX venant, en 1235, pendant le gouvernement de l'abbé Landi, consacrer à nouveau l'église du monastère. Il est à croire que la mise en place des deux autels fit partie des travaux qui donnèrent lieu à cette nouvelle consécration ; travaux entrepris à la suite de la construction du cloître de Sainte-Scholastique et exécutés, bien probablement, par les mêmes maîtres marbriers, c'est-à-dire par Cosme et ses fils.

CLOITRE DE SAINT-PAUL-HORS-LES-MURS A ROME

Nous passerons rapidement sur les origines de la grande abbaye annexe de la basilique de Saint-Paul-hors-les-Murs, à Rome, nous en avons ailleurs retracé l'histoire[1].

Il nous suffira de rappeler que la congrégation bénédictine établie à Saint-Paul, devenue puissante et riche de tous les présents offerts par les princes passant à Rome au retour de Terre-Sainte, résolut de faire reconstruire le cloître du monastère avec tout le luxe que comportaient les progrès des arts à cette époque. Vassaletus avait montré au Latran à quel degré d'élégance on pouvait arriver en mettant en œuvre des procédés nouveaux ; les bénédictins de Saint-Paul voulurent égaler et même surpasser cette magnificence. Il n'est donc pas surprenant de retrouver ici une répétition presque textuelle du cloître de Saint-Jean, avec la même disposition générale, le même style, et le même genre d'ornementation. Le grand incendie de 1823 a très heureusement épargné le monument ainsi créé, et nous pouvons encore admirer aujourd'hui le cloître de Saint-Paul, tel qu'il est sorti des mains des constructeurs du xiiie siècle.

1. Voir notre ouvrage sur les *Basiliques et les Mosaïques chrétiennes*, vol. II, p. 289.

Commencés d'après les ordres de Pierre de Capoue, cardinal romain, abbé du monastère de 1193 à 1209, les travaux furent achevés, après une assez longue interruption, par les soins de Jean d'Ardea, chef de la communauté en 1241. Ces renseignements sont fournis par une grande inscription, écrite en lettres de mosaïque bleue sur fond d'or, occupant une partie de l'architrave du portique intérieur : douze vers, placés les uns à la suite des autres, rappellent, en un latin très barbare, les devoirs des religieux et les occupations auxquelles ils doivent se livrer pendant la vie claustrale ; l'inscription se termine ainsi.

> HOC OPVS ARTE SVA QVEM ROMA CARDO BEAVIT
> NATVS DE CAPVA PETRVS OLIM PRIMAVIT
> ARDEA QVEM GENVIT QVIBVS ABBAS VIXIT IN ANNIS
> CETERA DISPOSVIT BENE PROVIDA DEXTRA IOHANNIS.

> Pierre de Capoue, béatifié à Rome du titre de cardinal, commença par ses soins autrefois cet ouvrage. Jean, natif d'Ardea, acheva tout le reste de sa main prévoyante, pendant les années qu'il vécut étant abbé.

Telle est la traduction littérale. Ces vers ont cependant donné lieu à une autre interprétation. Se fondant sur ce que le mot *cardo* pouvait signifier climat ou région, certains auteurs ont voulu traduire les deux premiers vers : « Pierre natif de Capoue commença autrefois ce travail d'après l'art qui florissait à Rome » ; et ont identifié Pierre de Capoue au Petrus que nous avons rencontré à Alba-Fucense, à Amiterno et à Norcia.

Cette version ne peut être acceptée ; le quatrain, complet dans sa forme littéraire, ne peut exprimer qu'une pensée également complète, en donnant les noms des deux abbés dont l'un avait commencé et l'autre achevé une œuvre magnifique, faisant honneur à la communauté tout entière. Si le nom de l'architecte n'est pas indiqué dans l'inscription, la meilleure raison à donner de cette lacune fâcheuse est que, pendant les trente années écoulées depuis le début jusqu'à l'achèvement des travaux, plusieurs artistes avaient dû les diriger ou y participer successivement, sans qu'aucun d'eux pût prétendre au titre de maître de l'œuvre. Le mieux, à moins de les mentionner tous, était donc de s'abstenir de les nommer.

Quoi qu'il en soit, le résultat de ces efforts collectifs fut la création d'un monument qui peut être cité comme le type le plus parfait de ce genre d'architecture. On y trouve, sur une étendue plus considérable qu'au Latran, un plan conçu absolument d'après les mêmes données générales, une exécution aussi soignée et aussi délicate, avec une recherche plus grande, et plus de richesse dans l'ornementation.

Le cloître de Saint-Paul comprend un espace de 37 mètres de longueur, sur 33 mètres de largeur, entouré sur les quatre côtés de galeries couvertes par des voûtes d'arête. Ces promenoirs sont séparés du préau par un portique de marbre composé d'une suite de petites arcades que divisent, en cinq groupes ou travées sur la longue face et en quatre sur la petite, de

larges piliers faisant saillie; les arcades portent comme
toujours sur des colonnettes accouplées dans le sens de
l'épaisseur du mur. Les colonnes sont, pour la plupart,
lisses avec des chapiteaux en corbeilles délicatement
fouillés, variés de formes et de dessins, tous ornés de
feuilles et de volutes; un petit mur reçoit les bases
finement moulurées de ces légers points d'appui. Les
arcades sont généralement groupées par série de quatre,
cependant dans l'axe des grands côtés, il y en a cinq par
travée, celle du milieu descendant jusqu'au sol et servant
de passage. En outre, pour distinguer ces ouvertures
médianes d'avec celles qui les avoisinent, leur archivolte est décorée de mosaïques stelliformes à fond d'or,
ainsi que la portion d'architrave qui les surmonte, et,
des colonnes torses, cannelées, incrustées de mosaïques,
renforcées de contre-pilastres, les accompagnent de
chaque côté.

Les piliers en saillie, séparant les groupes d'arcades et rompant la continuité du mur d'appui, servent
nécessairement à étayer la poussée des voûtes intérieures, mais ils sont cantonnés ici, de chaque côté,
par des demi-colonnes; cette disposition, empruntée à
certains édifices antiques, augmente l'importance et la
stabilité des points d'appui, et dénote un réel progrès
sur la simplicité un peu brutale des piles unies édifiées
au Latran.

Des quatre côtés du cloître, celui qui est adossé à la
basilique présente la plus riche décoration : les colonnes

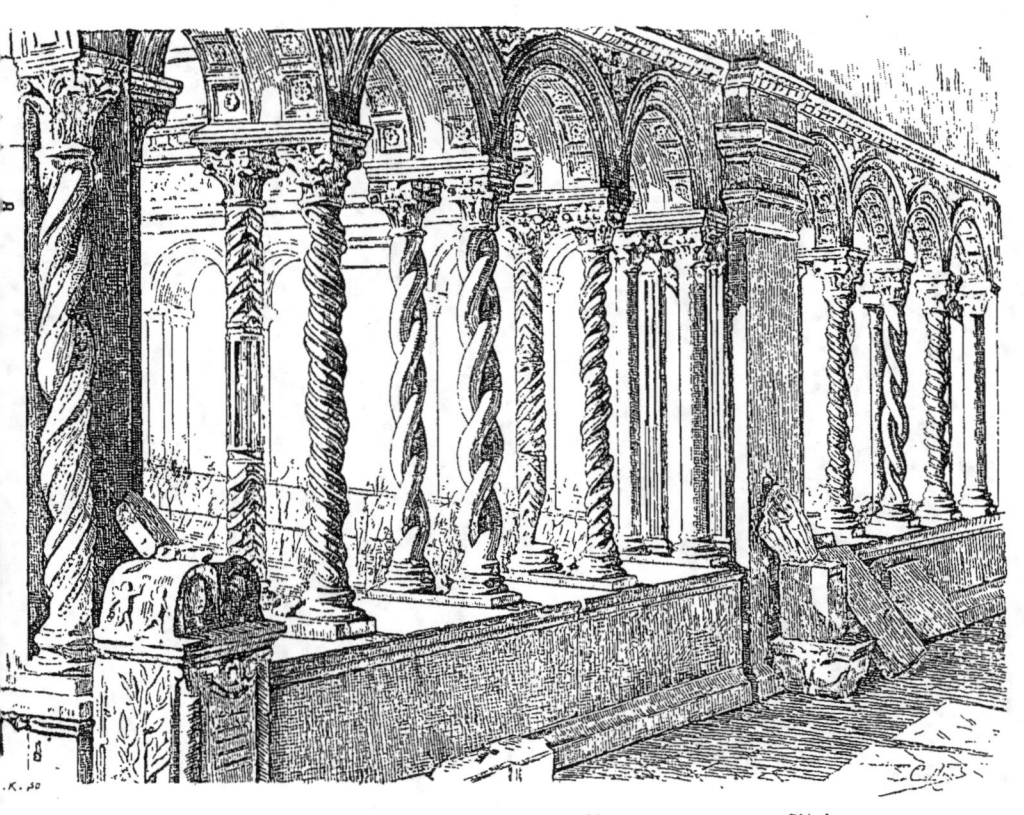

Cloître de Basilique de Saint-Paul-hors-les-Murs. Rome. — XVIIᵉ Siècle.

offrent une étonnante variété de galbe, celles qui avoisinent les piliers sont lisses, comme dans les autres parties du portique, mais il y en a de cannelées verticalement ou en spirale, plusieurs sont formées de l'accouplement de deux fuseaux tordus l'un contre l'autre, enfin, il en existe quelques-unes de complètement incrustées de mosaïques dans toute la hauteur de leur fût, telles que nous en avons signalé au cloître de Saint-Martin à Monreale. De ce côté également, tous les tympans sont occupés par des motifs de sculpture extrêmement variés, représentant des ornements, des emblèmes, des fleurs et des animaux. Peut-être cette galerie est-elle la moins ancienne et son constructeur a-t-il désiré surpasser en richesse ce qui avait été fait avant lui.

L'entablement, à peu près uniforme sur les quatre faces du cloître, est composé des mêmes éléments qu'au Latran, cependant les décorations en mosaïque sont ici plus abondantes et plus riches : un grand entrelacs sur fond d'or, composé de carrés et de disques de marbre ou de porphyre encadrés par des bandes de mosaïques d'émail, court également dans toute l'étendue de la frise, mais ici, la grande inscription en vers occupe la partie plane de l'architrave, et, chaque dessus de porte est orné d'une bande de mosaïque. Il faut le reconnaître, il y a véritablement dans cette architecture un abus des colorations violentes ; on pourrait croire, que livré à lui-même, le mosaïste a voulu s'emparer de toutes les surfaces où ses petits cubes pouvaient s'adapter, sans s'inquiéter de savoir, si leur éclat, répété et poussé ainsi à l'extrême, ne nuirait pas à l'aspect général de l'édifice, et, si les différents membres d'une ordonnance définie pouvaient être impunément remplacés par des bandes brillantes qui leur enlèvent toute fermeté et les font presque disparaître. Ces défauts indiquent bien l'absence d'une haute et intelligente direction, et laisseraient supposer que certains moines du couvent, habiles à manier le petit ciseau, le *scarpello* du marbrier mosaïste, ont pendant des années exercé leur patience et leur talent à créer ces décorations.

Le cloître de Saint-Paul n'a pas été à l'abri de restaurations et surtout d'adjonctions malheureuses ; sa délicate structure, si fine dans ses détails, si riche dans son ensemble, est écrasée par des constructions plus modernes qui lui enlèvent une grande partie de son élégance et de sa légèreté. C'est avec un sentiment pénible que l'on voit de hautes murailles de briques aux tons sombres peser sur ce portique de frêles colonnettes, en étouffer la délicatesse, en écarter la lumière et même, par un jeu d'optique, restreindre l'espace qu'il circonscrit. Cependant, grâce aux fleurs et aux verdures dont l'éclat se marie en toute saison à la teinte chaude des marbres, grâce au grand nombre de fragments sculptés exposés sous les galeries et formant un très intéressant musée lapidaire, le cloître du monastère de Saint-Paul-hors-les-Murs devait être pour les

religieux préposés à la garde et au service de la basilique une délicieuse retraite, bien faite pour tempérer
par son charme l'austérité de vie à laquelle ils étaient
assujettis au milieu de cette plaine triste et insalubre.

LES CLOITRES DE VITERBE

Sous bien des rapports la ville de Viterbe a bénéficié
des séjours prolongés et réitérés que les papes firent
dans ses murs; à côté des églises, des palais, des tombeaux, des fontaines, des monuments de toute sorte dus
à leur munificence, de nombreuses congrégations monastiques vinrent s'établir à Viterbe et dans les environs
sous la protection immédiate du chef de l'Église.

Vers la première moitié du xiiiᵉ siècle, en 1230 environ, car la date n'est pas absolument précise, les
moines bénédictins relevant de la règle de Cîteaux arrivent de Bourgogne et construisent sur le mont Cimino
une abbaye placée sous l'invocation de saint Martin.
Grâce à la forte impulsion donnée aux constructions par
les moines architectes bourguignons, et grâce aussi à la
haute protection du cardinal Raniero Cimino, ce premier établissement fut bientôt suivi de plusieurs
autres.

Il ne reste malheureusement presque rien du cloître
de San-Martino, type sur lequel sont venus se modeler
d'autres constructions du même genre, que l'on peut

admirer encore aujourd'hui. Cependant, les débris d'une travée de galerie noyés maintenant dans la maçonnerie d'une construction voisine, permettent de reconnaître deux des contreforts ou piliers qui devaient séparer les grands arcs en tiers-points dont se composaient les portiques. De minces colonnettes monolithes accotaient les pieds-droits de ces arcs, et d'autres colonnettes semblables recevaient la retombée des cinq petites arcades qui subdivisaient l'espace couvert par le grand arc en ménageant au-dessus d'elles un tympan ajouré[1].

L'abbaye de Santa-Maria *della Verita* est située près de la ville, en dehors des remparts ; ses anciens bâtiments, affectés aujourd'hui aux classes et aux services d'une école des Beaux-Arts, n'offrent aucun intérêt, mais le cloître a été parfaitement conservé et peut représenter, à défaut de celui de San-Martino, le spécimen le plus parfait de l'architecture monastique importée de France en Italie par les religieux cisterciens, architecture considérablement modifiée ici du reste par les traditions romaines et les usages locaux.

Ce cloître, de forme à peu près carrée, mesure 26 mètres dans sa longueur sur $22^m,50$ de largeur, dimensions prises à l'intérieur de la galerie. Tout entier construit avec cette pierre dure d'origine volcanique,

1. G. Enlart, *Origines françaises de l'Architecture gothique en Italie*. Paris, 1894.

d'aspect un peu brutal, d'une coloration foncée que l'on nomme le travertin, seule pierre que fournissent les environs de Viterbe, le cloître de Santa-Maria *della Verita* est divisé en cinq travées sur chaque face, par de larges piliers saillants faisant fonction de contreforts ; de plus, il est à deux étages. Au rez-de-chaussée, chaque travée présente quatre petites arcades en tiers-point, laissant entre elles des tympans ajourés de trèfles et de quadrilobes, ces arcs reposent sur des colonnettes monolithes dont les bases portent sur un bahut élevé formant mur d'appui. Au-dessus de cette série d'arcades s'élève un mur plein, ajouré au droit de chaque travée par une ouverture circulaire quadrilobée, et couronné par un bandeau mouluré courant autour du cloître en ressautant sur les pilastres. La galerie supérieure forme le second étage : c'est une sorte de loggia largement ouverte à l'air et à la lumière, directement abritée par une toiture que portent des piliers de pierre élevés au droit de chaque contrefort. A travers ce haut portique, le soleil et sa chaleur bienfaisante pénètrent librement dans toutes les parties de l'habitation, tandis qu'au rez-de-chaussée, le promenoir s'étend sous une succession de voûtes d'arête séparées par des arcs doubleaux portant, d'un côté sur les angles des pilastres, et de l'autre, sur des consoles encastrées dans le mur, galerie par conséquent basse et peu éclairée, mais donnant l'idée absolue de repos, de solitude, de calme, de méditation à l'abri des ardeurs

d'une lumière trop vive et d'une température trop pénible à supporter. La sculpture est très sobrement employée dans l'ornementation de ce cloître : les chapiteaux des colonnes s'évasent en corbeille à quatre
feuilles, et le couronnement des piliers est formé de
moulures agrémentées d'une simple succession de
feuilles lisses recourbées.

Les religieux cisterciens fondèrent aux portes de
Viterbe une autre abbaye également placée sous le
patronage de la Vierge Marie, et connue sous le nom
de Santa-Maria *in grade*; mais, les moines en ont été
expulsés pour faire place à d'autres pénitents d'un ordre
bien différent ; ses bâtiments servent aujourd'hui
de prison militaire. Néanmoins, l'ancien cloître a été
respecté, et l'on y trouve reproduit, dans des dimensions
analogues, mais avec plus d'élégance peut-être, le type
d'architecture du cloître de Santa-Maria *della Verita*.

L'espace circonscrit, mesuré à l'intérieur des murs
de façades, est de 29 mètres en longueur sur 26 mètres
en largeur ; ce n'est donc pas un carré parfait. Malgré
cette différence, chacun des côtés est divisé en cinq
grandes travées par de hauts pilastres saillants faisant
fonction de contreforts. Chaque travée comprend elle-
même cinq arcades en tiers-point donnant naissance à
des tympans ajourés de trilobes ou de trèfles, et portées
sur des doubles colonnettes de marbre placées l'une
devant l'autre dans le sens de l'épaisseur du mur. Ces

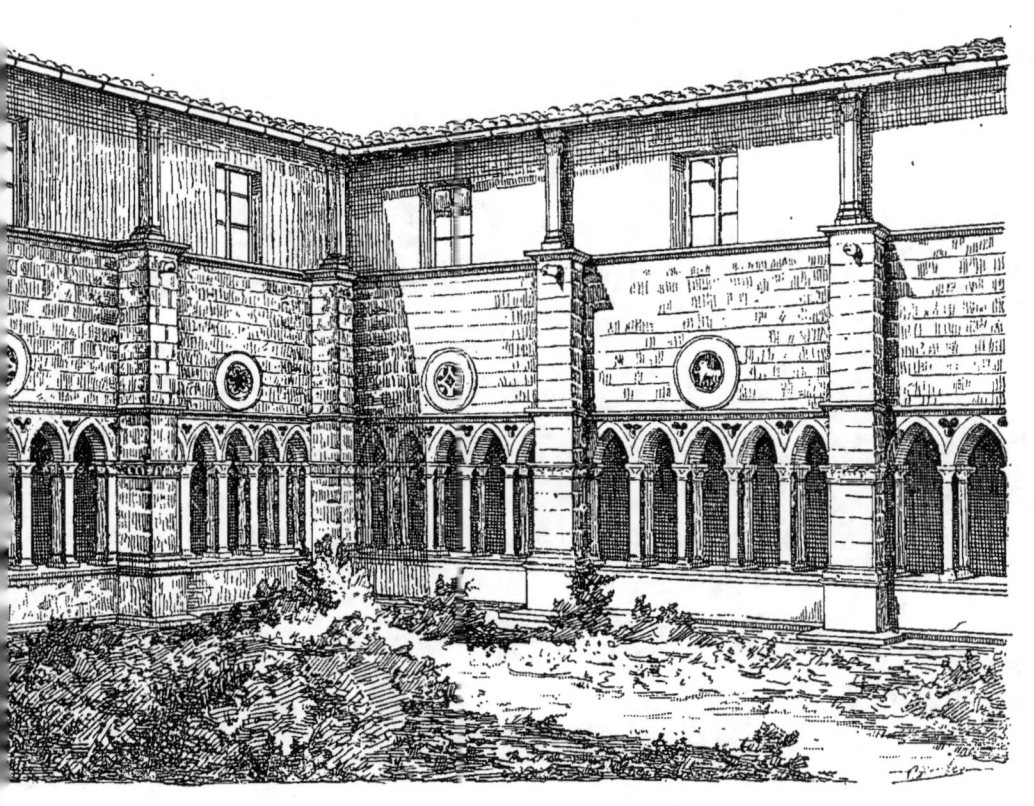

Cloître du couvent de Sainte-Marie *in grade*. Viterbe. XIIIe siècle.

colonnettes, dont les bases épatées sont pour la plupart ornées de griffes, reposent sur un socle élevé servant de mur d'appui.

Un premier bandeau règne au-dessus des arcades et ressaute sur les pilastres, indiquant ainsi une première division horizontale ; au-dessus, entre les pilastres, une partie de mur plein est ajouré, dans l'axe de chaque travée, par une rosace de dessin varié, quelques-unes même représentent un lion debout, symbole tiré des armoiries de la ville de Viterbe ; puis, un second bandeau saillant circule comme le premier sur les quatre faces du cloître. L'étage supérieur n'a pas la légèreté de celui du cloître de Santa-Maria *della Verita,* la loggia ouverte a été remplacée ici par un mur percé de fenêtres n'ayant aucun caractère, mais il est bien certain que tel ne devait pas être l'état primitif, et que ce changement est le fait d'une transformation bien postérieure à l'époque de la construction. Les galeries du rez-de-chaussée sont voûtées au moyen de voûtes d'arête s'appuyant d'un côté sur les faces intérieures des pilastres et de l'autre sur des demi-colonnes engagées dans le mur. Les chapiteaux des colonnettes sont très simplement ornés de quatre feuilles lisses entourant une corbeille assez évasée ; les couronnements des pilastres, placés à la hauteur de la retombée des petites arcades, sont formés d'une succession de feuilles denticulées recourbées à leur extrémité.

Il existe à Viterbe un autre ancien monastère dont le

cloître, bien que plusieurs fois remanié, ne laisse pas
que de présenter quelque intérêt par la disposition
toute particulière des arcades de la galerie inférieure.
Chaque travée, ouverte, comme dans les autres cloîtres,
entre de hauts contreforts, est composée d'arcs en plein
cintre recoupés les uns les autres suivant des demi-
diamètres, donnant ainsi naissance à des arcades
ogivales, portées sur des doubles colonnettes, et à des
tympans triangulaires évidés. Cette fantaisie architecturale, due sans doute à quelque moine constructeur
venu de Bourgogne, n'a pas trouvé d'imitateurs. Ce
monastère était désigné sous le nom dell' Paradiso.

Nous ne saurions parler des anciens cloîtres de Viterbe sans nous arrêter un instant en dehors de la ville
au couvent de Santa-Maria della Quercia. A côté de
l'église, œuvre de Bramante, très remarquable par la sévérité, la convenance et les heureuses dispositions de
sa belle façade, l'abbaye possède deux cloîtres. L'un,
fort étendu, environné de larges promenoirs abrités
sous de hautes arcades, a été postérieurement ajouté
par Vignole. L'autre, adossé au mur latéral de l'église,
date de l'origine du monastère, et occupe une surface
beaucoup plus restreinte. Le préau est un espace oblong
entouré sur les quatre faces de galeries à deux étages
divisées en travées par de hauts contreforts partant du
sol pour arriver jusqu'à la corniche sur laquelle s'appuie la toiture ; il y a cinq travées dans la longueur et

quatre seulement dans la largeur. L'étage supérieur est largement ouvert dans chaque travée par deux grandes arcades en plein cintre, fort élégantes d'allure, retombant sur des colonnes, tantôt isolées, tantôt accotées aux pilastres formant contreforts, tandis que la lumière ne pénètre dans la galerie inférieure que par des séries des quatre petites arcades en tiers-point ouvertes dans chaque travée, et portant sur de légères colonnettes monolithes dont les bases s'appuient sur un socle assez élevé formant clôture. L'espace compris entre les arcades du rez-de-chaussée et la galerie supérieure est occupé par une maçonnerie pleine percée dans les axes des travées par un œil de bœuf circulaire.

L'illustre Bramante a très probablement été l'architecte de ce cloître, comme il avait été celui de l'église. A défaut d'une entière certitude, que ne donne aucun texte, rien ne s'y oppose ; on reconnaît le style élégant et ferme du célèbre architecte dans les gracieuses proportions de cette galerie supérieure. Mais pourquoi la galerie inférieure se trouve-t-elle privée de lumière ? pourquoi ces voûtes d'arête ? Pourquoi cette arcature en tiers-point, forme absolument démodée en Italie à l'époque de Bramante ? D'où vient cette ressemblance frappante dans les dispositions d'ensemble et même dans les détails entre ce cloître et celui de Santa-Maria *della Verita*? Bramante n'aurait-il fait que surélever d'un étage un cloître déjà existant, ou seulement transformer les dispositions de cet étage ? Ces questions se présentent à l'esprit aussitôt qu'on pénètre dans le cloître *della Quercia;* cependant, elles s'évanouissent devant un fait absolument certain, c'est que la fondation de l'abbaye date de la seconde moitié du xv⁰ siècle. Il faut donc admettre que les dispositions des anciens cloîtres de Viterbe, ayant donné satisfaction à tous les besoins, avaient reçu l'approbation générale, et que les religieux auxquels le monastère était destiné imposèrent à leur architecte l'obligation de s'y conformer rigoureusement. Il est néanmoins assez curieux de retrouver, à un moment où l'œuvre de la Renaissance était en pleine maturité, un édifice empreint de toutes les hésitations, de tous les tâtonnements qui en avaient marqué les débuts deux siècles auparavant.

Bien que les cloîtres de Viterbe n'aient pas été construits par des architectes ou des marbriers romains, nous avons cru devoir en parler ici, tant nous avons reconnu de similitude entre leurs dispositions générales et celles des cloîtres de Rome.

Il semblerait donc, d'après le rapide examen que nous venons de faire des principaux cloîtres construits au xiii⁰ siècle dans les états de l'Église, qu'il s'était créé, à cette époque, un type tellement parfait, répondant si bien au goût et aux besoins d'alors, que toutes les communautés assez riches pour se permettre cette dépense s'étaient empressées de transformer les portiques de

leurs anciennes galeries, et d'adopter la nouvelle architecture avec l'ornementation brillante qu'elle comportait.

On a voulu, non sans raison, attribuer aux disciples
de saint Benoît le mérite de cette rénovation; les
cloîtres que nous avons cités appartenaient en effet à cet
ordre puissant alors, par son antiquité, par ses richesses,
par la haute influence qu'il exerçait sur le développement de la civilisation. Mais on est allé plus loin, et l'on
a voulu prétendre donner au type d'architecture caractérisé par la retombée des arcades sur de légères
colonnettes accouplées, une origine absolument bénédictine, se fondant sur ce que cette disposition avait
été depuis bien longtemps mise en pratique par les
religieux de cet ordre ; le père Mabillon cite, à l'appui de
cette opinion, une ancienne peinture, exprimant une
satire contre Ratgarius, abbé de Fulda en 815, dans laquelle se trouve représenté un cloître exactement semblable à celui du monastère de Sainte-Scholastique à
Subiaco. Il est possible que ce tableau ait existé tel que
le décrit le père Mabillon, mais cela ne constitue pas un
argument bien sérieux, car le tableau dont il parle a pu
être peint ou repeint à une époque bien postérieure au ix⁰
siècle; et, l'on sait qu'en fait d'architecture, les peintres,
au moyen âge et à l'époque de la Renaissance, avaient
l'habitude de copier ce qu'ils avaient sous les yeux.

Certes, l'ordre monastique fondé par saint Benoît
avait atteint, au commencement du xiii⁰ siècle, une im

portance considérable ; un grand nombre de religieux bénédictins occupaient ou avaient déjà occupé dans l'Église de hautes situations, mais les progrès d'un art en général n'ont jamais été le résultat de la prospérité d'une minorité restreinte quelque éclairée qu'elle puisse être, ils ont une base plus large et répondent aux besoins d'une société tout entière. Au XIIIᵉ siècle, la vitalité sociale était, en Italie surtout, complètement concentrée dans la puissance pontificale arrivée à un degré de développement qu'elle n'avait jamais encore atteint ; aussi, lorsqu'on veut étudier l'histoire des arts à cette époque, c'est à l'histoire des papes qu'il faut toujours en revenir.

Ce siècle, que l'on pourrait nommer le grand siècle du moyen âge, siècle de régénération religieuse, sociale, artistique et littéraire, débute sous les auspices d'un grand pape. Innocent III avait occupé la chaire de saint Pierre dès l'année 1197, et présidait aux destinées de l'Église avec une rare fermeté et une hauteur de vue toute exceptionnelle. Dans de telles mains, la puissance du Saint-Siège s'était considérablement accrue, son autorité morale, reconnue par l'Europe entière, était un sûr garant de l'autorité politique exercée sur Rome, son territoire et ses provinces par le vicaire du Christ. Innocent s'attacha à réformer les habitudes luxueuses de son entourage, réduisit sa propre existence au strict nécessaire, et contraignit les cardinaux et les abbés à régler leur genre de vie sur le modèle de la sienne. Au

bout de peu de temps, grâce à ces économies, les trésors
des églises et des communautés se trouvèrent en état
de subvenir à de grandes dépenses. Faire de grandes
choses, élever de beaux monuments, réparer les temples, accroître l'importance des monastères, encourager
autour de lui cette émulation qui, mettant en action
toutes les énergies, fait les grandes époques, tel fut
pour Innocent III le complément nécessaire d'un pouvoir reconnu par tous les peuples chrétiens.

C'est donc à cet illustre pape et à son successeur immédiat Honorius III, qu'il faut attribuer l'honneur
d'avoir fait faire, en Italie, un progrès sensible à l'architecture, art jusqu'alors fort délaissé.

Tandis que Rome, livrée aux factieux et aux émotions d'un gouvernement populaire, n'avait pu entreprendre aucun travail important, le nord de l'Italie,
la Provence et les rives du Rhin s'étaient couverts de
merveilleux monuments; pendant ce même temps, sous
la royauté des princes normands, s'élevaient en Sicile
et dans les provinces méridionales de splendides basiliques et de somptueux monastères. Au début du
XIIIe siècle, l'art romain prend à son tour un vigoureux
essor, mais il reste lui-même, fidèle à ses principes, et
ne se laisse envahir par aucun élément étranger; l'art
gothique, parvenu à un haut degré de perfection en
France et en Allemagne, n'a pas encore d'influence sur
lui, bien qu'ayant déjà fait son apparition en Italie; l'architecture sarrasine ne pénètre pas dans la ville des

papes, encore moins le style mauresque, arrivé cependant, sous les Kalifes de Cordoue et de Grenade, à un merveilleux épanouissement et livré à l'admiration générale par la conquête de l'Andalousie.

A Rome, c'est l'art véritablement romain qui, longtemps oublié, avili, dégénéré, reparaît au grand jour; seulement, la sévère grandeur d'autrefois n'est plus en harmonie avec la civilisation nouvelle, ce qui charme, ce qui frappe les esprits, ce n'est plus la majesté, mais l'élégance. Nous reconnaîtrons encore, dans les œuvres des artistes romains du XIIIe siècle, les formes de l'architecture classique, quelquefois même le respect de ses proportions, nous n'y retrouvons jamais, ni l'ampleur de ses conceptions, ni la hardiesse de son exécution, et, si certains caractères nouveaux en augmentent l'éclat, ils en altèrent en même temps l'admirable correction.

L'œuvre accomplie par les architectes marbriers romains pendant les siècles du moyen âge est donc une œuvre de transmission, se rattachant toujours, comme nous l'avons fait voir en maintes circonstances, aux règles et aux beautés de la noble antiquité; ces artistes se sont efforcés d'en reproduire les formes, et, si ce but n'a pas toujours été atteint, il faut du moins reconnaître qu'ils se sont partout appliqués à en perpétuer l'esprit.

Que nous les rencontrions exécutant pour les anciennes églises des meubles d'un éclat tout nouveau, que nous les admirions élevant pour les princes et les papes de splendides mausolées, que nous les signalions construisant des monuments entiers ou décorant des façades, c'est toujours l'art antique qu'ils ont devant les yeux et qui leur sert de modèle. Pendant plusieurs siècles ils tendent vers le même idéal, et vont probablement l'atteindre lorsque cette période de vitalité est brusquement interrompue.

Aussi, nous n'hésitons pas à le dire, si la merveilleuse renaissance architecturale, classique par ses principes et par ses manifestations, a trouvé au xve siècle un terrain si bien préparé, elle en est redevable, en grande partie du moins, aux travaux de cette longue succession d'artistes qui s'étaient eux-mêmes désignés sous le nom de Marbriers Romains.

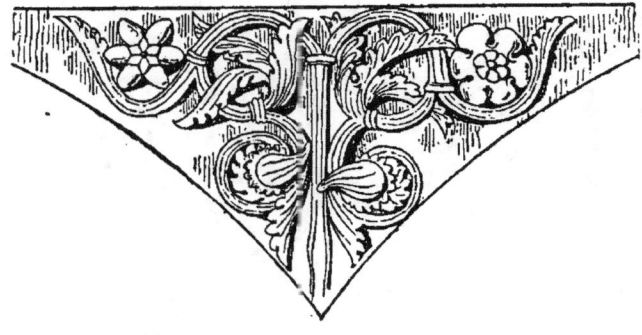

Tympan. — Cloître de Saint-Jean-de-Latran. — xiiie siècle.

TABLE DES CHAPITRES

CHAPITRE II.

PREMIÈRE PARTIE.

ÉPOQUE NÉO-ROMAINE (XIᵉ SIÈCLE).

DEUXIÈME PARTIE.

ÉPOQUE NÉO-ROMAINE (XIIᵉ SIÈCLE).

CHAPITRE VI.

LES CLOITRES DE MARBRE.

ÉPOQUE ROMAINE (XIIIe SIÈCLE).

TABLE DES DESSINS

CONTENUS DANS CET OUVRAGE

CHAPITRE PREMIER.

CHAPITRE II.

CHAPITRE III.

CHAPITRE IV.

CHAPITRE V.

LISTE CHRONOLOGIQUE

DES NOMS DES

MARBRIERS ROMAINS

MENTIONNÉS DANS CET OUVRAGE

---

690. — ANDREAS. — **Ancône**, église de la Miséricorde.

712. — URSUS. — **Valpolicella**, église de Saint-Georges.

712. — JUVENTINUS. — **Valpolicella**, église de Saint-Georges.

712. — JUVIANUS. — **Valpolicella**, église de Saint-Georges.

739. — URSUS. — **Spolète**, abbaye de Férentillo.

739. — JOHANNES. — **Bagnacavallo**, église.

816. — PETRUS. — **Ravenne**, basilique de Saint-Apollinaire, *in Classe*.

835. — STEPHANUS. — **Rome**, église de Saint-Jean à la Porte-Latine.

835. — ONESTUS. — **Narni**, église de Saint-Dominique.

964. — CHRISTIANUS. — **Rome**, église de Sainte-Sabine.

1060. — JOHANNES. — **Corneto**, église de Sainte-Marie *in Castello*.

1060. — GUITTO. — **Corneto**, église de Sainte-Marie *in Castello*.

1115. — PAULUS. — **Ferentino**, cathédrale.

1123. — ATTONUS. — **Foligno**, cathédrale. — **Spello**, abbaye de Saint-Pierre di Bovara.

1140. — GIOVANNI DA GUBBIO. — **Assise**, cathédrale.

1145. — NICOLAS. — **Narni**, église du bourg de Saint-Gemini.

1145. — SIMON. — **Narni**, église du bourg de Saint-Gemini.

1145. — BERNARDUS. — **Narni,** église du bourg de Saint-Gemini.

1146. —⎰ JOHANNES. ⎱ **Rome,** basilique de Sainte-Croix en Jérusalem.

1148. —⎱ PETRUS. ⎰ Fils de Paulus **Rome,** basilique de Saint-Laurent-hors-les-Murs.

1153. —⎰ ANGELUS. ⎱ **Rome,** église de Saint-Marc.
　　　　⎱ SASSO. ⎰

1149. — FELICIANUS. — **Foligno,** église de Saint-Apollinaire.

1153. — NICOLAUS ANGELI. — **Rome,** basilique de Saint-Jean-de-Latran.

1167? — GREGORIUS MELIORANTIUS. — **Spolète,** cathédrale.

1170? — NICOLAUS et FILIUS. — **Sutri,** cathédrale.

1180. — NICOLAUS de ANGELO. — **Rome,** église de Saint-Bartholomé — basilique de Saint-Paul-hors-les-Murs.

1180? — PETRUS FASSA. — **Rome,** basilique de Saint-Paul-hors-les-Murs.

1185. — PETRUS BASSALETUS. — **Ferentino — Rieti — Anagni — Rome,** cloître de Saint-Jean-de-Latran.

1190. — PETRUS. — **Norcia,** abbaye de Saint-Eustorgio.

1195? — PETRUS et ANDREAS. — **Rieti,** cathédrale.

1196. — PETRUS AMABILIS. — **Amiterno,** église de Saint-Vittorino.

1197? —⎰ GUALTERIUS.
　　　　⎨ MORONTO.　　**Alba-Fucense,** église de Saint-Pierre.
　　　　⎱ PETRUS.

1198. —⎰ UBERTUS. ⎱ **Rome,** baptistère de Saint-Jean-de-Latran.
　　　　⎱ PETRUS. ⎰

1195. — BINELLUS. — **Bevagna,** église de Saint-Sylvestre.

1196. — RODOLPHUS. — **Foligno,** cathédrale.

1207. — SOLFERNUS. — **Spolète,** cathédrale.

1207. — RANUCCIUS. — Ouvrages détruits, inconnus.

1208. —⎰ PETRUS. ⎱ Fils de Ranuccius **Corneto,** église de Sainte-Marie *in Castello.*
　　　　⎱ NICOLAUS. ⎰

1208. — JOHANNES, fils de GUITTO — **Corneto**, église de Sainte-Marie *in Castello*.

1210? — JOHANNES, fils de NICOLAUS. — **Fondi**, cathédrale.

1220. — PASCALIS. — **Ferentino**, cathédrale.

1223. — FELIPO. — **Ancône**, cathédrale. — **Foligno**, église de Saint-Jean *Profiamma*.

1225? — { JOHANNES.
          ANDREAS. } **Alba-Fucence**, église de Saint-Pierre.

1228? — ANDREAS. — **Alba-Fucence**, église de Saint-Pierre.

1228? — VASSALETUS. — **Rome**, cloitre de la basilique de Saint-Jean-de-Latran, basilique de Saint-Pierre. — **Anagni**, cathédrale.

1229. — PETRUS DE MARIA. — **Foligno**, abbaye de Sassovivo.

1255. — ANDELA. — **Rieti**, abbaye de ...

1260. — NICOLAS de PISE. — **Pise**, baptistère — Bologne — Sienne.

1269. — PETRUS. — **Londres**, abbaye de Westminster.

1272. — NICOLAUS de BARTHOLOMEO. — **Ravello**, cathédrale.

1270? — FRA GUGLIELMO. — **Pistoie**, cathédrale.

1270. — MARGARITONE d'AREZZO. — **Ancône**, cathédrale. — **Viterbe**, église de Saint-François.

1270. — PIETRO CAVALLINI. — **Londres**, abbaye de Westminster.

1282? — ARNOLFO DI LAPO. — **Orvieto**, église de Saint-Dominique.

1285. — { ARNOLFUS.
          PETRUS. } **Rome**, basilique de Saint-Paul-hors-les-Murs.

1285? — ODERICUS. — **Londres**, cathédrale de Saint-Paul.

1304. — JEAN DE PISE. — **Viterbe**, église de Saint-François. — **Pérouse**, église de Saint-Dominique.

FAMILLE DES COSMATI

1190? — LAURENTIUS. — **Falieri**, église de Sainte-Marie.

1205? — LAURENTIUS. — **Civita-Castellana**, église de Sainte-Marie.

32

1205? — Laürentius et Jacobus. — **Rome**, église de Sainte-Marie *in Ara Cœli*.

1205? — Jacobus. — **Civita-Castellana**, église de Sainte-Marie.

1206. — Jacobus. — **Rome**, abbaye de Saint-Saba.

1210. — Jacobus et Cosma. — **Civita-Castellana**, église de Sainte-Marie.

1210? — Jacobus Laurentii. — **Rome**, église de Sainte-Sabine.

1212? — Jacobus et Cosmatus. — **Rome**, abbaye de Saint-Thomas in Formis.

1226. — Cosmas. — **Anagni**, cathédrale.

1228. — Cosmas, Luca et Jacobus. — **Anagni**. cathédrale. — **Subiaco**, cloître.

1235? — Jacobus. — **Subiaco**, abbaye de Sainte-Scholastique.

1240? — Deodatus et Luca. — **Civita-Castellana**, église de Sainte-Marie.

1277. — Cosmatus. — **Rome**, chapelle Sancta sanctorum.

1280? — Jacobus et Deodatus. — **Rome**, église de Saint-Jacques *alla Lungara*.

1293. — Jacobus de Cosma. — **Orvieto**, cathédrale.

1295. — Deodatus. — **Rome**, église de Sainte-Marie *in Cosmedin*. — Basilique de Saint-Jean-de-Latran.

1297. — Johannes, filius Cosmati. — **Rome**, église de Sainte-Marie-sur-Minerve.

1298. — Johannes. Magri Cosme. — **Rome**, basilique de Sainté-Marie-Majeure, église de Sainte-Balbine.

1302? — Johannes. — **Rome**, église de Sainte-Marie *in Ara Cœli*.

TABLE CHRONOLOGIQUE
DES TRAVAUX D'ARCHITECTURE, SCULPTURE, MARBRERIE, MOSAIQUES
Exécutés par les Marbriers romains
DÉCRITS DANS CET OUVRAGE

DATES	VILLES	ÉDIFICES	TRAVAUX DIVERS	Page
Deuxième moitié du viiie siècle	Perouse. . . .	Musée lapidaire...	Autel et ciborium (ancienne église de Saint-Prospert).	3
	Ferrare. . . .	Palais de l'Université.	Plaques de parapet (ancienne église de Vogensa)..	3
	Modène. . . .	Cathédrale..	Fragments d'ambon et de balustrade. .	3
	Bologne. . . .	Tombeau des Foscari.	Arc de ciborium..	3
795	Rome.	Basilique de Saint-Jean-de-Latran. .	Cloître, margelle du puits.	4
IXe siècle				
815	Rome.	Basilique de Porto.	Face de ciborium.	4
816	Ravenne. . . .	Église Saint-Apollinaire in Classe. . .	Autel et ciborium de Saint-Eleucadius. .	7
»	Narni. . . .	Église de Saint-Oreste..	Autel..	4
820?	Rome.	Église Sainte-Praxède..	Chapelle Saint-Zénon.	5
827?	Rome.	Église Sainte-Sabine.	Fragments de balustrade..	5
830	Castel. St-Elia.	Église de Sainte-Marie.	Panneaux de l'ambon, ciborium, chapiteaux..	6
835	Rome.	Église Sainte-Marie au Transtévère. .	Dalles et archivoltes (ancienne tribune).	53-5
»	Milan.	Église de Saint-Ambroise.	Ciborium de maître autel.	7
835 ?	Rome.	Église Saint-Jean à la Porte-Latine. .	Porche, margelle de puits.	5
Deuxième moitié du ixe siècle	Ferentino... . .	Cathédrale..	Autel et ciborium dans la crypte. . . .	6
	Narni.	Église Saint-Dominique.	Façade.	9
	Orvieto. . . .	Musée.	Autel, arc de ciborium.	5
	Bolsena. . . .	Église Sainte-Christine.	Autel et ciborium.	5
	Toscanella. . .	Église Sainte-Marie..	Baptistère, ambon, autel, ciborium. . .	6
	Toscanella. . .	Église Saint-Pierre..	Dalles de balustrade.	6

Xe siècle				
964	Rome.	Église Sainte-Sabine.	Tombeau du cardinal Pierre et de son fils.	8
XIe siècle				
1060	Corneto. . . .	Église Sainte-Marie in Castello.. . .	Ciborium, autel.	9
1093	Toscanella. . .	Église Sainte-Marie..	Ciborium.	10
1099	Rome.	Église Saint-Clément in Coelius. . .	Cathedra, ciborium, chœur, pavement, ambon.	8
1099 ?	Castel. St-Elia.	Église Sainte-Marie.	Ambon.	10
XIIe siècle				
1110 ?	Subiaco. . . .	Abbaye Sainte-Scholastique.. . . .	Siège épiscopal.	4
1115 ?	Ferentino. . .	Cathédrale	Autel..	132-1
1123	Rome.	Église Sainte-Marie in Cosmedin. .	Restauration, pavement, cathedra, ambons.	11
»	Rome.	Église Sainte-Marie in Cosmedin. .	Tombeau d'Alfanus..	12
»	Narni. . . .	Cathédrale..	Façade principale.	10
»	Terni. . . .	Cathédrale..	Façade, porte..	10
»	Foligno. . . .	Cathédrale..	Façade principale.	1
1127 ?	Spello.. . . .	Église.	Façade.	1
1139	Rome.	Église Sainte-Marie au Transtévère. .	Reconstruction complète.	15
1140	Assise. . . .	Cathédrale..	Construction.	16
1143	Rome.	Basilique Sainte-Marie-Majeure . .	Ancien portique (détruit)..	24
1143 ?	Rome.	Église Saints-Vincent et Anastase, aux Trois Fontaines.	Construction de l'église et du portique. .	12
1144	Rome.	Basilique de Ste-Croix en Jérusalem.	Ancien ciborium (transformé).	13
1145	Rome.	Basilique Sainte-Marie-Majeure . .	Ancien ambon (détruit).	13

LISTE ALPHABÉTIQUE

DES

NOMS DES PAPES

CITÉS DANS CET OUVRAGE

RÉPERTOIRE GÉNÉRAL ALPHABÉTIQUE

DE TOUS LES

MONUMENTS

FIGURÉS, ÉTUDIÉS ET INDIQUÉS DANS CET OUVRAGE.

A

ALBA-FULCENSE :
Église de Saint-Pierre, p. 152 153, 223, 227, 228, 254, 368.

AMALFI :
Église cathédrale, p. 153, 213.

AMASENO :
Église de ....., p. 279.

ANAGNI :
Église cathédale, p. 138-140, 43, 241, 243-246, 293-298, 323, 326, 346, 376, 382, 396.
Église des Saints-Apôtres, p. 338.

AMITERNO :
Église de Saint-Vittorino, p. 152, 153, 229.

ANCONE :
Cathédrale de Saint-Ciriaque, p. 233-238.
Église de la Miséricorde, p. 26, 27.
Palais, p. 237.

AREZZO :
Église cathédrale, p. 294.

CIVIDALE :
Église cathédrale, p. 33-35.
Église Saint-Martin, p. 34.
Église Saint-Prospert, p. 34, 37.

CIVITA-CASTELLANA :
Église Sainte-Marie (façade) p. 196, 220, 254, 344, 345, 349-358, 382.
— (portique), p. 358-364.
— (sacristie), p. 364-368, 382.

CORNETO :
Église Sainte-Marie in Castello, p. 98, 99, 101, 103, 105, 138, 201-212, 213, 215, 220, 226, 250, 254, 353, 368.

CORTONE :
Abbaye de Sainte-Marguerite, p. 284.

F

FALIERI :
Église de Sainte-Marie, p. 34, 349, 357, 358, 369.

FERENTILLO :
Abbaye de Saint-Pierre, p. 31

FERENTINO, p. 198 :
Église Sainte-Marie-Majeure, p. 67, 140, 238, 279, 437.
Église Saint-Ambroise, p. 132 140, 144, 145, 149.

FERRARE :
Palais de l'Université, p. 37.

FLORENCE :
Église de la Trinité, p. 281.
Église Or-san-Michele, p. 290.
Église Sainte-Marie-des-Fleurs, p. 290, 292, 326.
Église Sainte-Croix, p. 292.
Palais dei Signori, p. 290.

FOLIGNO :
École, p. 160, 174, 190, 191, 233, 446.
Église cathédrale, p. 170, 174, 176, 182, 185, 187, 216.
Église Saint-Apollinaire, p. 17.
Église Saint-Giovanni-Profiamma, p. 232, 233, 236.
Église Saint-Thomas, p. 191.

S

BIBLIOGRAPHIE

LISTE DES OUVRAGES A CONSULTER

SUR

LES MARBRIERS ROMAINS

AU MOYEN AGE

AUTEURS ANCIENS

BUSSI Feliciano. — Storia della citta di Viterbo. . . . Rome, 1742.

CASIMIRO (le Père). — Storia della chiesa di S. Maria in Ara-Cœli. . . . . Rome.

CIACCONIO. — Vitæ et res gestæ Pontificum romanorum. Rome, 1677.

CIAMPINI Joannes. — De sacris Ædificiis a Constantino magno constructis. . . . . Rome, 1693.

CIAMPINI Joannes. — Vetera monimenta. . . . . . . Rome, 1690.

CRESIMBENI. — Storia della basilica di S. Maria in Cosmedin. . . . . Rome, 1715.

CHRONICON. — Chronicon subiacense sive catalagus abbatum. . . . .

DELLA VALLE (le Père). — Lettere senesi sopra le belle arte. Venise, 1782.

— — — Storia dell Duomo di Orvieto. . Rome, 1791.

JACOBILI Ludovico. — Discorso della citta di Foligno. . Foligo, 1646.

LIBER PONTIFICALIS. — (Abbé Duchesne). . . . . . . Paris, 1886.

DE MAGISTRIS Alexandro. — Storia della citta e Basilica
    di Anagni. . . . . Rome, 1747.

MURATORI. — Rerum italicum scriptores. . . . . .

    —   Antiquitates ital. medii ævi. . . . . . Milan.

PANVINIO Onofrio. — De præcipuis Urbis... basilicis. . . Rome, 1570.

    —   — De præstantia basilicæ Lateranensis. Rome.

    —   — De præstantia basilicæ S. Pietri. . Rome.

POMPEO Ugonio. — Historia delle stationi di Roma. . . Rome, 1588.

TORRIGIO. — Le sacre Grotte Vaticane. . . . . . . Rome, 1639.

TURRIOZZI Antonio. — Toscanella. Della citta Tuscania.. Rome, 1778.

UGHELLI. — Italia sacra. . . . . Rome.

VASARI Giorgio. — Vies des peintres (Trad. Leclanché).. Paris, 1839.

AUTEURS MODERNES

BARBIER DE MONTAULT. — Les souterrains et le trésor
    de Saint-Pierre à Rome. . . . .

BARBIER DE MONTAULT. — Description de la basilique
    de Saint-Paul-hors-les-Murs. . . . . Rome, 1886.

BARBIER DE MONTAULT. — Annales archéologiques.
    T. XVIII. . . . . Paris.

BARBIER DE MONTAULT. — Œuvres complètes, 1889
    et suivantes. . . . .

BAYET Ch. — L'Art byzantin. . . . . Paris.

BOITO C. — L'Architettura del medio evo in Italia. . . Milan, 1880.

CATTANEO Raph. — L'Architecture en Italie du VIe au
    XIe siècle (Trad. Lemonier) . . . . Venise 1890.

CLAUSSE Gust. — Basiliques et Mosaïques chrétiennes.
Italie, Sicile. . . . . Paris, 1894.

CLAUSSE Gust. — (Revue de l'Art chrétien, 1896-1897).
Toscanella, Civita-Castellana. . . . . Lille.

CROWE et CAVALCASELLE. — Storia della pittura in
Italia. . . . . Florence, 1875.

DANTIER Alph. — Les Monastères bénédictins en
Italie. . . . . Paris, 1867.

DIONISIO P. L. — Sacrarum Vaticanæ basilicæ cryptarum
monumenta. . . . . Rome, 1827.

ENLART C. — L'Architecture gothique en Italie. . . . Paris, 1894.

FROTHINGHAM A. L. — American Journal of archæology.
Notes on roman artists of the milddle age.. . . Boston, 1890.

GAILHABAUD. — Monuments anciens et modernes. . . Paris, 1857.

GARRUCCI R. P. — Storia dell' arte cristiana. . . . . Prato, 1872.

GEOFFROY A. — Histoire monumentale de Rome au
moyen âge. . . . . Paris, 1879.

GHEBART. — Italie mystique.. . . . . Paris, 1890.

GREGOROVIUS. — Storia della citta di Roma. . . . . Rome.

—   Les tombeaux des papes romains
(Trad. Sabatier).. . . . . Paris, 1857.

GUADABASSI. — Indice guida dei monumenti nella pro-
vincia dell' Umbria. . . . . Perugia, 1872.

LETAROUILLY. — Édifices de Rome moderne (Texte). . Paris, 1840.

MORESCHI. — Descrizione del Tabernacolo di San Paolo
fuori le Mure.. . . . . Rome, 1840

MUNTZ Eug. — Études sur l'Histoire des Arts à Rome
pendant le moyen âge. . . . . Rome, 1881.

MUNTZ Eug. — Giotto à Rome. . . . . Rome, 1882.

—   —   Études iconographiques et archéologiques
sur le moyen âge. . . . . Paris, 1887.

PROMIS Carl. — Notizie epigrafice degli artifici marmo-
   rarii Romani del x^e a xve secolo. . . . . . . Turin, 1836.

PROMIS Carl. — Antichita di Abba-Fucense.. . . . . . Rome, 1836.

ROHAULT DE FLEURY Ch. — La Messe. . . . . Paris.

ROHAULT DE FLEURY Georges. — Le Latran au moyen
   âge. . . . . Paris, 1874.

ROSSI DE G. B. Musaïci cristiani delle chiese di Roma
   (Traité préliminaire). . . . . Rome, 1872.

ROSSI DE G. B. — Bulettino di archeologia cristiana,
   1871, 1875, 1878, 1880 (Articles de Stevenson). . Rome.

ROSSI DE M. S. — Nuovo Bulettino di archeologia cristiana, 1896-1896 (articles du père Grisard). . . Rome.

SCHULZ. — Denkmaeler der Kunst des Mittelalters in
   Unter Italien.. . . . . Dresde, 1860.

ERRATA

www.ingramcontent.com/pod-product-compliance
Lightning Source LLC
Chambersburg PA
CBHW051341220526
45469CB00001B/63